TAX SYSTEM

应用型本科经济管理类 · 财会系列教材

中国税制 （第四版）

主　编　林颖华

副主编　郑雪莲　李艳茹

U0646380

厦门大学出版社　XIAMEN UNIVERSITY PRESS

国家一级出版社
全国百佳图书出版单位

图书在版编目（CIP）数据

中国税制 / 林颖华主编 ；郑雪莲，李艳茹副主编.
4 版. -- 厦门 ：厦门大学出版社，2025.8. --（应用型
本科经济管理类·财会系列教材）. -- ISBN 978-7-5615-
9847-4

Ⅰ. F812.422

中国国家版本馆 CIP 数据核字第 2025M5S544 号

责任编辑　江珏玙
封面设计　李嘉彬
美术编辑　蒋卓群
技术编辑　朱　楷

出版发行　**厦门大学出版社**
社　　址　厦门市软件园二期望海路 39 号
邮政编码　361008
总　　机　0592-2181111　0592-2181406(传真)
营销中心　0592-2184458　0592-2181365
网　　址　http://www.xmupress.com
邮　　箱　xmup@xmupress.com
印　　刷　厦门市明亮彩印有限公司

开本　787 mm×1 092 mm　1/16
印张　24.5
字数　454 千字
版次　2017 年 8 月第 1 版　2025 年 8 月第 4 版
印次　2025 年 8 月第 1 次印刷
定价　64.00 元

厦门大学出版社
微信二维码

厦门大学出版社
微博二维码

第四版前言

本教材历经 2017 年初版、2020 年二版、2022 年三版三次迭代,始终锚定中国特色社会主义税收现代化进程,精准对接应用型本科人才培养目标。本教材以"四新"建设为引领,构建起"法理阐释—实务操作—价值引领"三位一体的内容体系,实现教材建设与税收立法同频共振、与财税改革协同发展。

截至 2024 年 12 月,我国实体税法立法取得突破性进展。《中华人民共和国增值税法》的颁布标志着我国 18 个税种中有 14 个完成立法(含 2025 年 1 月 1 日实施的《中华人民共和国关税法》),税收法定原则实施率提升至 77.8%。本次修订重点整合 2023—2025 年税改成果,形成三大核心特色:

(1)思政实践融合:建立税收法理与职业伦理的衔接阐释,实现专业知识传授与"取之于民、用之于民"的税收理念的螺旋式渗透。

(2)立体化教学范式:构建"新形态教材+数字资源包"双核驱动模式,实现教材内容、教学资源与信息技术的深度融合。

(3)实务能力进阶:紧密跟踪增值税、个人所得税等主体税种改革动态,创新融入数字经济税收治理等前沿领域,着重培养学生应对复杂涉税事务的专业判断力与实务操作能力。

值此修订付梓之际,我们深切感激福建省教育厅规划教材专项的支持,衷心感谢为教材编写提供指导的专家学者、贡献经验的实务工作者,以

— I —

及广大师生和读者。展望未来,我们热切期待更多读者提出真知灼见,助力教材在培育应用型本科人才的道路上行稳致远,为党和国家的税收事业输送更多栋梁之材。

林颖华

2025 年 5 月

第三版前言

通晓和践行中国税收制度,是经济管理类专业学生必备的核心专业技能之一。中国税制相关课程的设立和建设也因此成为各高校普遍重视的一项工作。

编者长期从事中国税制相关课程的教学和研究,第一版和第二版分别于 2017 年和 2020 年出版,受到业内同行和学生的广泛好评。

自 2016 年以来,中国税收制度进行了密集的修改,同年 10 月,习近平总书记在全国高校思想政治工作会议上做重要讲话,明确提出"把思想政治工作贯穿教育教学全过程,实现全程育人、全方位育人",以及"各类课程与思想政治理论课同向同行,形成协同效应"。面对这些新变化新要求,本教材亦在编写时做出新的应对。本教材第三版在第一版和第二版的基础上,将"课程思政"融入教材,对教材的内容进行了更新充实,对教材的形式进行了立体化改造,突破了纸质教材在篇幅和呈现形式上的局限。

与市场上其他同类教材相比,本教材具有以下显著特点:

(1)注重税收理论基础知识的阐述。本教材在内容设计上不仅详尽解析了中国现行 18 个税种的基本法律规定、应纳税额计算和征收管理等内容,还更加注重税收制度基础理论和原理的阐述,内容更加全面系统。

(2)紧跟中国税制理论与实践的新发展,第三版中更新了疫情期间中国为市场主体纾困发展的税收政策。同时将税收实务案例贯穿于全教材,在每章后设有思考与练习,增强学生分析和解决问题的能力。

(3)将"课程思政"融入教材,以社会主义核心价值观为灵魂与主线,梳理本课程所蕴含的"思政元素",激发学生对中国税收制度改革建设与发展的光荣感和自豪感,深刻理解社会主义核心价值观下中国现行税收制度的来龙去脉与促进社会经济健康绿色发展所发挥的重要作用。

本教材适宜作为高等院校会计学、工商管理、金融学、财务管理以及经济管理学各专业以及相关专业学生学习中国税制相关课程的教材和参考书。

由于编者水平有限,书中难免存在不足之处,恳请广大读者批评指正。

编者

2022 年 10 月

第二版前言

本教材第一版是在中国"税改突破年"2016年后出版的,2017年8月至今,中国税收制度再次迎来了新变革。短短三年的时间,烟叶税、船舶吨税、车辆购置税、耕地占用税和资源税相继立法通过。《中华人民共和国增值税法(征求意见稿)》和《中华人民共和国消费税法(征求意见稿)》于2019年年底公布,为中国的税收法定进程按下"加速键";个人所得税改革也迈出了实质性的一步,实现了分类制向综合与分类相结合税制的重大改革,有效促进了社会的公平;本轮税收改革还树立了一个鲜明的导向,即减税降费,包括对小微企业、科技型初创企业实施普惠性税收免除等。这一轮的税收制度改革为中国经济的高质量发展提供了强有力的支持与保障,为世界经济的发展注入了强劲的正能量。

本教材的第二版延续了第一版的编写原则,即为了适应新形势下,培养高校创新型、应用型人才,满足企事业单位管理人员学习的需要编写。具体来说,有以下特点:

(1)注重税收理论基础知识的阐述。内容全面系统,既阐述了税收制度的基础理论,又详尽解析了现行18个税种的基本法律规定、应纳税额计算和征收管理等内容。

(2)注重税收制度在实践中的应用。税收实务案例贯穿本教材,使读者能够更好地理解与掌握税收制度的内容,应用于管理实践中。

(3)注重吸收最新税收制度的研究成果,结合中国税收制度最新的改革动向,具有较高的实用性。

第二版修订工作由林颖华承担，在编写过程中得到了许多专家学者、实务界同人的指导和帮助，得到了厦门大学出版社的鼎力支持，得到了家人的关心与理解，在此特向他们表示衷心的感谢。最后，感谢广大读者及用书教师的支持与厚爱！敬请广大同人与读者对书中的错误和不足提出批评指正。

林颖华

2020 年 7 月

第一版前言

2016 年被喻为"税改突破年",这一年,我国的税收改革取得了一系列令人瞩目的成就:随着全面推开营业税改征增值税(以下简称"营改增")试点工作的顺利实施,营业税彻底退出历史舞台;资源税从价计征改革全面推开,水资源税试点开征;《中华人民共和国环境保护税法》经全国人民代表大会常务委员会审议通过,将于 2018 年 1 月 1 日起施行。中国税制改革引起了国际社会的广泛关注,了解中国税制,掌握并熟练应用中国税制,已成为所有涉及中国各类经济主体谋求最大发展的必要条件,因而也成为所有参与经济活动的人员所必备的基本知识与技能。

本着"培养高校创新型、应用型人才"的原则,我们编写了《中国税制》一书。本教材以中华人民共和国全国人民代表大会及其常务委员会、国务院、财政部、国家税务总局、海关总署和国务院关税税则委员会发布的现行有效的税收法律、行政法规、部门规章、规范性文件和有关权威性资料为依据,较为全面地概述了中国现行税收制度的基本情况,包括税制发展的历史、各税种的基本法律规定、征收管理等内容。本教材具有以下特点:一是内容较新,税收法规以截稿日的法规即"现行有效"的税收法规为准。二是运用大量例题、案例帮助学生掌握税收制度在实践中的运用。三是每章除正文以外还附有学习目标、复习思考题,帮助学生课前预习和课后复习。四是每章都插入了"资料阅读""想一想"等拓展资料,让学生在学习中有互动学习的感觉,更具人性化。

本教材由林颖华老师担任主编,负责对全书的框架结构进行设计,并

— I —

审阅全部内容。本教材的编写分工如下：林颖华老师负责编写第一章、第二章、第五章、第六章、第七章，郑雪莲老师负责编写第三章、第八章、第九章，徐丽林老师负责编写第四章，刘军老师负责编写第十章。

　　本教材在编写过程中，得到了许多领导、专家、同事、亲朋好友的支持、指导与帮助，在此特向他们表示衷心的感谢。本教材在大家的共同努力下，几经修改终于定稿出版。由于编者水平有限，各种疏漏与错误在所难免，恳请广大同人与读者批评指正，我们将根据反馈意见，在再版中修订完善。

编者

2017 年 6 月 30 日

目　　录

第一章　导论

【知识与技能要求】

1.了解税收的定义与特征；

2.了解税收制度的概念，掌握税收制度与税法的关系；

3.理解和掌握税法的概念、税收法律关系的组成及税法的制定与实施；

4.理解和掌握税收制度的构成要素；

5.理解和掌握按照不同标准划分的税收分类；

6.了解我国的税制结构和我国税收制度的建立与发展。

【思政目标】

通过导论的教学，培养学生的税法治国理念、家国情怀以及社会责任感，增强学生诚信意识。

第一节　税收与税收制度

一、税收的概念

(一)税收的定义与特征

1.税收的定义

税收是国家为满足社会公共需要，凭借政治权力，依法参与单位和个人的财富分配，强制、无偿、固定地取得财政收入的一种形式。

2.税收的特征

从税收的定义中，我们可以看出税收具有以下三种特征。

(1)强制性

税收的强制性是指税收参与社会物品的分配是依据国家的政治权力，而不是财产权力,即和生产资料的占有没有关系。税收的强制性具体表现在税收是以国家法律的形式规定的,而税收法律作为国家法律的组成部分,对不同的所有者普遍适用,任何单位和个人都必须遵守,不依法纳税者将受到法律的制裁。税收的强制性说明,依法纳税是人们不应回避的法律义务。我国宪法明确规定,"中华人民共和国公民有依照法律纳税的义务"。正因为税收具有强制性的特点,所以它是国家取得财政收入的最普遍、最可靠的一种形式。

(2)无偿性

税收的无偿性是指国家征税以后,税款就归国家所有,不再直接归纳税人所有,国家也不支付任何报酬。税收的无偿性是相对的。对具体的纳税人来说,纳税后并未获得任何报酬。从这个意义上说,税收不具有偿还性或返还性。但若从财政活动的整体来看,税收是对政府提供公共物品和服务成本的补偿,这里又反映出有偿性的一面。特别是在社会主义条件下,税收具有马克思所说的"从一个处于私人地位的生产者身上扣除的一切,又会直接或间接地用来为处于社会成员地位的这个生产者谋利益"的性质,即"取之于民、用之于民"。当然,就某一具体的纳税人来说,他所缴纳的税款与他从公共物品或劳务的消费中所得到的利益并不一定是对称的。

(3)固定性

税收的固定性是指课税对象及每一单位课税对象的征收比例或征收数额是相对固定的,而且是以法律形式事先规定的,只能按预定标准征收,而不能无限度地征收。纳税人取得了应纳税的收入或发生了应纳税的行为,也必须按预定标准如数缴纳,而不能改变这个标准。同时,税收的固定性不能绝对化,随着社会经济条件的变化,具体的征税标准是可以改变的。比如,国家可以修订税法,调高或调低税率等,但这只是变动征收标准,而不是取消征收标准。所以,这与税收的固定性是并不矛盾的。

税收的这三种特征之间互相联系,缺一不可。其中,无偿性是核心,强制性是基本保障。原因在于:公共产品和公共服务大多具有排他性,社会成员从中得到的利益也无法直接计量,这就决定了国家对社会成员提供的公共服务职能是无偿的。相应地,国家也只能通过强制、无偿地取得财政收入来满足公共需要,因而要求有很高的强制权力作为征税保障,这种权力只能是国家政治权力,法律使这种政治权力得以体现和落实。

3.税收的本质

(1)西方税收学对税收本质的认识

税收是一个很古老的范畴,在西方税收学说史中,对税收本质的各种观点可以说是众说纷纭,最常见的归纳有所谓的"公需说""交换说""利益说""保险说""义务说""分担说""牺牲说""能力说""社会政策说""经济调节说"等。事实上,这些都可以概括成为两大流派——"交换说"和"义务说"。

第一,"交换说"。"利益说""保险说"等可以概括在"交换说"之中。这些学说强调,税收是纳税人对国家提供的安全保护和公共秩序的一种代价,从而国家和纳税人之间的关系是一种交换关系。"交换说"萌芽于17世纪,盛行于18世纪自由资本主义时期。当时新兴资产阶级在政治上摧毁了封建专制,包括古典经济学家亚当·斯密在内的资产阶级学者都认为,国家的职能只在于保护个人的生命财产安全和资本的自由经营,人民纳税就是对国家提供的安全保护的一种交换代价。因此,"交换说"与国家职能"守夜者"的主张相契合。

第二,"义务说"。"公需说""分担说""牺牲说"都可以概括在"义务说"之中,这些学说强调税收是国家为满足公共需要或公共福利而向纳税人强制征收的。从这个意义上说,税收对具体纳税人来说是一种负担。19世纪末,资本主义开始进入垄断阶段,社会阶级矛盾日益尖锐。一部分资产阶级学者从社会改良出发,主张运用政府权力解决社会问题,他们认为国家不仅是"守夜者",还要执行各种社会政策、调节社会矛盾,而税收是保证国家调节社会矛盾的重要手段。在这种历史背景下,按以往的"交换说"来解释税收显然就不合适了。因此,"义务说"与资本主义垄断时期国家职能的扩大相适应。

所以,学者开始主张,从国家方面看,税收是国家对人民强制课征的;从纳税人方面看,税收则是人民的一种义务负担,并且是一种牺牲。同时,资本主义经济长期发展的实践说明,要用"无形的手"加上"有形的手"实行对经济和社会的调节,方可实现资源最佳配置和保证经济稳定增长的需要。

税收成为国家必须运用的政策工具,之后现代西方关于税收本质的学说是以"义务说"为基础发展起来的,"义务说"现已成为现代西方经济学家对税收本质的一种共识。总而言之,在西方税收理论中,无论是"交换说"还是"义务说",都是建立在同一前提上的,即税收的本质是以国家为主体满足公共需要的分配关系,只是所处的历史条件不同,分析问题的角度不同,强调的侧重点不同罢了。

(2)中国税收学对税收本质的认识

如前所述,中国的税收是指国家为了满足社会公共需要,凭借政治权力,依法参与单位和个人的财富分配,强制、无偿地取得财政收入的一种形式。从税收本质上来说,不论是在资本主义还是在社会主义国家,都是一样的。

税收的本质不因社会性质的不同而变化,但是分别用一句话来概括社会主义国家税收的性质和资本主义国家税收的性质,则为"取之于民,用之于民"和"取之于民,用之于己"。

①它们的相同点,都是"取之于民"。这里的"民"不能从现象去把握,而应从实质上去理解。在社会主义国家中,税收本质上是劳动人民创造的价值中的一部分;在资本主义国家中,也是如此。所以,它们都叫做"取之于民"。

②它们的差异点,是"用之于民"还是"用之于己"。具体来讲,在满足公共需要"公民范围"上存在差异。

第一,社会主义税收的"用之于民",实质上是为所有普通的劳动人民服务的。

第二,满足"公共需要"内容上的差异。税收与国家之间存在着密切的联系,国家存在的经济体现就是税收。在资本主义国家中,"税收实际上是资产阶级保持统治阶级地位的手段",也就是为了维护资产阶级利益的。

在社会主义国家中,国家的本质为"人民是国家的主人,国家的一切权力属于人民"。同时,社会主义经济制度以生产资料公有制和按劳分配为基础,而社会主义税收是社会主义国家在发展生产的基础上,为了不断提高人民的物质文化生活水平,参与部分社会产品或国民收入所得的一系列分配活动。

因此,社会主义税收是为全体人民服务的,体现了国家、集体和个人之间根本利益完全的一致性。总而言之,税收的本质虽然一样,但是在不同性质的国家中,税收的性质存在着巨大的差异。

(二)税收的职能

税收的职能是由税收的本质决定的,根据税收分配过程中的职责和功能,分为财政职能、经济职能和收入再分配职能。

(1)财政职能,是指税收所具有的从社会成员和经济组织手中强制性地取得一部分收入,用以满足国家提供公共品或服务需要的职能,是税收职能中首要的、基本的职能。

(2)经济职能,是指税收调节经济的职能,是政府通过税收政策的调整,影响个人和企业的经济活动,并最终干预宏观经济运行,"熨平"经济周期的职能。

(3)收入再分配职能,也称公平职能,是指税收具有的影响社会成员收入分配,达到符合一定社会公平目标的格局的职能。

二、税收制度的基本概念

(一)税收制度的概念

税收制度简称税制,是国家以法律形式规定的各种税收法律、法规的总称,或者说是国家以法律形式确定的各种课税制度的总和。税收制度是税收本质的具体体现,是实现税收职能的方式。具体体现在以下几个方面。

1.税收制度是处理税收分配关系的载体

税收是国家或政府通过法律手段强制地、无偿地参与社会产品或国民收入分配的一种分配形式。税收的多少决定着社会产品或国民收入在纳税人和国家之间的分配比例,通过税款的征缴所形成的国家同纳税人之间的经济关系就是税收的分配关系。

在社会主义市场经济条件下,不分经济性质,只要纳税人发生了应税收入、收益或者行为,就应当依法纳税,否则就是违法。因此,税收是国家取得财政收入和调控经济运行最重要的手段。

税收的分配作用是通过税收制度这一载体实现的。离开了税收制度,就无法进行科学的国民收入分配。因此,税收制度是处理税收分配关系的载体,要正确处理国家同纳税人的经济分配关系,必须建立合理完善的税收制度。

2.税收制度是实现税收作用的载体

一个国家要发挥税收的作用,包括取得财政收入,调节生产、消费、分配和不同经济成分的收入水平等,都必须制定合理的税收制度并有效地执行税收制度,离开税收制度这一实现税收作用的载体,税收作用是无法充分发挥出来的。也就是说,税收本身作为国民收入的分配手段,必须借助税收这一载体,才能将其聚财和调控作用发挥出来。这是因为不同的税制,不同的税种,不同的税负水平,不同的征管范围,所产生的作用也不相同。因此,税收制度是税收作用的实现形式,只有建立合理、完善的税收制度,才能更好地发挥税收所具有的作用。

3.税收制度是税收征纳的依据

国家要征税,纳税人要纳税,双方形成一种征纳关系,这种征纳关系必须用法律或制度的形式加以规定,以便双方在征纳过程中共同遵守。如果没有税收制度作为依据,税务机关和纳税人两方的责任、义务都得不到明确,税收的征纳就难以做到科学、客观、公正、有序。因此,税收制度是税收征纳的依据,只有建立了科学的税收制度,才能实现税收征管的科学化;只有建立了理想的税收制度,才能实现理想的税收征收管理。同时,税收制度的建立也要有利于税收征纳效率。

(二)税法与税收制度

税收制度的核心是税法。

1.税法的概念

税法是税收制度的法律表现形式,它是用以调整国家与纳税人之间的征纳税方面的权利和义务关系的法律规范的总称。它是国家依法征税和纳税人依法纳税的行为准则。它一方面可以维护正常的税收秩序,保证国家的财政收入;另一方面还可以维护纳税人的合法权益。

2.税收法律关系

提到税收制度与税法的概念,还涉及另一个概念,就是税收法律关系。税收法律关系是由税收法律规范确定和调整的国家与纳税人之间发生的权利与义务关系。国家征税表现为纳税人之间的利益分配关系,在通过法律明确双方的权利与义务后,这种关系上升为一种特定的法律关系。了解税收法律关系,对于正确理解国家税法的本质,严格依法纳税、依法征税具有重要的意义。

(1)税收法律关系的构成

税收法律关系总体上与其他法律关系一样,都是由权利主体、权利客体和法律关系的内容三方面构成,但在这三方面的内涵上,税收法律关系则具有特殊性。

①权利主体

税收法律关系的主体即税收法律关系中享有权利和承担义务的当事人。在我国,税收法律关系的主体包括征纳双方,一方是代表国家行使征税职责的国家行政机关,包括各级税务机关、海关和财政机关;另一方是履行纳税义务的人,包括法人、自然人和其他组织,在华的外国企业、组织、外籍人、无国籍人,以及在华虽然没有机构、场所,但有来源于中国境内所得的外国企业或组织。我国对税收法律关系中权利主体纳税义务人一方的确定采取属地兼属人的原则。

税收法律关系中权利主体双方法律地位平等。但由于主体双方是行政管理与被管理者的关系,故双方的权利与义务不对等。这是税收法律关系区别于权利主体双方权利与义务平等的一般民事法律关系的一个重要特征。

②权利客体

权利客体是税收法律关系主体的权利、义务所共同指向的对象,也就是征税对象。例如,所得税的法律关系客体就是生产经营所得和其他所得,财产税的法律关系客体就是财产,商品和劳务税法律关系客体则是货物销售收入或劳务收入,等等。税收法律关系客体也是国家利用税收杠杆调整和控制的目标,国家在一定时期根据客观经济形势发展的需要,通过扩大或缩小征税范围调整征税对象,以达到限制或鼓励国民经济中某些产业、行业发展的目的。

③税收法律关系的内容

税收法律关系的内容就是权利主体享有的权利和所应承担的义务,这是税收法律关系中最实质的东西,也是税法的灵魂。它规定权利主体可以有什么行为,不可以有什么行为,否则须承担相应的法律责任。

国家税务主管机关的权利主要是依法征税、税务检查及对违章者进行处罚;其义务主要是向纳税人宣传、咨询、辅导税法,及时把征收的税款解缴国库,以及依法受理纳税人对税收争议的申诉等。

纳税义务人的权利主要有多缴税款申请退还权、延期纳税权、依法申请减免税权、申请复议和提起诉讼权等;其义务主要有按税法规定办理税务登记、进行纳税申报、接受税务检查、依法缴纳税款等。

（2）税收法律关系的产生、变更与消灭

税法是引起税收法律关系的前提条件,但税法本身并不能产生具体的税收法律关系。税收法律关系的产生、变更与消灭必须有能够引起税收法律关系产生、变更与消灭的客观情况,也就是由税收法律事实来决定。税收法律事实一般是指税务机关依法征税的行为和纳税人的经济活动行为,发生这种行为才能产生、变更或消灭税收法律关系。例如,纳税人开业经营即产生税收法律关系,纳税人转业或停业就会造成税收法律关系的变更或消灭。

（3）税收法律关系的保护

税收法律关系是同国家利益和企业、个人的权益相联系的。保护税收法律关系,实质上就是保护国家正常的经济秩序,保障国家财政收入,维护纳税人的合法权益。税收法律关系的保护形式和方法有很多,如税法中关于限期纳税、征收滞纳金和罚款的规定。刑法中对构成抗税罪、骗税罪给予刑罚的规定,以及税法中对纳税人不服税务机关征税处理决定可以申请复议或提出诉讼的规定等都是对税收法律关系的直接保护。税收法律关系的保护对权利主体双方是对等的,不能只保护一方,而对另一方不予保护,对权利享有者的保护就是对义务承担者的制约。

3.我国税法的制定与实施

税法的制定与实施就是我们通常说的税收立法和税收执法。税法的制定是税法实施的前提,有法可依、有法必依、执法必严、违法必究,是税法的制定与实施过程中必须遵循的基本原则。

（1）税法的制定

由于税收法律、法规和规章的制定机关不同,法律级次不同,因此法律效力也不同。以下进行简单的介绍。

①全国人民代表大会及其常务委员会制定的税收法律

根据我国宪法的规定,我国税收法律的立法权由全国人民代表大会及其常务委员会行使,其他任何机关都没有制定税收法律的权力。在国家税收中,凡是基本的、全局性的问题,例如,国家税收的性质,税收法律关系中征纳双方权利与义务的确定,税种的设置,税目、税率的确定等,都需要由全国人民代表大会及其常务委员会以税收法律的形式制定实施,并且在全国范围内,无论对国内纳税人,还是涉外纳税人都普遍适用。在现行税法中,如《中华人民共和国企业所得税法》《中华人民共和国个人所得税法》《中华人民共和国税收征收管理法》等都是税收法律。除宪法外,在税收法律体系中,税收法律具有最高的法律效力,是其他机关制定税收法规、规章的法律依据,其他各级机关制定的税收法规、规章,都不得与宪法和税收法律相抵触。

②全国人民代表大会及其常务委员会授权立法

授权立法是指全国人民代表大会及其常务委员会根据需要授权国务院制定某些具有法律效力的暂行规定或者条例。授权立法与制定行政法规不同。国务院经授权立法所制定的规定或条例等,具有国家法律的性质和地位,它的法律效力高于行政法规,在立法程序上还需报全国人民代表大会常务委员会备案。1984年9月1日,全国人民代表大会常务委员会授权国务院改革工商税制和发布有关税收条例;1985年全国人民代表大会授权国务院在经济体制改革和对外开放方面可以制定暂行的规定或者条例。按照这两次授权,国务院从1994年1月1日起实施工商税制改革,制定并实施了增值税、营业税、消费税、资源税、土地增值税、企业所得税等6个暂行条例。授权立法,在一定程度上解决了我国经济体制改革和对外开放工作急需法律保障的当务之急。税收暂行条例的制定和公布施行,为全国人民代表大会及其常务委员会的立法工作提供了有益的经验和条件,也为在条件成熟时,将这些条例上升为法律做好了准备。

③国务院制定的税收行政法规

国务院作为最高国家权力机关的执行机关,是最高的国家行政机关,拥有广泛的行政立法权。行政法规作为一种法律形式,在我国法律形式中处于低于宪法、法律和高于地方法规、部门规章、地方规章的地位,在全国范围内普遍适用。行政法规的立法目的在于保证宪法和法律的实施,行政法规不得与宪法、法律相抵触,否则无效。国务院发布的《中华人民共和国企业所得税法实施条例》《税收征收管理法实施细则》等,都是税收行政法规。

④地方人民代表大会及其常务委员会制定的税收地方法规

根据《中华人民共和国地方各级人民代表大会和地方各级人民政府组织法》的规定,省、自治区、直辖市的人民代表大会以及省、自治区、直辖市的人民政府所在地的市和经国务院批准的较大的市的人民代表大会有制定地方性法规的权力。由于我国在税收立法上坚持"统一税法"的原则,因此地方权力机关制定税收地方法规不是无限制的,而是要严格按照税收法律的授权行事。目前,除了海南省、民族自治地区按照全国人民代表大会授权立法规定,在遵循宪法、法律和行政法规的原则基础上,可以制定有关税收的地方性法规外,其他省、市一般都无权自定税收地方性法规。

⑤国务院税务主管部门制定的税收部门规章

宪法规定,有权制定税收部门规章的税务主管机关是财政部、国家税务总局及海关总署。税务主管机关制定规章的范围包括:有关税收法律、法规的具体解释、税收征收管理的具体规定、办法等。税收部门规章在全国范围内具有普遍适用效力,但不得与税收法律、行政法规相抵触。例如,财政部颁发的《中华人民共和国增值税暂行条例实施细则》、国家税务总局颁发的《税务代理试行办法》等都属于税收部门规章。

⑥地方政府制定的税收地方规章

《中华人民共和国地方各级人民代表大会和地方各级人民政府组织法》规定,省、自治区、直辖市的人民政府可以根据法律、行政法规和本省、自治区、直辖市的地方性法规,制定规章,报国务院和本级人民代表大会常务委员会备案;设区的市、自治州的人民政府可以根据法律、行政法规和本省、自治区的地方性法规,依照法律规定的权限制定规章,报国务院和省、自治区的人民代表大会常务委员会、人民政府以及本级人民代表大会常务委员会备案。按照"统一税法"的原则,上述地方政府制定税收规章,都必须在税收法律、法规明确授权的前提下进行,并且不得与税收法律、行政法规相抵触。没有税收法律、法规的授权,地方政府是无权自定税收规章的,凡越权自定的税收规章没有法律效力。例如,国务院发布实施的城市维护建设税、车船税、房产税等地方性税种暂行条例,都规定省、自治区、直辖市人民政府可根据条例制定实施细则。

(2)税法的原则

原则是指观察、处理问题的行为准则。税法原则,可以定义为根据社会、经济的要求确定税收政策、税收制度和税收管理的准则,也可以定义为规范化的治税思想。它体现了经济发展的客观要求及形成税制运行深层的观念体系。税法的原则伴随着社会、经济的不同特点而调整变化,具有鲜明的时代特征。

我国的税法原则包括税法基本原则和税法适用原则。

①税法基本原则

第一,税收法定原则。税收法定原则是税法基本原则的核心。党的十八届三中全会审议通过的《中共中央关于全面深化改革若干重大问题的决定》明确提出

"落实税收法定原则"。这是税收法定原则第一次写入党的重要纲领性文件中。

一般认为,税收法定原则的内涵包括三个方面:一是要素法定,即纳税人、课税对象、税基、税率、税收优惠等基本税收要素应当由法律规定;二是要素确定,即法律对税收要素的规定必须尽量明确,以避免出现漏洞和歧义;三是征税合法,即征税机关必须严格按照法律规定的课税要素与征纳程序来征收税款,不允许擅自变更。

拓展阅读

法治、社会主义和谐社会、税收法定

第二,税收公平原则。现代意义上的税收公平原则,主要包括社会公平和经济公平两层含义。

首先,税收公平原则是由于社会公平问题而受到重视的。税收本来就是政府向纳税人的无偿分配,因此,在征税过程中客观上存在利益的对立和抵触,纳税人对征税是否公平、合理,自然十分关注。如果政府征税不公,则征税的阻力就会很大,偷逃税严重时还会引起社会矛盾。税收的社会公平,最早是指税额的绝对公平,即要求每个纳税人都应缴纳相同数额的税,反映到税制上就是实行比例税率。从理论上说,无论是税额的绝对公平,还是税负的绝对公平,都要求普遍征税。正是出于这样的考虑,德国著名财税学家阿道夫·瓦格纳在其提出的社会公正原则中,首先提出普遍原则,即征税要普及每个人,不应存在享受免税的特权阶层。

后来,瓦格纳将公平的标准从绝对公平发展到相对公平,即征税要考虑纳税人的纳税能力,纳税能力大的应多纳税,纳税能力小的则少纳税。它要求税制实行累进税率。

税收的公平还包括横向公平和纵向公平。横向公平是指对经济情况(或纳税能力)相同的人应当课以相同的税收,通常通过比例税率来满足这一要求。纵向公平是指纳税能力不同的人,应当课以不同的税收,其税负不应相同,纳税能力越强,其承担的税负应越重。高收入者应当比低收入者多纳税。一般采用累进税率满足这种要求,高收入者按较高税率征税。

税收的社会公平之所以重要,不仅是因为公众对它的关注和反应,还因为它是人类文明进步在税收上的一种反映,即要求税收也要遵循公平原则,取消免税特权。

其次,现实中政府征税还要做到经济上的公平。

税收的经济公平包括两个层次的内容:一是要求税收保持中性,即对所有从事经营的纳税人,包括经营者和投资者,要一视同仁,同等对待,以便为经营者创造一个合理的税收环境,促进经营者公平竞争。营改增的全面实施,以及企业所得税以比例税率为主等都是这种公平要求的体现。二是对于客观上存在的不公平因素,如资源禀赋差异需要通过差别征税实施调节,以创造大体同等或是大体公平的客观竞争环境。

第三,税收效率原则。税收效率原则是指税收活动有利于经济效率的提高。政府征税,包括税制的建立和税收政策的运用,应讲求效率,遵循效率原则。税收效率原则可以分为税收的行政效率原则和税收的经济效率原则两个方面。

首先,税收的行政效率原则是指税务行政管理方面的效率,也就是征税过程本身的效率。该原则要求税收在征收和缴纳过程中应将耗费成本降至最低。

其次,税收的经济效率原则是税收效率的最高层次。税收对经济的影响是积极的还是消极的,影响的程度如何、范围多大,是有争议的,在认识上也存在一个不断的发展过程。

拓展阅读

中国税收的行政与经济效率现状

第四,实质课税原则。实质课税原则是指应根据客观事实确定是否符合课税要件,并根据纳税人的真实负担能力决定纳税人的税负,而不能仅考虑相关外观和形式。比如,企业所得税规定,当关联方交易可能存在人为调整价格的情况,税务机关有权进行特别纳税调整。

②税法适用原则

税法适用原则是指税务行政机关和司法机关运用税收法律规范解决具体问题

所必须遵循的准则。税法适用原则并不违背税法基本原则,而且在一定程度上体现税法基本原则。但是与其相比,税法适用原则含有更多的法律技术性准则,更为具体化,包括:

第一,法律优位原则。法律优位原则的基本含义是法律的效力高于行政立法的效力。法律优位原则在税法中的作用主要体现在处理不同等级税法的关系上。法律优位原则明确了税收法律的效力高于税收行政法规的效力,此外,还可以进一步推论为税收行政法规的效力优于税收行政规章的效力。效力低的税法与效力高的税法发生冲突时,效力低的税法是无效的。

第二,法律不溯及既往原则。法律不溯及既往原则是绝大多数国家遵循的法律程序技术原则。其基本含义是,一部新法实施后,对新法实施之前人们的行为不得适用新法,而只能沿用旧法。在税法领域内坚持这一原则,目的在于维护税法的稳定性和可预测性,使纳税人能在知道纳税结果的前提下做出相应的经济决策,从而发挥税收的调节作用。比如,城建税 2010 年 12 月 1 日之前不适用外商投资和外国企业,那么 2010 年 11 月就不需要交城建税。

第三,新法优于旧法原则。新法优于旧法原则也称后法优于先法原则。其含义是,新法、旧法对同一事项有不同规定时,新法的效力优于旧法。其作用在于避免因法律修订带来新法、旧法对同一事项有不同的规定而给法律适用带来混乱,为法律的更新与完善提供法律适用上的保障。新法优于旧法原则在税法中普遍使用,但是当新税法与旧税法处于普通法和特别法的关系,以及某些程序性税法引用"实体从旧,程序从新"原则时,可以例外。

第四,特别法优于普通法原则。特别法优于普通法原则的含义是,对同一事项两部法律分别订有一般规定和特别规定时,特别规定的效力高于一般规定的效力。特别法优于普通法原则打破了税法效力等级的限制,即居于特别法地位级别较低的税法,其效力可以高于作为普通法的级别较高的税法。

第五,实体从旧、程序从新原则。实体从旧、程序从新原则的含义包括两个方面:一是实体税法不具备溯及力,即在纳税义务的确定上,以纳税义务发生时的税法规定为准,实体性的税法规则不具有向前的溯及力。二是程序性税法在特定条件下具备一定的溯及力,即对于新税法公布实施之前发生,但在新税法公布实施之后进入税款征收程序的纳税义务,原则上新税法具有约束力。

第六,程序优于实体原则。程序优于实体原则是关于税收争讼法的原则。其基本含义是,在诉讼发生时,税收程序法优于税收实体法。这一原则是为了确保国家课税权的实现,不因争议的发生而影响税款的及时、足额入库。

（3）税收立法程序

税收立法程序是指国家立法机关或其授权机关，在制定、认可、修改、补充、废止等税收立法活动中，必须遵循的法定步骤和方法。

目前，我国的税收立法程序主要包括以下几个阶段：

①提议阶段。无论是税法的制定，还是税法的修改、补充和废止，一般由国务院授权其税务主管部门（财政部、国家税务总局及海关总署）负责立法的调查研究等准备工作，并提出立法方案或税法草案上报国务院。

②审议阶段。税收法规由国务院负责审议。税收法律在经国务院审议通过后，以议案的形式提交全国人民代表大会常务委员会的有关工作部门，在广泛征求意见并做修改后，提交全国人民代表大会或其常务委员会审议通过。

③通过和公布阶段。税收行政法规由国务院审议通过后，以国务院总理名义发布实施。税收法律在全国人民代表大会或其常务委员会开会期间，先听取国务院关于制定税法议案的说明，然后经过讨论，以简单多数的方式通过后，以国家主席名义发布实施。

（4）税法的实施

税法的实施即税法的执行，它包括税收执法和守法两个方面：一方面要求税务机关和税务人员正确运用税收法律，并对违法者实施制裁；另一方面要求税务机关、税务人员、公民、法人、社会团体及其他组织严格遵守税收法律。

第二节　税收制度的构成要素

税收制度的构成要素，是指各种单行税法具有的共同的基本要素的总称。首先，税法要素既包括实体性的，也包括程序性的；其次，税法要素是所有完善的单行税法共同具备的，仅为某一税法所单独具有而非普遍性的内容，不构成税法要素，如扣缴义务人。税法要素一般包括总则、纳税义务人、征税对象、税率、纳税环节、纳税期限、减税免税、纳税地点、罚则、附则等。

一、总则

总则主要包括立法依据、立法目的、适用原则等。例如，《中华人民共和国耕地占用税法》规定，"为了合理利用土地资源，加强土地管理，保护耕地，制定本法"。词条突出了该法制定的目的，即"立法目的"。

二、纳税义务人

纳税义务人或纳税人又叫纳税主体,是税法规定的直接负有纳税义务的单位和个人。任何一个税种首先要解决的就是国家对谁征税的问题,如我国的个人所得税法,增值税、消费税、资源税以及印花税等税种的暂行条例的第一条规定的都是该税种的纳税义务人。

纳税人有两种基本形式:自然人和法人。按照不同的目的和标准,还可以对自然人和法人进行多种详细的分类,这些分类对国家制定区别对待的税收政策,发挥税收的经济调节作用,具有重要的意义。如自然人可划分为居民纳税人和非居民纳税人,个体经营者和其他个人等;法人可划分为居民企业和非居民企业,还可按企业的不同所有制性质来进行分类等。

与纳税义务人紧密联系的两个概念是负税人和扣缴义务人。

负税人是最终负担税款的单位和个人。在实际生活中,有的税收是由纳税人自己缴纳,同时自己负担的,比如说企业所得税、个人所得税。而有的税收虽然是纳税人缴纳,但由于税收转嫁的特性,这些税款实际上是由他人所负担的,纳税人和负税人不一致,比如增值税、消费税等。

扣缴义务人分为代扣代缴义务人和代收代缴义务人。代扣代缴义务人是指虽不承担纳税义务,但依照有关规定,在向纳税人支付收入、结算货款、收取费用时有义务代扣代缴其应纳税款的单位和个人,如单位代扣工资、薪金的个人所得税等。如果代扣代缴义务人按规定履行了代扣代缴义务,税务机关将支付一定的手续费。反之,未按规定代扣代缴税款,造成应纳税款流失或将已扣缴的税款私自截留挪用、不按时缴入国库,一经税务机关发现,将要承担相应的法律责任。代收代缴义务人是指虽不承担纳税义务,但依照有关规定,在向纳税人收取商品或劳务收入时,有义务代收代缴其应纳税款的单位和个人。如消费税条例规定,委托加工的应税消费品,由受托方在向委托方交货时代扣代缴委托方应该缴纳的消费税。

【例 1-1】A 公司是一家家具生产企业,B 公司是一家大型家具卖场。10 月,A 公司将生产的家具销售给 B 公司。当月,B 公司将这批家具销售给消费者。请问:在上述销售行为中,谁是增值税的纳税人? 谁是增值税的实际负税人?

【解析】根据我国增值税暂行条例,A 公司和 B 公司在此项销售行为中均为货物的销售方,故都是增值税的纳税人,也就是税法规定的直接负有纳税义务的单位。

虽然 A 公司和 B 公司在生产、销售家具时都缴纳了增值税,但它们都将自己所缴纳的增值税转移给下一个环节,即 A 公司将其税款转移给了 B 公司,B 公司将 A 公司转移的税款,连同自身缴纳的税款一并转移给了消费者。也就是说,消费者在购买家具的时候,不仅支付了家具的价款,还承担了前面两个环节的增值税,所以消费者是最终的负税人。

【例1-2】张三是 A 公司的员工,10 月张三拿到手的工资为 4 955 元,45 元的个人所得税由 A 公司代扣代缴。请问:在上述行为中,谁是个人所得税的纳税人?谁是个人所得税的代扣代缴义务人?

【解析】根据个人所得税法的规定,工资、薪金需要按照七级累进税率缴纳个人所得税,A 公司为代扣代缴义务人,而张三为直接负有纳税义务的自然人。

拓展阅读

中国特色社会主义下纳税人的权利与义务

三、征税对象

征税对象又称课税对象、征税客体,是指税法规定对什么征税,是一种税区别于另一种税的主要标志,它体现着不同税种的界限,决定着不同税种名称的由来。每一种税种都有自己的征税对象,凡是列入征税对象的,都应征税;未列入征税对象的,则不征税。征税对象可以按货物、品种、所得、地区等进行划分。

征税对象随着社会生产力的变化而变化。在自然经济中,土地和人丁是主要的征税对象。商品经济中,商品的流转额、企业利润和个人所得成为主要的征税对象。在可以作为征税对象的客体比较广泛的情况下,选择征税对象一般应遵循有利于保证财政收入、有利于调节经济和适当简化的原则。

与征税对象有关的概念:

(1)税目,是指税法中对征税对象分类规定的具体的征税项目,它反映具体的征税范围,是对课税对象质的界定。一般而言,对征税对象比较简单、明确的税种,没有另行规定税目的必要,比如房产税。但对征税对象比较复杂的税种,将征税对象划分为若干品目,有利于明确征税对象的界限,便于征税。比如,消费税以消费品作为征税对象,但这个范围过于宽泛,因此需要明确对哪些消费品征税,即通过

— 15 —

税目将征税对象具体化。同时,通过不同税目规定不同税率实行差别征收,可以实现国家一定的经济政策目标。

确定税目通常采用两种方法:一种是列举法,即按商品或经营项目对征税对象进行分类列举,规定不同的税目,划分不同的细目,凡在列举范围的都必须征税,不在列举范围内的则可以不征。另一种是概括法,即按商品大类或行业设置税目,该方法适用于课税对象品种繁多,不易划分的税种。以上两种分类方法,前者界限分明,便于征纳,但如果税目过多,不便查找;后者税目简单,查找方便,但税目过粗,界限不明。具体应用中,可以将两种方法结合起来,使税目设计既有利于征管,又有利于贯彻国家政策。

(2)计税依据,也称税基,是据以计算征税对象应纳税款的直接数量依据,它解决对征税对象课税的计算问题,是对课税对象的量的规定。计税依据按照计量单位的性质划分,有两种基本形态:价值形态和物理形态。价值形态包括应纳税所得额、销售收入、营业收入等;物理形态包括面积、体积、容积、重量等。以价值形态作为税基,又称为从价计征,即按征税对象的货币价值计算。如生产销售化妆品的应纳消费税额是以化妆品的销售收入乘以适用税率计算得出的,其税基为销售收入,属于从价计征。以物理形态作为税基,又称为从量计征,即直接按征税对象的自然单位计算,如城镇土地使用税。某城市一企业使用土地面积 1 万平方米,此土地为应税土地,每平方米税额为 4 元,则该企业全年应纳城镇土地使用税税额为 4 万元。

另外,在征税对象的实际价格无法确定时,税务机关可以使用组成计税价格对征税对象从价计征。组成计税价格按不同情形,由影响价格的各个因素组成,例如,含税商品的组成计税价格=成本+利润,不含税商品的组成计税价格=(成本+利润)÷(1-消费税税率)。

四、税率

税率是对征税对象的征收比例或征收额度。税率是计算税额的尺度,也是衡量税负轻重与否的重要标志。我国现行的税率主要有 3 种:比例税率、累进税率、定额税率。

(一)比例税率

比例税率是对同一征税对象,不分数额大小,规定相同的征收比例。我国的增值税、城市维护建设税、企业所得税等采用的就是比例税率。比例税率在适用中又可分为三种具体形式:

(1)单一比例税率,是指对同一征收对象的所有纳税人都适用同一比例税率。

(2)差别比例税率,是指对同一征税对象的不同纳税人适用不同的比例税率。

我国现行税法按产品、行业和地区将差别比例税率进一步划分为以下3种类型：一是产品差别比例税率，即不同产品适用不同的比例税率，同一产品适用同一比例税率，如消费税、关税等；二是行业差别比例税率，即不同行业适用不同的比例税率，同一行业适用同一比例税率，如增值税等；三是地区差别比例税率，即区分不同的地区适用不同的比例税率，同一地区适用同一比例税率，如我国的城市维护建设税等。

（3）幅度比例税率，是指对同一征收对象，税法只规定最低税率和最高税率，各地区在该幅度内确定具体的适用税率。比例税率具有计算简单，税负透明度高，有利于保证财政收入，有利于纳税人公平竞争，不妨碍商品流转额或非商品流转额的扩大等优点，符合税收效率原则。但是，比例税率中也存在不足，主要表现在不能针对不同收入的纳税人实施不同的税率。对高收入者和低收入者均按同一比例征收，难以体现税收的公平原则。

（二）累进税率

累进税率是指随着课税对象数额增大而提高的税率。实行累进税率的税种将课税对象按其数额（或相对率）大小分成若干等级，每一等级规定一个税率，税率依次提高；每一纳税人的征税对象则依所属等级同时适用几个税率分别计算，将计算结果相加后得出应纳税额。累进税率体现了量能负担的原则，能根据纳税人负担能力的变化，更灵活地调节收入，体现了税负的公平原则。因此，所得税一般采用累进税率，特别是个人所得税。其缺点是在计算和征收上比较复杂。

累进税率根据累进方式的不同，在实际运用中又可分为全额累进税率、超额累进税率、超率累进税率三种。

（1）全额累进税率，是指对课税对象的绝对数额划分征税级距，就纳税人课税对象的全部数额按与之相适应的级距税率计征税款的一种累进税率，即一定课税对象的数额只适用一个等级的税率。

现以我国个人所得税中对工资、薪金的税率规定为例，假定个人所得税适用全额累进税率，如表1-1所示。

表1-1 某三级全额累进税率

级数	含税级距（所得）	税率/%
1	不超过1 500元的部分	3
2	1 500元至4 500元的部分	10
3	4 500元至9 000元的部分	20

【例 1-3】假定 A 纳税人月应纳税所得额为 4 500 元,B 纳税人月应纳税所得额为 4 501 元。要求:计算 A、B 各自的应纳税额。

【解析】A 纳税人应纳税额＝4 500×10％＝450(元);

B 纳税人应纳税额＝4 501×20％＝900.2(元)。

由此可见,全额累进税率的优点是计算简便,缺点是在两个级距的临界点处会出现税额的增加超过征税对象数额增加的不合理现象。如例 1-3 中,B 纳税人的所得只比 A 纳税人多 1 元,但应纳税额增加了 450.2 元(900.2－450)。这个结果显然不能被纳税人所接受,不利于鼓励纳税人增加收入。

(2)超额累进税率,是指把征税对象按数额的大小划分为若干等级,不同等级的课税数额分别适用不同的税率,课税数额越大适用税率越高的一种累进税率。超额累进税率一般在所得课税中使用,可以充分体现对收入多的纳税人多征,收入少的少征,无收入的不征的税收原则,从而有效地调节纳税人的收入,正确处理税收负担的纵向公平问题。表 1-2 为某三级超额累进税率。

【例 1-4】仍以上述 A、B 两个纳税人为例,A 纳税人月应纳税所得额为 4 500 元,B 纳税人月应纳税所得额为 4 501 元。表 1-2 为某三级超额累进税率表。要求:按超额累进税率的方法计算 A、B 两个纳税人的应纳税额。

表 1-2 某三级超额累进税率

级数	含税级距(所得)	税率/％	速算扣除数/元
1	不超过 1 500 元的部分	3	0
2	1 500 元至 4 500 元的部分	10	105
3	4 500 元至 9 000 元的部分	20	555

【解析】A 纳税人应纳税额＝1 500×3％＋(4 500－1 500)×10％＝345(元);

B 纳税人应纳税额＝1 500×3％＋(4 500－1 500)×10％＋(4 501－4 500)×20％＝345.2(元)。

可以看出,超额累进税率与全额累进税率相比,累进过程缓和,税收负担较为合理,但是在级次较多的情况下,分级计算然后相加的方法比较烦琐。为了简化计算,实际工作中往往采用速算法。速算法的原理是基于全额累进计算的方法,将超额累进计算转化为全额累进计算。对于同样的课税对象数量,按全额累进方法计算出的税额比超额累进方法计算出的税额多,即有重复计算的部分,这个多征的常数叫速算扣除数。用公式表示为

速算扣除数＝按全额累进方法计算的税额－按超额累进方法计算的税额

公式移项得

按超额累进方法计算的税额＝按全额累进方法计算的税额－速算扣除数

接上例，A、B两个纳税人可用速算扣除数的办法计算应纳税额：

A纳税人应纳税额＝4 500×10％－105＝345(元)

B纳税人应纳税额＝4 501×20％－555＝345.2(元)

（3）超率累进税率，是指以征税对象数额的相对率划分若干级距，并分别规定相应的差别税率，相对率没超过一个级距的，对超过的部分按高一级的税率计算征收的一种累进税率。目前我国税收体系中采用这种税率的有土地增值税。

（三）定额税率

定额税率是指按征税对象确定的计算单位，直接规定一个固定的税额。目前采用定额税率的有城镇土地使用税、车船税等。定额税率在具体运用上又可分为以下几种：

（1）地区差别定额，即为了照顾不同地区的自然资源、生产水平和盈利水平的差别，根据各地区经济发展的不同情况对各地区分别制定不同的税额。

（2）幅度定额，即税法只规定一个税额幅度，由各地根据本地区的实际情况，在税法规定的幅度内确定一个执行税额。

（3）分类分级定额，即把征税对象划分为若干个类别和等级，对各类各级由低到高规定相应的税额，等级高的税额高，等级低的税额低，具有累进税的性质。

定额税率的优点：一是它实行从量计征，而不是从价计征，有利于鼓励企业提高产品质量和改进包装。在税额固定的情况下，优质优价的产品相对税负轻，劣质劣价的产品相对税负重。企业在改进包装后，售价提高而税额不增，避免了从价税这方面的缺点。二是计算简便。三是税额不受征税对象价格变化的影响，负担相对稳定。但是，由于税额一般不随征税对象价值的增长而增长，不能使国家的财政收入随国民收入的增长而同步增长，在调节收入和使用范围上有局限性。

五、纳税环节

纳税环节是指税收制度中规定的征税对象从生产到消费流转过程中应当缴纳税款的环节。商品从生产到消费，要经过多个流转环节，包括工业生产、商品批发和商品零售等环节。任何一种税都要确定纳税环节，有的税种纳税环节比较明确固定，有的则需要在许多流转环节中选择和确定适当的纳税环节。

哪些环节纳税，哪些环节不纳税，税法中有明文规定。按照纳税环节的多少，还可以将税收征收制度分为一次课税制和多次课税制：

（1）一次课税制,是指同一种税在其征税对象运动过程中只在一个环节征税的课税制度。比如我国现行的资源税。

（2）多次课税制,是指同一种税在其征税对象运动过程中选择两个以上甚至所有环节都征税的课税制度。

合理地确定纳税环节,不仅关系到税制结构和整个税制的布局问题,而且对于控制税源、保证国家财政收入、平衡地区间的收入、便利纳税人缴纳税款等方面都有十分重要的理论和实践意义。

六、纳税期限

纳税期限是指税法规定的关于税款缴纳实践方面的限定,它是税收的固定性、强制性在时间上的体现。从原则上讲,纳税义务的发生时间和税款的缴纳实践是一致的。但是,由于纳税人取得应税收入或者发生纳税义务具有重复性、连续性,不可能每一次取得应税收入或者发生应税义务就立即缴纳一次税款。为了简化纳税手续,便于纳税人经营管理,同时有利于税款及时纳入国库,有必要根据各种税的不同特点以及纳税人的具体情况分别规定不同的纳税期限。

税法规定了每种税的纳税期限,即每隔固定时间汇总一次纳税义务的时间。如增值税条例规定,增值税的具体纳税期限分别为 5 日、10 日、15 日、1 个月或者1 个季度。纳税人的具体纳税期限,由主管税务机关根据纳税人应纳税额的大小分别核定;不能按照固定期限纳税的,可以按次纳税。由于纳税人对纳税期限内取得的应税收入和应纳税款需要一定的时间进行结算并办理纳税手续,因此还必须规定一个申报缴纳税款的期限。例如,限定在纳税期满后,纳税人将应纳税额缴纳入国库的期限。增值税暂行条例规定,纳税人以 1 个月或者 1 个季度为 1 个缴纳期的,自期满之日起 15 日内申报纳税;以 5 日、10 日或者 15 日为 1 个缴纳期的,自期满之日起 5 日内预缴税款,于次月 1 日起 15 日内申报纳税并结清上月应纳税款。

七、减税免税

减税免税主要是对某些纳税人和征税对象采取减少征税或者免于征税的特殊规定。具体而言,减税是对应征税款减征一部分,免税是免除全部税收负担。税收减免体现了国家一定时期的经济和社会政策,有较强的政策目的和针对性,是一项重要的税制要素。从形式上看,减免税主要包括税基式减免、税率式减免、税额式减免。

（一）税基式减免

税基式减免是指通过直接缩小计税依据的方式来实现的减税免税，具体包括起征点、免征额、项目扣除以及跨期结转等。

(1)起征点，是指税法规定的征税对象达到征税数额开始征税的界限。在规定了起征点的情况下，征税对象的数额未达到起征点的不征税；达到或超过起征点的则需全额征税。

(2)免征额，是指税法规定的征税对象的全部数额中免于征税的数额，是按照一定标准从征税对象数额中预先扣除的部分。不论课税对象的数额有多大，免征额部分始终不征税，仅对超过免征额的部分征税。如个人所得税中就有免征额的规定。

(3)项目扣除，是指征税对象总额中先扣除某些项目的金额后，以其余额为计税依据计算应纳税额。例如，企业所得税中就有项目扣除的规定。

(4)跨期扣除，是指将某些费用或损失向后或向前结转，抵消其一部分收益，以减少税基，实现减免税。例如，企业所得税中的亏损弥补规定。

（二）税率式减免

税率式减免是指通过直接降低税率的方式实行的减税免税，具体包括重新确定税率、选用其他税率、零税率。比如企业所得税中，对于符合小型微利条件的企业可以适用20％的企业所得税税率，而对于国家重点扶持的高新技术企业，则可以适用15％的企业所得税税率。上述20％和15％的企业所得税税率相对于25％的基本税率就是税率式减免。

（三）税额式减免

税额式减免是指通过直接减少应纳税额的方式实现的减税免税，具体包括全部免征、减半征收、核定减免率以及另定减征额等。比如企业所得税中，对于符合条件的技术转让所得，即一个纳税年度内，居民企业技术转让所得不超过500万元的部分，免征企业所得税；超过500万元的部分，减半征收企业所得税。

八、纳税地点

纳税地点是指根据各个税种缴纳对象的纳税环节和有利于对税款的源泉控制而制定的纳税人（包括代征、代扣、代缴义务人）的具体纳税地点。合理规定纳税人申报纳税的地点，有利于税务机关实施税源管理，防止税收流失，又便于纳税人缴纳税款。

九、罚则

罚则主要是指对纳税人违反税法的行为采取的处罚措施。

十、附则

附则一般都规定了与该法紧密相关的内容,如税法的解释权、生效时间等。

第三节 税收制度的分类

税收制度分类是指根据不同的目的,按照一定的标准,对复杂的税制和繁多的税种进行归类。科学合理的税收分类无论是在理论上还是实务上,都有助于认识和了解不同税制的特点及不同税种的性质与作用,从而为制定科学合理的税收政策和切实有效的税收征管制度提供可靠依据。常用的税收制度分类有以下几种:

一、按课税对象的性质分类

按课税对象的性质,税种可分为商品劳务税、所得税、财产税、资源税、行为税和特定目的税六类。这一分类方法也是我国税收分类的主要方法。

(一)商品劳务税

商品劳务税是以商品和劳务的流转额为课税对象的税种。它主要以商品销售额、购进商品的支付金额和营业收入额为计税依据,一般采用比例税率的形式。它对商品经济活动有直接的影响,易于发挥对经济的宏观调控作用。

(二)所得税

所得税是以收益所得为课税对象的税种。它主要对纳税人的生产经营所得、个人所得和其他所得进行课征。它可以直接调节纳税人收入,发挥其公平税负、调整分配关系的作用。

(三)财产税

财产税是以财产价值为课税对象的税种,包括房产税、车船税等。

(四)资源税和环境保护税类

资源税和环境保护税类包括资源税、环境保护税和城镇土地使用税,主要是对因开发和利用自然资源差异而形成的级差收入发挥调节作用。

(五)行为税

行为税是以特定的行为为课税对象的税种。行为税的征收是为了运用税收杠杆配合国家的宏观经济政策,对社会经济生活中的某些特定行为进行调节和限制。行为税包括印花税、车辆购置税等。

(六)特定目的税

特定目的税是对某些特定对象和特定行为发挥特定调节作用的税种,包括城市维护建设税、烟叶税等。

二、按税负能否转嫁分类

按税负能否转嫁,税种可分为直接税和间接税两大类。

直接税是指纳税人直接负担的各种税收。所得税和财产税属于直接税,对于直接税而言,由于税负不能转嫁,因而纳税人就是负税人。

间接税是指纳税人能将税负转嫁给他人负担的各种税。商品税属于间接税。对于间接税而言,纳税人不一定是负税人,最终负担税收的可能是消费者。

拓展阅读

直接税间接税划分及税制结构优化的再认识

三、按税收与价格的关系分类

按税收与价格的关系,税种可以分为价内税和价外税两大类。

价内税是指税款包括在商品或劳务价格中的税种,比如我国的消费税。价内税的计税价格为含税价格。价内税的税款是价格的组成部分,价格实现,税金就随之实现,它有利于国家及时取得财政收入。

价外税是指税款不包含在商品或劳务价格中的税种,比如我国的增值税。价外税的计税价格为不含税价格。

四、按税收的计量标准分类

按税收的计量标准,税种可分为从价税和从量税。

从价税是以征收对象的价格为计税依据的税种。我国现行的增值税和企业所得税等税种就是从价税。

从量税是以征税对象的数量、重量、容积或体积等自然单位为计税依据的税种。

从价税的应纳税额是随着商品价格或劳务收费的变化而变化的,它能够体现合理负担的税收政策,同时也能保证财政收入与计税价格同比例变化,因此大部分税种都采用这种计税方法。从量税的税额随着征收对象数量的变化而变化,虽然计算简单,但税收负担和财政收入不能随价格高低而增减,因而税收负担不尽合理,目前只有少数税种采用这一计税方法。

五、按税收收入归属分类

所有实行分税制的国家采取的分税制分为两种类型,即彻底的分税制和不彻底的分税制。

采取彻底的分税制的国家,将税收分为中央税和地方税两类,中央政府和地方政府各有其独立的税收立法和征管权限。

采取不彻底的分税制的国家,将税收分为中央税、地方税、中央与地方共享税三类,其立法权全部归中央政府,地方政府无权立法。中央税和地方税收入分别归属中央政府和地方政府,共享税采取在中央政府与地方政府之间分征、分成等分享形式。

根据国务院关于实行分税制财政管理体制的规定,我国的税收收入分为中央政府固定收入、地方政府固定收入和中央政府与地方政府共享收入。

（一）中央税

中央政府固定收入包括消费税(含进口环节由海关代征的部分)、车辆购置税、关税、船舶吨税和由海关代征的进口环节增值税等。

（二）地方税

地方政府固定收入包括城镇土地使用税、耕地占用税、土地增值税、房产税、车船税、契税、环境保护税和烟叶税等。

（三）中央和地方共享税

中央政府与地方政府共享收入主要包括下列几项:

(1)增值税:国内增值税中央政府分享50%,地方政府分享50%。进口环节由海关代征的增值税和铁路建设基金营业税改征增值税为中央收入。

(2)企业所得税:中国国家铁路(原铁道部)、各银行总行及海洋石油企业缴纳的部分归中央政府,其余部分中央与地方政府按60%与40%的比例分享。

(3)个人所得税:分享比例与企业所得税相同。

(4)资源税:海洋石油企业缴纳的部分归中央政府,其余部分归地方政府。

(5)城市维护建设税:中国国家铁路集团、各银行总行、各保险总公司集中缴纳的部分归中央政府,其余部分归地方政府。

(6)印花税:证券交易印花税全部为中央收入。2016年1月1日前,证券交易印花税收入的97%归中央政府,其余3%和其他印花税收入归地方政府。

2018年7月,中共中央办公厅、国务院办公厅印发了《国税地税征管体制改革方案》(以下简称《方案》),强调全面贯彻党的十九大和十九届二中、三中全会精神,以习近平新时代中国特色社会主义思想为指导,以加强党的全面领导为统领,改革国税地税征管体制,合并省级和省级以下国税地税机构,划转社会保险费和非税收入征管职责,构建优化高效统一的税收征管体系,为高质量推进新时代税收现代化提供有力制度保证,更好地发挥税收在国家治理中的基础性、支柱性、保障性作用,更好地服务决胜全面建成小康社会、开启全面建设社会主义现代化国家新征程、实现中华民族伟大复兴的中国梦。

《方案》提出国税地税征管体制改革的 4 条原则,即:坚持党的全面领导;坚持为民便民利民;坚持优化高效统筹,坚持依法协同稳妥。强调通过改革,逐步构建起优化高效统一的税收征管体系,为纳税人和缴费人提供更加优质高效的便利服务,提高税法遵从度和社会满意度,提高征管效率,降低征纳成本,增强税费治理能力,确保税收职能作用充分发挥,夯实国家治理的重要基础。《方案》明确了国税地税机构合并后实行以国家税务总局为主、省(区、市)党委和政府双重领导的管理体制,明晰了国家税务总局及各级税务部门与地方党委和政府在税收工作中的职责分工,有利于进一步加强对税收工作的统一管理,理顺统一税制和分级财政的关系,充分调动中央和地方的积极性。

从 2019 年 1 月 1 日起,基本养老保险费、基本医疗保险费、失业保险费、工伤保险费、生育保险费等各项社会保险费由税务部门统一征收。这要求整合纳税服务和税收征管等方面业务,优化完善税收和缴费管理信息系统,更好地便利纳税人和缴费人。

第四节 税收制度体系

一、税收制度体系的概述

税收制度体系,是指根据特定的社会经济条件和发展要求,一个国家的税收制度中不同税类之间以及不同税种之间相互配合、相互制约的组合状况。它体现了一个国家税收制度的整体布局和内部构造,反映了不同税系和不同税种在整个税收体系中的地位和作用。

由于税收制度体系设置的合理性在相当程度上决定了一个国家税收政策功能的发挥和目标的实现,因此,如何确定适合本国国情的税收制度体系是各国普遍关心的问题。一般来说,一国的税收制度体系并非固定不变,而是会随着社会经济环境的变化不断地调整。在正常情况下,该过程也是一国税制不断优化的进程。

二、税收制度体系的主要类型

以税种的多少为标准,税收制度体系可分为单一税制和复合税制。复合税制是两个以上的税种同时存在,且各个税种主次分明、互相配合的税收制度。复合税制由于税种多,可以普遍征收,能较大限度地保证国家筹集到足额的财政收入,又符合按能负税的原则。

世界各国普遍实行复合税制体系,但是,由于各国经济条件、历史传统和政策目标不同,在税种设置、税收分布格局上也不完全相同,甚至存在着比较大的差异,因此形成了各具特点的税制体系类型。以主体税种为标志的税制体系大概可归纳为以下三种类型。

(一)以商品和劳务税为主体的税制体系

在这类税制体系中,商品和劳务税居主体地位,包括增值税、消费税和关税。这些税主要在生产、流通或者服务业中发挥调节作用。它们的征税范围广,且不受生产经营成本费用变化的影响,税源充裕,不仅具有保证财政收入及时性和稳定性的特点,还有征管简便的特点。在实行价内税的情况下,这类税的税金又是价格的组成部分,它们能够与价格杠杆相配合调节生产消费,并在一定程度上调节企业的盈利水平。当然,这种税制体系也存在一些缺点。由于这类税只是在生产与流通领域形成收入的过程中对国民收入进行调节,所以其调节功能相对较弱,而且容易产生税负转移,其中有些税种还存在累退性或重叠征税等缺陷。

(二)以所得税为主体的税制体系

在这类税制体系中,所得税居主导地位。由于这类税制体系以纳税人的所得额为计税依据,对社会所有成员普遍征收,即不仅对生产经营者征税,也对非生产经营但取得收入的人征税。所有税还可与累进税率配合,具有按负担能力大小征收、自动调节经济和公平分配的特点。当然,这种税制体系也存在收入不稳定、计算复杂、要求相适应的社会核算程度较高、征管难度较大等缺陷。

(三)双主体的税制体系

在这类税制体系中,商品和劳务税制及所得税制均居主体地位,这两类税制的作用相当,互相协调、配合。这类税制体系的主要特点是在发挥商品和劳务税征收范围广、税源充裕、能保证财政收入的及时性和稳定性、征收简便等特点的同时,也能发挥所得税按负担能力的大小征收、自动调节经济和公平分配等特点,形成了两个主体税优势互补的税制体系。这类税制体系不仅在发展比较快的发展中国家采用,近年来也开始引起以所得税为主体税种的发达国家的重视。

三、影响税收制度体系设置的主要因素

尽管每一个国家的税制体系都有它具体的形成和发展原因,但从总体上看,影响税制体系的主要因素大致可归纳为财政、效率与公平。

(一)财政收入的需要与可能

首先,为政府支出筹资自始至终都是税收最基本、最直接的职能,这一职能会对税制体系产生重大的影响。政府支出的需要决定了税收收入的总量。由于不同税种的收入功能强弱不同,因此,不同的税收收入总量需要会对税制体系产生不同的影响。现阶段,各国经济都有了较大发展,社会产品日益丰富,课税有了较大的选择余地;同时,市场经济又要求政府的活动范围和规模应限制在弥补市场失灵的较小范围内,因而税收理论的重心发生了转移,评价和选择税种、税制的标准不再限于收入功能,而是更多地考虑公平与效率等问题,但是,窘迫的财政预算和巨额财政赤字的现实,迫使政府和财政学家又重新捡起已被忽视的税收收入功能。从现实来看,税收收入固然会随着经济的发展而自然增长,但政府支出规模也在扩大,甚至可能超出收入的增长。因此,税种的收入功能是不可忽视的。

其次,税收征管的外部环境决定了不同税种征管难易程度的差距。一般而言,在民主法制不健全、个人收入水平不高的国家,纳税人的纳税意识较低,征收直接税的阻力较大,一般选择以间接税为主体税种;反之,则可以选择以直接税为主体税种。同时,不同税种的征管难易程度还决定了其征收成本的高低,影响其净收入能力的大小。

最后,不同税种的收入功能强弱不同,反过来又会进一步影响到税制结构的动态发展。例如,所得税较富有弹性,其收入会随着经济发展、收入水平的提高而加速增长。这正是世界银行及众多经济学家得出"所得税随人均国民生产总值增长而上升、商品税随人均国民生产总值增长而下降"结论的重要原因。

(二)效率与公平的政策取舍

福利经济学认为,社会效用最大化的条件或手段有两个:生产资源的最优配置和收入分配不公平程度的减轻,即效率与公平。民主政府的管理目标因此可概括为效率与公平。作为政府管理重要手段之一的税收,要通过税收政策、征收管理等达到和体现政府的管理目标,因此,体现效率与公平是设置税制的基本要求。实证分析表明,效率与公平始终是影响税制的重要因素。

四、我国现行的税收制度体系

长期以来,我国的税收制度体系名义上是"双主体",但实质上商品和劳务税"一税独大",直接税处于从属地位,尤其是所得税的比重偏低,这使所得税的作用

空间受到很大限制,对我国经济社会发展的不良影响越来越突出。堪称中华人民共和国成立以来改革力度最大的1994年税制改革,建立了与社会主义市场经济基本相适应的税制框架,但税制结构的问题并没有解决,所得税比重偏低的状况不仅没有扭转,还进一步加剧,与国际惯例明显相悖。因此,未来较长时期税改的重点将是税制结构的优化,根据上述税收制度体系的基本决定因素与内在规律,结合我国的实际情况,建立适应我国国情和市场经济发展需要的"双主体"税制结构。

第五节　我国税制的建立与发展

税收是我国政府财政收入的主要来源,也是国家用以加强宏观调控的重要经济杠杆,对于我国的经济、社会发展具有十分重要的影响。

自1949年中华人民共和国成立以来,我国税制改革的发展大体经历了五个历史时期:第一个时期是1949年至1956年,即国民经济恢复和社会主义改造时期,这是中华人民共和国税制建立和巩固的时期;第二个时期是1957年至1978年底党的十一届三中全会召开以前,这个时期历经了"大跃进"、国民经济调整和"文化大革命",这是我国税制曲折发展的时期;第三个时期是1978年底党的十一届三中全会召开、我国实行改革开放政策以后的新时期,这是我国税制建设得到全面加强,税制改革不断前进的时期;第四个时期是1994年税制改革以后,其主要内容是全面改革税收制度,以适应建立社会主义市场经济体制的要求;第五个时期是2013年11月以后,党的十八届三中全会通过了《中共中央关于全面深化改革若干重大问题的决定》,这是我国税制税种全面深化改革的时期。

一、改革开放以前的税制状况

1949年中华人民共和国成立至1978年的29年间,我国税制建设的发展历程十分坎坷。

中华人民共和国成立后,政府立即着手建立新税制。1950年1月30日,中央人民政府政务院总理周恩来签署政务院通令,公布《关于统一全国税政的决定》和《全国税政实施要则》,规定全国一共设立14个税种,即货物税、工商业税(包括营业税和所得税两部分)、盐税、关税、薪给报酬所得税、存款利息所得税、印花税、遗产税、交易税、屠宰税、房产税、地产税、特种消费行为税和使用牌照税。除上述税种以外的其他税种,一般由省、市或者大行政区根据习惯拟订办法,报经大行政区或者中央批准后征收(当时主要有农业生产税、牧业税和契税),其中牧业税始终没有全国统一立法。在执行中,相关税务主管部门对税制做了一些调整。例如,增加契税、船舶吨税和文化娱乐税为全国性税种,其中契税自 20 世纪 50 年代中期以后基本停征。总的来说,1950 年至 1956 年,我国根据当时的政治、经济状况,在清理旧税制的基础上,建立了一套以多种税、多次征为特征的复合税制。这套税制的建立和实施,对保障财政收入、稳定经济,保证革命战争的胜利,实现国家财政经济状况的根本好转,促进国民经济的恢复和发展,配合国家对于农业、手工业和资本主义工商业的社会主义改造,建立、巩固和发展社会主义经济制度,发挥了重要的作用。

1958 年,我国实施了第二次大规模的税制改革,其主要内容是简化税制,试行工商统一税,甚至一度在城市国营企业试行"税利合一",在农村人民公社试行"财政包干"。此时,我国税制共设 14 个税种,即公司统一税、盐税、关税、工商所得税、利息所得税(1959 年停征)、城市房地产税、契税、车船使用牌照税、船舶吨税、屠宰税、牲畜交易税、文化娱乐税(1966 年停征)、农业税(1958 年由全国人民代表大会常务委员会立法)和牧业税。1966 年"文化大革命"开始后至 1976 年,已经简化的税制仍然被批判为"烦琐哲学"。1973 年,我国实施了第三次大规模的税制改革,其主要内容依旧是简化税制,试行工商税。此时,我国税制共设 13 个税种,即工商税、工商统一税(工商税开征以后此税基本停征)、关税、工商所得税、城市房地产税、契税、车船使用牌照税、船舶吨税、屠宰税、牲畜交易税、集市交易税、农业税和牧业税。

总的来看,1957 年至 1978 年的 22 年间,由于"左"的指导思想的作用和苏联经济理论、财税制度的某些影响,我国的税制建设受到了极大的干扰。税制几经变革,走的都是一条片面简化的路子。这大大地缩小了税收在经济领域中的活动范围,弱化了税收对社会政治、经济生活的影响,严重地妨碍了税收职能作用的发挥。

二、改革开放初期的税制改革

1978 年底至 1982 年间,党的十一届三中全会明确地提出了改革经济体制的任务;党的第十二次全国代表大会进一步提出要抓紧制定改革的总体方案和实施步骤,并在第七个五年计划期间(1986—1990 年)逐步推开;党的十二届三中全会通过了关于经济体制改革的决定。这些重要的会议及其所做的一系列重大决策,对于这一期间我国的经济体制改革和税制改革具有极为重要的指导作用。

涉外税制改革也取得了重大进展,1980 年至 1981 年,第五届全国人民代表大会先后公布了《中华人民共和国中外合资经营企业所得税法》《中华人民共和国个人所得税法》《中华人民共和国外国企业所得税法》。同时,对中外合资企业、外国企业和外国人沿用原有税法继续征收工商统一税、城市房地产税和车船使用牌照税。这样,就初步形成了一套大体适用的涉外税收制度,以适应我国对外开放初期引进外资和对外经济、技术合作的需要。

(一)1983年第一步"利改税"方案

作为企业改革和城市改革的一项重大措施,1983年,国务院决定在全国试行国营企业"利改税",即将1949年以后实行了30多年的国营企业向国家上缴利润的制度改为缴纳企业所得税的制度,并取得了初步的成功。这一改革从理论上和实践上突破了国营企业只能向国家缴纳利润,国家不能向国营企业征收所得税的禁区。这是国家与企业分配关系改革的一个历史性转变。

(二)1984年第二步"利改税"方案和工商税制改革

为了加快城市经济体制改革的步伐,1984年9月,经全国人民代表大会批准和全国人民代表大会常务委员会授权,国务院决定自当年10月起在全国实施国营企业"利改税"的第二步改革和税收制度的全面改革。

1984年至1989年,国务院先后发布《中华人民共和国城市维护建设税暂行条例》《中华人民共和国进出口关税条例》《中华人民共和国集体企业所得税暂行条例》《国营企业奖金税暂行规定(修订)》《国营企业工资调节税暂行规定》《集体企业奖金税暂行规定》《事业单位奖金税暂行规定》《中华人民共和国城乡个体工商业户所得税暂行条例》《中华人民共和国税收征收管理暂行条例》《中华人民共和国房产税暂行条例》《中华人民共和国车船使用税暂行条例》《中华人民共和国个人收入调节税暂行条例》《中华人民共和国耕地占用税暂行条例》《中华人民共和国建筑税暂行条例》《中华人民共和国私营企业所得税暂行条例》《中华人民共和国印花税暂行条例》《中华人民共和国筵席税暂行条例》《中华人民共和国城镇土地使用税暂行条例》。

1991年,第七届全国人民代表大会第四次会议将中外合资企业所得税法与外国企业所得税法合并,制定了《中华人民共和国外商投资企业和外国企业所得税法》。同年,国务院发布了《中华人民共和国固定资产投资方向调节税暂行条例》(固定资产投资方向调节税的前身为建筑税)。

经过1978—1993年的税制改革,我国初步建成了一套内外有别、城乡不同的,以货物和劳务税、所得税为主体,财产税和其他税收相配合的新的税制体系,大体适应了我国经济体制改革起步阶段的经济状况,税收的职能作用得到全面加强,税收收入随着经济发展持续稳定增长,宏观调控作用明显增强,对贯彻国家的经济政策,调节生产、分配和消费,促进改革开放,起到了积极的促进作用,并为下一步的税制改革打下了良好的基础。

三、社会主义市场经济初期的税制改革

1994 年税制改革是中华人民共和国成立以来规模最大、范围最广泛、内容最深刻的一次税制改革,改革的方案是在改革开放以后税制改革的基础上,经过多年的理论研究和实践探索,积极借鉴外国税制建设的成功经验,结合我国的国情制定的,推行以后从总体上看取得了很大的成功:第一,初步统一了税法,包括将原来内外有别的产品税、增值税、营业税、特别消费税和工商统一税改为内外统一的增值税、消费税和营业税,从而统一了货物和劳务税制度;将原来分别适用不同所有制内资企业的国营企业所得税、国营企业调节税、集体企业所得税和私营企业所得税改为适用所有内资企业的企业所得税,从而统一了内资企业所得税制度;将原来分别适用中外不同身份个人的个人所得税、城乡个体工商业户所得税和个人收入调节税改为适用所有个人的个人所得税,从而统一了个人所得税制度。第二,在统一税法的基础上,初步实现了公平税负,有利于促进各类企业在市场经济条件下平等竞争。以货物和劳务税而言,增值税的普遍推行减少了货物生产、流通中的重复征税;以所得税而言,基本实现了各类内资企业平等纳税。第三,通过统一税法,兼并税种,初步实现了税制的简化和规范化。税种从 37 个减少到 25 个(实际开征 23 个),税制要素的设计更为科学、合理、规范,以适应经济发展和税制建设的需要。

经过上述税制改革和 1994 年之后对税制的逐步完善,截至 20 世纪末,我国初步建立了适应社会主义市场经济体制需要的税收制度,这对保证财政收入,加强宏观调控,深化改革,扩大开放,促进经济与社会的发展起到了重要的作用,并为进一步完善税制奠定了坚实的基础。

四、社会主义市场经济完善期的税制改革

2003 年 10 月 14 日,十六届三中全会通过《中共中央关于完善社会主义市场经济体制若干问题的决定》,决定提出:深化农村税费改革,按照简税制、宽税基、低税率、严征管的原则,稳步推进税收改革。

(一)改革农业税制

2004 年 7 月 21 日,国务院发出《关于做好 2004 年深化农村税费改革试点工作的通知》,通知规定:按照 5 年以内取消农业税的总体部署,2004 年在黑龙江省、吉林省开展免征农业税改革试点,其他省份降低农业税税率;一些地方可以根据本地的财力状况,自主决定多降农业税税率,或者开展免征农业税改革试点。2005年 7 月 11 日,国务院发出《关于 2005 年深化农村税费改革试点工作的通知》,通知规定:国家扶贫开发工作重点县免征农业税,进一步降低其他地区农业税税率,鼓

励地方根据自身财力条件自主决定扩大农业税免征范围;全面取消牧业税。2005年12月29日,第十届全国人民代表大会常务委员会第十九次会议决定:自2006年起废止《中华人民共和国农业税条例》,我国城乡税制的最大差异随之消除。2006年2月17日,国务院废止《国务院关于对农业特产收入征收农业税的规定》及《屠宰税暂行条例》。

(二)完善货物和劳务税制

2000年,国务院公布《中华人民共和国车辆购置税暂行条例》,该条例自2001年起施行。2001年以后,经国务院批准,财政部、国家税务总局陆续调整消费税的部分税务、税率(税额标准)和计税方法。2003年,国务院公布了《中华人民共和国关税条例》,该条例自2004年起施行。2008年,国务院修订了增值税暂行条例、消费税暂行条例和营业税暂行条例,初步实现增值税从"生产型"向"消费税"的转变,结合成品油税费改革调整消费税,修订后的条例均自2009年起施行。自2012年起,经国务院批准,财政部、国家税务总局开始逐步实施营改增试点。

1.完善所得税制

2005年至2011年,全国人民代表大会常务委员会先后4次修改个人所得税法,其中2011年修改的税法自当年9月起施行。2007年,全国人民代表大会将过去对内资企业和外资企业分别征收的企业所得税合并为统一的企业所得税,新的企业所得税法自2008年起施行。

2.完善财产税制

2006年,国务院将车船使用税与车船使用牌照税合并为车船税,并公布了《中华人民共和国车船税暂行条例》,该条例自2007年起施行。2011年,《中华人民共和国车船税法》经全国人民代表大会常务委员会通过,自2012年起施行。2006年至2009年,国务院先后修改《中华人民共和国城镇土地使用税暂行条例》和《中华人民共和国和耕地占用税暂行条例》,将对内征收的城镇土地使用税和耕地占用税均改为内外统一征收,修订后的条例分别自2007年、2008年起施行。2009年,国务院取消城市房地产税,自当年起中外纳税人统一缴纳房产税。2011年,国务院修改《中华人民共和国资源税暂行条例》,该条例自当年11月起施行;公布《中华人民共和国船舶吨税暂行条例》,该条例自2012年起施行。

经国务院批准,自2013年8月1日起,在上海市等地进行试点的基础上,在全国范围内开展交通运输业和部分现代服务业营改增的试点工作,同时将广播影视服务纳入试点范围;2014年1月1日起,铁路运输业和邮政业在全国范围实施营改增试点;2014年6月1日起,电信业在全国范围实施营改增试点;2016年5月1日起,全面推开营改增试点,将建筑业、房地产业、金融业、生活服务业纳入试点范围。

2018年3月,国务院常务会议决定,从5月1日起,将降低增值税税率,以减轻企业税负。为刺激经济发展,国务院决定进一步降低增值税税率。

(三)征收管理法制建设

2001年4月28日,第九届全国人民代表大会常务委员会第二十一次会议对《中华人民共和国税收征收管理法》进行了修订。与原法相比,新的征收管理法在税务管理、税款征收、税务检查和法律责任等方面都做出了许多新规定,比较突出地体现了对纳税人权益的保护。

2002年9月7日,国务院颁布了《中华人民共和国税收征收管理法实施细则》,对征收管理法的规定予以细化。2003年4月23日,国家税务总局印发了《关于贯彻〈中华人民共和国税收征收管理法〉及其实施细则若干具体问题的通知》,该通知对税务登记代码、纳税申报等问题作了说明。随后,国家税务总局又先后颁布了具体的管理办法,如《纳税信用等级评定管理实行办法》《税务登记管理办法》《税收减免管理办法》等。根据《中华人民共和国行政复议法》及《中华人民共和国税收征收管理法》的要求,国家税务总局于2004年2月发布《税务行政复议规则(暂行)》,并于2015年12月28日发布修订后的《税务行政复议规则》。

根据国务院关于加强税收征管工作的要求,国家税务总局确立了"以申报纳税和优化服务为基础,以计算机网络为依据,集中征收,重点稽查,强化管理"的征管模式,在完善征管体制,夯实征管基础,强化税源管理,优化纳税服务,整合信息资源等方面做了许多尝试,确立了"科学化、精细化"的税务管理新思路。2002年,国家税务总局发布了《关于进一步做好所得税收入分享体制改革后征管工作的通知》,对分享体制改革后的征管问题予以明确。2004年,国家税务总局发布了《关于进一步加强税收征管工作的若干意见》,对强化税源管理等作了具体规定,同时,形成了纳税申报"一窗式"、涉税事项"一站式"、征管信息"一户式"的管理格局。

2013年6月,国务院法制办向全社会公布了税收征管法的修订草案,公开征求意见,拉开了税收征管法修订的序幕。

通过上述改革,我国的税制进一步简化、规范,实现了内外统一和城乡统一,税负更加公平,宏观调控作用进一步加强,在促进经济持续快速增长的基础上实现了税收收入的连年大幅度增加,有力地支持了我国的改革开放和各项建设事业的发展。

五、全面深化改革税制的时期

2013年11月,中国共产党第十八届中央委员会第三次全体会议通过了《中共中央关于全面深化改革若干重大问题的决定》,提出改革税制、稳定税负。完善地方税体系,逐步提高直接税比重;推进增值税改革,适当简化税率;调整消费税征收范围、环节和税率,把高耗能、高污染产品和部分高档消费品纳入征收范围;逐步建立综合与分类相结合的个人所得税制;加快房地产税立法并适时推进改革,加快资源税改革,推动环境保护费改税;完善以税收、社会保障、转移支付为主要手段的再分配调节机制,加大税收调节力度;坚持使用资源付费和谁污染环境、谁破坏生态谁付费原则,逐步将资源税扩展到占用各种自然生态空间。

2016 年 3 月,第十二届全国人民代表大会第四次会议批准了《中华人民共和国国民经济和社会发展第十三个五年规划纲要》。纲要中提出:按照优化税制结构、稳定宏观税负、推进依法治税的要求全面落实税收法定原则,建立税种科学、结构优化、法律健全、规范公平、征管高效的现代税收制度,逐步提高直接税比重。全面完成营业税改增值税改革,建立规范的消费型增值税制度。完善消费税制度。实施资源税从价计征改革,逐步扩大征税范围。清理规范相关行政事业性收费和政府性基金。开征环境保护税。完善地方税体系,推进房地产税立法。完善关税制度。加快推进非税收入管理改革,建立科学规范、依法有据、公开透明的非税收入管理制度。深化国税、地税征管体制改革,完善税收征管方式,提高税收征管效能。推行电子发票。降低增值税税负和流转税比重,清理规范涉企基金,清理不合理涉企收费,降低企业税费负担。建立矿产资源国家权益金制度,健全矿产资源税费制度。加快建立综合和分类相结合的个人所得税制度。将一些高档消费品和高消费行为纳入消费税征收范围。

2018 年 9 月公布的十三届全国人大常委会立法规划,提出了增值税、消费税和房地产税等 10 个税种的立法和修改税收征管法等规划。

至今,中国的税制有 18 个税种,即增值税、消费税、车辆购置税、关税、企业所得税、个人所得税、土地增值税、房产税、城镇土地使用税、耕地占用税、契税、资源税、车船税、船舶吨税、印花税、城市维护建设税、烟叶税和环境保护税。企业所得税、个人所得税和资源税等税种实现了法定。

通过上述改革,中国的税制进一步简化、规范,税负更加公平并有所减轻,税收的宏观调控作用进一步增强,在促进经济持续稳步增长的基础上实现了税收收入的持续稳步增长,有力地支持了中国的改革开放和各项建设事业的发展。

思考与练习

【思考题】

1.如何理解税收制度的含义？

2.税收制度可分为哪几种类型？

3.如何理解税法的概念、税收法律关系的组成及税法的制定与实施？

4.我国现行的税收制度是什么？未来的改革方向是什么？

【练习题】

一、单选题

1.某企业就应纳税款金额与主管税务机关产生了分歧,遂向上一级税务机关申请行政复议,但被告知必须先依照主管税务机关的纳税决定缴纳税款或者提供相应的担保后,才能依法申请行政复议。上述行为体现了税法的(   )。

A.法律优位原则　　　　　　　B.新法优于旧法原则

C.程序优于实体原则　　　　　D.实体从旧、程序从新原则

2."凡支付个人应纳税所得的企业(公司)、事业单位、机关、社会组织、军队、驻华机构、个体户等单位和个人,为个人所得税的扣缴义务人"的规定体现的是税收效率原则中的(   )。

A.行政效率　　　　　　　　　B.经济效率

C.法定效率　　　　　　　　　D.市场效率

3.下列关于税收法律关系的表述中,不正确的是(   )。

A.税收法律关系的主体包括征纳双方

B.对税收法律关系主体中纳税义务人的确定,在我国采取的是属地兼属人的原则

C.税收法律关系中权利主体双方法律地位平等,所以双方的权利与义务也是对等的

D.税收法律事实是引起税收法律关系的前提条件

4.在税法的构成要素中,(   )是一种税区别于另一种税的重要标志。

A.纳税义务人　　　　　　　　B.征税对象

C.税率　　　　　　　　　　　D.税目

5.以下各项中,不属于我国税收立法基本原则的是(   )。

A.公平原则

B.法定原则

C.效率原则

D.法律的稳定性、连续性与废、改、立相结合的原则

6.我国目前税制基本上是（　　）的税制结构。

A.间接税为主体

B.直接税为主体

C.间接税和直接税双主体

D.无主体

二、多选题

1.下列关于征税对象、税目、税基的说法，正确的有（　　）。

A.征税对象又叫课税对象，决定了某一种税的基本征税范围，也决定了各个不同税种的名称

B.税基又叫计税依据，是据以计算征税对象应纳税款的直接数量依据，是对课税对象的量的规定

C.税目是在税法中对征税对象分类规定的具体的征税项目，是对课税对象质的界定

D.我国对所有的税种都设置了税目

2.税率是计算税额的尺度，也是衡量税负轻重与否的重要标志，我国现行的税率主要有（　　）。

A.比例税率　　　　　　　B.超额累进税率

C.定额税率　　　　　　　D.超率累进税率

3.下列关于我国现行税法体系的说法，正确的有（　　）。

A.我国实行复合型税制

B.我国实行简单型税制

C.我国目前的税制基本上是以间接税和直接税为双主体的税制结构

D.我国目前的税制是实行以间接税为主体的税制结构

4.下列属于税收部门规章的有（　　）。

A.《中华人民共和国税收征收管理法实施细则》

B.《中华人民共和国增值税法》

C.《税务代理试行办法》

D.《涉税专业服务管理办法》

5.下列属于税收行政法规的有（　　）。

A.《中华人民共和国企业所得税法实施条例》

B.《中华人民共和国个人所得税法实施条例》

C.《中华人民共和国关税条例》

D.《中华人民共和国环境保护法》

【练习题参考答案】

第二章 增值税税制

【知识与技能要求】

　　1.了解增值税的基本原理和作用;

　　2.理解和掌握增值税的基本法律规定;

　　3.理解和掌握增值税应纳税额的计算;

　　4.了解增值税的相关征收管理规定。

【思政目标】

　　通过增值税税制的教学,培养学生的税法治国理念、家国情怀以及社会责任感,增强学生诚信意识。

第一节 增值税概述

　　目前,增值税是我国的第一大税种。我国自 1994 年 1 月 1 日起在全国范围内正式实行增值税。我国现行增值税的基本规范是 2017 年 11 月 19 日国务院令第691 号公布的《中华人民共和国增值税暂行条例》(以下简称《增值税暂行条例》)和2016 年 3 月财政部和国家税务总局发布的"营改增通知"以及 2008 年 12 月财政部和国家税务总局令第 50 号《中华人民共和国增值税暂行条例实施细则》(以下简称《增值税暂行条例实施细则》)。2024 年 12 月 25 日,《中华人民共和国增值税法》(以下简称《增值税法》)由中华人民共和国第十四届全国人民代表大会常务委员会第十三次会议表决通过,并将于 2026 年 1 月 1 日起实施。

　　一、增值税的概念

　　增值税是对在我国境内销售货物或者提供加工、修理修配劳务或应税行为,以及进口货物的单位和个人,以其货物销售、提供应税劳务或应税行为的法定增值额,以及进口货物的金额为计税依据而课征的一种流转税。在阐述增值税的概念时,首先要明确什么是理论增值额,什么是法定增值额。

(一)理论增值额

理论增值额是指企业或者其他经营者在生产经营过程中新创造的价值或商品的附加值,相当于商品价值 $C+V+M$ 中的 $V+M$ 部分。C 是商品生产过程中所消耗的上次资料转移价值;V 是劳动者为自己创造的价值,即工资;M 是劳动者为社会创造的价值,即剩余价值或盈利。对增值额有以下理解:

(1)对单个生产经营者而言,增值额是以其销售额扣减规定的非增值项目金额后的余额。

增值额＝销售额(或营业额)－非增值项目额(购进额)

(2)就一项商品生产的全过程而言,增值额是指该商品从生产到流通各个环节的增值额之和,相当于该商品最终销售时的销售额,不受生产经营环节多少的影响。

增值额＝各环节增值额之和＝最终商品销售额

假定一个商品的生产全过程如表 2-1 所示。

表 2-1　服装的生产经营环节

单位:元

生产经营环节	销售额	购进金额	增值额
棉花	20	0	20
织布	80	20	60
服装批发	90	80	10
零售	100	90	10
合计	—	—	100

该项货物在四个环节创造的增值额之和为 100 元,该项货物的最终消费价格也是 100 元。这说明,在税率一致的情况下,对每一生产流通环节征收的增值税之和,也就等于最终商品的销售额。

(二)法定增值额

从各国实践来看,用于征税的增值额不是理论增值额,而是法律规定的增值额(法定增值额)。法定增值额又是根据全部销售额扣除购进商品成本之后的差额确定的。对购进商品的成本,各国都界定了具体范围,可称之为法定扣除额。法定扣除额一般包括原材料、半成品、燃料、动力、包装物等流动资产的外购价款,但是否包括外购固定资产的价款,各国的规定则不尽相同,增值税也因此被分为三种不同的类型。

（1）生产型增值税。该类型增值税不允许扣除任何外购固定资产的价款。对整个社会来说，增值额相当于国民生产总值。生产型增值税存在重复征税的问题，不利于鼓励投资，目前实行这种类型增值税的国家主要有印度尼西亚等，它属于一种过渡性的增值税。

（2）收入型增值税。该类型增值税只允许扣除纳税期内应计入产品价值的固定资产折旧部分。对整个社会来说，增值额相当于国民收入额。收入型增值税从理论上而言，应属于一种标准的增值税，这种类型的增值税税基与增值税概念范围正好吻合，但由于固定资产价值的损耗与转移是分期分批进行的，其价值转移无法获得任何凭证，因此采取这种方法并不容易采用规范的发票扣税法，故采用的国家较少，主要有阿根廷、摩洛哥及部分原实行计划经济的中东欧国家。

（3）消费型增值税。该类型的增值税允许将纳税期内购置的用于生产应税产品的全部固定资产的价款在纳税期内一次性扣除。对整个社会来说，增值额只限于国民收入用于消费资料的部分。消费型增值税是一种先进而规范的增值税类型，被欧共体及许多发达国家和部分发展中国家所采用，是增值税发展的主流。

【例 2-1】假设某企业当期购进的固定资产价值为 40 万元，当期预计应提折旧额为 10 万元，销售额为 150 万元，外购原材料等购进金额为 30 万元，增值税率为 13%。根据上述条件计算该企业在不同增值税类型下应缴纳的增值税额（见表 2-2）。其中，价格均为不含税价。

【解析】

表 2-2　该企业在不同增值税类型下应缴纳的增值税额

单位：万元

项　目		生产型	收入型	消费型
销项税额（销售额 150 万元）		19.5	19.5	19.5
进项税额	流动资产（原材料等 30 万元）	3.9	3.9	3.9
	固定资产（折旧额 10 万元，当期购入 40 万元）	0	1.3	4.2
应纳税额		15.6	14.3	10.4

显然，由于上述三种类型的计税依据有所差别，因此不同类型增值税的收入效应和激励效应是不同的，具体见表 2-3。

表 2-3　不同类型增值税的特点及现实应用

类　型	特　点	现实应用
消费型	对国家而言,税基最小,不利于保证财政收入 对企业而言,税赋最小,有利于鼓励投资	适用于发达国家,因为其财力雄厚
收入型	既保证财政收入,又鼓励投资 实务中操作难度较大	适用于发达国家,因为其财力雄厚
生产型	对国家而言,税基最大,保证财政收入 对企业而言,税赋最大,不利于鼓励投资	适用于发展中国家

1994 年开征增值税时,我国选择采用生产型增值税。自 2009 年 1 月 1 日起,我国在全国范围内实施消费型增值税。目前世界上 140 多个实行增值税的国家中,绝大多数国家实行的是消费型增值税。

拓展阅读

国际社会为何高度赞扬营改增

二、增值税的特点

(一)保持税收中性

增值税主张税收对经济保持中立,听任市场机制自由运行,不得加以人为干预。商品流转额中的非增值因素已经在计税时被扣除,因此对于同一商品而言,无论流转环节多或少,只要增值额相同,税负就相同,不会影响商品的生产结构、组织结构和产品结构。

(二)普遍征收

从增值税的征收范围来看,任何一种货物、应税劳务和服务,从生产到消费,每经过一个流转环节,只要有增值额就对其征税,即道道征税。

(三)实行税款抵扣制度

在计算纳税人的应纳增值税税款时,要扣除商品、劳务、服务、无形资产和不动产在以前生产经营环节已负担的增值税税款,这样可以避免重复征收。世界各国普遍实行凭增值税发票抵扣制度。

（四）实行价外税制度

在计算应纳增值税时,作为计税依据的销售额是不含增值税税款的。这样有利于形成均衡的生产价格,并有利于税收负担的转嫁。

三、增值税的作用

增值税的上述特点决定了增值税在保证财政收入稳定增长、促进专业化协作生产及促进对外贸易发展等方面具有积极的作用,具体表现为以下几方面。

（一）从财政上看,实行增值税可以保证财政收入稳定增长

增值税实行"普遍征收"的原则,其课税范围涉及社会的生产、流通、消费、劳务、服务等诸多生产经营领域,凡从事应税产品生产销售、提供应税劳务或服务、进口货物的单位和个人,只要取得增值额都要缴纳增值税,税基极为广阔。

（二）从生产经营上看,实行增值税消除了传统间接税重复征税的弊端,有利于社会专业协作发展

随着科学技术的广泛运用,现代工业的分工越来越细,工艺越来越复杂,技术要求愈来愈高,产品通常具有高、精、尖与大批量的特点,这就要求切实改进"大而全"、"小而全"的低效能生产模式,大力发展生产专业化、协作化。实行增值税有效地排除了按销售全额计税所造成的重复征税的弊端,使税负不受生产组织结构和经营方式变化的影响,始终保持平衡。因此,增值税不但有利于生产向专业化协作方向发展,也不影响企业在专业化基础上的联合经营,从而有利于社会生产要素的优化配置,有利于调整生产经营结构。从商品流通来看,增值税负担不受商品流转环节多寡的影响,有利于疏通商品的流通渠道。

（三）从对外贸易上看,实行增值税有利于贯彻国家鼓励出口的政策,可以提高本国产品的国际竞争力

随着世界贸易的发展,各国之间商品出口竞争日趋激烈。许多国家为了提高本国商品的出口竞争能力,大多对出口商品实行退税政策,使之以不含税的价格进入国际市场。然而在传统间接税制下,出口商品价格所包含的税金因该商品的生产结构、经营环节不同而多寡不一,因而会给准确退税带来很大困难。实行增值税从根本上克服了这一弊端,这是因为一个商品在出口环节前缴纳的全部税款与该商品在最终销售环节或出口环节的总体税负是一致的,根据最终销售额和增值税率计算出来的增值税额,也就是该商品出口以前各环节已纳的增值税额之和。如果将这笔税额退还给商品出口经营者,就能做到准确、彻底地退税,使商品以完全不含税的价格进入国际市场。

而对于进口商品,由于按增值额设计税率,要比按"全值"征税要高,并且按进口商品的组成价格计税,从而把进口商品在出口国因退税或不征税给进口企业带来的经济利益转化为国家所有,这样不仅平衡了进口商品和国内生产商品的税负,而且有利于根据国家的外贸政策,对进出口商品实行奖励或限制,保证国家的经济权益和民族工业的发展。

四、增值税制度的起源与发展

(一)增值税制度的起源

基于价值的增值额而征税的税制设想始于第一次世界大战后不久,当时,德国的卡尔·弗·冯西门子建议实行一种"精巧的销售税",以代替多阶段征税的营业税;美国耶鲁大学教授托马斯·S.亚当斯将他的建议看成是经过改造的"企业所得税",这是增值税思想的萌芽。20世纪50年代,欧洲资本主义国家正处于经济的稳定发展时期,需要促进资本主义工业的现代化和专业化,需要建立与资本主义商品生产相适应的商品流通网,也需要寻求使本国商品在国际商业竞争中处于有利地位的方法。这就要求有与之相适应的、科学的、合理的税收制度。而在当时,法国及其他欧洲各国均按销售额征收营业税。营业税是对每个环节的销售额征税,具有"多环节阶梯式"征税的特点,导致了重复征税。随着工业生产的日益社会化,生产流通环节增多,营业税使位于生产链后端的生产经营者累积承担的税负加重。营业税的弊端日益显现,极大地阻碍了资本主义商品的生产和流通。二战以后,法国率先吹响了改革旧有营业税的号角,这堪称是世界税制发展史上"惊险的一跃"。1948年,法国政府允许制造商品扣除中间投入物后再对产成品价值征税。1954年,法国政府进一步把扣除范围扩大到固定资产已纳税款,将生产税改称为增值税,这标志着增值税的正式诞生。

(二)增值税制度的发展

增值税在法国的率先使用取得了良好的效果,它表现出了税基宽广、税率简化、税负相对公平等诸多优点,在保证财政收入稳定增长、促进商品生产与流通、增强商品国际竞争力等方面发挥了重要作用。因此,增值税制在世界范围内得以广泛传播。1962年,欧洲共同体的财政和金融委员会向所有成员国建议开征增值税,各成员国先后开征。拉丁美洲、非洲和亚洲的许多国家和地区也相继采用了增值税制。各国在实践中也逐步对增值税的实施范围、税率档次、计税基础、抵扣范围、扣除方式等进行改进、规范和完善。

(三)我国增值税制度的建立与发展

我国于1979年引进增值税并开始在少数地区试点,征收范围仅选择了机器机械和农业机具两个行业及自行车、缝纫机、电风扇 3 种产品。1984 年,我国实施第二部"利改税"和公司税制改革,正式建立增值税制度。1984 年 9 月 18 日,国务院发布了《中华人民共和国增值税条例(草案)》;同年 9 月 28 日,财政部颁发了《中华人民共和国增值税条例(草案)实施细则》,二者均自 1984 年 10 月 1 日起试行。1984 年开始试行的增值税仅对 12 项工业产品的生产环节进行征收;经过 1986 年、1987 年和 1988 年三次扩大征收范围后发展到对 31 大类产品征收增值税。1993 年 12 月 13 日,国务院发布了《增值税暂行条例》;同年 12 月 25 日,财政部发布了《中华人民共和国增值税暂行条例实施细则》(以下简称《增值税暂行条例实施细则》),这二者共同确立了现行增值税的基本内容,并自 1994 年 1 月 1 日起施行。

我国 1994 年开始试行的增值税属于生产型增值税。我国选择实行生产型增值税,一方面是出于财政收入的考虑,另一方面则为了抑制投资膨胀。随着我国社会主义市场经济体制的逐步完善和经济全球化的纵深发展,推进增值税转型改革的必要性日益突出。党的十六届三中全会明确提出适时实施增值税转型改革,"十一五"规划明确在"十一五"期间完成这一改革。

自 2004 年 7 月 1 日起,经国务院批准,首先在我国东北地区选择了 8 个行业,即装备制造业、汽车制造业、高新技术产业、船舶制造业、冶金业、石油化工业、军品工业和农产品加工业,进行增值税由生产型向消费型的改革试点工作。自 2007 年 7 月 1 日起,增值税转型试点进一步扩大到中部 6 省(河南、山西、湖南、湖北、江西、安徽)的 26 个城市,具体涉及装备制造业、石油化工业、冶金业、船舶制造业、汽车制造业、农产品加工业六大行业。2008 年 7 月 1 日,转型试点进一步扩大到了内蒙古东部地区。自 2009 年 1 月 1 日起,增值税转型改革在全国范围内全面推开。

为了进一步完善税收制度,支持现代服务业的发展,2011 年 10 月国务院决定开展营改增试点,逐步将征收营业税的行业改为征收增值税。

2012 年 1 月 1 日起,中央率先在上海实施了交通运输业和部分现代服务业营改增试点;2012 年 9 月 1 日至 2012 年 12 月 1 日,交通运输业和部分现代服务业营改增试点由上海市分 4 批次扩大至北京市、江苏省、安徽省、福建省(含厦门市)、广东省(含深圳市)、天津市、浙江省(含宁波市)、湖北省等 8 省、直辖市;2013 年 8 月 1 日起,交通运输业和部分现代服务业营改增试点在全国范围内全面推开,同时将广播影视服务纳入试点范围;2014 年 1 月 1 日起,铁路运输业和邮政业在全国范围实施营改增试点;2014 年 6 月 1 日起,电信业在全国范围实施营改增试点;2016 年 5 月 1 日起,全面推开营改增试点,将建筑业、房地产业、金融业、生活服务业纳入试点范围。

2017 年 11 月 19 日,国务院公布了第 691 号令,决定废止《中华人民共和国营业税暂行条例》,同时对《中华人民共和国增值税暂行条例》进行修改。

2024 年 12 月 25 日,中华人民共和国主席令第四十一号公布《增值税法》,本法的制定是为了健全有利于高质量发展的增值税制度,规范增值税的征收和缴纳,保护纳税人的合法权益,自 2026 年 1 月 1 日起实施。

拓展阅读

国家税务总局:大规模增值税留抵退税政策红利持续释放

第二节　增值税的基本法律规定

根据《中华人民共和国增值税法》和营改增的规定,在中华人民共和国境内(以下简称"境内")销售货物、服务、无形资产或者不动产(以下简称"应税交易")以及进口货物的单位和个人(包括个体工商户),为增值税的纳税人。纳税人应当依照本法规定缴纳增值税。

单位,是指企业、行政单位、事业单位、军事单位、社会团体及其他。

个人,是指个体工商户和其他个人。

一、增值税的征税范围

(一)征收范围的一般规定

现行增值税征税范围的一般规定包括以下几方面。

1.销售或者进口货物

货物是指有形动产,包括电力、热力和气体在内。销售货物是指有偿转让货物的所有权。

2.销售服务

销售服务包括交通运输服务,邮政服务,电信服务,建筑服务,金融服务,现代服务,生活服务,加工、修理修配服务。其中,交通运输服务、邮政服务、电信服务、建筑服务、金融服务、现代服务、生活服务详见后文;加工是指受托加工货物,即委托方提供原料及主要材料,受托方按照委托方的要求制造货物并收取加工费的业务;修理修配是指受托对损伤和丧失功能的货物进行修复,使其恢复原状和功能的业务。

3.销售无形资产

销售无形资产,是指转让无形资产所有权或者使用权的业务活动。无形资产,是指不具实物形态,但能带来经济利益的资产,包括技术、商标、著作权、商誉、自然资源使用权和其他权益性无形资产。

技术,包括专利技术和非专利技术。

自然资源使用权,包括土地使用权、海域使用权、探矿权、采矿权、取水权和其他自然资源使用权。

其他权益性无形资产,包括基础设施资产经营权、公共事业特许权、配额、经营权(包括特许经营权、连锁经营权、其他经营权)、经销权、分销权、代理权、会员权、席位权、网络游戏虚拟道具、域名、名称权、肖像权、冠名权、转会费等。

4.销售不动产

销售不动产,是指转让不动产所有权的业务活动。不动产,是指不能移动或者移动后会引起性质、形状改变的猜测,包括建筑物、构筑物等。

建筑物,包括住宅、商业营业用房、办公楼等可供居住、工作或者进行其他活动的建造物。

构筑物,包括道路、桥梁、隧道、水坝等建造物。

转让建筑物有限产权或者永久使用权的,转让在建的建筑物或者构筑物所有权的,以及在转让建筑物或者构筑物时一并转让其所占土地的使用权的,按照销售不动产缴纳增值税。

应税交易,是指有偿转让货物、不动产的所有权,有偿提供服务,有偿转让无形资产的所有权或者使用权。但有下列情形之一的,不属于应税交易,不征收增值税:

(1)员工为受雇单位或者雇主提供取得工资、薪金的服务;

(2)收取行政事业性收费、政府性基金;

(3)依照法律规定被征收、征用而取得补偿;

(4)取得存款利息收入。

在境内发生应税交易,是指下列情形:

(1)销售货物的,货物的起运地或者所在地在境内;

（2）销售或者租赁不动产、转让自然资源使用权的，不动产、自然资源的所在地在境内；

（3）销售金融商品的，金融商品在境内发行，或者销售方为境内单位和个人；

（4）除第（2）项、第（3）项规定外，销售服务、无形资产的，服务、无形资产在境内消费，或者销售方为境内单位和个人。

小贴士

交通运输服务、邮政服务、电信服务、建筑服务、金融服务、现代服务、

生活服务的具体范围

一、交通运输服务

交通运输服务，是指利用运输工具将货物或者旅客送达目的地，使其空间位置得到转移的业务活动。包括陆路运输服务、水路运输服务、航空运输服务和管道运输服务。

（一）陆路运输服务

陆路运输服务，是指通过陆路（地上或者地下）运送货物或者旅客的运输业务活动，包括铁路运输服务和其他陆路运输服务。

（1）铁路运输服务，是指通过铁路运送货物或者旅客的运输业务活动。

（2）其他陆路运输服务，是指铁路运输以外的陆路运输业务活动，包括公路运输、缆车运输、索道运输、地铁运输、城市轻轨运输等。

出租车公司向使用本公司自有出租车的出租车司机收取的管理费用，按照陆路运输服务缴纳增值税。

（二）水路运输服务

水路运输服务，是指通过江、河、湖、川等天然、人工水道或者海洋航道运送货物或者旅客的运输业务活动。

水路运输的程租、期租业务，属于水路运输服务。

程租业务，是指运输企业为租船人完成某一特定航次的运输任务并收取租赁费的业务。

期租业务，是指运输企业将配备有操作人员的船舶承租给他人使用一定期限，承租期内听候承租方调遣，不论是否经营，均按天向承租方收取租赁费，发生的固定费用均由船东负担的业务。

（三）航空运输服务

航空运输服务，是指通过空中航线运送货物或者旅客的运输业务活动。

航空运输的湿租业务,属于航空运输服务。

湿租业务,是指航空运输企业将配备有机组人员的飞机承租给他人使用一定期限,承租期内听候承租方调遣,不论是否经营,均按一定标准向承租方收取租赁费,发生的固定费用均由承租方承担的业务。

航天运输服务,按照航空运输服务缴纳增值税。

航天运输服务,是指利用火箭等载体将卫星、空间探测器等空间飞行器发射到空间轨道的业务活动。

(四)管道运输服务

管道运输服务,是指通过管道设施输送气体、液体、固体物质的运输业务活动。

无运输工具承运业务,按照交通运输服务缴纳增值税。

无运输工具承运业务,是指经营者以承运人身份与托运人签订运输服务合同,收取运费并承担承运人责任,然后委托实际承运人完成运输服务的经营活动。

二、邮政服务

邮政服务,是指中国邮政集团公司及其所属邮政企业提供邮件寄递、邮政汇兑和机要通信等邮政基本服务的业务活动,包括邮政普遍服务、邮政特殊服务和其他邮政服务。

(一)邮政普遍服务

邮政普遍服务,是指函件、包裹等邮件寄递,以及邮票发行、报刊发行和邮政汇兑等业务活动。

函件,是指信函、印刷品、邮资封片卡、无名址函件和邮政小包等。

包裹,是指按照封装上的名址递送给特定个人或者单位的独立封装的物品,其重量不超过 50 千克,任何一边的尺寸不超过 150 厘米,长、宽、高合计不超过 300 厘米。

(二)邮政特殊服务

邮政特殊服务,是指义务兵平常信函、机要通信、盲人读物和革命烈士遗物的寄递等业务活动。

(三)其他邮政服务

其他邮政服务,是指邮册等邮品销售、邮政代理等业务活动。

三、电信服务

电信服务,是指利用有线、无线的电磁系统或者光电系统等各种通信网络资源,提供语音通话服务,传送、发射、接收或者应用图像、短信等电子数据和信息的业务活动,包括基础电信服务和增值电信服务。

（一）基础电信服务

基础电信服务，是指利用固网、移动网、卫星、互联网，提供语音通话服务的业务活动，以及出租或者出售带宽、波长等网络元素的业务活动。

（二）增值电信服务

增值电信服务，是指利用固网、移动网、卫星、互联网、有线电视网络，提供短信和彩信服务、电子数据和信息的传输及应用服务、互联网接入服务等业务活动。

卫星电视信号落地转接服务，按照增值电信服务缴纳增值税。

四、建筑服务

建筑服务，是指各类建筑物、构筑物及其附属设施的建造、修缮、装饰，线路、管道、设备、设施等的安装以及其他工程作业的业务活动，包括工程服务、安装服务、修缮服务、装饰服务和其他建筑服务。

（一）工程服务

工程服务，是指新建、改建各种建筑物、构筑物的工程作业，包括与建筑物相连的各种设备或者支柱、操作平台的安装或者装设工程作业，以及各种窑炉和金属结构工程作业。

（二）安装服务

安装服务，是指生产设备、动力设备、起重设备、运输设备、传动设备、医疗实验设备以及其他各种设备、设施的装配、安置工程作业，包括与被安装设备相连的工作台、梯子、栏杆的装设工程作业，以及被安装设备的绝缘、防腐、保温、油漆等工程作业。

固定电话、有线电视、宽带、水、电、燃气、暖气等经营者向用户收取的安装费、初装费、开户费、扩容费以及类似收费，按照安装服务缴纳增值税。

（三）修缮服务

修缮服务，是指对建筑物、构筑物进行修补、加固、养护、改善，使之恢复原来的使用价值或者延长其使用期限的工程作业。

（四）装饰服务

装饰服务，是指对建筑物、构筑物进行修饰装修，使之美观或者具有特定用途的工程作业。

（五）其他建筑服务

其他建筑服务，是指上列工程作业之外的各种工程作业服务，如钻井（打井）、拆除建筑物或者构筑物、平整土地、园林绿化、疏浚（不包括航道疏浚）、建筑物平移、搭脚手架、爆破、矿山穿孔、表面附着物（包括岩层、土层、沙层等）剥离和清理等工程作业。

五、金融服务

金融服务,是指经营金融保险的业务活动,包括贷款服务、直接收费金融服务、保险服务和金融商品转让。

(一)贷款服务

贷款,是指将资金贷与他人使用而取得利息收入的业务活动。

各种占用、拆借资金取得的收入,包括金融商品持有期间(含到期)利息(保本收益、报酬、资金占用费、补偿金等)收入、信用卡透支利息收入、买入返售金融商品利息收入、融资融券收取的利息收入,以及融资性售后回租、押汇、罚息、票据贴现、转贷等业务取得的利息及利息性质的收入,按照贷款服务缴纳增值税。

融资性售后回租,是指承租方以融资为目的,将资产出售给从事融资性售后回租业务的企业后,从事融资性售后回租业务的企业将该资产出租给承租方的业务活动。

以货币资金投资收取的固定利润或者保底利润,按照贷款服务缴纳增值税。

(二)直接收费金融服务

直接收费金融服务,是指为货币资金融通及其他金融业务提供相关服务并且收取费用的业务活动,包括提供货币兑换、账户管理、电子银行、信用卡、信用证、财务担保、资产管理、信托管理、基金管理、金融交易场所(平台)管理、资金结算、资金清算、金融支付等服务。

(三)保险服务

保险服务,是指投保人根据合同约定,向保险人支付保险费,保险人对于合同约定的可能发生的事故因其发生所造成的财产损失承担赔偿保险金责任,或者当被保险人死亡、伤残、疾病或者达到合同约定的年龄、期限等条件时承担给付保险金责任的商业保险行为,包括人身保险服务和财产保险服务。

人身保险服务,是指以人的寿命和身体为保险标的的保险业务活动。

财产保险服务,是指以财产及其有关利益为保险标的的保险业务活动。

(四)金融商品转让

金融商品转让,是指转让外汇、有价证券、非货物期货和其他金融商品所有权的业务活动。

其他金融商品转让包括基金、信托、理财产品等各类资产管理产品和各种金融衍生品的转让。

六、现代服务

现代服务,是指围绕制造业、文化产业、现代物流产业等提供技术性、知识性服务的业务活动,包括研发和技术服务、信息技术服务、文化创意服务、物流辅助服务、租赁服务、鉴证咨询服务、广播影视服务、商务辅助服务和其他现代服务。

(一)研发和技术服务

研发和技术服务,包括研发服务、合同能源管理服务、工程勘察勘探服务、专业技术服务。

(1)研发服务,也称技术开发服务,是指就新技术、新产品、新工艺或者新材料及其系统进行研究与试验开发的业务活动。

(2)合同能源管理服务,是指节能服务公司与用能单位以契约形式约定节能目标,节能服务公司提供必要的服务,用能单位以节能效果支付节能服务公司投入及其合理报酬的业务活动。

(3)工程勘察勘探服务,是指在采矿、工程施工前后,对地形、地质构造、地下资源蕴藏情况进行实地调查的业务活动。

(4)专业技术服务,是指气象服务、地震服务、海洋服务、测绘服务、城市规划、环境与生态监测服务等专项技术服务。

(二)信息技术服务

信息技术服务,是指利用计算机、通信网络等技术对信息进行生产、收集、处理、加工、存储、运输、检索和利用,并提供信息服务的业务活动,包括软件服务、电路设计及测试服务、信息系统服务、业务流程管理服务和信息系统增值服务。

(1)软件服务,是指提供软件开发服务、软件维护服务、软件测试服务的业务活动。

(2)电路设计及测试服务,是指提供集成电路和电子电路产品设计、测试及相关技术支持服务的业务活动。

(3)信息系统服务,是指提供信息系统集成、网络管理、网站内容维护、桌面管理与维护、信息系统应用、基础信息技术管理平台整合、信息技术基础设施管理、数据中心、托管中心、信息安全服务、在线杀毒、虚拟主机等业务活动,包括网站对非自有的网络游戏提供的网络运营服务。

(4)业务流程管理服务,是指依托信息技术提供的人力资源管理、财务经济管理、审计管理、税务管理、物流信息管理、经营信息管理和呼叫中心等服务的活动。

(5)信息系统增值服务,是指利用信息系统资源为用户附加提供的信息技术服务,包括数据处理、分析和整合、数据库管理、数据备份、数据存储、容灾服务、电子商务平台等。

（三）文化创意服务

文化创意服务，包括设计服务、知识产权服务、广告服务和会议展览服务。

（1）设计服务，是指把计划、规划、设想通过文字、语言、图画、声音、视觉等形式传递出来的业务活动，包括工业设计、内部管理设计、业务运作设计、供应链设计、造型设计、服装设计、环境设计、平面设计、包装设计、动漫设计、网游设计、展示设计、网站设计、机械设计、工程设计、广告设计、创意策划、文印晒图等。

（2）知识产权服务，是指处理知识产权事务的业务活动，包括对专利、商标、著作权、软件、集成电路布图设计的登记、鉴定、评估、认证、检索服务。

（3）广告服务，是指利用图书、报纸、杂志、广播、电视、电影、幻灯、路牌、招贴、橱窗、霓虹灯、灯箱、互联网等各种形式为客户的商品、经营服务项目、文体节目或者通告、声明等委托事项进行宣传和提供相关服务的业务活动，包括广告代理和广告的发布、播映、宣传、展示等。

（4）会议展览服务，是指为商品流通、促销、展示、经贸洽谈、民间交流、企业沟通、国际往来等举办或者组织安排的各类展览和会议的业务活动。

（四）物流辅助服务

物流辅助服务，包括航空服务、港口码头服务、货运客运场站服务、打捞救助服务、装卸搬运服务、仓储服务和收派服务。

（1）航空服务，包括航空地面服务和通用航空服务。

航空地面服务，是指航空公司、飞机场、民航管理局、航站等向在境内航行或者在境内机场停留的境内外飞机或者其他飞行器提供的导航等劳务性地面服务的业务活动，包括旅客安全检查服务、停机坪管理服务、机场候机厅管理服务、飞机清洗消毒服务、空中飞行管理服务、飞机起降服务、飞行通讯服务、地面信号服务、飞机安全服务、飞机跑道管理服务、空中交通管理服务等。

通用航空服务，是指为专业工作提供飞行服务的业务活动，包括航空摄影、航空培训、航空测量、航空勘探、航空护林、航空吊挂播洒、航空降雨、航空气象探测、航空海洋监测、航空科学实验等。

（2）港口码头服务，是指港务船舶调度服务、船舶通讯服务、航道管理服务、航道疏浚服务、灯塔管理服务、航标管理服务、船舶引航服务、理货服务、系解缆服务、停泊和移泊服务、海上船舶溢油清除服务、水上交通管理服务、船只专业清洗消毒检测服务和防止船只漏油服务等为船只提供服务的业务活动。

港口设施经营人收取的港口设施保安费按照港口码头服务缴纳增值税。

（3）货运客运场站服务，是指货运客运场站提供货物配载服务、运输组织服务、中转换乘服务、车辆调度服务、票务服务、货物打包整理、铁路线路使用服务、加挂铁路客车服务、铁路行包专列发送服务、铁路到达和中转服务、铁路车辆编解服务、车辆挂运服务、铁路接触网服务、铁路机车牵引服务等业务活动。

（4）打捞救助服务，是指提供船舶人员救助、船舶财产救助、水上救助和沉船沉物打捞服务的业务活动。

（5）装卸搬运服务，是指使用装卸搬运工具或者人力、畜力将货物在运输工具之间、装卸现场之间或者运输工具与装卸现场之间进行装卸和搬运的业务活动。

（6）仓储服务，是指利用仓库、货场或者其他场所代客贮放、保管货物的业务活动。

（7）收派服务，是指接受寄件人委托，在承诺的时限内完成函件和包裹的收件、分拣、派送服务的业务活动。

收件服务，是指从寄件人收取函件和包裹，并运送到服务提供方同城的集散中心的业务活动。

分拣服务，是指服务提供方在其集散中心对函件和包裹进行归类、分发的业务活动。

派送服务，是指服务提供方从其集散中心将函件和包裹送达同城的收件人的业务活动。

（五）租赁服务

租赁服务，包括融资租赁服务和经营租赁服务。

（1）融资租赁服务，是指具有融资性质和所有权转移特点的租赁活动，即出租人根据承租人所要求的规格、型号、性能等条件购入有形动产或者不动产租赁给承租人，合同期内租赁物所有权属于出租人，承租人只拥有使用权，合同期满付清租金后，承租人有权按照残值购入租赁物，以拥有其所有权。不论出租人是否将租赁物销售给承租人，均属于融资租赁。

按照标的物的不同，融资租赁服务可分为有形动产融资租赁服务和不动产融资租赁服务。

融资性售后回租不按照本税目缴纳增值税。

（2）经营租赁服务，是指在约定时间内将有形动产或者不动产转让他人使用且租赁物所有权不变更的业务活动。

按照标的物的不同，经营租赁服务可分为有形动产经营租赁服务和不动产经营租赁服务。

将建筑物、构筑物等不动产或者飞机、车辆等有形动产的广告位出租给其他单位或者个人用于发布广告,按照经营租赁服务缴纳增值税。

车辆停放服务、道路通行服务(包括过路费、过桥费、过闸费等)等按照不动产经营租赁服务缴纳增值税。

水路运输的光租业务、航空运输的干租业务,属于经营租赁。

光租业务,是指运输企业将船舶在约定的时间内出租给他人使用,不配备操作人员,不承担运输过程中发生的各项费用,只收取固定租赁费的业务活动。

干租业务,是指航空运输企业将飞机在约定的时间内出租给他人使用,不配备机组人员,不承担运输过程中发生的各项费用,只收取固定租赁费的业务活动。

(六)鉴证咨询服务

鉴证咨询服务,包括认证服务、鉴证服务和咨询服务。

(1)认证服务,是指具有专业资质的单位利用检测、检验、计量等技术,证明产品、服务、管理体系符合相关技术规范、相关技术规范的强制性要求或者标准的业务活动。

(2)鉴证服务,是指具有专业资质的单位受托对相关事项进行鉴证,发表具有证明力的意见的业务活动,包括会计鉴证、税务鉴证、法律鉴证、职业技能鉴定、工程造价鉴证、工程监理、资产评估、环境评估、房地产土地评估、建筑图纸审核、医疗事故鉴定等。

(3)咨询服务,是指提供信息、建议、策划、顾问等服务的活动,包括金融、软件、技术、财务、税收、法律、内部管理、业务运作、流程管理、健康等方面的咨询。

翻译服务和市场调查服务按照咨询服务缴纳增值税。

(七)广播影视服务

广播影视服务,包括广播影视节目(作品)的制作服务、发行服务和播映(含放映,下同)服务。

(1)广播影视节目(作品)制作服务,是指进行专题(特别节目)、专栏、综艺、体育、动画片、广播剧、电视剧、电影等广播影视节目和作品制作的服务,具体包括与广播影视节目和作品相关的策划、采编、拍摄、录音、音视频文字图片素材制作、场景布置、后期的剪辑、翻译(编译)、字幕制作、片头、片尾、片花制作、特效制作、影片修复、编目和确权等业务活动。

(2)广播影视节目(作品)发行服务,是指以分账、买断、委托等方式,向影院、电台、电视台、网站等单位和个人发行广播影视节目(作品)以及转让体育赛事等活动的报道及播映权的业务活动。

(3)广播影视节目(作品)播映服务,是指在影院、剧院、录像厅及其他场所播映广播影视节目(作品),以及通过电台、电视台、卫星通信、互联网、有线电视等无线或者有线装置播映广播影视节目(作品)的业务活动。

（八）商务辅助服务

商务辅助服务,包括企业管理服务、经纪代理服务、人力资源服务、安全保护服务。

（1）企业管理服务,是指提供总部管理、投资与资产管理、市场管理、物业管理、日常综合管理等服务的业务活动。

（2）经纪代理服务,是指各类经纪、中介、代理服务,包括金融代理、知识产权代理、货物运输代理、代理报关、法律代理、房地产中介、职业中介、婚姻中介、代理记账、拍卖等。

货物运输代理服务,是指接受货物收货人、发货人、船舶所有人、船舶承租人或者船舶经营人的委托,以委托人的名义,为委托人办理货物运输、装卸、仓储和船舶进出港口、引航、靠泊等相关手续的业务活动。

代理报关服务,是指接受进出口货物的收、发货人委托,代为办理报关手续的业务活动。

（3）人力资源服务,是指提供公共就业、劳务派遣、人才委托招聘、劳动力外包等服务的业务活动。

（4）安全保护服务,是指提供保护人身安全和财产安全,维护社会治安等的业务活动,包括场所住宅保安、特种保安、安全系统监控以及其他安保服务。

（九）其他现代服务

其他现代服务,是指除研发和技术服务、信息技术服务、文化创意服务、物流辅助服务、租赁服务、鉴证咨询服务、广播影视服务和商务辅助服务以外的现代服务。

七、生活服务

生活服务,是指为满足城乡居民日常生活需求提供的各类服务活动,包括文化体育服务、教育医疗服务、旅游娱乐服务、餐饮住宿服务、居民日常服务和其他生活服务。

（一）文化体育服务

文化体育服务,包括文化服务和体育服务。

（1）文化服务,是指为满足社会公众文化生活需求提供的各种服务,包括文艺创作、文艺表演、文化比赛,图书馆的图书和资料借阅,档案馆的档案管理,文物及非物质遗产保护,组织举办宗教活动、科技活动、文化活动,提供游览场所。

（2）体育服务,是指组织举办体育比赛、体育表演、体育活动,以及提供体育训练、体育指导、体育管理的业务活动。

（二）教育医疗服务

教育医疗服务，包括教育服务和医疗服务。

（1）教育服务，是指提供学历教育服务、非学历教育服务、教育辅助服务的业务活动。

学历教育服务，是指根据教育行政管理部门确定或者认可的招生和教学计划组织教学，并颁发相应学历证书的业务活动，包括初等教育、初级中等教育、高级中等教育、高等教育等。

非学历教育服务，包括学前教育、各类培训、演讲、讲座、报告会等。

教育辅助服务，包括教育测评、考试、招生等服务。

（2）医疗服务，是指提供医学检查、诊断、治疗、康复、预防、保健、接生、计划生育、防疫服务等方面的服务，以及与这些服务有关的提供药品、医用材料器具、救护车、病房住宿和伙食的业务。

（三）旅游娱乐服务

旅游娱乐服务，包括旅游服务和娱乐服务。

（1）旅游服务，是指根据旅游者的要求，组织安排交通、游览、住宿、餐饮、购物、文娱、商务等服务的业务活动。

（2）娱乐服务，是指为娱乐活动同时提供场所和服务的业务，具体包括：歌厅、舞厅、夜总会、酒吧、台球、高尔夫球、保龄球、游艺（包括射击、狩猎、跑马、游戏机、蹦极、卡丁车、热气球、动力伞、射箭、飞镖）。

（四）餐饮住宿服务

餐饮住宿服务，包括餐饮服务和住宿服务。

（1）餐饮服务，是指通过同时提供饮食和饮食场所的方式为消费者提供饮食消费服务的业务活动。

（2）住宿服务，是指提供住宿场所及配套服务等的活动，包括宾馆、旅馆、旅社、度假村和其他经营性住宿场所提供的住宿服务。

（五）居民日常服务

居民日常服务，是指主要为满足居民个人及其家庭日常生活需求提供的服务，包括市容市政管理、家政、婚庆、养老、殡葬、照料和护理、救助救济、美容美发、按摩、桑拿、氧吧、足疗、沐浴、洗染、摄影扩印等服务。

（六）其他生活服务

其他生活服务，是指除文化体育服务、教育医疗服务、旅游娱乐服务、餐饮住宿服务和居民日常服务之外的生活服务。

（二）视同应税交易

单位或者个体工商户的下列行为,视同发生应税交易:

(1)单位和个体工商户将自产或者委托加工的货物用于集体福利或者个人消费;

(2)单位和个体工商户无偿转让货物;

(3)单位和个人无偿转让无形资产、不动产或者金融商品。

【例 2-2】A 公司将房屋赠送给 B 公司,A 公司的这种土地赠送行为属于视同销售行为。

【例 2-3】甲银行将房屋出租给乙饭店,但乙饭店长期不付租金,后经双方协商,由甲银行在饭店就餐抵账,乙饭店提供的餐饮服务不属于视同销售行为。

税法做出上述规定的目的是:(1)确保增值税税款抵扣制度的有效实施,避免由于纳税人发生上述行为,导致税款抵扣环节中断。由于增值税实行凭发票抵扣税款的税款抵扣制度,发票应将应税商品各个流转环节的生产者和经营者连接起来,形成一个有机的扣税链条,即销售方销售货物开具的增值税发票既是销售方计算销项税额的凭证,同时也是购买方据以抵扣进项税额的凭证。(2)避免由于纳税人发生上述行为,导致销售货物税收负担不平衡的问题。(3)《增值税法》对视同销售行为仅保留以上 3 条核心情形,取消原兜底条款的模糊性,降低税务机关自由裁量权。

（三）对混合销售行为和兼营行为的征税规定

混合销售行为与兼营行为是在 1994 年流转税制改革时,由于对货物销售全面实行了增值税,而对服务业除加工和修理修配外仍实行营业税,以及企业为适应市场经济需要开展多种经营的情况下,出现了混合销售、兼营非增值税应税劳务或应税服务和混业经营等税收概念。2016 年营改增后,保留了混合销售和兼营行为,混业经营不复存在。

2026 年 1 月 1 日实施的《增值税法》对于混合销售和兼营行为的规定在延续原有框架的基础上进行了优化调整,核心变化体现在原混合销售范围的扩展及纳税规则的重构和复合交易税务处理规范性的强化。

1.一项应税交易涉及两个以上税率或征收率

纳税人发生一项应税交易涉及两个以上税率、征收率的,按照应税交易的主要业务使用

税率、征收率。

【例 2-4】假设格力电器销售空调给李先生,空调不含税价为 3 000 元,并且提

供送货上门安装服务,送货上门安装服务不含税价为 300 元。**请问:这项交易如何计算增值税?**

【解析】由于销售空调和提供送货上门服务为同一项应税交易,格力电器的主要业务是销售电器,那么计算增值税的时候应该将空调销售额的 3 000 元和服务部分的 300 元一并按照销售货物增值税税率 9% 计算增值税。

2.两项以上应税交易

纳税人发生两项以上应税交易涉及不同税率、征收率的,应当分别核算使用不同税率、征收率的销售额;未分别核算的,从高使用税率。

【例 2-5】某一般纳税人既提供交通运输服务,又提供物流辅助服务,如果该纳税人能够分别核算上述两项应税服务的销售额,则提供交通运输服务适用 9% 的增值税税率,提供物流辅助服务适用 6% 的增值税税率;如果该纳税人没有分别核算上述两项应税服务的销售额,则提供交通运输服务和提供物流辅助服务均从高适用 9% 的增值税税率。

(四)征税范围的特殊项目界定

增值税的征税范围除上述的一般规定以外,还对经济实务中某些特殊项目或行为是否属于增值税的征税范围,做出了具体界定。

(1)罚没物品征与不征增值税的处理。

①执罚部门和单位查处的属于一般商业部门经营的商品,具备拍卖条件的,由执罚部门或单位同级财政部门同意后,公开拍卖。其拍卖收入作为罚没收入由执罚部门和单位如数上缴财政,不予征税。对经营单位购入拍卖物品再销售的应照章征收增值税。

②执罚部门和单位查处的属于一般商业部门经营的商品,不具备拍卖条件的,由执罚部门、财政部门、国家指定销售单位会同有关部门按质论价,交由国家指定销售单位纳入正常销售渠道变价处理。执罚部门按商定价格所取得的变价收入作为罚没收入如数上缴财政,不予征税。国家指定销售单位将罚没物品纳入正常销售渠道销售的,应照章征收增值税。

③执罚部门和单位查处的属于专管机关管理或专管企业经营的财物,如金银(不包括金银首饰)、外币、有价证券、非禁止出口文物,应交由专管机关或专营企业收兑或收购。执罚部门和单位按收兑或收购价所取得的收入作为罚没收入如数上缴财政,不予征税。专管机关或专营企业经营上述物品中属于应征增值税的货物,应照章征收增值税。

(2)航空运输企业已售票但未提供航空运输服务取得的逾期票证收入的,按照航空运输服务征收增值税。

（3）纳税人取得的中央财政补贴，不属于增值税应税收入，不征收增值税。

（4）融资性售后回租业务中，承租方出售资产的行为不属于增值税的征税范围，不征收增值税。

（5）药品生产企业销售自产创新药的销售额，为向购买方收取的全部价款和价外费用，其提供给患者后续免费使用的相同创新药，不属于增值税视同销售范围。

（6）根据国家指令无偿提供的铁路运输服务、航空运输服务，属于《营业税改征增值税试点实施办法》第十四条规定的用于公益事业的服务。

（7）存款利息不征收增值税。

（8）被保险人获得的保险赔付不征收增值税。

（9）房地产主管部门或者其指定机构、公积金管理中心、开发企业以及物业管理单位代收的住宅专项维修资金，不征收增值税。

（10）纳税人在资产重组过程中，通过合并、分立、出售、置换等方式，将全部或者部分实物资产以及与其相关联的债权、负债和劳动力一并转让给其他单位和个人，不属于增值税的征税范围。

（11）单用途商业预付卡（以下简称单用途卡）业务按照以下规定执行：

①单用途卡发卡企业或者售卡企业（以下统称售卡方）销售单用途卡，或者接受单用途卡持卡人充值取得的预收资金，不缴纳增值税。售卡方可按照《关于营改增试点若干征管问题的公告》国家税务总局公告 2016 年第 53 号第九条的规定，向购卡人、充值人开具增值税普通发票，不得开具增值税专用发票。

②售卡方因发行或者销售单用途卡并办理相关资金收付结算业务取得的手续费、结算费、服务费、管理费等收入，应按照现行规定缴纳增值税。

③持卡人使用单用途卡购买货物或服务时，货物或者服务的销售方应按照现行规定缴纳增值税，且不得向持卡人开具增值税发票。

④销售方与售卡方不是同一个纳税人的，销售方在收到售卡方结算的销售款时，应向售卡方开具增值税普通发票，并在备注栏注明"收到预付卡结算款"，不得开具增值税专用发票。售卡方从销售方取得的增值税普通发票，作为其销售单用途卡或接受单用途卡充值取得预收资金不缴纳增值税的凭证，留存备查。

（12）支付机构预付卡（以下称多用途卡）业务按照以下规定执行：

①支付机构销售多用途卡取得的等值人民币资金，或者接受多用途卡持卡人充值取得的充值资金，不缴纳增值税。支付机构可按照上述第 11 条的规定，向购卡人、充值人开具增值税普通发票，不得开具增值税专用发票。支付机构是指取得

中国人民银行核发的《支付业务许可证》,获准办理"预付卡发行与受理"业务的发卡机构和获准办理"预付卡受理"业务的受理机构。

②支付机构因发行或者受理多用途卡并办理相关资金收付结算业务取得的手续费、结算费、服务费、管理费等收入,应按照现行规定缴纳增值税。

③持卡人使用多用途卡,向与支付机构签署合作协议的特约商户购买货物或服务,特约商户应按照现行规定缴纳增值税,且不得向持卡人开具增值税发票。

④特约商户收到支付机构结算的销售款时,应向支付机构开具增值税普通发票,并在备注栏注明"收到预付卡结算款",不得开具增值税专用发票。支付机构从特约商户取得的增值税普通发票,作为其销售多用途卡或接受多用途卡充值取得预收资金不缴纳增值税的凭证,留存备查。

二、增值税的纳税人

(一)纳税人的基本规定

1.一般规定

在中华人民共和国境内销售货物、服务、无形资产、不动产,以及进口货物的单位和个人(包括个体工商户),为增值税的纳税义务人。

单位以承包、承租、挂靠方式经营的,承包人、承租人、挂靠人(以下统称承包人)以发包人、出租人、被挂靠人(以下统称发包人)名义对外经营并由发包人承担相关法律责任的,以该发包人为纳税人,否则以承包人为纳税人。

采用承包、承租、挂靠经营方式的,区分以下两种情况界定纳税人:

(1)同时满足以下两个条件的,以发包人为纳税人:①以发包人名义对外经营;②由发包人承担相关法律责任。

(2)不同时满足上述两个条件的,以承包人为纳税人。

纳税人应当按照国家统一的会计制度进行增值税会计核算。

资管产品运营过程中发生的增值税应税销售行为,以资管产品管理人为增值税纳税人。

2.扣缴义务人

境外单位和个人在境内发生应税交易的,以购买方为扣缴义务人;按照国务院的规定委托境内代理人申报缴纳税款的除外。

扣缴义务人依照本法规定代扣代缴税款的,按照销售额乘以税率计算应扣缴税额。

(二)一般纳税人与小规模纳税人的划分

我国现行增值税制度以增值税纳税人的会计核算水平和经营规模两个标准为

依据将纳税人分为一般纳税人和小规模纳税人两类,并对二者采用不同的增值税计税办法。这样的划分有利于税务机关加强重点税源管理,简化小型企业的计算缴纳程序,也有利于专用发票正确使用与安全管理要求的落实。

1.一般纳税人的认定

(1)一般纳税人的认定标准:

一般纳税人是指年应征增值税销售额(以下简称"年应税销售额")超过财政部和国家税务总局规定标准的纳税人。

年应税销售额未超过规定标准的纳税人,会计核算健全,能够提供准确税务资料的,可以向主管税务机关申请办理一般纳税人资格认定,成为一般纳税人。

(2)办理一般纳税人资格认定的条件:

对提出并且同时符合下列条件的纳税人,主管税务机关应当为其办理一般纳税人资格登记:

①有固定的生产经营场所;

②能够按照国家统一的会计制度规定设置账簿,根据合法、有效凭证核算,能够提供准确税务资料。

除国家税务总局另有规定外,一经登记为一般纳税人后,不得转为小规模纳税人。

2.小规模纳税人的认定

小规模纳税人是指按照一定标准确定的,规模较小、会计核算不健全的增值税纳税人。"会计核算不健全",是指不能按照国家统一的会计制度规定设置账簿,或者不能根据合法、有效凭证核算。小规模纳税人的具体认定标准为年应征增值税销售额 500 万元及以下。小规模纳税人会计核算健全,能够提供准确税务资料的,可以向主管税务机关办理登记,按照本法规定的一般计税方法计算缴纳增值税。根据国民经济和社会发展的需要,国务院可以对小规模纳税人的标准做出调整,报全国人民代表大会常务委员会备案。

同时符合以下条件的一般纳税人,可选择转登记为小规模纳税人,或选择继续作为一般纳税人:

(1)根据《中华人民共和国增值税暂行条例》第十三条和《中华人民共和国增值税暂行条例实施细则》第二十八条的有关规定,登记为一般纳税人。

(2)转登记日前连续 12 个月(以 1 个月为 1 个纳税期,下同)或者连续 4 个季度(以 1 个季度为 1 个纳税期,下同)累计应征增值税销售额(以下称应税销售额)未超过 500 万元。

应税销售额的具体范围,按照《增值税一般纳税人登记管理办法》(国家税务总局令第 43 号)和《国家税务总局关于增值税一般纳税人登记管理若干事项的公告》(国家税务总局公告 2018 年第 6 号)的有关规定执行。

(3)一般纳税人转登记为小规模纳税人(以下称转登记纳税人)后,自转登记日的下期起,按照简易计税方法计算缴纳增值税;转登记日当期仍按照一般纳税人的有关规定计算缴纳增值税。

(4)转登记纳税人尚未申报抵扣的进项税额以及转登记日当期的期末留抵税额,计入"应交税费—待抵扣进项税额"核算。

(5)转登记纳税人在一般纳税人期间销售或者购进的货物、劳务、服务、无形资产、不动产,自转登记日的下期起发生销售折让、中止或者退回的,调整转登记日当期的销项税额、进项税额和应纳税额。

(6)转登记纳税人可以继续使用现有税控设备开具增值税发票,不需要缴销税控设备和增值税发票。

(7)转登记纳税人在一般纳税人期间发生的增值税应税销售行为,未开具增值税发票需要补开的,应当按照原适用税率或者征收率补开增值税发票;发生销售折让、中止或者退回等情形,需要开具红字发票的,按照原蓝字发票记载的内容开具红字发票;开票有误需要重新开具的,先按照原蓝字发票记载的内容开具红字发票后,再重新开具正确的蓝字发票。

(8)自转登记日的下期起连续不超过 12 个月或者连续不超过 4 个季度的经营期内,转登记纳税人应税销售额超过财政部、国家税务总局规定的小规模纳税人标准的,应当按照《增值税一般纳税人登记管理办法》(国家税务总局令第 43 号)的有关规定,向主管税务机关办理一般纳税人登记。

转登记纳税人按规定再次登记为一般纳税人后,不得再转登记为小规模纳税人。

三、增值税的税率

(一)增值税税率体现整体税负

增值税税率是按照应税交易的整体税负设计的。用销售额乘以增值税税率,为该交易在这一环节所负担的全部增值税税额。具体公式如下:

增值税税率＝(本环节应纳税额＋以前环节的已纳税额)÷本环节的

销售额×100％

增值税税率对应不含税销售额,如果税率为 13％,此税率相当于含税价的 11.5％,即 1÷(1+13％)×13％。

（二）确定增值税税率的基本原则

确定增值税税率的基本原则，应是尽可能减少税率档次，或者说不宜采取过多档次的税率。这是由增值税实行税款抵扣的计税方法及其中性税收的特征所决定的。

第一，税率档次过多，必然带来在计算增值税时需要划分销售的货物属于哪一档税率的问题，有时会无法确定。多税率会使增值税的计算变得复杂，特别是对经营货物品种繁多的商业企业来说，困难会更多。

第二，多税率容易出现低征高扣或者高征低扣的情况，导致销项税额与进项税额的计算十分复杂。

计算复杂不仅给纳税人的申报带来困难，也给税务机关的征管及有关部门的审计带来很多困难。此外，多税率在其他方面还存在一些负面影响。因此，实行增值税的国家应尽量减少税率档次。

第三，多税率会使增值税失去中性税收的特征。增值税属于中性税种，主要起到普遍调节、公平税负和保证财政收入的作用。其调节经济的作用非常有限，为弥补这一不足，许多实行增值税的国家在开征增值税的同时往往都辅之以其他间接税，通过一个合理的流转税体系使税收的财政职能和经济职能都能得到很好的发挥。增值税与其他间接税的配合主要是采取交叉征税或者平行征税的税制模式，但在同一个国家，这种配合关系并不一定是单一的，两种模式可同时存在。如德国、比利时和中国，增值税和其他流转税，既存在交叉征收又存在平行征收。与其他间接税相配合的税制模式，决定了增值税可以不承担调节经济的任务，因而其税率档次可以少一些，甚至可采取单一税率。

（三）我国的增值税税率

我国现行增值税对一般纳税人实行13％的基本税率、9％和6％的低税率，以及零税率。

1.适用13％税率的

纳税人销售货物、加工修理修配服务、有形动产租赁服务或者进口货物，除下列第2项、第4项、第5项另有规定外，税率为13％。

2.适用9％税率的

纳税人销售交通运输、邮政、基础电信、建筑、不动产租赁服务，销售不动产，转让土地使用权，销售或者进口下列货物，税率为9％：

（1）农产品、食用植物油、食用盐；

（2）自来水、暖气、冷气、热水、煤气、石油液化气、天然气、二甲醚、沼气、居民用煤炭制品；

(3)图书、报纸、杂志、音像制品、电子出版物；

(4)饲料、化肥、农药、农机、农膜；

3.适用 6% 税率的

纳税人销售服务、无形资产,除第 1 项、第 2 项、第 4 项另有规定外,税率为 6%。

4.适用出口货物零税率的

纳税人出口货物,税率为零;但是,国务院另有规定的除外。

5.适用跨境销售服务、无形资产零税率的

境内单位和个人跨境销售国务院规定范围内的服务、无形资产,税率为零。

根据"营改增通知"的相关规定,服务、无形资产的零税率政策如下:

(1)中华人民共和国境内(以下称境内)的单位和个人销售的下列服务和无形资产,适用增值税零税率。

①国际运输服务。

②航天运输服务。

③向境外单位提供的完全在境外消费的下列服务:

A.研发服务。

B.合同能源管理服务。

C.设计服务。

D.广播影视节目(作品)的制作和发行服务。

E.软件服务。

F.电路设计及测试服务。

G.信息系统服务。

H.业务流程管理服务。

I.离岸服务外包业务。离岸服务外包业务,包括信息技术外包服务(ITO)、技术性业务流程外包服务(BPO)、技术性知识流程外包服务(KPO),其所涉及的具体业务活动,按照《销售服务、无形资产、不动产注释》相对应的业务活动执行。

J.转让技术。

④财政部和国家税务总局规定的其他服务。

(2)其他零税率政策。

(3)境内单位和个人发生的与香港、澳门、台湾有关的应税行为,除另有规定外,参照上述规定执行。

税率为零等于免税吗?

(四)征收率

增值税对小规模纳税人及一般纳税人采用简易征收办法,对小规模纳税人及选择简易计税方法计税的一般纳税人发生应税销售行为使用的征收比例称为征收率。

1.征收率的一般规定

适用简易计税方法计算缴纳增值税的征收率为3%。为支持小微企业和个体工商户发展,2027年12月31日前,对月销售额10万元以下(含本数)的增值税小规模纳税人,免征增值税;小规模纳税人适用3%征收率的应税销售收入,减按1%征收率征收增值税;适用3%预征率的预缴增值税项目,减按1%预征率预缴增值税。

小规模纳税人征收率的沿革

2.征收率的特殊规定

(1)根据增值税法的有关规定,适用3%征收率的某些一般纳税人和小规模纳税人可以减按2%计征增值税。

①一般纳税人销售自己使用过的属于《增值税暂行条例》第十条规定不得抵扣且未抵扣进项税额的固定资产,按照简易办法依照3%征收率减按2%征收增值税。

纳税人销售自己使用过的固定资产,适用简易办法依照3%征收率减按2%征

65

收增值税政策的,可以放弃减税,按照简易办法依照3％征收率缴纳增值税,并可以开具增值税专用发票。

②小规模纳税人(除其他个人外,下同)销售自己使用过的固定资产,减按2％征收率征收增值税。

③纳税人销售旧货,按照简易办法依照3％征收率减按2％征收增值税。

旧货是指进入二次流通的具有部分使用价值的货物(含旧汽车、旧摩托车和旧游艇),但不包括自己使用过的物品。

上述纳税人销售自己使用过的固定资产、物品和旧货适用按照简易办法依照3％征收率减按2％征收增值税的,按下列公式确定销售额和应纳税额:

销售额＝含税销售额÷(1＋3％)

应纳税额＝销售额×2％

(2)纳税人销售二手车,从2025年1月1日至2027年12月31日由原按照简易办法依3％征收率减按2％征收增值税,改为减按0.5％征收增值税。

(3)个人出租住房,分摊后的月租金收入未超过10万元的免征增值税。

四、增值税的主要税收优惠

(一)法定免税项目

(1)农业生产者销售的自产农产品,农业机耕、排灌、病虫害防治、植物保护、农牧保险以及相关技术培训业务,家禽、牲畜、水生动物的配种和疾病防治;

(2)医疗机构提供的医疗服务;

(3)古旧图书,自然人销售的自己使用过的物品;

(4)直接用于科学研究、科学试验和教学的进口仪器、设备;

(5)外国政府、国际组织无偿援助的进口物资和设备;

(6)由残疾人的组织直接进口供残疾人专用的物品,残疾人个人提供的服务;

(7)托儿所、幼儿园、养老机构、残疾人服务机构提供的育养服务,婚姻介绍服务,殡葬服务;

(8)学校提供的学历教育服务,学生勤工俭学提供的服务;

(9)纪念馆、博物馆、文化馆、文物保护单位管理机构、美术馆、展览馆、书画院、图书馆举办文化活动的门票收入,宗教场所举办文化、宗教活动的门票收入。

免税项目具体标准由国务院规定。

(二)减免税适用的相关规定

根据国民经济和社会发展的需要,国务院对支持小微企业发展、扶持重点产业、鼓励创新创业就业、公益事业捐赠等情形可以制定增值税专项优惠政策,报全国人民代表大会常务委员会备案。国务院应当对增值税优惠政策适时开展评估、调整。

纳税人兼营增值税优惠项目的,应当单独核算增值税优惠项目的销售额;未单独核算的项目,不得享受税收优惠。

纳税人可以放弃增值税优惠;放弃优惠的,在36个月内不得享受该项税收优惠,小规模纳税人除外。

拓展阅读

现行有效的增值税减免政策

五、增值税起征点的规定

为了照顾低收入纳税人生产经营和生活方面的困难,我国现行增值税设置了起征点,增值税起征点仅适用于个人。增值税起征点的幅度如下:

(1)按期缴纳的,为月应税销售额5 000~20 000元(含本数);

(2)按次缴纳的,为每次(日)销售额300~500元(含本数)。

起征点标准由国务院规定,报全国人民代表大会常务委员会备案。

第三节　增值税应纳税额的计算

我国目前增值税的计算方法可以分为一般纳税人应纳税额的计算、简易计税方法应纳税额的计算、进口货物应纳税额的计算和出口退(免)税的计算。

一、一般纳税人应纳税额的计算

增值税一般纳税人发生应税交易适用一般计税方法计税。应纳税额计算公式为

应纳税额＝当期销项税额－当期进项税额

增值税一般纳税人的当期应纳税额,主要取决于当期销项税额和当期进项税

额两个因素。

（一）销项税额的计算

销项税额是纳税人发生应税交易，按照销售额和税率计算并向购买方收取的增值税额，其计算方法为

销项税额＝销售额×增值税适用税率

从上述公式可知，销项税额的计算取决于销售额和适用税率两个因素。在适用税率既定的前提下，销项税额的大小取决于销售额的大小。增值税适用税率的选择是比较清晰的，那么销项税额计算的关键就是准确地确定增值税的销售额。

1.一般销售方式下销售额的确定

销售额是指纳税人发生应税交易向购买方收取的不含增值税的全部价款和价外费用，财政部和国家税务总局另有规定的除外。

价外费用，是指价外向购买方收取的各种性质的费用，如违约金、滞纳金、赔偿金、延期付款利息、包装费、包装物租金、运输装卸费等。价外费用一般都含增值税，必须先换算为不含税价格再并入销售额。

增值税税额，应当按照国务院的规定在交易凭证上单独列明。

销售额应以人民币计算。纳税人以人民币以外的货币结算销售额的，应当折合成人民币计算。折合率可以选择销售额发生的当天或者当月1日的人民币汇率中间价。纳税人应当事先确定采用何种折合率，确定后1年内不得变更。

【例2-6】A企业（一般纳税人）销售农用机械一批，取得不含税销售额430 000元，另收取不含税包装费15 000元。要求计算A企业的销售额。

【解析】由于包装费为价外费用，因此销售额＝430 000＋15 000＝445 000（元）。

但下列项目不包括在内：

（1）受托加工应征消费税的消费品所代收代缴的消费税。

（2）同时符合以下条件的代垫运费：①承运者的运费发票开具给购货方的；②纳税人将该项发票转交给购货方的。

【例2-7】B企业销售给C公司同类商品15 000件，每件不含税售价为20.5元。B企业将商品交给甲运输公司运输，代垫运输费用6 800元，运费发票已转交给C公司。要求计算B企业的销售额。

【解析】由于运输发票已经转交给了C公司，即购货方，那么运输费用就不应该包含在B企业的销售额中。因此，B企业的销售额＝15 000×20.5＝307 500（元）。

（3）行政单位收取的同时满足以下条件的政府性基金或者行政事业性收费。

①由国务院或者财政部批准设立的政府性基金,由国务院或者省级人民政府及其财政、价格主管部门批准设立的行政事业性收费;

②收取时开具省级以上(含省级)财政部门监(印)制的财政票据;

③所收款项全额上缴财政。

(4)销售货物的同时代办保险等而向购买方收取的保险费,以及向购买方收取的代购买方缴纳的车辆购置税、车辆牌照费。

2.特殊销售方式下销售额的确定

在销售活动中,为了达到促销的目的,销售者会采用多种销售方式。在不同销售方式下,销售额会有所不同。增值税法对以下几种销售方式下应如何确定应税销售额分别做了规定:

(1)采取折扣方式销售

折扣销售,也称商业折扣。它是指销货方在销售商品、提供应税劳务或应税行为时,因购货方购货数量较大,或者市场价格下降而给予购货方的价格优惠。销售方将价款和折扣额在同一张发票上分别注明的,以折扣后的价款为销售额;未在同一张发票上分别注明的,以价款为销售额,不得扣减折扣额。

在理解折扣方式销售货物时,还需要注意以下三点:

①折扣销售不同于销售折扣。销售折扣是指销售方在销售货物、提供应税劳务或应税行为后,为了鼓励购货方及早偿还货款而协议给予购货方的一种折扣优待。销售折扣发生在销货之后,是一种融资性质的理财费用,因此销售折扣不得从销售额中减除。

②销售折扣又不同于销售折让。销售折让是指货物销售后,由于其品种、质量等不符合要求,虽购货方未予退货,但销货方需要给予购货方的一种价格折让。销售折让与销售折扣相比较,虽然都是在货物销售后发生的,但因为销售折让是由于货物的品种和质量不合要求引起的销售额减少,因此,销售折让可以将折让后的货款作为销售额。

③折扣销售仅限于货物价格的折扣,若将自产、委托加工和购买的货物用于实物折扣,则该实物款额不能从货物销售额中减除,且该实物应按增值税条例"视同销售货物"中的"赠送他人"计算缴纳增值税。

【例2-8】甲企业销售给乙公司10 000件玩具,每件不含税价格为20元,由于乙公司购买数量多,甲企业按原价的8折将玩具销售给乙公司,并提供"1/10,n/20"的销售折扣。乙公司于10日内付款,要求计算甲企业此项业务的销售额。

【解析】8折优惠为折扣销售,折扣额可以从销售额当中减除;而销售折扣是一种融资性质的理财费用(财务费用),故折扣额不得从销售额中减除。所以,甲企业此项业务的销售额＝10 000×20×80％＝160 000(元)。

(2)采取以旧换新方式销售

以旧换新,是指纳税人在销售自己的货物时,有偿收回旧货物的行为。由于以旧换新涉及两种不同的业务活动,销售额和收购额不能互相抵减,因此我国税法规定,采取以旧换新销售货物的(金银首饰除外),应按新货物的同期销售价格确定销售额,不得扣减旧货物的收购价格。考虑到金银首饰的特殊情况,对金银首饰的以旧换新业务,可以按销售方实际收取的不含增值税的全部价款征收增值税。

【例2-9】国祥商场是一家大型电器销售商场,2月份推出X型彩色电视机的以旧换新的促销活动。该型号的电视机每台售价为2 300元,顾客在用旧电视机换购新彩电时,可以折价50元,即只支付2 250元就可买到一台这种型号的彩电。商场缴纳增值税时,确认的计税销售额应是多少?

【解析】国祥商场在缴纳增值税时,确认的计税销售额应是每台2 300元,而不是2 250元。

(3)采取还本销售方式销售

还本销售是指纳税人在销售货物后,在一定期限内将全部或部分销货款一次或分次退还给购货方的一种销售方式。还本销售一般销售的是积压的或市场上供过于求的货物,目的为了促销和融资。销售额就是货物的销售价格,不得从销售额中减除还本支出。

(4)采取以物易物方式销售

以物易物是一种较为特殊的购销活动,是指购销双方不是以货币结算,而是以同等价款的货物相互结算,从而实现货物购销的一种方式。税法规定,以物易物双方均作购销处理,以各自发出的货物核算销售额并计算销项税额,以各自收到的货物核算购货额并计算进项税额。应注意,在以物易物活动中,应分别开具合法的票据,如收到的货物不能取得相应的增值税专用发票或其他合法票据,则不能抵扣进项税额。

(5)包装物押金的税务处理

包装物是指纳税人包装本单位货物的各种物品。纳税人销售货物时另收取包装物押金,目的是促使购货方及早退回包装物以便周转使用。税法规定:纳税人为销售货物收取的包装物押金,如果单独记账核算,时间在1年以内,又未过期的,不并入销售额征税。但对因逾期未收回包装物不再退还的押金,应并入销售额征税。

上述规定中,"逾期"是指按合同约定实际逾期或超过1年的期限,对收取1年以上的押金,无论是否退换均应并入销售额征税。当然,将包装物押金并入销售额征税时,需要先将该押金换算为不含税价,再并入销售额征税。纳税人为销售货物出租出借包装物而收取的押金,无论包装物周转使用期限长短,超过1年(含1年)以上仍不退还的并入销售额征税。

对销售除啤酒、黄酒外的其他酒类产品而收取的包装物押金,无论是否返还以及会计上如何核算,均应并入当期销售额征税。对销售啤酒、黄酒所收取的押金,按上述一般押金的规定处理。另外,包装物押金不应混同于包装物租金,包装物租金在销货时作为价外费用并入销售额计算销售税额。

【例2-10】某食品生产企业为增值税一般纳税人,4月销售货物,开具的增值税专用发票上注明金额120万元。开普通发票收取包装物押金3万元、优质费2万元。包装物押金单独记账核算,其期限规定为6个月。要求计算该企业当月增值税计税销售额。

【解析】优质费属于价外费用,并入销售额计算增值税,纳税人为销售货物而出租出借包装物收取的押金,单独记账的、时间在1年内又未过期的,不并入销售额征税。所以,该企业当月增值税计税销售额=120+2÷(1+13%)=121.77(万元)。

(6)直销企业的税务处理。

直销企业先将货物销售给直销员,直销员再将货物销售给消费者的,直销企业的销售额为其向直销员收取的全部价款和价外费用。直销员将货物销售给消费者时,应按照现行规定缴纳增值税。

直销企业通过直销员向消费者销售货物,直接向消费者收取货款,直销企业的销售额为其向消费者收取的全部价款和价外费用。

(7)贷款服务的销售额。

贷款服务,以提供贷款服务取得的全部利息及利息性质的收入为销售额。

(8)直接收费金融服务的销售额。

直接收费金融服务以提供直接收费金融服务收取的手续费、佣金、酬金、管理费、服务费、经手费、开户费、过户费、结算费、转托管费等各类费用为销售额。

(9)发卡机构、清算机构和收单机构提供银行卡跨机构资金清算服务,按照以下规定执行:

①发卡机构以其向收单机构收取的发卡行服务费为销售额,并按照此销售额向清算机构开具增值税发票。

②清算机构以其向发卡机构、收单机构收取的网络服务费为销售额,并按照发

卡机构支付的网络服务费向发卡机构开具增值税发票,按照收单机构支付的网络服务费向收单机构开具增值税发票。

清算机构从发卡机构取得的增值税发票上记载的发卡行服务费,一并计入清算机构的销售额,并由清算机构按照此销售额向收单机构开具增值税发票。

③收单机构以其向商户收取的收单服务费为销售额,并按照此销售额向商户开具增值税发票。

(10)视同应税交易以及销售额为非货币形式的,纳税人应当按照市场价格确定销售额。

(11)销售额明显偏低或者偏高且无正当理由的,税务机关可以依照《中华人民共和国税收征收管理法》和有关行政法规的规定核定销售额。

3.含税销售额的换算

增值税是价外税,计税销售额是不含税的销售额。然而,在实际工作中,经常会出现一般纳税人将销售货物或者提供应税劳务和应税行为采用销售额和销项税额合并定价收取的办法,这样,就会形成含税销售额。为了避免重复征税,一般纳税人销售货物或者提供应税劳务和应税行为时,必须将取得的含税销售额换算为不含税的销售额。计算公式为

不含税销售额=含税销售额÷(1+税率)

【例 2-11】某百货商场为增值税一般纳税人,10 月份销售本月购进的钢琴两台,每台零售价为 5.85 万元。要求计算该百货商场 10 月份的计税销售额。

【解析】由于零售价为含税价格,因此需要进行换算,该百货商场 10 月份计税销售额=5.85÷(1+13%)×2=10.35(万元)。

4.全面营改增有关销售额的规定

(1)"差额征税"的规定

①金融商品转让,按照卖出价扣除买入价后的余额为销售额。

转让金融商品出现的正负差,按盈亏相抵后的余额为销售额。若相抵后出现负差,可结转下一纳税期与下期转让金融商品销售额相抵,但年末时仍出现负差的,不得转入下一个会计年度。

金融商品的买入价,可以选择按照加权平均法或者移动加权平均法进行核算,选择后 36 个月内不得变更。

金融商品转让,不得开具增值税专用发票。

②经纪代理服务,以取得的全部价款和价外费用,扣除向委托方收取并代为支付的政府性基金或者行政事业性收费后的余额为销售额。向委托方收取的政府性

基金或者行政事业性收费,不得开具增值税专用发票。

③融资租赁和融资性售后回租业务。

A.经中国人民银行、中国银行业监督管理委员会(以下简称"银监会")或者中华人民共和国商务部(以下简称"商务部")批准从事融资租赁业务的试点纳税人,提供融资租赁服务,以取得的全部价款和价外费用,扣除支付的借款利息(包括外汇借款和人民币借款利息)、发行债券利息和车辆购置税后的余额为销售额。

B.经中国人民银行、银监会或者商务部批准从事融资租赁业务的试点纳税人,提供融资性售后回租服务,以取得的全部价款和价外费用(不含本金),扣除对外支付的借款利息(包括外汇借款和人民币借款利息)、发行债券利息后的余额作为销售额。

C.试点纳税人根据 2016 年 4 月 30 日前签订的有形动产融资性售后回租合同,在合同到期前提供的有形动产融资性售后回租服务,可继续按照有形动产融资租赁服务缴纳增值税。

继续按照有形动产融资租赁服务缴纳增值税的试点纳税人,经中国人民银行、银监会或者商务部批准从事融资租赁业务的,根据 2016 年 4 月 30 日前签订的有形动产融资性售后回租合同,在合同到期前提供的有形动产融资性售后回租服务,可以选择以下方法之一计算销售额:

a.以向承租方收取的全部价款和价外费用,扣除向承租方收取的价款本金,以及对外支付的借款利息(包括外汇借款和人民币借款利息)、发行债券利息后的余额为销售额。

纳税人提供有形动产融资性售后回租服务,计算当期销售额时可以扣除的价款本金,为书面合同约定的当期应当收取的本金。无书面合同或者书面合同没有约定的,为当期实际收取的本金。

试点纳税人提供有形动产融资性售后回租服务,向承租方收取的有形动产价款本金,不得开具增值税专用发票,可以开具普通发票。

b.以向承租方收取的全部价款和价外费用,扣除支付的借款利息(包括外汇借款和人民币借款利息)、发行债券利息后的余额为销售额。

D.经商务部授权的省级商务主管部门和国家经济技术开发区批准的从事融资租赁业务的试点纳税人,2016 年 5 月 1 日后实收资本达到 1.7 亿元的,从达到标准的当月起按照上述第 A 项、第 B 项和第 C 项执行;2016 年 5 月 1 日后实收资本未达到 1.7 亿元但注册资本达到 1.7 亿元的,在 2016 年 7 月 31 日前仍可按照上述第 A 项、第 B 项和第 C 项规定执行,2016 年 8 月 1 日后开展的融资租赁业务和融资性售后回租业务不得按照上述第 A 项、第 B 项和第 C 项规定执行。

④试点纳税人中的一般纳税人提供客运场站服务,以其取得的全部价款和价外费用,扣除支付给承运方运费后的余额为销售额。

⑤试点纳税人提供旅游服务,可以选择以取得的全部价款和价外费用,扣除向旅游服务购买方收取并支付给其他单位或者个人的住宿费、餐饮费、交通费、签证费、门票费和支付给其他接团旅游企业的旅游费用后的余额为销售额。选择上述办法计算销售额的试点纳税人,向旅游服务购买方收取并支付的上述费用,不得开具增值税专用发票,可以开具普通发票。

⑥试点纳税人提供建筑服务适用简易计税方法的,以取得的全部价款和价外费用扣除支付的分包款后的余额为销售额。

⑦房地产开发企业中的一般纳税人销售其开发的房地产项目(选择简易计税方法的房地产老项目除外),以取得的全部价款和价外费用,扣除受让土地时向政府部门支付的土地价款后的余额为销售额。房地产老项目,是指"建筑工程施工许可证"注明的合同开工日期在 2016 年 4 月 30 日前的房地产项目。

A.房地产开发企业中的一般纳税人销售自行开发的房地产项目,适用一般计税方法计税,按照取得的全部价款和价外费用,扣除当期销售房地产项目对应的土地价款后的余额计算销售额。销售额的计算公式如下:

销售额＝(全部价款和价外费用－当期允许扣除的土地价款)÷(1＋11%)

B.当期允许扣除的土地价款按照以下公式计算:

当期允许扣除的土地价款＝(当期销售房地产项目建筑面积÷房地产项目可供销售建筑面积)×支付的土地价款

当期销售房地产项目建筑面积,是指当期进行纳税申报的增值税销售额对应的建筑面积。

房地产项目可供销售建筑面积,是指房地产项目可以出售的总建筑面积,不包括销售房地产项目时未单独作价结算的配套公共设施的建筑面积。

支付的土地价款,是指向政府、土地管理部门或受政府委托收取土地价款的单位直接支付的土地价款。

C.在计算销售额时从全部价款和价外费用中扣除土地价款,应当取得省级以上(含省级)财政部门监(印)制的财政票据。

D.一般纳税人应建立台账登记土地价款的扣除情况,扣除的土地价款不得超过纳税人实际支付的土地价款。

⑧一般纳税人转让其 2016 年 4 月 30 日前取得(不含自建)的不动产,可以选

择适用简易计税方法计税,以取得的全部价款和价外费用扣除不动产购置原价或者取得不动产时的作价后的余额为销售额,按照5%的征收率计算应纳税额。纳税人应按照上述计税方法向不动产所在地的主管地税机关预缴税款,向机构所在地主管国税机关申报纳税。

⑨小规模纳税人转让其取得(不含自建)的不动产,以取得的全部价款和价外费用扣除不动产购置原价或者取得不动产时的作价后的余额为销售额,按照5%的征收率计算应纳税额。

(2)其他特殊规定

航空运输企业的销售额,不包括代收的机场建设费和代售其他航空运输企业客票而代收转付的价款。

中国移动通信集团公司、中国联合网络通信集团有限公司、中国电信集团公司及其成员单位通过手机短信公益特服号为公益性机构接受捐款,以其取得的全部价款和价外费用,扣除支付给公益性机构捐款后的余额为销售额。

纳税人兼有多项差额征税应税服务项目的,应根据差额征税政策的相关规定,具体按适用差额征税的应税服务项目、不适用差额征税的应税服务项目、免税服务项目分别核算含税销售额、扣除项目金额和计税销售额。

例如,同时经营交通运输服务、货物代理服务、融资租赁服务、免税服务的纳税人,应对上述不同项目、不同税率或征收率的应税服务项目分别核算含税销售额、扣除项目金额和计税销售额。需分别核算的上述扣税项目金额包括:期初余额、本期发生额、本期可抵减金额、本期实际抵减金额和期末余额。

对纳税人兼营适用差额征税的应税服务项目、不适用差额征税的应税服务项目、免税服务项目而无法准确划分差额征税扣除项目金额的,按下列公式计算:

某项目分摊可扣除的差额金额=当期无法划分的全部差额征税金额×该项目营业额(销售额)÷当期全部销售额

不适用差额征税的应税服务项目及免税服务项目应分摊的扣除差额金额,不得进行扣除。

(二)进项税额的计算

进项税额是纳税人购进货物、服务、无形资产、不动产支付或负担的增值税额,它与销售方收取的销项税额相对应。在开具增值税专用发票的情况下,它们之间的对应关系是,销售方收取的销项税额,就是购买方支付的进项税额。对于任何一个一般纳税人而言,由于其在经营活动中,既会发生销售情况,又会发生购进情况。因此,每一个一般纳税人都会有收取的销项税和支付的进项税。增值税的核心就是用纳税人支付的进项税额抵扣其收取的销项税额,余额为纳税人实际应缴纳的增值税税额。因此,进项税额作为可抵扣的部分,对于纳税人实际纳税多少就产生了很重要的作用。

1.准予从销项税额中抵扣的进项税额

根据《增值税法》的规定,纳税人应当凭法律、行政法规或者国务院规定的增值税扣税凭证从销项税额中抵扣进项税额。

(1)从销售方或者提供方取得的增值税专用发票(含税控机动车销售统一发票和中华人民共和国税收缴款凭证,下同)上注明的增值税额。

(2)从海关取得的海关进口增值税专用缴款书上注明的增值税额。

(3)购进农产品,除取得增值税专用发票或者海关进口增值税专用缴款书外,从按简易计税方法依照3%征收率计算缴纳增值税的小规模纳税人取得增值税专用发票的,以增值税专用发票上注明的金额和9%的扣除率计算进项税额;按照农产品收购发票或者销售发票上注明的农产品买价和9%的扣除率计算进项税额。纳税人购进用于生产销售或委托加工13%税率货物的农产品,按照10%的扣除率计算进项税额。进项税额计算公式如下:

进项税额=买价×扣除率

拓展阅读

农产品深加工的意义何在?

对烟叶税纳税人按规定缴纳的烟叶税,准予并入烟叶产品的买价计算增值税的进项税额,并在计算缴纳增值税时予以扣除,即购进烟叶准予抵扣的增值税税额按规定的烟叶收购金额和烟叶税及法定扣除率计算。烟叶收购金额包括纳税人支付给烟叶销售者的烟叶收购价款和价外补贴,价外补贴统一暂按烟叶收购价款的10%计算。计算公式如下:

烟叶收购金额=收购价款×(1+10%)

应纳烟叶税税额=收购金额×20%(烟叶税税率)

烟叶进项税额=(收购金额+烟叶税)×扣除率

【例 2-12】某卷烟厂 6 月收购烟叶生产卷烟,收购凭证上注明价款为 50 万元,并向烟叶生产者支付了价外补贴。要求计算该卷烟厂 6 月份收购烟叶可抵扣的进项税额。

【解析】该卷烟厂 6 月份收购烟叶可抵扣的进项税额＝50×(1＋10％)×(1＋20％)×9％＝3.96(万元)。

(4)从境外单位或者个人购进服务、无形资产或境内的不动产,按税务机关或者扣缴义务人取得的解缴税款的完税凭证上注明的增值税额。

(5)项目运营方利用信托资金融资进行项目建设开发,在项目建设期内取得的增值税专用发票和其他抵扣凭证,允许其按现行增值税有关规定予以抵扣。

(6)增值税一般纳税人在资产重组过程中,将全部资产、负债和劳动力一并转让给其他增值税一般纳税人,并按程序办理注销税务登记的,其在办理注销登记前尚未抵扣的进项税额可以结转至新纳税人处抵扣。

(7)2019 年 4 月 1 日后取得并在会计制度上按固定资产核算的不动产或者2019 年 4 月 1 日后取得的不动产在建工程,纳税人可在购进当期,一次性予以扣除。已抵扣进项税额的固定资产、无形资产、不动产,发生用途改变,用于允许抵扣进项税额的应税项目,可在用途改变的当期计算不得抵扣进项税额,进行扣减。不得抵扣进项税额的,发生用途改变,可在用途改变的次月计算可抵扣进项税额。

(8)国内旅客运输服务进项税额的抵扣规定。

"国内旅客运输服务",限于与本单位签订了劳动合同的员工,以及本单位作为用工单位接受的劳务派遣员工发生的国内旅客运输服务。

纳税人允许抵扣的国内旅客运输服务进项税额,是指纳税人 2019 年 4 月 1 日及以后实际发生,并取得合法有效增值税扣税凭证注明的或依据其计算的增值税税额。以增值税专用发票或增值税电子普通发票为增值税扣税凭证的,为 2019 年4 月 1 日及以后开具的增值税专用发票或增值税电子普通发票。

纳税人未取得增值税专用发票的,暂按照以下规定确定进项税额:

①纳税人购进国内旅客运输服务,以取得的增值税电子普通发票上注明的税额为进项税额的,增值税电子普通发票上注明的购买方"名称""纳税人识别号"等信息,应当与实际抵扣税款的纳税人一致,否则不予抵扣。

②取得注明旅客身份信息的航空运输电子客票行程单的,按照下列公式计算进项税额:

$$航空旅客运输进项税额＝(票价＋燃油附加费)÷(1＋9％)×9％$$

③取得注明旅客身份信息的铁路车票的,按照下列公式计算的进项税额:

铁路旅客运输进项税额＝票面金额÷(1＋9%)×9%

④取得注明旅客身份信息的公路、水路等其他客票的,按照下列公式计算进项税额:

公路、水路等其他旅客运输进项税额＝票面金额÷(1＋3%)×3%

2.不得从销项税额中抵扣的进项税额

纳税人的下列进项税额不得从其销项税额中抵扣:

(1)适用简易计税方法计税项目对应的进项税额;

(2)免征增值税项目对应的进项税额;

(3)非正常损失项目对应的进项税额;

(4)购进并用于集体福利或者个人消费的货物、服务、无形资产、不动产对应的进项税额;

(5)购进并直接用于消费的餐饮服务、居民日常服务和娱乐服务对应的进项税额;

(6)国务院规定的其他进项税额。

(三)应纳税额的计算

一般纳税人在计算出销项税额和进项税额后就可以得出实际应纳税额。其计算公式为

应纳税额＝当期销项税额－当期进项税额

1.计算销项税额的时间确定

(1)增值税纳税义务发生时间的一般规定。

①纳税人发生应税交易,其纳税义务发生时间为收讫销售款项或者取得索取销售款项凭据的当日;先开具发票的,为开具发票的当日。

收讫销售款项,是指纳税人发生应税销售行为过程中或者完成后收到的款项。

取得索取销售款项凭据的当日,是指书面合同确定的付款日期;未签订书面合同或者书面合同未确定付款日期的,为应税销售行为完成的当天或者不动产权属变更的当日。

②发生视同应税交易,纳税义务发生时间为完成视同应税交易的当日。

③进口货物,为报关进口的当天。

④增值税扣缴义务发生时间为纳税人增值税纳税义务发生的当天。

(2)增值税纳税义务发生时间的具体规定:

由于纳税人销售结算方式的不同,《增值税暂行条例实施细则》和"营改增通知"规定了具体的纳税义务发生时间。

①采取直接收款方式销售货物,不论货物是否发出,均为收到销售款或者取得索取销售款凭据的当天。

纳税人生产经营活动中采取直接收款方式销售货物,已将货物移送对方并暂估销售收入入账,但既未取得销售款或取得索取销售款凭据也未开具销售发票的,其增值税纳税义务发生时间为取得销售款或取得索取销售款凭据的当天;先开具发票的,为开具发票的当天。

②采取托收承付和委托银行收款方式销售货物,为发出货物并办妥托收手续的当天。

③采取赊销和分期收款方式销售货物,为书面合同约定的收款日期的当天,无书面合同的或者书面合同没有约定收款日期的,为货物发出的当天。

④采取预收货款方式销售货物,为货物发出的当天,但生产销售生产工期超过12个月的大型机械设备、船舶、飞机等货物,为收到预收款或者书面合同约定的收款日期的当天。

⑤委托其他纳税人代销货物,为收到代销单位的代销清单或者收到全部或者部分货款的当天。未收到代销清单及货款的,为发出代销货物满180天的当天。

⑥销售劳务,为提供劳务同时收讫销售款或者取得索取销售款的凭据的当天。

⑦纳税人发生除将货物交付其他单位或者个人代销和销售代销货物以外的视同销售货物行为,为货物移送的当天。

⑧纳税人提供租赁服务采取预收款方式的,其纳税义务发生时间为收到预收款的当天。

【例2-13】某纳税人出租一台设备,租金3 000元/月,一次性预收了一年的租金36 000元。该纳税人应在收到36 000元租金的当天确认纳税义务发生,并按36 000元确认收入,而不能将36 000元租金采取按月分摊确认收入的方法,也不能在该业务完成后再确认收入。

⑨纳税人从事金融商品转让的,为金融商品所有权转移的当天。

⑩纳税人发生视同销售服务、无形资产或者不动产情形的,其纳税义务发生时间为服务、无形资产转让完成的当天或者不动产权属变更的当天。

2.计算进项税额抵扣的时间限定

(1)增值税专用发票进项税额的抵扣限定。

增值税一般纳税人取得2017年1月1日及以后开具的增值税专用发票、海关进口增值税专用缴款书、机动车销售统一发票、收费公路通行费增值税电子普通发票,取消认证确认、稽核比对、申报抵扣的期限。纳税人在进行增值税纳税申报时,应当通过本省(自治区、直辖市和计划单列市)增值税发票综合服务平台对上述扣税凭证信息进行用途确认。

增值税一般纳税人取得 2016 年 12 月 31 日及以前开具的增值税专用发票、海关进口增值税专用缴款书、机动车销售统一发票,超过认证确认、稽核比对、申报抵扣期限,但符合规定条件的,仍可按照相关规定,继续抵扣进项税额。

(2)海关进口增值税专用缴款书进项税额申报抵扣和出口退税的限定。

增值税一般纳税人取得海关进口增值税专用缴款书(以下简称海关缴款书)后如需申报抵扣或出口退税,按以下方式处理:

①增值税一般纳税人取得仅注明一个缴款单位信息的海关缴款书,应当登录本省(区、市)增值税发票选择确认平台(以下简称选择确认平台)查询、选择用于申报抵扣或出口退税的海关缴款书信息。通过选择确认平台查询到的海关缴款书信息与实际情况不一致或未查询到对应信息的,应当上传海关缴款书信息,经系统稽核比对相符后,纳税人登录选择确认平台查询、选择用于申报抵扣或出口退税的海关缴款书信息。

②增值税一般纳税人取得注明两个缴款单位信息的海关缴款书,应当上传海关缴款书信息,经系统稽核比对相符后,纳税人登录选择确认平台查询、选择用于申报抵扣或出口退税的海关缴款书信息。

3.逾期增值税扣税凭证抵扣问题

增值税一般纳税人因发生真实交易但由于客观原因造成增值税扣税凭证未按照规定期限申报抵扣的,经主管税务机关审核,允许纳税人继续申报抵扣其进项税额。

客观原因包括以下类型:

(1)因自然灾害、社会突发事件等不可抗力因素造成增值税扣税凭证未按期申报抵扣;

(2)有关司法、行政机关在办理业务或者检查中,扣押、封存纳税人账簿资料,导致纳税人未能按期办理申报手续;

(3)税务机关信息系统、网络故障,导致纳税人未能及时取得认证结果通知书或稽核结果通知书,未能及时办理申报抵扣;

(4)由于企业办税人员伤亡、突发危重疾病或者擅自离职,未能办理交接手续,导致未能按期申报抵扣;

(5)国家税务总局规定的其他情形。

4.计算应纳税额时进项税额不足抵扣的处理

由于增值税实行"购进扣税法",有时企业当期购进的货物很多,在计算应纳税额时会出现当期销项税额小于当期进项税额不足抵扣的情况。根据税法规定,当期进项税额不足抵扣的部分可以结转下期继续抵扣。

原增值税一般纳税人兼有提供应税行为,截止到纳入营改增试点之日前的增值税期末留抵税额,不得从提供应税行为的销项税额中抵扣。

5.扣减发生期进项税额的规定

由于增值税实行以当期销项税额抵扣当期进项税额的"购进扣税法",当期购进的货物、接受的应税劳务或应税行为如果事先并未确定将其用于非生产经营项目,其进项税额会在当期销项税额中予以抵扣。但已抵扣进项税额的购进货物、接受的应税劳务或应税行为如果事后改变用途用于集体福利或者个人消费,非正常损失的购进货物及相关的加工修理修配劳务和交通运输服务,非正常损失的在产品、产成品所耗用的购进货物、设计服务和建筑服务,非正常损失的不动产在建工程所耗用的购进货物、设计服务和建筑服务,购进的旅客运输服务、贷款服务、餐饮服务、居民日常服务和娱乐服务,应当将该进项税额作转出处理;无法确定该进项税额的,按当期实际成本计算应转出的进项税额。

6.一般纳税人应纳税额计算实例

【例 2-14】某生产企业为增值税一般纳税人,适用增值税税率 13%,5 月份该企业的有关生产经营业务如下:

(1)销售甲产品给某大商场,开具增值税专用发票,取得不含税销售收入 80 万元;另外,取得销售甲产品的送货运输费收入 5.85 万元。

(2)销售乙产品,开具增值税发票,取得含税销售收入 29.25 万元。

(3)购进货物取得增值税专用发票,注明支付的货款为 60 万元,进项税额为 7.8 万元;另外支付购货的不含税运输费用 6 万元,取得运输公司开具的货物运输业增值税专用发票。

(4)向农业生产者购进免税农产品一批,支付收购价 30 万元,支付给运输单位不含税运费 5 万元,取得相关的合法票据。本月下旬将购进农产品的 20% 用于本企业职工福利。

要求:计算该企业 5 月份合计应缴纳的增值税额。

【解析】销售甲产品的销项税额＝80×13%＋5.85÷(1＋13%)×13%＝11.07(万元);

销售乙产品的销项税额＝29.25÷(1＋13%)×13%＝3.37(万元);

外购货物应抵扣的进项税额＝7.8＋6×9％＝8.34(万元)；

外购免税农产品应抵扣的进项税额＝(30×9％＋5×9％)×(1－20％)

$$＝2.52(万元)；$$

该企业5月份应缴纳的增值税额＝11.07＋3.37－8.34－2.52＝3.58(万元)。

二、简易计税方法应纳税额的计算

对小规模纳税人和经营特定项目的一般纳税人实行简易计税办法,按照销售额和征收率计算应纳税额,并且不得抵扣进项税额。

简易计税办法的销售额不包括其应纳的增值税税额,纳税人采用销售额和应纳增值税税额合并定价办法的,按照下列公式计算销售额:

销售额＝含税销售额÷(1＋征收率)

纳税人适用简易计税方法计税的,因销售折让、中止或者退回而退还给购买方的销售额,应当从当期销售额中扣减。扣减当期销售额后仍有余额造成多缴的税款,可以从以后的应纳税额中扣减。

【例2-15】某商店为增值税小规模纳税人,6月取得零售收入总额12.36万元。计算该商店本月应缴纳的增值税税额。

【解析】6月份取得的不含税销售额＝12.36÷(1＋3％)＝12(万元)；

6月应缴纳的增值税税额＝12×3％＝0.36(万元)。

【例2-16】某生产企业为增值税一般纳税人。20×2年6月,该企业将资产盘点过程中发现的不需用的部分资产进行处理,销售已经使用15年的机器设备,取得收入9 200元。要求计算该企业上述业务应纳增值税。

【解析】销售已经使用过的机器设备的应纳税额＝9 200÷(1＋3％)×2％

$$＝178.64(元)。$$

三、进口货物应纳税额的计算

(一)进口货物的征税范围及纳税人

1.进口货物的征税范围

(1)申报进入中华人民共和国海关境内的货物,均应缴纳增值税。

根据税法规定,凡是申报进入我国海关境内的货物,都必须向我国海关申报进口,并办理有关报关手续。

只要是报关进口的应税货物,不论是国外产制还是我国已出口而转销国内的货物,不论是进口者自行采购还是国外捐赠(外国企业)的货物,不论是进口者自用还是作为贸易或其他用途等,均应按照规定缴纳进口环节的增值税。

（2）从其他国家或地区进口《跨境电子商务零售进口商品清单》范围内的以下商品适用于跨境电子商务零售进口增值税税收政策：

①所有通过与海关联网的电子商务交易平台交易，能够实现交易、支付、物流电子信息"三单"比对的跨境电子商务零售进口商品；

②未通过与海关联网的电子商务交易平台交易，但快递、邮政企业能够统一提供交易、支付、物流等电子信息，并承诺承担相应法律责任进境的跨境电子商务零售进口商品。

不属于跨境电子商务零售进口的个人物品以及无法提供交易、支付、物流等电子信息的跨境电子商务零售进口商品，按现行规定执行。

2.进口货物的纳税人

进口货物的收货人或办理报关手续的单位和个人，为进口货物增值税的纳税义务人。也就是说，进口货物增值税纳税人的范围较宽，包括了国内一切从事进口业务的企业、事业单位、机关团体和个人。

在实际工作中，一般由进口代理者代缴进口环节增值税。纳税后，由代理人将已纳税款和进口货物价款费用等与委托方结算，由委托者承担已纳税款。

跨境电子商务零售进口商品按照货物征收关税和进口环节增值税、消费税，购买跨境电子商务零售进口商品的个人作为纳税义务人。电子商务企业、电子商务交易平台企业或物流企业可作为代收代缴义务人。

(二)进口货物适用税率

进口货物增值税适用税率与增值税一般纳税人在国内销售同类货物的税率相同。

但是对进口抗癌药品，自2018年5月1日起，减按3%征收进口环节增值税。对进口罕见病药品，自2019年3月1日起，减按3%征收进口环节增值税。

对跨境电子商务零售进口商品的单次交易限值为人民币5 000元，个人年度交易限值为人民币26 000元以内进口的跨境电子商务零售进口商品，关税税率暂设为0%。

(三)进口货物应纳税额的计算

对进口货物征税是国际上大多数国家的做法，目的是平衡进口商品与国内商品的税负。但我们在进口产品计算增值税时，不能直接得到类似销售额这样的一个计税依据，必须要通过计算才能得到，即要计算组成计税价格。组成计税价格是指在没有实际销售价格的时候，按照税法规定计算出的作为计税依据的价格。进口货物增值税组成计税价格和应纳税额的计算公式为

组成计税价格＝关税完税价格＋关税＋消费税

应纳进口增值税＝组成计税价格×税率

【例 2-17】有进出口经营权的某外贸公司,20×2 年 6 月份从国外进口货物 500 吨,海关审定的到岸价格是 290 万元。该货物的关税税率为 10％,增值税税率为 13％。计算该外贸公司 6 月份从国外进口该货物在进口环节缴纳的增值税。

【解析】组成计税价格＝290×(1＋10％)＝319(万元);

应纳税额＝319×13％＝41.47(万元)。

(四)个人携带或者寄递进境物品的计算

个人携带或者寄递进境物品的增值税的计征办法由国务院制定,报全国人民代表大会常务委员会备案。

四、出口和跨境业务的退(免)税和征税

出口退税是对出口商品包括出口的货物或者跨境销售服务、无形资产按照适用零税率的规定,将其在生产和流通环节已经缴纳的国内商品税退还给出口商。增值税出口退税有两层含义:一是对商品出口环节的增值部分免征增值税,二是对商品出口前环节所含的进项税额予以退付。实行出口退税的原因是,税收是基于政府执行职能产生的一般利益收取的,因此所有享受政府执行职能产生的一般利益的主体,都负有向政府纳税的义务。同时,商品税作为一种间接税,具有可转嫁性,最终由商品的消费者负担。出口商品的消费者一般为国外居民,他们并没有享受到出口政府执行职能产生的一般利益,因此也没有义务向出口国政府缴纳税收。此外,实行出口退税还可以使出口商品以不含国内商品税的价格进入国际市场,与其他国家的商品开展公平竞争。因此,世界各国普遍对出口商品实行退(免)税政策。

(一)出口退(免)税基本政策

世界各国为了鼓励本国货物出口,一般都采取优惠的出口税收政策。有的国家对货物出口前所包含的税金在出口后予以退还(即出口退税),有的国家对出口的货物在出口前予以免税。我国则根据本国的实际,采取出口退税与免税相结合的政策。目前,我国的出口税收政策分为以下三种形式。

1.出口免税并退税

出口免税是指对货物在出口销售环节不征增值税、消费税。这是把货物出口环节与出口前的销售环节视为一个征税环节。出口退税是指对货物在出口前实际承担的税收负担,按规定的退税率计算后予以退还。

2.出口免税不退税

出口免税与上述第1项含义相同。出口不退税是指适用这个政策的出口货物因在前一道生产、销售环节或进口环节是免税的。因此,出口时该货物的价格中本身就不含税,也无须退税。

3.出口不免税也不退税

出口不免税是指对国家限制或禁止出口的某些货物的出口环节视同内销环节,照常征税;出口不退税是指对这些货物出口不退还出口前其所负担的税款。

(二)出口退(免)税具体规定

1.适用增值税退(免)税政策的范围

增值税退(免)税政策,是指对出口货物或者跨境销售服务、无形资产在出口环节实行零税率,并退还其在国内各生产环节和流转环节按税法规定已缴纳的增值税。

(1)出口企业出口货物

出口企业,是指依法办理工商登记、税务登记和对外贸易经营者备案登记,自营或委托出口货物的单位或个体工商户,以及依法办理工商登记、税务登记但未办理对外贸易经营者备案登记,委托出口货物的生产企业。

出口货物,是指向海关报关后实际离境并销售给境外单位或者个人的货物,分为自营出口货物和委托出口货物两大类。

(2)出口企业或其他单位视同出口货物

①出口企业对外援助、对外承包、境外投资的出口货物。

②出口企业经海关报关进入国家批准的出口加工区、保税物流园区、保税港区、综合保税区等特殊区域,并销售给特殊区域内单位或境外单位、个人的货物。

③免税品经营企业销售的货物。

④出口企业或其他单位销售给用于国际金融组织或外国政府贷款国际招标建设项目的中标机电产品。

⑤生产企业向海上石油天然气开采企业销售的自产海洋工程结构物。

⑥出口企业或其他单位销售给国际运输企业用于国际运输工具上的货物。

⑦出口企业或其他单位销售给特殊区域内生产企业生产耗用且不向海关报关而输入特殊区域的水(包括蒸汽)、电力、燃气。

⑧对融资租赁企业、金融租赁公司及其设立的项目子公司,以融资租赁方式租赁给境外承租人且租赁期限在5年(含)以上,并向海关报关后实际离境的货物,试行增值税、消费税出口退税政策。

融资租赁出口货物的范围,包括飞机、飞机发动机、铁道机车、铁道客车车厢、船舶及其他货物。

除另有规定外,视同出口货物适用出口货物的各项规定。

(3)出口企业对外提供加工修理修配劳务

对外提供加工修理修配劳务,指对进境复出口货物或从事国际运输的运输工具进行的加工修理修配。

(4)境内单位和个人提供适用零税率的服务或无形资产

境内的单位和个人提供适用增值税零税率的服务或者无形资产,如果属于适用简易计税方法的,实行免征增值税办法。如果属于适用增值税一般计税方法的,生产企业实行免抵退税办法,外贸企业外购服务或者无形资产出口实行免退税办法,外贸企业直接将服务或自行研发的无形资产出口,视同生产企业连同其出口货物统一实行免抵退税办法。

实行退(免)税办法的服务和无形资产,如果主管税务机关认定出口价格偏高的,有权按照核定的出口价格计算退(免)税,核定的出口价格低于外贸企业购进价格的,低于部分对应的进项税额不予退税,转入成本。

境内的单位和个人销售适用增值税零税率的服务或无形资产的,可以放弃适用增值税零税率,选择免税或按规定缴纳增值税。放弃适用增值税零税率后,36个月内不得再申请适用增值税零税率。

境内的单位和个人销售适用增值税零税率的服务或无形资产,按月向主管退税的税务机关申报办理增值税退(免)税手续。具体管理办法由国家税务总局商财政部另行制定。

2.增值税退(免)税办法

适用增值税退(免)税政策的出口货物、服务或无形资产,按照下列规定实行增值税"免、抵、退"或免退税办法。

(1)"免、抵、退"办法

生产企业出口自产货物和视同自产货物及对外提供加工修理修配劳务,以及列名的生产企业出口非自产货物,免征增值税,相应的进项税额抵减应纳增值税额(不包括适用增值税即征即退、先征后退政策的应纳增值税额),未抵减完的部分予以退还。

零税率的服务或者无形资产,如果属于适用增值税简易计税方法的,免征增值税;如果属于适用增值税一般计税方法的,生产企业实行免抵退办法,外贸企业直接将服务或自行研发的无形资产出口,视同生产企业连同其出口货物统一实行免抵退税办法。

（2）免、退税办法

不具有生产能力的出口企业（以下称"外贸企业"）或其他单位出口货物、服务或无形资产，免征增值税，相应的进项税额予以退还。

外贸企业外购的研发服务和设计服务免征增值税。

零税率的服务或者无形资产，如果属于适用增值税一般计税方法的，外贸企业外购服务或者无形资产出口实行免退税办法。

3.增值税出口退税率

（1）退税率的一般规定：除根据国务院决定而明确的增值税出口退税率（以下称退税率）外，出口货物的退税率为其适用征税率。

服务和无形资产的退税率为其按照《增值税法》规定适用的增值税税率。

（2）退税率的特殊规定：

①外贸企业购进按简易办法征税的出口货物、从小规模纳税人购进的出口货物，其退税率分别为简易办法实际执行的征收率、小规模纳税人征收率。上述出口货物取得增值税专用发票的，退税率按照增值税专用发票上的税率和出口货物退税率孰低的原则确定。

②出口企业委托加工修理修配货物，其加工修理修配费用的退税率，为出口货物的退税率。

③中标机电产品、出口企业向海关报关进入特殊区域销售给特殊区域内生产企业生产耗用的列名原材料、输入特殊区域的水电气，其退税率为适用税率。如果国家调整列名原材料的退税率，列名原材料应当自调整之日起按调整后的退税率执行。

（3）适用不同退税率的货物、服务或无形资产，应分开报关、核算并申报退（免）税，否则从低适用退税率。

4.增值税退（免）税的计算

（1）生产企业出口货物、服务或无形资产的增值税"免、抵、退"税计算

①当期应纳税额的计算

当期应纳税额＝当期销项税额－（当期进项税额－当期不得免征、抵扣税额）

$$\begin{array}{l}当期不得免\\征、抵扣税额\end{array}=\begin{array}{l}当期出口货\\物离岸价\end{array}\times\begin{array}{l}外汇人民\\币折合率\end{array}\times\left(\begin{array}{l}出口货物\\适用税率\end{array}-\begin{array}{l}出口货物\\退税率\end{array}\right)-$$

$$\begin{array}{l}当期不得免征和\\抵扣税额抵减额\end{array}$$

$$\begin{array}{l}当期不得免征和\\抵扣税额抵减额\end{array}=\begin{array}{l}当期免税购进\\原材料价格\end{array}\times\left(\begin{array}{l}出口货物\\适用税率\end{array}-\begin{array}{l}出口货物\\退税率\end{array}\right)$$

出口货物离岸价（FOB）以出口发票计算的离岸价为准，出口发票不能如实反

映实际离岸价的,企业必须按照实际离岸价向主管国税机关申报,同时主管税务机关有权依照《税收征收管理法》、《增值税法》等有关规定予以核定。

②当期"免、抵、退"税额的计算

当期"免、抵、退"税额＝当期出口货物离岸价×外汇人民币折合率×出口货物退税率－当期"免、抵、退"税额抵减额

当期"免、抵、退"税额抵减额＝当期免税购进原材料价格×出口货物退税率

③当期应退税额和免抵税额的计算

当期应退税额为"当期期末留抵税额"与"当期免抵退税额"中的较小者。

【例2-18】某自营出口的生产企业为增值税一般纳税人,出口货物的征税税率为13％,退税税率为11％。该企业4月发生如下经营业务:购进原材料一批,取得的增值税专用发票,发票上注明价款为200万元,进项税额为26万元,发票已通过认证。上月末留抵税款3万元,本月内销售货物的不含税销售额为100万元,收款113万元存入银行,本月出口货物的销售额折合人民币200万元。要求计算该企业当期的应退税额。

【解析】当期应纳税额＝100×13％－200×13％＋200×(13％－11％)－3
＝－4(万元);

名义当期可退税的税额＝200×11％＝26(万元);

对比"当期应纳税额"和"名义当期可退税的税额"的绝对值;

因此,该企业当期的应退税额为4万元。

④零税率的服务或无形资产增值税退(免)税计算

A.当期"免、抵、退"税额的计算

当期零税率应税服务或无形资产免抵退税额＝当期零税率应税服务或无形资产"免、抵、退"税计税依据×外汇人民币折合率×零税率应税服务或无形资产增值税退税率

B.当期应退税额和免抵税额的计算

当期应退税额为"当期期末留抵税额"与"当期免抵退税额"中的较小者。

【例2-19】某国际运输公司,已登记为一般纳税人,该企业实行"免、抵、退"税管理办法。该企业20×2年3月实际发生如下业务:

①该企业当月承接了3个国际运输业务,取得确认的收入60万元人民币;

②企业增值税纳税申报时,期末留抵税额为15万元人民币。

要求：计算该企业当月的应退税额。

【解析】当期零税率应税服务"免、抵、退"税额＝当期零税率应税服务"免、抵、退"税计税依据×零税率应税服务增值税退税率＝60×11％＝6.6(万元)；

当期期末留抵税额15万元＞当期"免、抵、退"税额6.6万元；

当期应退税额＝当期"免、抵、退"税额＝6.6(万元)；

退税申报后，结转下期留抵的税额为8.4万元。

(2)外贸企业出口货物、服务或无形资产增值税免退税计算

①外贸企业出口委托加工修理修配货物以外的货物

增值税应退税额＝增值税退(免)税计税依据×出口货物退税率

【例2-20】某进出口公司4月份出口平纹布8 000米。收购平纹布时，取得的增值税专用发票上注明单价为每平方米30元，金额为240 000元。平纹布退税率为11％。

【解析】应退税额＝240 000×11％＝26 400(元)。

②外贸企业出口委托加工修理修配货物

$$\begin{array}{l}\text{出口委托加工修理修配}\\\text{货物的增值税应退税额}\end{array}=\begin{array}{l}\text{委托加工修理修配的增}\\\text{值税退(免)税计税依据}\end{array}\times\begin{array}{l}\text{出口货物}\\\text{退税率}\end{array}$$

【例2-21】某进出口公司5月份购进牛仔布受托加工成服装出口，取得牛仔布增值税发票一张，注明计税金额10 000元；取得服装加工费，计税金额为2 000元；退税税率为13％。

【解析】该企业出口退税额＝(10 000＋2 000)×13％＝1 560(元)。

③外贸企业零税率应税服务或者无形资产增值税免退税的计算

$$\begin{array}{l}\text{外贸企业零税率应税服务}\\\text{或者无形资产应退税额}\end{array}=\begin{array}{l}\text{外贸企业零税率应税服务或}\\\text{者无形资产免退税计税依据}\end{array}\times\begin{array}{l}\text{零税率应税服务或者无}\\\text{形资产增值税退税率}\end{array}$$

第四节　增值税的征收管理

一、纳税义务发生时间

《增值税法》和营改增明确规定了增值税纳税义务的发生时间。税法明确规定纳税义务发生时间的作用在于：(1)正式确认纳税人已经发生属于税法规定的应税

行为,应承担纳税义务;(2)有利于税务机关实施税务管理,合理规定申报期限和纳税期限,监督纳税人切实履行纳税义务。纳税义务发生时间的规定分为一般规定和具体规定。

（一）一般规定

（1）发生应税交易,纳税义务发生时间为收讫销售款项或者取得索取销售款项凭据的当日;先开具发票的,为开具发票的当日。

（2）发生视同应税交易,纳税义务发生时间为完成视同应税交易的当日。

（3）进口货物,为报关进口的当日。

（4）增值税扣缴义务发生时间为纳税人增值税纳税义务发生的当日。

（二）具体规定

纳税义务发生时间的具体规定见本章第三节"一、一般纳税人应纳税额计算"下的"（三）应纳税额的计算"中的"计算销项税额的时间确定"。

二、计税期间

根据《增值税法》的规定,增值税的计税期间分别为 10 日、15 日、1 个月或者 1 个季度。纳税人的具体计税期间,由主管税务机关根据纳税人应纳税额的大小分别核定。不经常发生应税交易的纳税人,可以按次纳税。

纳税人以 1 个月或者 1 个季度为 1 个计税期间的,自期满之日起 15 日内申报纳税;以 10 日或者 15 日为 1 个计税期间的,自次月 1 日起 15 日内申报纳税。

扣缴义务人解缴税款的计税期间和申报纳税期限,依照前两款规定执行。

纳税人进口货物,应当按照海关规定的期限申报并缴纳税款。

纳税人以 10 日或者 15 日为 1 个计税期间的,应当自期满之日起 5 日内预缴税款。

法律、行政法规对纳税人预缴税款另有规定的,从其规定。

三、纳税地点

为了保证纳税人按期申报纳税,根据企业跨地区经营和商品流通的特点及不同情况,增值税法具体规定了增值税的纳税地点:

（1）有固定生产经营场所的纳税人,应当向其机构所在地或者居住地主管税务机关申报纳税。总机构和分支机构不在同一县（市）的,应当分别向各自所在地的主管税务机关申报纳税;经省级以上财政、税务主管部门批准,可以由总机构汇总向总机构所在地的主管税务机关申报纳税。

（2）无固定生产经营场所的纳税人,应当向其应税交易发生地主管税务机关申报纳税;未申报纳税的,由其机构所在地或者居住地主管税务机关补征税款。

（3）自然人销售或者租赁不动产，转让自然资源使用权，提供建筑服务，应当向不动产所在地、自然资源所在地、建筑服务发生地主管税务机关申报纳税。

（4）进口货物的纳税人，应当按照海关规定的地点申报纳税。进口货物的增值税由海关代征。海关应当将代征增值税和货物出口报关的信息提供给税务机关。

（5）扣缴义务人，应当向其机构所在地或者居住地主管税务机关申报缴纳扣缴的税款；机构所在地或者居住地在境外的，应当向应税交易发生地主管税务机关申报缴纳扣缴的税款。

税务机关与工业和信息化、公安、海关、市场监督管理、人民银行、金融监督管理等部门建立增值税涉税信息共享机制和工作配合机制。有关部门应当依照法律、行政法规，在各自职责范围内，支持、协助税务机关开展增值税征收管理。

拓展阅读

数电发票的开具与使用规定

思考与练习

【思考题】

1.如何理解增值税的分类？我国现行的增值税类型是什么？

2.增值税的作用是什么？

3.为什么增值税在税率档次设计上要尽可能少？

4.简述增值税一般纳税人和小规模纳税人的划分标准。

5.简述我国出口退税政策及使用范围。

【练习题】

一、单选题

1.下列关于增值税小规模纳税人和一般纳税人的表述中，错误的是（　　　）。

A.通常情况下，小规模纳税人与一般纳税人的身份可以相互转换

B.年应税销售额未超过小规模纳税人标准的企业,不得被认定为一般纳税人

C.年应税销售额超过小规模纳税人标准的非企业性单位可选择按小规模纳税人纳税

D.年应税销售额超过小规模纳税人标准的其他个人可按小规模纳税人纳税

2.一般纳税人提供交通运输业服务,适用的税率是(　　)。

A.6%　　　　　　B.11%　　　　　　C.13%　　　　　　D.9%

3.某增值税一般纳税人为尽快收回货款,采用折扣方式销售货物,对其发生的现金折扣金额处理正确的是(　　)。

A.冲减销售收入,但不减少当期销项税额

B.冲减销售收入,同时减少当期销项税额

C.增加销售费用,不减少当期销项税额

D.全部计入财务费用,不减少当期销项税额

4.下列项目中,适用9%增值税税率的是(　　)。

A.销售农机整机

B.销售农机零件

C.受托加工农机整机的加工费收入

D.受托加工农机零件的加工费收入

5.下列选项中,属于视同销售货物,应计算缴纳增值税的是(　　)。

A.某生产企业外购钢材用于扩建厂房

B.某家具厂委托商店代销家具

C.某运输企业外购棉大衣用于集体福利

D.某歌厅购进一批饮料赠送给歌厅的客户

6.纳税人为销售而出租出借包装物收取的押金,增值税正确的计税方法是(　　)。

A.单独记账核算的,一律不并入销售额征收增值税;对逾期包装物押金,均并入销售额征税

B.酒类产品包装物押金,一律并入销售额计税;其他货物押金,单独记账核算的,不并入销售额征税

C.对销售除啤酒、黄酒之外的其他酒类产品收取的包装物押金均应并入当期销售额征税,其他货物押金,单独记账而且退还期限未超过一年的,不计算缴纳增值税

D.无论会计上如何核算,均应并入销售额计算缴纳增值税

7.根据现行增值税法,下列关于增值税纳税义务发生时间的规定,错误的是

（　　　）。

A.采取直接收款方式销售货物,不论货物是否发出,均为收到销售额或取得索取销售额的凭据,并将提货单交给买主的当天

B.采取托收承付和委托银行收款方式销售货物,为发出货物并办妥托收手续的当天

C.采取赊销和分期收款方式销售货物,为按合同约定的收款日期的当天

D.委托其他纳税人代销货物,为代销货物交给受托方的当天

二、多选题

1.下列行为中,不属于增值税视同销售行为的有(　　　)。

A.在同一个县(市)范围内设有两个机构并实行统一核算的纳税人,将货物从一个机构移送另一机构用于销售

B.将自产货物作为股利分配给股东

C.将外购的货物用于集体福利

D.将委托加工收回的货物用于个人消费

2.我国增值税出口退(免)税的基本政策包括(　　　)。

A.出口免税并退税

B.出口免税不退税

C.出口不免税但退税

D.出口不免税也不退税

3.下列选项中,不符合增值税征税范围规定的有(　　　)。

A.光租和湿租业务都属于有形动产租赁服务

B.装卸搬运服务属于物流辅助服务

C.代理报关服务属于鉴证咨询服务

D.商标和著作权转让服务属于文化创意服务

4.下列选项中,适用9%税率的有(　　　)。

A.交通运输业

B.邮政业

C.有形动产租赁

D.不动产租赁

三、综合计算题

1.某食品加工企业是增值税一般纳税人,7月末留抵税额5 000元,8月发生下列业务:

(1)购入食品加工添加剂一批,取得的增值税专用发票上注明价款10 000元,

增值税税款 1 300 元;

(2)3 个月前从农民手中收购的一批大麦由于管理不善丢失,账面成本 5 406元;

(3)从农民手中收购大豆一批,税务机关规定的收购凭证上注明收购款 15 000 元,另支付不含税运输费 254.55 元,取得运输企业(一般纳税人)开具的货运增值税专用发票;

(4)从小规模纳税人处购买生产模具一批,取得税务机关代开的增值税专用发票,价款 30 000 元,增值税税款 900 元,款已付;

(5)销售水果,取得含税收入 67 800 元;销售果酱,取得含税收入 70 200 元;

(6)进口食品加工机一台,关税完税价格 20 000 元,关税税率 6%;

(7)转让 2008 年购入的已使用过的生产设备 1 台,该设备原值 100 为万元,扣除折旧的账面净值为 90 万元,按照市场价转让取得含税收入 70 万元。

根据上述资料,回答下列问题:

(1)进口环节缴纳税金的合计数为(　　　)元;

(2)当期可抵扣的增值税进项税额的合计数为(　　　)元;

(3)当期增值税的销项税额为(　　　)元;

(4)当期应向税务机关缴纳的增值税税额为(　　　)元。

2.某有进出口经营权的生产企业兼营内销和出口货物。20×2年2月,该企业内销货物的不含税销售额为 700 万元,出口货物的销售额(FOB 价)为 1 512 万元人民币,购进所需原材料等货物的进项税额为 230 万元,另外支付进货运费(发票)金额 3 万元。已知该企业销售货物的适用税率为 13%,退税率为 9%,并且有上期未抵扣完的进项税额 32 万元。

要求:计算该企业应纳或应退增值税税额。

3.某商业零售企业为增值税小规模纳税人。8月,该企业购进货物(商品)并取得普通发票,共计支付金额 120 000 元;经主管税务机关核准购进税控收款机一台取得普通发票,支付金额 5 850 元;本月内销售货物取得零售收入共计 158 080 元。

要求:计算该企业 8 月份应缴纳的增值税。

【练习题参考答案】

第三章 消费税税制

【知识与技能要求】

1.了解消费税的概念、特点、作用、起源和发展；

2.理解和掌握消费税的基本法律规定；

3.理解和掌握消费税应纳税额的计算；

4.了解消费税的相关征收管理规定。

【思政目标】

通过消费税税制的教学，引导学生树立绿色消费意识与依法纳税观念，培养学生将税收与社会公平、资源节约相结合的思维。

第一节 消费税概述

我国现行消费税的基本规范是 1993 年 12 月 13 日国务院颁布并经 2008 年 11 月 5 日国务院第 34 次常务会议修订通过的《中华人民共和国消费税暂行条例》（以下简称《消费税暂行条例》），该条例自 2009 年 1 月 1 日起施行。

一、消费税的概念

消费税是对我国境内从事生产、委托加工和进口应税消费品的单位和个人，就其销售额或销售数量，在特定环节征收的一种税。我国现行的消费税是在对货物普遍征收增值税的基础上，选择少数消费品进行再征收、再调节的税种。它属于特别消费税、间接消费税。

二、消费税的特点

（一）征税范围的选择性

尽管各国消费税的征税范围宽窄有别，但都是在人们普遍消费的大量消费品或消费行为中有选择地确定若干个征税项目,在税法中列举征税。目前我国消费税主要包括了非生活必需品、奢侈品、高档消费品、高能耗消费品以及不可再生的稀缺性资源产品等消费品,共计有 15 个税目。除列举项目外,其他消费品和消费行为不征收消费税。

(二)征收环节的单一性

消费税是在生产进口、流通或消费的某一环节一次性征收(卷烟除外),即一次课征制。

(三)计税方法的灵活性

消费税的计税方法比较灵活。它根据每一课税对象的不同特点,选择不同的征收方法,既可以采取对消费品指定单位税额,依消费品的数量,实行从量定额的计税方法;也可以采取对消费品或消费行为制定比例税率,依消费品或消费行为的价格,实行从价定率的计税方法。

(四)平均税率水平比较高且税负差异大

消费税的平均税率水平比较高,并且不同征税项目的税负差异较大。如乘用车按排气量大小划分,最低税率 1%,最高税率 40%。

三、消费税的作用

(一)贯彻消费政策,调整产业结构

消费税的立法主要集中体现国家的产业政策和消费政策。例如,为了抑制对人体健康不利或者是过度消费会对人体有害的消费品的生产,将烟、酒、鞭炮、焰火列入征税范围;为了调节特殊消费,将摩托车、小汽车、贵重首饰及珠宝玉石列入征税范围;为了节约一次性能源,限制过量消费,将汽油、柴油等油品列入征税范围。

(二)筹集财政资金,增加财政收入

消费税筹集财政资金的作用与消费税的征税对象所具有的特点以及较高的税率水平密切相关。一方面,由于人们对应税消费品的消费量通常比较大,而且一般会随着其收入水平的提高而增加,这就使得消费税的税源较为充足和集中;另一方面,由于消费税的平均税率比较高,而且消费税的课征不受应税消费品生产企业成本水平的影响,也使得消费税收入具有量大、及时、可靠的特点。

(三)调节支付能力,缓解分配不公

个人生活水平或贫富状况很大程度体现在其支付能力上。显然,受多种因素制约,仅依靠个人所得税不可能完全实现税收公平分配的目标,也不可能有效缓解社会分配不公的问题。通过对某些奢侈品或特殊消费品征收消费税,立足于从调节个人支付能力的角度间接增加某些消费者的税收负担或增加消费支出的超额负担,使高收入者的高消费受到一定抑制,低收入者或消费基本生活用品的消费者则不负担消费税,支付能力不受影响。所以,开征消费税有利于配合个人所得税及其他有关税种进行调节,缓解目前存在的社会分配不公矛盾。

四、消费税制度的起源与发展

(一)消费税制度的起源

据文献记载,早在公元前 81 年,汉昭帝为了避免酒的专卖"与商人争市利",将酒的专卖改为征收酒税,这可能是我国最早实行的消费税。此后的每个朝代都会对一些特定的消费品征收消费税,最常见的消费税是盐税、茶税、酒税等。

在西方,早在古罗马时期就出现了对特定消费品征收的税。中世纪,世界各国普遍征收消费税。近代社会初期,消费税曾一度成为各国税收制度中的主要税种。目前,世界上有 120 多个国家征收消费税。对于一些发展中国家,消费税还是政府的主要收入来源。

(二)我国消费税制度的建立与发展

我国现行消费税是在中华人民共和国成立初期开征的货物税和特种消费税的基础上,经过半个多世纪的发展逐步形成的。我国于 1994 年正式建立消费税制度;2006 年调整消费税征税范围;2008 年调整乘用车消费税政策,并修改消费税条例;2009 年实施成品油税费改革,调整烟产品消费税政策;2012 年调整部分消费税;2014 年取消汽车轮胎、车用含铅汽油、酒精等消费税,进一步提高成品油消费税;2015 年调整卷烟消费税政策,继续提高成品油消费税;2016 年 1 月 1 日起,将铅蓄电池的税率调整为 4%;同年 10 月 1 日起,将"化妆品"税目名称改为"高档化妆品",税率调整为 15%;同年 12 月 1 日起,在"小汽车"税目下增设"超豪华小汽车"子税目,在零售环节加征消费税,税率为 10%。

除上述重大改革外,1994 年至今,根据经济社会发展的需要以及国家产业政策的要求,我国对消费税的征税范围、税率结构和征收环节都在不断地进行完善和调整。

拓展阅读

消费税征收环节后移并稳步下划地方改革的思考

第二节　消费税的基本法律规定

一、消费税的征税范围

目前,我国现行消费税实行单一环节课征制,并采取对所有征税品目统一制定税法的征收形式。因此,对消费税的征收范围可以从两方面理解:一是在生产、流通经营的各环节中,课征消费税的实施范围;二是在税目、税率表中列举的消费税具体征税项目。

(一)消费税的征税环节

从对应消费税实施课税的具体环节看,为了方便征收管理、加强对税源的控制、减少税款的流失,我国目前消费税的征税环节主要有:

(1)生产销售的应税消费品,这里所说的销售,除了直接对外销售应征收消费税外,如将生产的应税消费品换取生产资料、消费资料、投资入股、偿还债务,以及用于继续生产应税消费品以外的其他方面都应缴纳消费税。前者在生产销售环节征税,后者在移送使用环节征税。

(2)委托加工的应税消费品,为了加强源泉控税,由受托方在向委托方交货时代收代缴委托方应缴纳的消费税。

(3)进口的应税消费品,在进口环节由海关代征消费税。

(4)零售的应税消费品,如金银首饰、钻石及钻石饰品、铂金首饰,在零售环节征税。

(5)批发的应税消费品,卷烟自 2009 年 5 月 1 日起,除了在生产销售环节征税外,还在批发环节加征一道从价税和从量税。电子烟自 2022 年 11 月 1 日起,也在批发环节加征从价税。

（6）超豪华小汽车，自 2016 年 12 月 1 日起，在零售环节加征消费税。

（二）消费税的征税范围

在种类繁多的消费品中，列入消费税征税范围的消费品并不是很多，只有 15 种消费品，大体可归为四类：

第一类：过度消费会对人身健康、社会秩序、生态环境等方面造成危害的特殊消费品，如烟、酒、鞭炮、烟火等。

第二类：非生活必需品，如化妆品、贵重首饰、珠宝玉石等。

第三类：高能耗及高档消费品，如摩托车、小汽车、高档手表等。

第四类：不可再生和替代的稀缺资源消费品，如成品油。

二、消费税的税目和税率

（一）税目

消费税的税目主要根据我国的消费政策、产业政策和经济发展水平，我国人民的生活水平、消费水平和消费结构等状况以及国家财政收入的稳定增长等因素加以确定。具体税目包括以下几类。

1.烟

凡是以烟叶为原料加工生产的产品，无论使用何种辅料，均属于本税目的范围，包括卷烟（进口卷烟、白包卷烟、手工卷烟和未经国务院批准纳入计划的企业及个人生产的卷烟）、雪茄烟和烟丝。

"烟"税目下设"卷烟"等子目，"卷烟"又分为"甲类卷烟"和"乙类卷烟"。其中，甲类卷烟是指每标准条（200 支，下同）调拨价格在 70 元（不含增值税）以上（含 70 元）的卷烟；乙卷烟是指每标准条调拨价格在 70 元（不含增值税）以下的卷烟。

为完善消费税制度，促进税制公平统一，更好发挥消费税引导健康消费的作用，自 2022 年 11 月 1 日起，电子烟纳入消费税征收范围，在"烟"税目下增设"电子烟"子目。电子烟是指用于产生气溶胶供人抽吸等的电子传输系统，包括烟弹、烟具以及烟弹与烟具组合销售的电子烟产品。烟弹是指含有雾化物的电子烟组件。烟具是指将雾化物雾化为可吸入气溶胶的电子装置。

2.酒

酒是酒精度在 1 度以上的各种酒类饮料，包括白酒、黄酒、啤酒和其他酒 4 个子目。

其中，啤酒分为甲类啤酒和乙类啤酒。甲类啤酒是指每吨出厂价（含包装物及包装物押金）在 3 000 元（含 3 000 元，不含增值税）以上及饮食业、娱乐业自制的啤酒；乙类啤酒是指每吨出厂价（含包装物及包装物押金）低于 3 000 元的啤酒。包装物押金不包括重复使用的塑料周转箱的押金。对饮食业、商业、娱乐业举办的啤酒屋(啤酒坊)利用啤酒生产设备生产的啤酒,应当征收消费税。果啤属于啤酒,按啤酒征收消费税。

调味料酒按调味品分类国家标准属于调味品,不属于消费税的征税范围。

3.高档化妆品

高档化妆品包括高档美容、修饰类化妆品,高档护肤类化妆品和成套化妆品。美容、修饰类化妆品是指香水、香水精、香粉、口红、指甲油、胭脂、眉笔、唇笔、蓝眼油、眼睫毛以及成套化妆品。

高档美容、修饰类化妆品和高档护肤类化妆品是指生产(进口)环节销售(完税价格)不含增值税在10元/毫升(克)或15元/片(张)及以上的美容、修饰类化妆品和护肤类化妆品。

舞台、戏剧、影视演员化妆用的上妆油、卸妆油、油彩,不属于本税目的征收范围。

4.贵重首饰及珠宝玉石

应税贵重首饰及珠宝玉石是指以金、银、珠宝玉石等高贵稀有物质及其他金属、人造宝石等制作的各种纯金银及镶嵌饰物,以及经采掘、打磨、加工的各种珠宝玉石。出国人员免税商店购买的金银首饰征收消费税。此处所谓的"免税商店",是指专营免征进口环节关税货物的商店。

5.鞭炮、焰火

喷花类、旋转类、火箭类、小礼花类等各种鞭炮、焰火均属于本税目的征收范围。体育上用的发令纸、鞭炮药引线,不按本税目征收。

6.成品油

成品油包括汽油、柴油、石脑油、溶剂油、润滑油、燃料油、航空煤油七个子目。

(1)汽油。汽油是指用原油或其他原料加工生产的辛烷值不小于66的可用作汽油发动机燃料的各种轻质油。含铅汽油是指铅含量每升超过0.013克的汽油。汽油分为车用汽油和航空汽油。以汽油、汽油组分调和生产的甲醇汽油、乙醇汽油也属于本税目的征收范围。

(2)柴油。柴油是指用原油或其他原料加工生产的倾点或凝点在$-50\sim30$ ℃的可用作柴油发动机燃料的各种轻质油和以柴油组分为主、经调和精制可用作柴油发动机燃料的非标油。以柴油、柴油组分调和生产的生物柴油也属于本税目的征收范围。

(3)石脑油。石脑油又叫化工轻油,是以原油或其他原料加工生产的用于化工原料的轻质油。

石脑油的征收范围包括除汽油、柴油、航空煤油、溶剂油以外的各种轻质油。非标汽油、重整生成油、拔头油、戊烷原料油、轻裂解料(减压柴油 VGO 和常压柴油 AGO)、重裂解料、加氢裂化尾油、芳烃抽余油均属轻质油,属于石脑油征收范围。

(4)溶剂油。溶剂油是用原油或其他原料加工生产的用于涂料、油漆、食用油、印刷油墨、皮革、农药、橡胶、化妆品生产和机械清洗、胶粘行业的轻质油。橡胶填充油、溶剂油原料,属于溶剂油征收范围。

(5)润滑油。润滑油是用原油或其他原料加工生产的用于内燃机、机械加工过程的润滑产品。润滑油分为矿物性润滑油、植物性润滑油、动物性润滑油和化工原料合成润滑油。润滑油的征收范围包括矿物性润滑油、矿物性润滑油基础油、植物性润滑油、动物性润滑油和化工原料合成润滑油。以植物性、动物性和矿物性基础油(或矿物性润滑油)混合掺配而成的"混合性"润滑油,不论矿物性基础油(或矿物性润滑油)所占比例高低,均属润滑油的征收范围。

(6)燃料油。燃料油也称重油、渣油,是用原油或其他原料加工生产的,主要用作电厂发电、锅炉用燃料、加热炉燃料、冶金和其他工业炉燃料。蜡油、船用重油、常压重油、减压重油、180 CTS 燃料油、7 号燃料油、糠醛油、工业燃料、4 至 6 号燃料油等油品的主要用途是作为燃料燃烧,属于燃料油征收范围。

(7)航空煤油。航空煤油也叫喷气燃料,是用原油或其他原料加工生产的用于喷气发动机和喷气推进系统燃料的各种轻质油。

7.摩托车

摩托车包括轻便摩托车和摩托车两种。气缸容量 250 毫升(不含)以下的小排量摩托车不征收消费税。

8.小汽车

小汽车是指由动力驱动,具有 4 个或 4 个以上车轮的非轨道承载的车辆,包括乘用车、中轻型商用客车和超豪华小汽车 3 个子目。

(1)本税目征收范围包括含驾驶员座位在内最多不超过 9 个座位(含)的,在设计和技术特性上用于载运乘客和货物的各类乘用车和含驾驶员座位在内的座位数在 10 至 23 座(含 23 座)的,在设计和技术特性上用于载运乘客和货物的各类中轻型商用客车。

(2)用排气量小于 1.5 升(含)的乘用车底盘(车架)改装、改制的车辆属于乘用车征收范围。用排气量大于 1.5 升的乘用车底盘(车架)或用中轻型商用客车底盘(车架)改装、改制的车辆属于中轻型商用客车征收范围。

(3)含驾驶员的人数(额定载客)为区间值(如 8～10 人、17～26 人)的小汽车,按其区间值下限人数确定征收范围。

（4）电动汽车、沙滩车、雪地车、卡丁车、高尔夫车不属于本税目征收范围。

（5）车身长度大于 7 米（含），并且座位在 10 座（含）以下的商用客车，不属于中轻型商用客车征税范围，不征收消费税。

（6）超豪华小汽车。为每辆零售价格 130 万元（不含增值税）及以上的乘用车和中轻型商用客车，即乘用车和中轻型商用客车子税目中的超豪华小汽车。

9.高尔夫球及球具

高尔夫球及球具是指从事高尔夫球运动所需的各种专用装备，包括高尔夫球、高尔夫球杆及高尔夫球包（袋）等。高尔夫球杆的杆头、杆身和握把属于本税目的征收范围。

10.高档手表

高档手表是指销售价格（不含增值税）每只在 10 000 元（含）以上的各类手表。

11.游艇

游艇是指长度大于 8 米（含）小于 90 米（含），船体由玻璃钢、钢、铝合金、塑料等多种材料制作，可以在水上移动的水上浮载体。按照动力划分，游艇分为无动力艇、帆艇和机动艇。一般为私人或团体购置，主要用于水上运动和休闲娱乐等非牟利活动的各类机动艇。

12.木制一次性筷子

木制一次性筷子又称卫生筷子，是指以木材为原料经过锯段、浸泡、旋切、刨切、烘干、筛选、打磨、倒角、包装等环节加工而成的各类一次性使用的筷子。本税目征收范围包括各种规格的木制一次性筷子。未经打磨、倒角的木制一次性筷子也属于本税目征税范围。

13.实木地板

实木地板是指以木材为原料，经锯割、干燥、刨光、截断、开榫、涂漆等工序加工而成的块状或条状的地面装饰材料。实木地板按生产工艺不同，可分为独板（块）实木地板、实木指接地板、实木复合地板 3 类；按表面处理状态不同，可分为未涂饰地板（白坯板、素板）和漆饰地板两类。

本税目征收范围包括各类规格的实木地板、实木指接地板、实木复合地板及用于装饰墙壁、天棚的侧端面为榫、槽的实木装饰板。未经涂饰的素板，属于本税目征税范围。

14.电池

本税目包括原电池、蓄电池、燃料电池、太阳能电池和其他电池。

15.涂料

涂料是指涂于物体表面能形成保护、装饰或特殊性能的固态涂膜的一类液体或固体材料的总称。

（二）税率

消费税采用比例税率和定额税率两种形式。消费税税率形式的选择，主要是根据课税对象情况来确定的。对一些供求基本平衡、价格差异不大、计量单位规范的消费品，选择计税简单的定额税率；对一些供求矛盾突出、价格差异较大、计量单位不规范的消费品，选择税价联动的比例税率。

一般情况下，对一种消费品只选择一种税率形式，但为了更好地保全消费税税基，对一些应税消费品如卷烟、白酒，则采用了定额税率和比例税率双重征收形式。消费税税目、税率见表3-1。

表 3-1　消费税税目、税率

税　目	税　率
一、烟	
1.卷烟	
（1）甲类卷烟〔每标准条（200 支）调拨价（不含增值税）在70 元（含）以上的〕	56％加 0.003 元/支
（2）乙类卷烟〔每标准条（200 支）调拨价（不含增值税）在70 元以下的〕	36％加 0.003 元/支
（3）批发环节	11％加 0.005 元/支
2.雪茄烟	36％
3.烟丝	30％
4.电子烟	
生产（进口）环节	36％
批发环节	11％
二、酒	
1.白酒	20％加 0.5 元/500 克（或者 500 毫升）
2.黄酒	240 元/吨
3.啤酒	
（1）甲类啤酒	250 元/吨
（2）乙类啤酒	220 元/吨
4.其他酒	10％

税　目	税　率
三、高档化妆品	15％
四、贵重首饰及珠宝玉石	
1.金银首饰、铂金首饰和钻石及钻石饰品(零售环节)	5％
2.其他贵重首饰和珠宝玉石	10％
五、鞭炮、焰火	15％
六、成品油	
1.汽油	1.52 元/升
2.柴油	1.20 元/升
3.航空煤油	1.20 元/升
4.石脑油	1.52 元/升
5.溶剂油	1.52 元/升
6.润滑油	1.52 元/升
7.燃料油	1.20 元/升
七、摩托车	
1.气缸容量(排气量,下同)在 250 毫升的	3％
2.气缸容量在 250 毫升以上的	10％
八、小汽车	
1.乘用车	
(1)气缸容量(排气量,下同)在 1.0 升(含 1.0 升)以下的	1％
(2)气缸容量在 1.0 升以上至 1.5 升(含 1.5 升)的	3％
(3)气缸容量在 1.5 升以上至 2.0 升(含 2.0 升)的	5％
(4)气缸容量在 2.0 升以上至 2.5 升(含 2.5 升)的	9％
(5)气缸容量在 2.5 升以上至 3.0 升(含 3.0 升)的	12％
(6)气缸容量在 3.0 升以上至 4.0 升(含 4.0 升)的	25％
(7)气缸容量在 4.0 升以上的	40％
2.中轻型商用客车	5％
3.超豪华小汽车(零售环节加征)	10％
九、高尔夫球及球具	10％
十、高档手表	20％
十一、游艇	10％

税　目	税　率
十二、木制一次性筷子	5%
十三、实木地板	5%
十四、电池	4%
无汞原电池、金属氢化物镍蓄电池、锂原电池、锂离子蓄电池、太阳能电池、燃料电池和全钒液流电池	免征
十五、涂料	4%
施工状态下挥发性有机物（volatile organic compounds，VOC）含量低于420克/升（含）	免征

三、消费税的纳税人和扣缴义务人

（一）纳税人

在中华人民共和国境内生产、委托加工和进口《消费税暂行条例》规定的应税消费品的单位和个人，为消费税的纳税人，具体包括：在我国境内生产、委托加工、零售和进口应税消费品的国有企业、集体企业、私有企业、股份制企业、其他企业、行政单位、事业单位、军事单位、社会团体和其他单位、个体经营者及其他个人。根据《国务院关于外商投资企业和外国企业适用增值税、消费税等税收暂行条例有关问题的通知》，在我国境内生产、委托加工、零售和进口应税消费品的外商投资企业和外国企业，也是消费税的纳税人。

（二）扣缴义务人

税法规定，纳税人委托加工应税消费品，由受托方向委托方交货时代收代缴消费税。但若受托方为个体工商户，一律于委托方收回后在委托方所在地缴纳消费税。

四、消费税的税收优惠

消费税的主要职责是配合国家产业政策和消费政策，实施宏观调控，因而一般不给予减免税优惠。随着我国宏观经济形势的变化和产业政策、消费政策的调整，消费税的课税对象与税负也需要做适当的调整。

第三节　消费税应纳税额的计算

一、计税依据

根据现行消费税的基本规定,消费税应纳税额的计算有从价定率、从量定额、从价定率和从量定额复合计税 3 种方法。

(一)从价定率计算方法

在从价定率计算方法下,应纳税额的计算取决于应税消费品的销售额和比例税率两个因素。其计算基本公式为

应纳税额＝应税消费品的销售额×比例税率

1.销售额的确定

销售额是指纳税人销售应税消费品向买方收取的全部价款和价外费用,但不包括向购买方收取的增值税税款。价外费用是指价外收取的基金、集资费、返还利润、补贴、违约金、延期付款利息、手续费、包装费、储备费、优质费、运输装卸费、代收款项、代垫款项以及其他各种性质的价外费用。无论其是否属于纳税人的收入,均应并入销售额计算征税。但下列项目不包括在内:

(1)同时符合以下条件的代垫运输费用:

①承运部门的运输费用发票开具给购货方的;

②纳税人将该项发票转交给购货方的。

(2)同时符合以下条件代为收取的政府性基金或者行政事业性收费:

①由国务院或者财政部批准设立的政府性基金,由国务院或者省级人民政府及其财政、价格主管部门批准设立的行政事业性收费;

②收取时开具省级以上财政部门印制的财政票据;

③所收取款项全额上缴财政。

2.包装物销售额的处理

(1)应税消费品连同包装物销售的,无论包装物是否单独计价以及在会计上如何核算,均应并入应税消费品的销售额中缴纳消费税。

(2)包装物不作价随同产品销售,而是收取押金(收取酒类产品的包装物押金除外),且单独核算又未过期的,此项押金则不应并入应税消费品的销售额中征税。但对因逾期未收回的包装物不再退还的和已收取 1 年以上的押金,应并入应税消费品的销售额,按照应税消费品的适用税率缴纳消费税。

(3)对既作价随同应税消费品销售,又另外收取押金的包装物的押金,凡纳税

人在规定的期限内没有退还的,均应并入应税消费品的销售额,按照应税消费品的适用税率缴纳消费税。

(4)对酒类产品生产企业销售酒类产品(黄酒、啤酒除外)而收取的包装物押金,无论押金是否返还与会计上如何核算,均需并入酒类产品销售额中,依酒类产品的适用税率缴纳消费税。

3.含税销售额的转换

由于消费税和增值税实行交叉征收,消费税实行价内税,增值税实行价外税。这种情况决定了实行从价定率征收的消费品,其消费税税基和增值税税基是一致的,即都是以含消费税而不含增值税的销售额作为计税基数。因此,销售额不包括应向购买方收取的增值税税额。如果纳税人应税消费品的销售额中未扣除增值税税额或者因不得开具增值税专用发票而发生价款和增值税税额合并收取的,在计算消费税时,应当换算为不含增值税税额的销售额。其换算公式为

应税消费品的销售额＝含增值税的销售额÷(1＋增值税税率或征收率)

(二)从量定额计算方法

在从量定额计算方法下,应纳税额的计算取决于应税消费品的销售数量和定额税率两个因素。其基本计算公式为

应纳税额＝应税消费品的销售数量×定额税率

1.销售数量的确定

销售数量是指纳税人生产、加工和进口应税消费品的数量。其具体规定为:

(1)销售应税消费品的,为应税消费品的销售数量;

(2)自产自用应税消费品的,为应税消费品的移送使用数量;

(3)委托加工应税消费品的,为纳税人收回的应税消费品数量;

(4)进口的应税消费品,为海关核定的应税消费品的进口数量。

2.计量单位的换算标准

《消费税暂行条例》规定,黄酒、啤酒以吨为税额单位;汽油、柴油以升为税额单位。为了规范不同产品的计量单位,以准确计算应纳税额,吨与升两个计量单位的换算标准参见表3-2。

表3-2　吨、升换算

项　目	换算标准	项　目	换算标准
啤酒	1吨＝988升	汽油	1吨＝1 388升
黄酒	1吨＝962升	柴油	1吨＝1 176升

续表

项　目	换算标准	项　目	换算标准
石脑油	1 吨＝1 385 升	溶剂油	1 吨＝1 282 升
润滑油	1 吨＝1 126 升	燃料油	1 吨＝1015 升
航空煤油	1 吨＝1 246 升		

(三)从价定率和从量定额复合计算方法

现行消费税的征税范围中,只有卷烟和白酒采用混合计算方法。其基本计算公式为

应纳税额＝应税消费品的销售数量×定额税率＋应税销售额×比例税率

【例 3-1】某白酒生产企业为增值税一般纳税人,7 月向某烟酒专卖店销售粮食白酒 20 吨,开具普通发票,取得含税收入 200 万元,另收取品牌使用费 50 万元、包装物租金 20 万元。要求:计算本月甲企业向专卖店销售白酒应缴纳的消费税。

注:白酒消费税税率为 20% 加 0.5 元/500 克(或 500 毫升)。

【解析】应缴纳消费税＝(200＋50＋20)÷(1＋13%)×20%＋20×2 000×0.5÷10 000＝49.79(万元)。

(四)计税依据的特殊规定

1.卷烟最低计税价格的核定

(1)卷烟消费税最低计税价格(以下简称"计税价格")核定范围为卷烟生产企业在生产环节销售的所有牌号、规格的卷烟。

(2)计税价格由国家税务总局按照卷烟批发环节销售价格扣除卷烟批发环节批发毛利核定并发布。计税价格的核定公式为

某牌号、规格卷烟计税价格＝批发环节销售价格×(1－适用批发毛利率)

(3)实际销售价格高于核定计税价格的卷烟,按实际销售价格征收消费税;反之,按计税价格征税。

2.白酒最低计税价格的核定

(1)白酒生产企业销售给销售单位的白酒,生产企业消费税计税价格低于销售单位对外销售价格(不含增值税)70%以下的,由税务机关核定消费税最低计税价格。

(2)纳税人将委托加工收回的白酒销售给销售单位,消费税计税价格低于销售单位对外销售价格(不含增值税)70%以下,由税务机关核定消费税最低计税价格。

(3)白酒消费税最低计税价格由白酒生产企业自行申报,税务机关核定。

3.自设非独立核算门市部计税依据的规定

纳税人通过自设非独立核算门市部销售的自产应税消费品,应当按照门市部对外销售额或者销售数量计算缴纳消费税。

【例3-2】某摩托车生产企业为增值税一般纳税人,6月份将生产的某型号摩托车30辆,以每辆12 000元(不含增值税)的出厂价移送给自设非独立核算的门市部;门市部又以每辆16 380元(含增值税)的价格全部销售给消费者。要求:计算摩托车生产企业6月份应缴纳消费税的计税依据。

【解析】计税依据＝16 380÷(1＋13%)×30＝434 867.26(元)。

4.用于以物易物、投资入股、抵偿债务等方面的应税消费品的计税依据规定

纳税人用于以物易物(换取生产资料或消费资料)、投资入股、抵偿债务等方面的应税消费品,应当以纳税人同类应税消费品的最高销售价格为计税依据计算消费税。

【例3-3】某化妆品厂为增值税一般纳税人,1月发生以下业务:7日销售高档化妆品400箱,每箱不含税价格为600元;20日销售同类化妆品500箱,每箱不含税价格为650元。当月以200箱同类化妆品与某公司换取精油。要求:计算该厂当月应纳消费税的计税依据。

【解析】计税依据＝400×600＋500×650＋200×650＝695 000(元)。

5.当期消费税不足抵扣的规定

当期投入生产的原材料可抵扣的已纳消费税大于当期应纳消费税不足抵扣的部分,可以在下期继续抵扣。

6.兼营不同税率应税消费品的规定

(1)纳税人兼营不同税率应税消费品,应分别核算,未分别核算的,从高适用税率。

(2)将不同税率应税消费品组成成套消费品销售的,即使分别核算也从高适用税率。

【例3-4】某酒厂12月销售粮食白酒12 000斤,售价为5元/斤,随同销售的包装物价格7 254元;本月销售礼品盒6 000套,售价为300元/套,每套包括粮食白酒2斤、单价80元,干红酒2斤、单价70元。要求:计算该企业12月的应纳消费税。(题中的单价均为不含税价格)

注：白酒消费税税率为 20％加 0.5 元/500 克,其他酒的消费税税率为 10％。

【解析】销售白酒的应纳消费税＝[12 000×5＋7 254÷(1＋13％)]×20％＋12 000×0.5＝19 283.89(元)。

由于酒厂将不同税率的消费品(白酒和红酒)组成成套消费品销售,无论是否分开核算,都要从高适用税率。

因此,销售礼品盒的应纳消费税＝6 000×300×20％＋6 000×4×0.5

$$＝372 000(元)。$$

7.金银首饰销售额的确定

对既销售金银首饰又销售非金银首饰的生产、经营单位,应将两类商品划分清楚,分别核算销售额。凡划分不清楚或不能分别核算的,在生产环节销售的,一律从高适用税率征收消费税;在零售环节销售的,一律按金银首饰征收消费税。

金银首饰与其他产品组成成套消费品销售的,应按销售额全额征收消费税。

金银首饰连同包装物销售的,无论包装是否单独计价,也无论会计上如何核算,均应并入金银首饰的销售额,计征消费税。

带料加工的金银首饰,应按受托方销售同类金银首饰的销售价格确定计税依据征收消费税;没有同类金银首饰销售价格的,按照组成计税价格计算纳税。

纳税人采用以旧换新(含翻新改制)方式销售的金银首饰,应按实际收取的不含增值税的全部价款确定计税依据征收消费税。

二、应纳税额计算

消费税应纳税额的计算包括应税消费品生产销售环节应纳消费税计算、委托加工环节应纳消费税计算、进口环节应纳消费税计算、已纳消费税扣除(生产环节中)的计算、消费税的出口退(免)税这 5 个方面。

(一)生产销售环节应纳消费税的计算

1.直接对外销售应纳消费税的计算

自产自销的应税消费品在确定了纳税人的计税销售额(或计税数量)和相应的适用税率后,就可以根据下列公式计算出纳税人的应纳消费税税额。

(1)实行从价定率计税办法的消费品,其应纳消费税税额的计算公式为

应纳税额＝销售额×比例税率

(2)实行从量定额计税办法的消费品,其应纳消费税税额的计算公式为

应纳税额＝销售数量×定额税率

(3)实行复合计税办法的消费品,其应纳消费税税额的计算公式为

应纳税额＝销售额×比例税率＋销售数量×定额税率

2.自产自用应税消费品应纳税额的计算

自产自用就是纳税人生产应税消费品后,不是用于直接对外销售,而是用于连续生产应税消费品或其他方面。

(1)用于连续生产应税消费品

纳税人自产自用的应税消费品,用于连续生产应税消费品的不纳税。所谓"纳税人自产自用的应税消费品,用于连续生产应税消费品的",是指作为最终应税消费品的直接材料,并构成最终产品实体的应税消费品。例如,卷烟厂生产出烟丝,烟丝已是应税消费品,再用生产出的烟丝连续生产卷烟,则用于连续生产卷烟的烟丝就不纳税,只对生产出的卷烟征收消费税。该规定体现了税收不重复计征和计税简便的原则。

(2)用于其他方面

纳税人自产自用的应税消费品,除用于生产应税消费品外,凡用于其他方面的,于移送使用时纳税。所谓"用于其他方面的",是指纳税人用于生产非应税消费品和在建工程、管理部门、非生产机构、提供劳务以及用于馈赠、赞助、集资、广告、样品、职工福利、奖励等方面。例如,化妆品加工厂将自己生产出来的香水精用于继续生产护肤品;某石化工厂把自己生产的柴油用于本厂基建工程的车辆、设备等。

总之,企业生产的应税消费品,虽然没有用于销售或连续生产应税消费品,但只要用于税法所规定的范围都要视同销售,并依法缴纳消费税。其目的是平衡外购应税消费品与自制应税消费品之间的税负,并保证财政收入。

(3)组成计税价格的计算

纳税人自产自用的应税消费品,凡用于其他方面,应当纳税的,按照纳税人生产的同类消费品的销售价格或组成计税价格计算纳税。

①若有同类消费品的销售价格,按照纳税人生产的同类产品的销售价格计算纳税。同类消费品的销售价格是指纳税人当月销售的同类消费品的销售价格,如果当月同类消费品的各期销售价格高低不同,应按销售数量加权平均计算。但销售的应税消费品有下列情况之一的,不得列入加权平均计算:销售价格明显偏低又无正当理由的,无销售价格的。

②若没有同类消费品的销售价格,则按照组成计税价格计算纳税。

A.实行从价定率办法计算的计算公式:

组成计税价格＝(成本＋利润)÷(1－消费税税率)

应纳税额＝组成计税价格×比例税率

【例 3-5】某化妆品公司将一批自产的高档化妆品用作职工福利,该化妆品的成本为 8 000 元。该化妆品无同类产品市场销售价格,但已知其成本利润率为 5％,消费税税率为 30％。要求:计算该批化妆品应缴纳的消费税税额。

【解析】组成计税价格＝8 000×(1＋5％)÷(1－30％)＝12 000(元);

应纳税额＝12 000×30％＝3 600(元)。

B.实行复合计税办法的计算公式:

组成计税价格＝(成本＋利润＋自产自用数量×定额税率)÷(1－消费税税率)

应纳税额＝组成计税价格×比例税率＋自产自用数量×定额税率

上述公式中的成本是指应税消费品的产品生产成本,利润是指根据应税消费品的全国平均成本利润率计算的利润。应税消费品的全国平均成本利润率由国家税务总局确定。应税消费品全国平均成本利润率见表3-3。

表 3-3　平均成本利润率

货物名称	利润率/％	货物名称	利润率/％
1.甲类卷烟	10	12.汽车轮胎	5
2.乙类卷烟	5	13.摩托车	6
3.雪茄烟	5	14.高尔夫球及球具	10
4.烟丝	5	15.高档手表	20
5.粮食白酒	10	16.游艇	10
6.薯类白酒	5	17.木制一次性筷子	5
7.其他酒	5	18.实木地板	5
8.酒精	5	19.乘用车	8
9.化妆品	5	20.中轻型商用客车	5
10.鞭炮、焰火	5	21.电池	4
11.贵重首饰及珠宝玉石	6	22.涂料	7

【例 3-6】某酒厂以自产特制粮食白酒 1 000 千克用于厂庆庆典活动,每千克白酒成本 24 元,无同类产品售价。计算这些白酒的应纳消费税。白酒的成本利润率为 10％。假设该酒厂没有进项税。注:白酒的消费税税率为 20％ 加 0.5 元/500 克。

【解析】从量征收的消费税＝2 000×0.5＝1 000(元);

从价征收的消费税＝[24×1 000×(1＋10％)＋1 000]÷(1－20％)×20％

＝6 850(元)。

(二)委托加工应税消费品应纳税额的计算

1.委托加工应税消费品的确定

委托加工的应税消费品,是指由委托方提供原料和主要材料,受托方只收取加工费和代垫部分辅助材料加工的应税消费品。对于由受托方提供原材料生产的应税消费品,或者受托方先将原材料卖给委托方,然后再接受加工的应税消费品,以及由受托方以委托方名义购进原材料生产的应税消费品,不论纳税人在财务上是否作销售处理,都不得作为委托加工应税消费品,而应当按照销售自制应税消费品缴纳消费税。

2.委托加工应税消费品消费税的缴纳

纳税人委托加工的应税消费品(个体经营者除外),由受托方在向委托方交货时代收代缴消费税。但纳税人委托个体经营者加工的应税消费品,一律于委托方收回后在委托方所在地缴纳消费税。

3.计税依据及应纳税额的计算

(1)委托加工的应税消费品,有同类消费品销售价格的,按照受托方的同类消费品的销售价格计算纳税。同类消费品的销售价格是指受托方当月销售的同类消费品的销售价格,如果当月同类消费品的各期销售价格高低不同,应按销售数量加权平均计算。但销售的应税消费品有下列情况之一的,不得列入加权平均计算:销售价格明显偏低又无正当理由的,无销售价格的。

(2)若没有同类消费品的销售价格,则按照组成计税价格计算纳税。

A.实行从价定率办法的计算公式:

组成计税价格=(材料成本+加工费)÷(1-比例税率)

应纳税额=组成计税价格×比例税率

B.实行复合计税办法的计算公式:

组成计税价格=(材料成本+加工费+委托加工数量×定额税率)÷(1-比例税率)

应纳税额=组成计税价格×比例税率+委托加工数量×定额税率

上述公式中的材料成本,是指委托方所提供加工材料的实际成本。委托加工消费品的纳税人,一般应在委托加工合同上如实注明材料成本,凡未提供材料成本的,受托方所在地主管税务机关有权核定其材料成本。这项规定是为了防止纳税人假冒委托加工应税品或少报材料成本,逃避纳税。

加工费是指受托方加工应税消费品向委托方所收取的全部费用,包括代垫辅助材料的实际成本,但不包括增值税税金。

【例3-7】某高尔夫球具厂(增值税一般纳税人)接受某俱乐部委托加工一批高尔夫球具的业务。俱乐部提供的主要材料的不含税成本为8 000元,球具厂收取含税加工费和代垫辅料费2 808元,球具厂没有同类球具的销售价格,消费税税率10%。要求:计算适用的组成计税价格。

【解析】组成计税价格＝[8 000＋2 808÷(1＋13%)]÷(1－10%)

$$＝11\ 649.95(元)。$$

(三)进口应税消费品应纳税额的计算

按照现行税法的规定,进口应税消费品的消费税,于报关进口时由海关代征;进口的应税消费品,由进口人或者代理人向报关地海关申报纳税;纳税人进口应税消费品,按照关税征收管理的规定,应当自海关填发海关进口消费税专用缴款书之日起15日内缴纳消费税税款。

纳税人进口应税消费品,按照组成计税价格和规定的税率计算应纳税额。计算方法如下:

(1)实行从价定率办法的计算公式:

组成计税价格＝(关税完税价格＋关税)÷(1－比例税率)

应纳税额＝组成计税价格×比例税率

(2)实行从量定额办法的计算公式:

应纳税额＝应税消费品进口数量×定额税率

(3)实行复合计税办法的计算公式:

组成计税价格＝(关税完税价格＋关税＋进口数量×定额税率)÷(1－比例税率)

应纳税额＝组成计税价格×比例税率＋应税消费品数量×定额税率

【例3-8】某公司进口成套化妆品一批。该成套化妆品中,既有高档化妆品,又有护肤品,关税完税价格为400 000元,设关税税率为40%,消费税税率为30%。要求:计算应缴纳的消费税。

【解析】关税＝400 000×40%＝160 000(元);

组成计税价格＝(400 000＋160 000)÷(1－30%)＝800 000(元);

应纳消费税税额＝800 000×30%＝240 000(元)。

(四)已纳消费税税款扣除的计算

为了避免重复征税,现行消费税规定,将外购应税消费品和委托加工收回的应税消费品继续生产应税消费品销售的,可以将外购应税消费品和委托加工收回的应税消费品已纳的消费税扣除。

从扣税依据上看,已纳消费税按生产领用量抵扣,不用于增值税的购进扣税。从扣税方法上看,已纳消费税需自行计算抵扣,不同于增值税的凭专用发票抵扣。

1.外购应税消费品已纳税款的扣除

由于某些应税消费品是用外购已纳消费税的应税消费品连续生产出来的,在对这些连续生产出来的应税消费品计算征税时,税法规定应按当期生产领用数量计算准予扣除外购的应税消费品已纳的消费税税款。

(1)扣税范围

①外购已税烟丝生产的卷烟;

②外购已税高档化妆品生产的高档化妆品;

③外购已税珠宝玉石生产的贵重首饰及珠宝玉石;

④外购已税鞭炮、焰火生产的鞭炮、焰火;

⑤外购已税汽油、柴油、石脑油、燃料油、润滑油为原料生产的应税成品油;

⑥外购已税杆头、杆身和握把为原料生产的高尔夫球杆;

⑦外购已税木制一次性筷子为原料生产的木制一次性筷子;

⑧外购已税实木地板为原料生产的实木地板;

(2)扣税计算公式

当期准予扣除的外购应税消费品已纳税额的计算公式为

$$\begin{array}{l}当期准予扣除的外购\\应税消费品已纳税额\end{array}=\begin{array}{l}当期准予扣除的\\外购应税消费品买价\end{array}\times\begin{array}{l}外购应税消费品\\适用的税率\end{array}$$

$$\begin{array}{l}当期准予扣除的外\\购应税消费品买价\end{array}=\begin{array}{l}期初库存的外购\\应税消费品的买价\end{array}+\begin{array}{l}当初购进的应税\\消费品的买价\end{array}-\begin{array}{l}期末库存的外购\\应税消费品的买价\end{array}$$

【例3-9】某卷烟厂从甲企业购进烟丝,取得增值税专用发票,注明价款50万元;使用购进烟丝的60%用于生产A牌卷烟(甲类卷烟);本月销售A牌卷烟80箱(标准箱),取得不含税销售额400万元。已知:甲类卷烟消费税税率为56%加150元/标准箱,烟丝消费税税率为30%。要求:计算当月该卷烟厂可扣除的消费税额。

注:烟丝的消费税税率为30%,外购已税烟丝连续生产卷烟的,已纳消费税可以扣除。

【解析】当月该卷烟厂可扣除的消费税额=50×30%×60%=9(万元)。

外购已税消费品的买价是指购货发票上注明的销售额(不包括增值税税款)。

另外,根据《葡萄酒消费税管理办法(试行)》的规定,自2015年5月1日起,从葡萄酒生产企业购进、进口葡萄酒连续生产应税葡萄酒的,准予从葡萄酒消费税应纳税额中扣除所耗用应税葡萄酒已纳消费税税款。如本期消费税应纳税额不足抵扣的,余额留待下期抵扣。

(3)扣税环节

①对于在零售环节纳税的金银首饰(含镶嵌首饰)、钻石、钻石饰品,计税时不得扣除其已纳消费税款。

②允许扣税的应税消费品只限于从工业企业购进的和进口的应税消费品,对从境内商业企业购进的应税消费品的已纳税款一律不得扣除。

但从商业企业购进应税消费品连续生产应税消费品的,符合抵扣条件的,准予扣除外购应税消费品的已纳消费税税款。

2.委托加工收回的应税消费品已纳税款的扣除

委托加工收回的应税消费品,由于已在委托加工环节由受托方代收代缴消费税,为避免重复征税,委托加工收回后以不高于受托方的计税价格直接销售的,不再征收消费税。委托加工收回后以高于受托方的计税价格直接销售的,以及委托加工收回后用于连续生产应税消费品的,准予从应纳消费税税额中按当期生产领用数量计算扣除。

(1)扣税范围

①以委托加工收回的已税烟丝生产的卷烟;

②以委托加工收回的已税高档化妆品生产的高档化妆品;

③以委托加工收回的已税珠宝玉石生产的贵重首饰及珠宝玉石;

④以委托加工收回的已税鞭炮、焰火生产的鞭炮、焰火;

⑤以委托加工收回的已税汽油、柴油、石脑油、燃料油、润滑油为原料生产的应税成品油;

⑥以委托加工收回的已税杆头、杆身和握把为原料生产的高尔夫球杆;

⑦以委托加工收回的已税木制一次性筷子为原料生产的木制一次性筷子;

⑧以委托加工收回的已税实木地板为原料生产的实木地板;

(2)扣税计算公式

当期准予扣除的委托加工应税消费品已纳税额的计算公式:

$$\begin{array}{l}\text{当期准予扣除的委托加工} \\ \text{应税消费品已纳税款}\end{array} = \begin{array}{l}\text{期初库存的委托加工} \\ \text{应税消费品已纳税款}\end{array} + \begin{array}{l}\text{当期收回的委托加工} \\ \text{应税消费品已纳税款}\end{array} - \begin{array}{l}\text{期末库存的委托加工} \\ \text{应税消费品已纳税款}\end{array}$$

需要说明的是,纳税人用委托加工收回的已税珠宝玉石生产的改在零售环节征收消费税的金银首饰,在计税时一律不得扣除委托加工收回的珠宝玉石的已纳消费税税款。

【例 3-10】甲企业为高尔夫球及球具生产厂家,是增值税一般纳税人,10 月发生以下业务:

(1)购进一批碳素材料、钛合金,增值税专用发票注明价款为 150 万元、增值税税款为 25.5 万元;委托丙企业将其加工成高尔夫球杆,支付加工费用 30 万元、增值税税款 3.9 万元。

(2)委托加工收回的高尔夫球杆的 80% 当月已经销售,收到不含税款 300 万元,尚有 20% 留存仓库。

注:高尔夫球及球具消费税税率为 10%。

要求:(1)计算丙企业代收代缴的消费税;(2)计算甲企业销售高尔夫球杆应缴纳的消费税。

【解析】(1)丙企业代收代缴消费税的计税依据＝(150＋30)÷(1－10%)＝200(万元);丙企业代收代缴的消费税＝200×10%＝20(万元)。

(2)甲企业对外销售 80% 高尔夫球杆的价格为 300 万元,若是全部销售,销售额＝300÷80%＝375(万元),大于受托方即丙企业的计税价格 200 万元。

甲企业销售高尔夫球杆应缴纳的消费税＝300×10%－200×80%×10%

$$＝14(万元)。$$

(五)出口退(免)税管理

纳税人出口应税消费品,国家给予退(免)税的税收优惠,相关政策基本与出口货物退(免)增值税的规定相同,下面仅对不同于出口货物退(免)增值税的规定进行介绍。

1.出口应税消费品退(免)税政策

出口应税消费品退(免)税政策有以下 3 种:

(1)出口免税并退税。本政策适用于有出口经营权的外贸企业购进应税消费品直接出口,以及外贸企业受其他外贸企业委托代理出口应税消费品。这里需要说明的是,外贸企业只有受其他外贸企业委托,代理出口应税消费品才可办理退税,外贸企业受其他企业(主要是非生产性的商贸企业)委托代理出口应税消费品不予退(免)税。

(2)出口免税但不退税。本政策适用于有出口经营权的生产性企业自营出口或生产企业委托外贸企业代理出口自产的应税消费品,依据其实际出口数量免征消费税,不予办理退还消费税。这里所说的免征消费税是指对生产性企业按其实际出口数量免征生产环节的消费税。不予办理退还消费税是指因已免征生产环节消费税,该应税消费品出口时已不含消费税,所以也无须再办理退还消费税。

(3)出口既不免税也不退税。本政策适用于除生产企业、外贸企业以外的其他企业,具体指一般的商贸企业,此类企业委托外贸企业代理出口应税消费品一律不予退(免)税。

2.出口退税率

出口应税消费品应退消费税的税率,依据《消费税暂行条例》所附"消费税税目税率表"执行。这是我国现行消费税与增值税在出口退(免)税规定上的一个重要区别。当出口的货物是应税消费品时,其退还的增值税要按规定的退税率计算,退还的消费税则按该应税消费品所适用的消费税税率计算。

企业应将不同税率的出口应税消费品分开核算和申报,未分开核算或划分不清适用税率的,一律从低适用税率计算应退消费税税额。

3.出口退税的计算方法

外贸企业从生产企业购进货物直接出口或受其他外贸企业委托代理出口应税消费品,采取"先征后退"的办法。其应退消费税税款,分3种情况处理。

(1)属于从价定率计征消费税的应税消费品,应依照外贸企业从工厂购进货物时征收消费税的价格计算应退消费税税款。其计算公式如下:

应退消费税税款＝出口货物的工厂销售额×税率

上述公式中,"出口货物的工厂销售额"为不含增值税的销售价格。

(2)属于从量定额计征消费税的应税消费品,应依货物购进和报关出口的数量计算应退消费税税款。其计算公式如下:

应退消费税税款＝出口数量×单位税额

(3)属于复合税率计征消费税的应税消费品,应分别计算从价税部分应退税额与从量税部分应退税额,合计作为其应退税款。其计算公式如下:

应退消费税税款＝出口货物的工厂销售额×税率＋出口数量×单位税额

4.出口退税后的管理

纳税人出口应税消费品办理免税后,发生退关或国外退货,进口时已予以免税的,可暂不办理补税,待其转为国内销售的当月按照现行税收规定申报补缴消费税。

第四节　消费税的征收管理

一、纳税义务发生时间

(1)纳税人销售应税消费品的,按不同的销售结算方式,其纳税义务发生时间分别为:

①纳税人采取赊销和分期收款结算方式的,为销售合同规定的收款日期的当天。

②纳税人采取预收货款结算方式的,为发出应税消费品的当天。

③纳税人采取托收承付结算方式的,为发出应税消费品并办妥托收手续的当天。

④纳税人采取其他结算方式的,为收讫销售款或者取得索取销售款凭据的当天。

(2)纳税人自产自用应税消费品的,其纳税义务的发生时间,为移送使用的当天。

(3)纳税人委托加工应税消费品的,其纳税义务的发生时间,为纳税人提货的当天。

(4)纳税人进口应税消费品的,其纳税义务的发生时间,为报关进口的当天。

二、纳税期限

消费税的纳税期限分别为1日、3日、5日、10日、15日、1个月或者1个季度。纳税人的具体纳税期限,由主管税务机关根据纳税人应纳税额的大小分别核定;不能按照固定期限纳税的,可以按次纳税。

纳税人以1个月或者1个季度为1个纳税期的,自期满之日起15日内申报纳税;以其他期限纳税的,自期满之日起5日内预缴税款,于次月1日起15日内申报纳税并结清上月应纳税款。

纳税人进口应税消费品,应当自海关填发海关进口消费税专用缴款书之日起15日内缴纳税款。

三、纳税地点

按我国现行分税制财政管理体制,消费税属于中央税,由国家税务机关负责征收和管理。消费税的纳税地点具体分为5种情况。

(1)纳税人销售的应税消费品及自产自用的应税消费品,除国家另有规定外,应当向机构所在地或者居住地的主管税务机关申报纳税。纳税人总机构和分支机构不在同一县(市)的,应分别向各自机构所在地的主管税务机关申报纳税。但经国家税务总局及所属分局批准,也可由总机构汇总向总机构所在地的主管税务机关申报纳税。

(2)纳税人到外县(市)销售或委托外县(市)代销自产应税消费品的,应事先向其所在地的主管税务机关提出申请,并于应税消费品销售后,向纳税人核算地申报纳税。

(3)委托加工的应税消费品,除受托方为个人外,由受托方向机构所在地或者居住地的主管税务机关申报纳税。

(4)进口的应税消费品,由进口人或由其代理人向报关地海关申报纳税。此外,个人携带或者邮寄进境的应税消费品,连同关税由海关一并计征。具体办法由国务院关税税则委员会会同有关部门制定。

(5)纳税人销售的应税消费品,如因质量等原因由购买者退回时,经机构所在地或居住地主管税务机关审核批准后,可退还已缴纳的消费税税款,但不能自行直接抵减应纳税款。

思考与练习

【思考题】

1.消费税的特征是什么?

2.消费税的作用是什么?

3.消费税的征税环节是如何规定的?

4.简述委托加工应税消费品的消费税由受托方代收代缴的原因。

5.简述自产自用应税消费品的消费税是如何计征的。

【练习题】

一、单选题

1.下列项目中,属于消费税征收范围的是(   )。

A.电动汽车   B.体育用发令纸

C.9 900 元的高档手表   D.石脑油

2.下列各项中,应同时征收增值税和消费税的是(   )。

A.零售环节销售的卷烟   B.零售环节销售的鞭炮

C.生产环节销售的普通护肤护发品   D.进口环节购进的小汽车

3.下列关于外购已税杆头、杆身和握把为原料连续生产的高尔夫球杆的消费税处理,正确的是(   )。

A.外购已税杆头的消费税可以按购进入库数量在应纳消费税税款中扣除

B.外购已税杆头的消费税可以按生产领用数量在应纳消费税税款中扣除

C.外购已税杆头的消费税可以按高尔夫球杆的出厂销售数量在应纳消费税税款中扣除

D.外购已税杆头的消费税不可以在应纳消费税税款中扣除

4.某汽车厂下设一非独立核算门市部,该厂将一批汽车交门市部销售,计价60万元。门市部零售取得含增值税的销售收入77.2万元。汽车的消费税税率为3%。该企业的应纳消费税为(   )。

A.1.8万元　　　　B.2.98万元　　　　C.1.98万元　　　　D.2.05万元

5.下列各项中,符合消费税纳税义务发生时间规定的是(   )。

A.进口的应税消费品,为取得进口货物的当天

B.自产自用的应税消费品,为移送使用的当天

C.委托加工的应税消费品,为支付加工费的当天

D.采取预收货款结算方式的,为收到预收款的当天

6.企业发生的下列行为中,不需要缴纳消费税的是(   )。

A.以不高于受托方的计税价格直接销售委托加工收回的已税应税消费品

B.用自产的应税消费品支付代扣手续费

C.用自产的应税消费品换取生产资料

D.在销售数量之外另付给购货方自产的应税消费品作为奖励

二、多选题

1.下列单位中属于消费税纳税人的有(   )。

A.生产销售应税消费品(金银首饰除外)的单位

B.委托加工应税消费品的单位

C.进口应税消费品的单位

D.受托加工应税消费品的单位

2.下列应税消费品中,属于定额税率从量征收消费税的项目有(   )。

A.黄酒　　　　B.葡萄酒　　　　C.啤酒　　　　D.烟丝

3.下列各项中,在零售环节缴纳消费税的应税消费品有(   )。

A.翡翠手镯　　　B.钻石胸针　　　C.镀金项链　　　D.18K金镶嵌耳钉

4.下列不同用途的应税消费品中,应缴纳消费税的有(   )。

A.将自产应税消费品用于投资的

B.将自产应税消费品用于集体福利的

C.用委托加工收回的应税消费品(受托方已代收代缴消费税)连续生产应税消费品后销售的

D.将委托加工收回的应税消费品(受托方已代收代缴消费税)以不高于受托方的计税价格直接销售的

5.下列各项中,符合消费税纳税地点规定的有(　　)。

A.委托个人加工的应税消费品,由委托方向机构所在地税务机关申报纳税

B.进口的应税消费品,由进口人或其代理人向报关地海关申报纳税

C.纳税人的总机构与分支机构不在同一县(市)的,分支机构应由总机构申报纳税

D.纳税人到外县(市)销售自产应税消费品的,应向机构所在地或居住地主管税务机关申报纳税

6.我国消费税的税率种类包括(　　)。

A.累进税率　　　B.定额税率　　　C.比例税率　　　D.幅度比例税率

三、综合计算题

1.甲实木地板厂为增值税一般纳税人,6月业务如下:

(1)从油漆厂购进每吨不含税价为1万元的油漆,取得油漆厂开具的增值税专用发票,发票上注明货款为200万元、税款为26万元。

(2)向农业生产者收购木材30吨,收购凭证上注明支付货款42万元,另支付运费3万元,取得运输公司开具的普通发票;木材验收入库后,又将其运往乙地板厂加工成未上漆的实木地板,取得乙厂开具的增值税专用发票,发票上注明支付的加工费为8万元、增值税为1.04万元,甲厂收回实木地板时乙厂代收代缴了甲厂的消费税。

(3)将一半委托加工收回的实木地板继续加工上漆,当月生产实木地板2 000箱,销售实木地板1 500箱,取得不含税销售收入450万元。

(4)当月将100箱实木地板用于本企业会议室装修。

注:实木地板的消费税税率为5%,成本利润率为5%。

要求计算:

(1)甲厂应缴的增值税;

(2)甲厂被代收代缴的消费税;

(3)甲厂应向主管税务机关缴纳的消费税。

2.某首饰制造企业(增值税一般纳税人),主要生产加工并零售金银首饰、钻石饰品和其他非金银首饰,2月发生以下业务:

(1)销售金银首饰和镀金首饰组成的套装礼盒取得收入29.25万元,其中金银

首饰收入 20 万元,镀金首饰收入 9.25 万元。

(2)采取"以旧换新"方式向消费者销售金项链 1 000 条,新项链每条零售价 0.35 万元,旧项链每条作价 0.12 万元。

(3)为某企业定制特定款式的工艺玛瑙首饰和部分金银首饰(共 10 条)作为礼品赠送使用,取得含税收入 117 万元(未能分别核算金银首饰的销售额)。

注:金银首饰、铂金饰品和钻石及钻石饰品消费税税率为 5%,其他贵重首饰和珠宝玉石消费税税率为 10%。

要求计算:

(1)销售玉石首饰和镀金首饰应缴纳的消费税;

(2)"以旧换新"方式销售金项链应缴纳的消费税;

(3)定制特定款式首饰应缴纳的消费税。

3.某市卷烟厂为增值税一般纳税人,主要生产云雾牌卷烟,该品牌卷烟的不含税调拨价为每标准条 55 元,最高不含税售价为每标准条 58 元。

6月该卷烟厂发生如下业务:

(1)从甲卷叶厂购入一批已税烟丝,取得增值税专用发票,发票上注明价款为 30 万元、增值税税额为 3.9 万元,货物均已经验收入库。

(2)进口一批烟丝,关税完税价格为 100 万元,关税税额为 5 万元。

(3)将国内采购和进口的烟丝均领用了 40%,用于生产云雾牌卷烟。

(4)与商场签订赊销合同,按照调拨价将本厂生产的 20 标准箱交由商场销售,合同约定当月结算 50% 的货款,但商场因资金周转问题,实际只结了 40% 的款项。

(5)当月按照调拨价销售 100 标准箱(每标准箱 250 条)云雾牌卷烟给某批发站,取得不含税销售收入 137.5 万元。

(6)按最高出厂价向某事业单位销售云雾牌卷烟 10 标准箱。

(7)以 10 标准箱云雾牌卷烟抵偿欠外单位的货款。

要求计算:

(1)该企业本月应纳进口环节消费税;

(2)该企业应向税务机关缴纳的消费税额。

【练习题参考答案】

第四章　关税税制

【知识与技能要求】

　　1.了解关税的概念、特点和作用；

　　2.理解和掌握关税税制的基本法律规定；

　　3.理解和掌握关税应纳税额的计算；

　　4.了解关税的相关征收管理规定。

【思政目标】

　　通过关税税制的教学,增强学生的国家主权意识和拓宽学生的国际视野,使其理解关税在维护国家利益及推动全球贸易中的作用。

第一节　关税概述

　　我国现行关税法律规范是以 2024 年 4 月全国人民代表大会常务委员会通过的《中华人民共和国关税法》(以下简称《关税法》)和 2021 年 4 月全国人民代表大会常务委员会修正颁布的《中华人民共和国海关法》(以下简称《海关法》)为法律依据,以由国务院关税税则委员会公布的《中华人民共和国进出口税则》(以下简称《进出口税则》)和《中华人民共和国海关进出口货物征税管理办法》、《进境物品关税、增值税、消费税征收办法》等为基本法规,由负责关税政策制定和征收管理的主管部门依据基本法规拟订的管理办法和实施细则为主要内容。

　　一、关税的概念

　　关税是由海关根据国家制定的有关法律,以进出关境的货物和物品为课税对象,就其进出口流转额征收的一种税。

　　二、关税的特点

　　(一)征收的对象是进出境的货物和物品

　　对在境内流通的货物不征收关税,这是关税与其他税种的主要区别。

一般情况下，一国的关境和国境是一致的，但当一个国家在境内设立自由贸易区和自由港时，国境就大于关境。例如，根据《中华人民共和国香港特别行政区基本法》和《中华人民共和国澳门特别行政区基本法》，香港和澳门可以保持自由港地位，为我国单独的关税地区，即单独关境区。单独关境区是不完全适用该国海关法律、法规或实施单独海关管理制度的区域。

　　当几个国家结成关税同盟，组成统一的关境，实施统一的关税法令和统一的对外税则时，这些国家彼此之间货物进出国境不征收关税，只对来自或运往其他国家的货物进出共同关境时征收关税，这些国家的关境就大于国境，如欧盟。

　　（二）关税是单一环节的价外税

　　关税的征收环节是货物的进出口环节，一次征税后，货物即可在全国境内或整个关境内流通，不再征收关税。

　　（三）关税有较强的涉外性

　　关税只对进出境的货物和物品征收。因此，关税税则的制定、税率的高低，直接影响到国际贸易的开展。随着世界经济一体化的发展，世界各国的经济联系越来越密切，贸易关系不仅反映简单经济关系，还成为一种政治关系。所以，关税政策往往和经济政策、外交政策紧密相关。

拓展阅读

关税到期还不肯取消，美国坚持打贸易战源自两大焦虑

三、关税的作用

　　关税作为最古老的贸易政策工具，是随着商品流通和国家贸易发展而产生和发展起来的。关税的征收成为国家（地区）经济政治独立的一种体现。关税的作用主要体现在以下几个方面。

　　（一）维护国家主权和经济利益

　　对进出口货物征收关税，表面上看似乎只是一个与对外贸易相联系的税收问题，其实一国采取什么样的关税政策直接关系到国与国之间的主权和经济利益。历史发展到今天，关税已成为各国政府维护本国政治、经济权益，乃至进行国际经济斗争的一个重要武器。我国根据平等互利和对等原则,通过运用关税复式税则等方式,争取国际关税互惠并反对他国对我国进行关税歧视,促进对外经济技术交往,扩大对外经济合作。

(二)保护和促进本国工农业的发展

一个国家采取什么样的关税政策,是由该国的经济发展水平、产业结构状况、国际贸易收支状况以及参与国际经济竞争的能力等多种因素决定的。国际上许多发展经济学家认为,自由贸易政策不适合发展中国家的情况。这些国家为了顺利地发展民族经济,实现工业化,必须实行保护关税政策。我国作为发展中国家,一直十分重视利用关税保护本国的"幼稚工业",并促进进口替代工业发展,关税在保护和促进本国工农业的发展方面发挥了重要的作用。

(三)调节国民经济和对外贸易

关税是国家的重要经济杠杆,通过制定高低不同的税率和关税的减免,可以影响进出口规模,调节国民经济活动。如通过调节出口产品和出口产品生产企业的利润水平,有意识地引导各类产品的生产;通过调节进出口商品数量和结构,促进国内市场商品的供需平衡,保护国内市场的物价稳定;等等。

(四)筹集国家财政收入

从世界大多数国家尤其是发达国家的税制结构分析,关税收入在整个财政收入中的比重不大,并呈下降趋势。但是,一些发展中国家,尤其是那些国内工业不发达、工商税源有限、国民经济主要依赖于某种或某几种初级资源产品的出口,以及国内许多消费品主要依赖于进口的国家,征收进出口关税仍然是他们取得财政收入的重要渠道之一。随着我国经济的发展,关税收入在我国财政收入中的比重大幅下降,并逐渐由财政性关税过渡到保护性关税。

四、关税的分类

根据不同的标准,可对关税进行分类。

(一)按征收对象划分,可以分成正税和特别关税

1.正税

关税的正税包括进口税、出口税和过境税 3 种。

(1)进口税

进口税是海关对进口的货物和物品所征收的关税。进口税有正税与附加税之分。正税是按税则法定税率征收的关税,此外征收的即为附加税。

(2)出口税

我国出口税则为一栏税率即出口税率。国家仅对少数资源性产品及易于竞相

杀价、盲目进口、需要规范出口秩序的半制成品征收出口关税。根据《关于执行
2024年关税调整方案的公告》的规定,自2024年1月1日起,我国继续对铬铁等
107项出口商品征收出口关税,适用出口税率或出口暂定税率,征收商品范围和税
率维持不变。

（3）过境税

过境税是对外国经过本国国境运往另一国的货物所征收的关税。目前,世界
上大多数国家都不征收过境税,我国也不征收过境税。

2.特别关税

特别关税是因某种特定的目的而对进口的货物和物品征收的关税。

常见的特别关税有以下几类。

（1）反倾销税

反倾销税是对实行商品倾销的进口商品征收的一种进口附加税。如果某国将
产品以低于生产成本的价格向其他国家推销,就有可能构成倾销,进口国就可以对
倾销产品征收数量不超过倾销差价的反倾销税。反倾销关税是为了对付和抵制进
行倾销的外国货物进口而征收的一种临时附加税。一般来说,征收反倾销税的国
家都要制定相关的反倾销法律和法规。可见,反倾销税并不是随便征收的,必须具
备一定的前提条件才能征收。

目前,反倾销税是国际上特别是发达国家通常使用的限制进口的手段。反倾
销是WTO(世界贸易组织)允许成员采取的保护本国(地区)产品和市场的一种手
段,但它正被发达国家所滥用。20世纪90年代以来,我国成为国际反倾销的最大
受害者,涉及金额达数百亿美元,有些国家对我国实行的反倾销税率超过100%。

拓展阅读

美商务部终裁中国产大型洗衣机存在倾销行为

（2）反补贴税

反补贴税是对进口商品使用的一种超过正常关税的特殊关税。这种关税是对
那些得到其政府进口补贴的外国供应商具有的有利经济条件作用的反应。反补贴

税的目的是抵消国外竞争者得到奖励和补助产生的影响,从而保护进口国的制造商。这种奖励和补贴包括对外国制造商直接进行支付以刺激出口,对出口商品进行关税减免,对出口项目提供低成本资金融通或类似的物质补助。美国通过商务部国际贸易管理局进行补贴税的实施。近年来,这些反补贴税已成为国际贸易谈判中难以取得进展的领域,并且这也使国际对等贸易的安排复杂化,因为在对等贸易中要衡量政府补贴是非常困难的。

我国政府规定,任何国家或者地区对其进口的原产于中华人民共和国的货物征收歧视性关税或者给予其他歧视性待遇的,我国海关对原产于该国家或地区的进口货物,可以征收特别关税。

拓展阅读

商务部公布对原产于美国的进口干玉米酒糟反倾销及反补贴调查最终裁定

(二)按征收关税的标准划分,可以分成从价税、从量税、复合税、滑准税

1.从价税

从价税是一种最常见的关税类型。它以货物的价格或者价值为征税标准,以应征税额占货物价格或者价值的百分比为税率,价格越高,税额越高。货物进口时,以此税率和海关审定的实际进口货物完税价格相乘计算应征税额。从价税的优点是,税额随商品价格高低变动,税负公平明确、易于实施;但是也存在着一些不足,如不同品种、规格、质量的同一货物价格有很大差异,海关估价有一定的难度,因此计征关税的手续也较繁杂。目前,我国海关征收的关税主要是从价税。

2.从量税

从量税以货物的数量、重量、体积、容量等计量单位为计税标准,以每计量单位货物的应征税额为税率。从量税的特点是,每一种货物的单位应税额固定,不受该货物价格的影响。计税时以货物的计量单位乘以每单位应纳税额即可得出该货物的关税税额。从量税的优点是计算简便,通关手续快捷,并能起到抑制低廉商品或故意低瞒价格货物的进口。但是,由于应税额固定,物价涨落时,税额不能相应变化,因此,在物价上涨时,关税的调控作用相对减弱。我国目前对原油、啤酒和胶卷等进口商品征收从量税。

3.复合税

复合税又称混合税,即订立从价、从量两种税率,税额随完税价格和进口数量而变化,征收时两种税率合并计征。它是对某种进口货物混合使用从价税和从量税的一种关税计征标准。混合使用从价税和从量税的方法有多种,如:对某种货物同时征收一定数额的从价税和从量税;或对低于某一价格进口的货物只按从价税计征关税,高于这一价格,则混合使用从价税和从量税等。复合税既可发挥从量税抑制低价进口货物的特点,又可发挥从价税税负合理、稳定的特点。我国目前仅对录像机、放像机、摄像机、数字照相机和摄录一体机等进口商品征收复合税。

4.滑准税

滑准税是根据货物的不同价格适用不同税率的一类特殊的从价关税。它是一种关税税率随进口货物价格由高至低而由低至高设置计征关税的方法。通俗地讲,就是进口货物的价格越高,其进口关税税率越低;进口商品的价格越低,其进口关税税率越高。滑准税的特点是可保持实行滑准税商品的国内市场价格的相对稳定,而不受国际市场价格波动的影响。我国目前仅对进口新闻纸实行滑准税。

(三)按货物国别来源而区别对待的原则,可以分成最惠国关税、协定关税、特惠关税和普通关税

1.最惠国关税

最惠国关税适用于原产于与我国共同适用最惠国待遇条款的WTO成员的进口货物,或原产于与我国签订有相互给予最惠国待遇条款的双边贸易协定的国家或地区的进口货物。

2.协定关税

协定关税适用于原产于我国参加的含有关税优惠条款的区域性贸易协定的有关缔约方的进口货物。

3.特惠关税

特惠关税适用于原产于与我国签订有特殊优惠关税协定的国家或地区的进口货物。

4.普通关税

普通关税适用于原产于上述国家或地区以外的国家或地区的进口货物。

拓展阅读

"伪优惠"无助于全球贸易发展(热点聚焦)

五、关税制度的起源和发展

(一)关税制度的起源

关税是一种古老的税种。根据《大英百科全书》对 customs 一词的解释,关税是由古时商人进入市场交易时,向当地的领主缴纳的一种例行的、常规的入市税(customary tolls)发展而来的,有通行费或税的含义。后来 customary duty 就成为海关和关税的英文名称。

关税在英文中的另一个叫法是 tariff。根据《美国海关画史》的记载,传说在地中海西口,直布罗陀海峡附近,曾经有一个海盗盘踞的港口名叫塔利法(Tariffa)。当时进出地中海的商船为了避免被抢劫,被迫向塔利法港口的海盗缴纳一笔买路费。此后,tariff 就成为关税的另一通用名称,泛指关税、关税税则或关税制度等意。

考察世界经济历史可以发现,早在公元前 5 世纪,希腊的雅典就以港口使用报酬的名义,对出入的货物征收 2%~5%的使用费。进入 20 世纪,尤其是近几十年来,为了缓解各国之间的贸易矛盾,促进国际贸易发展,1947 年,23 个国家在日内瓦签订了关税及贸易总协定(general agreement on tariff and trade,GATT)。1947—1994 年,GATT 举行了 8 轮多边贸易谈判。1995 年 12 月 12 日,GATT 的 128 个缔约方在日内瓦举行最后一次会议,宣告 GATT 历史使命的完结。从 1996 年 1 月 1 日起,关贸总协定被 WTO 所取代。

(二)我国关税制度的建立与发展

中华人民共和国成立后,我国建立了完全独立自主的关税制度和海关管理制度。1949 年 10 月,中央人民政府设立了海关总署,统一领导全国海关机构和业务;1951 年颁布了《中华人民共和国海关进出口税则》(以下简称《海关税则》)和《中华人民共和国海关进出口税则暂行实施条例》(以下简称《暂行实施条例》)。这两个文件一直执行到 1985 年 3 月。由于改革开放,1951 年颁布的《海关税则》和《暂行实施条例》已不适应新形势的发展要求。为此,国务院于 1985 年对关税制度进行了全面修改,制定了新的《进出口关税条例》和《海关进出口税则》。1987 年 1 月,全国人民代表大会颁布了《海关法》,并于在 2000 年和 2014 年进行了两次修订。此后,国务院在 2011 年和 2013 年先后两次对《进出口关税条例》进行了修订。自 2002 年起,海关总署对《海关进出口税则》进行了多次修改。

为了适应市场发展的需要,2019 年海关总署重新修订了"中华人民共和国进境物品归类表"及"中华人民共和国进境物品完税价格表",保证了我国关税制度的动态、规范调整。2020 年起,我国继续深化关税制度改革。在税率上,降低部分商品进口关税,实施协定及特惠税率,2023 年部分信息技术产品降税后关税总水平降至 7.3%;税目方面,2023 年增列白茶等税目,2024 年细分钢铁产品税目,并且于 2024 年 4 月通过《中华人民共和国关税法》,自当年 12 月 1 日起施行,取代《中华人民共和国进出口关税条例》,为关税征管筑牢法律根基。

第二节　关税的基本法律规定

一、关税的征税范围

关税的征税范围是准许进出境的货物和物品。货物是指贸易性商品;物品是指入境旅客随身携带的行李物品、个人邮递物品、各种运输工具上的服务人员携带入境的自用物品、馈赠物品以及其他方式进境的个人物品。

【例 4-1】王先生是 A 进出口公司的员工,1 月受公司指派去韩国采购一批货物,入境时,他随身携带自己购买并使用的照相机和为朋友购买的化妆品一套。请问:王先生为 A 公司采购的货物及自身携带的照相机和化妆品是否属于关税的征收范围?

【解析】为公司采购的货物属于进境的贸易性商品,自身携带的照相机和化妆品属于非贸易物品,因此均属于关税的征收范围。

二、纳税人

关税的纳税人包括进口货物的收货人、出口货物的发货人、进出境物品的所有人。进出口货物的收、发货人是依法取得对外贸易经营权,并进口或出口货物的法人或者其他社会团体。进出境物品的所有人包括该物品的所有人和推定为所有人的人,一般情况下,对于携带进境的物品,推定其携带人为所有人;对分离运输的行李,推定相应的进出境旅客为所有人;对以邮寄方式进境的物品,推定其收件人为所有人;以邮寄或其他运输方式出境的物品,推定其寄件人或托运人为所有人。

【例 4-2】林女士 2 月去泰国休假,休假期间为自己购买了化妆品、皮包,还为好朋友购买了手机和照相机。假期结束回国乘飞机的时候,林女士随身携带皮包登机,将化妆品放在行李箱中托运;为好朋友购买的手机和照相机,因为行李箱容量有限,只好以邮递的方式寄给她(收件人是林女士的好朋友)。请问:林女士携带和邮递的物品的关税纳税人是谁?

【解析】化妆品和皮包的关税纳税人是林女士;手机和照相机的关税纳税人是林女士的好朋友。

三、进出口税则

(一)进出口税则

进出口税则是一国政府根据国家关税政策和经济政策,通过一定的立法程序制定公布实施的进出口货物和物品应税的关税税率表。进出口税则以税率表为主体,通常还包括实施税则的法令、使用税则的有关说明和附录等。《进出口税则》是我国海关凭以征收关税的法律依据,也是我国关税政策的具体体现。我国现行税则包括进口税则、出口税则,以及规则与说明等。

税率表作为税则主体,包括税则商品分类目录和税率栏两大部分。税则商品分类目录是把种类繁多的商品加以综合,按照其不同特点分门别类地简化成数量有限的商品类目,分别编号按序排列,称为税则号列,并逐号列出该号中应列入的商品名称。商品分类的原则即归类规则,包括归类总规则和各类、章、目的具体注释。税率栏是按商品分类目录逐项定出的税率栏目。我国现行进口税则为四栏税率,出口税则为一栏税率。按税则商品分类目录体系划分,我国分别于 1951 年、1985 年、1992 年先后实施了三部进出口税则,进出口商品都采用统一税则目录分类。从 1992 年 1 月起,我国开始实施以《商品名称及编码协调制度》为基础的进出口税则,适应了国内改革开放和对外经济贸易发展的需要。

(二)税则归类

进出口货物的商品归类,应当按照《进出口税则》规定的目录条文和归类总规则、类注、章注、子目注释、本国子目注释,以及其他归类注释确定,并归入相应的税则号列。税则归类错误会导致关税的多征或少征,影响关税作用的发挥。因此,税则归类关系到关税政策的正确贯彻。

对于我国准许进境的行李物品、寄递物品和其他物品,我国海关总署制定有《中华人民共和国进境物品分类表》(以下简称《分类表》)和《中华人民共和国进境物品计税价格表》(以下简称《计税价格表》)。进境物品依次遵循以下原则归类:

(1)《分类表》已列名的物品,归入其列名类别。

（2）《分类表》未列名的物品，按其主要功能（或用途）归入相应类别。

（3）不能按照上述原则归入相应类别的物品，归入"其他物品"类别。

（4）纳税人对进境物品的分类、计税价格的确定持有异议的，可以依法提请行政复议。根据实际需要，国务院关税税则委员会可以提出调整关税税目及其适用规则的建议报国务院批准后发布执行。

（三）税率的运用

《进出口关税条例》规定，进出口货物应当依照税则规定的归类原则归入合适的税号，并按照适用的税率征税。其中：

（1）进出口货物应当按照纳税义务人申报进口或者出口之日实施的税率征税。

（2）进口货物到达前，经海关批准先行申报的，应当按照装载此货物的运输工具申报进境之日实施的税率征税。

（3）进口转关运输货物，应当适用指运地海关接受该货物申报进口之日实施的税率；货物运抵指运地前，经海关核准先行申报的，应当适用装载该货物的运输工具抵达指运地之日实施的税率。

（4）出口转关运输货物，应当适用启运地海关接受该货物申报出口之日实施的税率。

（5）经海关批准，实行集中申报的进出口货物，应当适用每次货物进出口时海关接受该货物申报之日实施的税率。

（6）因超过规定期限未申报而由海关依法变卖的进口货物，其税款计征应当适用装载该货物的运输工具申报进境之日实施的税率。

（7）因纳税义务人违反规定需要追征税款的进出口货物，应当适用违反规定的行为发生之日实施的税率；行为发生之日不能确定的，适用海关发现该行为之日实施的税率。

（8）已申报进境并放行的保税货物、减免税货物、租赁货物或者已申报进出境并放行的暂时进出境货物，有下列情形之一需缴纳税款的，应当适用海关接受纳税义务人再次填写报关单申报办理纳税及有关手续之日实施的税率：

①保税货物经批准不复运出境的。

②减免税货物经批准转让或者移作他用的。

③可暂不缴纳税款的暂时进出境货物，不复运出境或者进境的。

④租赁进口货物，分期缴纳税款的。

（9）补征和退还进出口货物关税，应当按照前述规定确定适用的税率。

（10）"两步申报"的进口货物，应当适用完成概要申报之日实施的税率。"两步申报"是海关近年来推行的允许企业第一步凭提单信息概要申报即可提货,无须一次性提交进口全部单证,第二步在规定时间内(运输工具进境14日内)完成完整申报的一项改革。

(11)根据有关规定申请撤销报关单后重新申报的货物,应当适用首次报关单所适用的税率。

【例4-3】A进出口公司在日本采购了两艘船的货物,两艘船同时于20×2年1月15日抵达我国厦门口岸海关。甲船于20×2年1月15日抵达海关时申报进口。乙船于20×1年12月20日经海关核准先行申报进口。请问:如何确定甲乙两艘船所载货物的适用税率?

【解析】按照规定,甲、乙两船的货物均按20×2年1月15日的税率征税。

拓展阅读

海关总署公告2021年第119号(关于执行2022年关税调整方案的公告)

四、税收优惠

关税减免是贯彻国家关税政策的一项重要措施。关税减免分为法定减免税、特定减免税和临时减免税。根据《海关法》规定,除法定减免税外的其他减免税均由国务院决定。减征关税在我国加入WTO之前以税则规定税率为基准,在我国加入WTO之后以最惠国税率或者普通税率为基准。

(一)法定减免税

法定减免税是税法中明确列出的减税或免税。符合税法规定可予以减免税的进出口货物,纳税义务人无须提出申请,海关可按规定直接予以减免税。海关对法定减免税货物一般不进行后续管理。

《海关法》和《进出口关税条例》明确规定,下列货物、物品予以减免关税:

(1)关税税额在人民币50元以下的一票货物,可免征关税。

(2)无商业价值的广告品和货样,可免征关税。

(3)外国政府、国际组织无偿赠送的物资,可免征关税。

(4)进出境运输工具装载的途中必需的燃料、物料和饮食用品,可予免税。

（5）在海关放行前遭受毁损或者灭失的货物,可免征关税。

（6）在海关放行前遭受损失的货物,可以根据海关认定的受损程度减征关税。

【例 4-4】B 企业进口一批材料,货物价款为 95 万元,进口运费和保险费共计 5 万元,报关进口后发现其中的 10% 有严重质量问题并将其退货,出口方为补偿该企业,发送价值 10 万元(含进口运费、保险费 0.5 万元)的无代价抵偿物。请问:这 10 万元的无代价抵偿物是否需要征税?

【解析】不需要,因为这是出口方免费补偿的同类货物。

（7）我国缔结或者参加的国际条约规定减征、免征关税的货物、物品,按照规定予以减免关税。

（8）法律规定减征、免征的其他货物。

（二）特定减免税

特定减免税,也称政策性减免税,是指在法定减免税之外,国家按照国际通行规则和我国实际情况,制定发布的有关进出口货物减免关税的政策。特定减免税货物一般有地区、企业和用途的限制,海关需要进行后续管理,也需要进行减免税统计。特定减免税项目有以下几种。

1.科教用品

为支持我国科研、教育事业发展,国务院制定了《科学研究和教学用品免征进口税收暂行规定》,对科学研究机构和学校,不以营利为目的,在合理数量范围内进口国内不能生产的科学研究和教学用品,直接用于科学研究或者教学的,免征进口关税和进口环节增值税、消费税。该规定对享受该优惠的科研机构和学校资格、类别以及可以免税的物品都作了明确规定。

2.残疾人专用品

为支持残疾人的康复工作,国务院制定了《残疾人专用品免征进口税收暂行规定》,对规定的残疾人个人专用品免征进口关税和进口环节增值税、消费税;对康复机构、福利机构、假肢厂和荣誉军人康复医院进口国内不能生产的、该规定明确的残疾人专用品,免征进口关税和进口环节增值税。该规定对可以免税的残疾人专用品种类和品名作了明确规定。

3.扶贫、慈善性捐赠物资

为促进公益事业的健康发展,经国务院批准,财政部、国家税务总局、海关总署颁布了《扶贫、慈善性捐赠物资免征进口税收的暂行办法》,自 2016 年 4 月 1 日起,对境外自然人、法人或其他组织等境外捐赠人,无偿向经国务院主管部门依法批准成立的,以人道救助和发展扶贫、慈善事业为宗旨的社会团体以及国务院有关部门和各省、自治区、直辖市人民政府捐赠的,直接用于扶贫、慈善事业的物资,免征进口关税和进口环节增值税。所称扶贫、慈善事业,是指非营利的扶贫济困、慈善救助等社会慈善和福利事业。该办法对可以免税的捐赠物资和品名作了明确规定。

4.重大技术装备

为继续支持我国重大技术装备制造业发展,财政部会同工业和信息化部、海关总署国家税务总局、能源局发布了《重大技术装备进口税收政策管理办法》(财关税〔2020〕2号),自2020年1月8日起实施。

对符合规定条件的企业及核电项目业主为生产国家支持发展的重大技术装备或产品而确有必要进口的部分关键零部件及原材料,免征关税和进口环节增值税。

上述办法由工业和信息化部会同财政部、海关总署、国家税务总局、能源局制定《国家支持发展的重大技术装备和产品目录》和《重大技术装备和产品进口关键零部件及原材料商品目录》后公布执行。

工业和信息化部会同财政部、海关总署、国家税务总局、能源局核定企业及核电项目业主免税资格,每年对新申请享受进口税收政策的企业及核电项目业主进行认定,每3年对已享受进口税收政策企业及核电项目业主进行复核。

取得免税资格的企业及核电项目业主可向主管海关提出申请,选择放弃免征进口环节增值税,只免征进口关税。企业及核电项目业主主动放弃免征进口环节增值税后,36个月内不得再次申请免征进口环节增值税。

取得免税资格的企业及核电项目业主应按照《中华人民共和国海关进出口货物减免税管理办法》(海关总署令第179号)规定办理有关重大技术设备或产品进口关键零部件及原材料的减免税手续。

(三)暂时免税

暂时进境或者暂时出境的下列货物,在进境或者出境时纳税义务人向海关缴纳相当于应纳税款的保证金或者提供其他担保的,可以暂不缴纳关税,并应当自进境或者出境之日起6个月内复运出境或者复运进境;需要延长复运出境或者复运进境期限的,纳税义务人应当根据海关总署的规定向海关办理延期手续。

(1)在展览会、交易会、会议及类似活动中展示或者使用的货物。

(2)文化、体育交流活动中使用的表演、比赛用品。

(3)进行新闻报道或者摄制电影、电视节目使用的仪器、设备及用品。

(4)开展科研、教学、医疗活动使用的仪器、设备及用品。

(5)在上述第1项至第4项所列活动中使用的交通工具及特种车辆。

(6)货样。

（7）供安装、调试、检测设备时使用的仪器、工具。

（8）盛装货物的容器。

（9）其他用于非商业目的的货物。

（四）临时减免税

临时减免税是指以上法定和特定减免税以外的其他减免税，即由国务院根据《海关法》对某个单位、某类商品、某个项目或某批进出口货物的特殊情况，给予特别照顾，一案一批，专文下达的减免税。一般有单位、品种、期限、金额或数量等限制，不能比照执行。

五、原产地规定

国际贸易中货物的原产地指的是货物或产品的来源地，即产品的生产地或制造地。随着经济全球化的发展和国际分工的深入，同一货物可能会在不同的国家或地区经过数道生产和加工才最终成形，因此对于国际贸易中的货物，必须按照一定的标准来确定其原产地，这样的制度就被称为"原产地规则"。原产地规则为货物市场准入提供制度保障，决定了哪些中国产品可以出口享受对方关税优惠，也确定了外方哪些产品可以减免关税进入中国市场。

因此，确定进境货物原产国的主要原因之一是，便于正确运用进口税则的各栏税率，对产自不同国家或地区的进口货物适用不同的关税税率。我国原产地规定基本上采用了"全部产地生产标准"、"实质性加工标准"两种国际上通用的原产地标准。

（一）全部产地生产标准

全部产地生产标准是指进口货物"完全在一个国家内生产或制造"，生产国或制造国即为该货物的原产国。完全在一国生产或制造的进口货物包括：

（1）在该国领土或领海内开采的矿产品；

（2）在该国领土上收获或采集的植物产品；

（3）在该国领土上出生或由该国饲养的活动物及从其所得产品；

（4）在该国领土上狩猎或捕捞所得的产品；

（5）在该国的船只上卸下的海洋捕捞物，以及由该国船只在海上取得的其他产品；

（6）在该国加工船加工上述第（5）项物品所得的产品；

（7）在该国收集的只适用于做再加工制造的废碎料和废旧物品；

（8）在该国完全使用上述第（1）至第（7）项所列产品加工成的制成品。

(二)实质性加工标准

实质性加工标准是适用于确定有两个或两个以上国家参与生产的产品的原产国的标准,其基本含义是:经过几个国家加工、制造的进口货物,以最后一个对货物进行经济上可以视为实质性加工的国家作为有关货物的原产国。"实质性加工"是指产品加工后,在进出口税则中四位数税号一级的税则归类已经有了改变,或者加工增值部分所占新产品总值的比例已超过30%及以上的。

(三)其他

对机器、仪器、器材或车辆所用零件、部件、配件、备件及工具,如与主件同时进口且数量合理的,其原产地按主件的原产地确定,分别进口的则按各自的原产地确定。

【例 4-5】判断以下情形的原产地国:

(1)从俄罗斯船只上卸下的海洋捕捞物。

(2)在澳大利亚开采并经新西兰转运的铁矿石。

(3)由台湾提供棉纱,在越南加工成衣,经澳门包装转运的西服。

【解析】根据原产地国的判断标准,海洋捕捞物的原产地是俄罗斯,铁矿石的原产地是澳大利亚,西服的原产地是越南。

拓展阅读

厦企畅享 RCEP 红利 上半年享受关税减免超 2300 万元

第三节　关税应纳税额的计算

一、关税完税价格

关税应税货物的完税价格是计算关税应纳税额的依据。要正确计算关税应纳税额,首先必须准确确定应税货物的完税价格。

（一）进口货物完税价格的确定

1.以成交价格为基础确定的完税价格

进口货物的成交价格，是指卖方向中华人民共和国境内销售该货物时，买方为进口该货物向卖方实付、应付的，并按照《完税价格办法》调整后的价款总额，包括直接支付的价款和间接支付的价款。计算公式如下：

进口货物完税价格＝货价＋采购费用

公式中的采购费用包括货物运抵中国关境内输入地起卸前的运输、保险和其他劳务等费用。

2.实付或应付价格调整规定

（1）进口货物的下列费用应当计入完税价格：

①由买方负担的购货佣金以外的佣金和经纪费。

②由买方负担的在审查确定完税价格时与该货物视为一体的容器的费用。

③由买方负担的包装材料费用和包装劳务费用。

④与该货物的生产和向中华人民共和国境内销售有关的，由买方以免费或者以低于成本的方式提供并可以按适当比例分摊的材料、部件、零件和生产进口货物过程中使用的工具、模具、消耗的材料，以及在境外进行的为生产进口货物所需的工程设计、技术研发、工艺及制图等相关服务。

⑤作为该货物向中华人民共和国境内销售的条件，买方必须支付的、与该货物有关的特许权使用费。

⑥卖方直接或者间接从买方获得的该货物进口后转售、处置或者使用的收益。

（2）进口货物的下列税收、费用，不得计入该货物的完税价格：

①厂房、机械、设备等货物进口后进行建设、安装、装配、维修和技术服务的费用。

②进口货物运抵境内输入地点起卸后的运输及其相关费用、保险费。

③进口关税及国内税收。

④为在境内复制进口货物而支付的费用。

⑤境内外技术培训及境外考察费用。

⑥同时符合下列条件的利息费用：利息费用是买方为购买进口货物而融资所产生的。有书面的融资协议的；利息费用单独列明的；纳税人可以证明有关利率不高于在融资当时当地此类交易通常应当具有的利率水平，且没有融资安排的相同或者类似进口货物的价格与进口货物的实付、应付价格非常接近的。

【例4-6】A公司从境外某公司引进钢结构产品自动生产线，境外成交价格

(FOB)为 1 600 万元,生产线运抵我国输入地点起卸前的运费和保险费为 120 万元,境内运输费用为 12 万元;另支付由买方负担的经纪费 10 万元、包装材料和包装劳务费 20 万元,与生产线有关的境外开发设计费用 50 万元,生产线进口后的现场培训指导费用 200 万元;向自己的采购代理人支付购货佣金 500 元人民币。取得海关开具的完税凭证及国内运输部门开具的运输业专用发票。要求:计算 A 公司引进的自动生产线进口环节的完税价格。

【解析】进口环节关税完税价格＝1 600＋120＋10＋20＋50＝1 800(万元)。

3.进口货物海关估价方法

进口货物的成交价格不符合规定条件的,或者成交价格不能确定的,海关经了解有关情况,并与纳税义务人进行价格磋商后,应当依次使用下列方法估定完税价格:

(1)相同或类似货物成交价格方法;

(2)倒扣价格方法;

(3)计算价格方法;

(4)其他合理方法。

4.特殊进口货物的完税价格

(1)运往境外修理的货物。运往境外修理的机械器具、运输工具或其他货物,出境时已向海关报明,并在海关规定期限内复运进境的,应当以境外修理费和物料费为基础确定完税价格。

(2)运往境外加工的货物。运往境外加工的货物,出境时已向海关报明,并在海关规定期限内复运进境的,应当以境外加工费、料件费、复运进境的运输及相关费用、保险费为基础确定完税价格。

(3)暂时进境的货物。经海关批准暂时进境的货物,应当按照一般进口货物计税价格确定的有关规定,确定完税价格。

(4)租赁方式进口的货物。租赁方式进口的货物中,以租金方式对外支付的租赁货物,在租赁期间以海关审定的租金作为完税价格,利息应当予以计入;留购的租赁货物,以海关审定的留购价格作为完税价格;承租人申请一次性缴纳税款的,可以选择按照“进口货物海关估价方法”的相关内容确定完税价格,或者按照海关确定的租金总额作为完税价格。

(5)留购的进口货样。对于境内留购的进口货样、展览品和广告陈列品,以海关审定的留购价格作为完税价格。

(6)予以补税的减免税货物。特定地区、特定企业或者具有特定用途的特定减免税进口货物,应当接受海关监管。其监管年限依次为:船舶、飞机 8 年;机动车辆 6 年,其他货物 3 年。监管年限自货物进口放行之日起计算。

由海关监管使用的减免税进口货物,在监管年限内转让或移作他用需要补税的,应当以海关审定的该货物原进口时的价格,扣除折旧部分价值作为完税价格。其计算公式为

完税价格＝海关审定的该货物原进口时的价格×[1－申请补税时实际已使用的时间(月)÷(监管年限×12)]

(7)不存在成交价格的进口货物。易货贸易、寄售、捐赠、赠送等不存在成交价格的进口货物,由海关与纳税人进行价格磋商后,按照“进口货物海关估价方法”的规定,估定完税价格。

(8)进口软件介质。进口载有专供数据处理设备用软件的介质,具有下列情形之一的,应当以介质本身的价值或者成本为基础确定完税价格:介质本身的价值或者成本与所载软件的价值分列;介质本身的价值或者成本与所载软件的价值虽未分列,但是纳税人能够提供介质本身的价值或者成本的证明文件,或者能提供所载软件价值的证明文件。

含有美术、摄影、声音、图像、影视、游戏、电子出版物的介质不适用上述规定。

(二)出口货物完税价格的确定

1.以成交价格为基础的完税价格

出口货物的完税价格由海关以该货物的成交价格为基础审查确定,并应当包括货物运至中华人民共和国境内输出地点装载前的运输及其相关费用、保险费。出口货物的成交价格,是指该货物出口销售时,卖方为出口该货物应当向买方直接收取和间接收取的价款总额。

下列税收、费用不计入出口货物的完税价格:

(1)出口关税。

(2)在货物价款中单独列明的货物运至中华人民共和国境内输出地点装载后的运输及其相关费用、保险费。

(3)在货物价款中单独列明由卖方承担的佣金。

【例 4-7】我国某公司 1 月从国内甲港口出口一批锌锭到国外,货物成交价格为 170 万元(不含出口关税),其中包括货物运抵甲港口装载前的运输费 10 万元、单独列明支付给境外的佣金 12 万元。甲港口到国外目的地港口之间的运输保险费 20 万元。要求:计算该公司出口锌锭的关税完税价格。

【解析】完税关税价格＝170－12＝158(万元)。

2.出口货物海关估价方法

出口货物的成交价格不能确定的,海关经了解有关情况,并与纳税义务人进行价格磋商后,依次以下列价格审查确定该货物的完税价格:

(1)同时或者大约同时向同一国家或者地区出口的相同货物的成交价格;

(2)同时或者大约同时向同一国家或者地区出口的类似货物的成交价格;

(3)根据境内生产相同或者类似货物的成本、利润和一般费用(包括直接费用和间接费用),境内发生的运输及其相关费用、保险费计算所得的价格;

(4)按照合理方法估定的价格。

(三)进出口货物完税价格中的运输及相关费用、保险费的计算

1.以一般陆、空、海运方式进口货物

(1)运费应计算至卸货口岸(海运)或目的地口岸(空运、陆运)。

(2)运费和保险费应当按照实际支付的费用计算;无法确定的应估算,其中运费按运费率估算,保险费可按照"货价加运费"的3‰估算。

【例4-8】C公司从境外进口小轿车30辆,每辆小轿车货价15万元,运抵我国海关前发生的运输费用、保险费用无法确定,经海关查实,其他运输公司相同业务的运输费用占货价的比例为2%。要求:计算进口环节小轿车的完税价格。

【解析】进口环节小轿车的完税价格＝15×30×(1+2%)×0.3%＋15×30×(1+2%)＝460.38(万元)。

2.以其他方式进口货物

邮运进口货物,以邮费作为运输及其相关费用、保险费;以境外边境口岸价格条件成交的铁路或公路运输进口货物,按货价的1%计算运输及其相关费用、保险费。

3.出口货物

出口货物的销售价格如果包括离境口岸到境外口岸之间的运输、保险费的,该运费、保险费应当扣除。

二、关税应纳税额的计算

1.从价税应纳税额的计算

从价税应纳税额的计算公式如下:

关税税额＝应税进(出)口货物数量×单位完税价格×税率

2.从量税应纳税额的计算

从量税应纳税额的计算公式如下:

关税税额＝应税进(出)口货物数量×单位货物税额

3.复合税应纳税额的计算

我国目前实行的复合税都是先计征从量税,再计征从价税,计算公式如下:

关税税额＝应税进(出)口货物数量×单位货物税额＋应税进(出)口货物数量×

单位完税价格×税率

4.滑准税应纳税额的计算

滑准税应纳税额的计算公式如下:

关税税额＝应税进(出)口货物数量×单位完税价格×滑准税税率

现行税则所附的"进(出)口商品从量税、复合税、滑准税税目税率表"后注明了滑准税税率的计算公式,该公式是一个与应税进(出)口货物完税价格相关的取整函数。

【例 4-9】某商场于 1 月进口一批高档化妆品。该批货物在国外的买价为 120 万元,货物运抵我国入关前发生的运输费、保险费和其他费用分别为 9 万元、6 万元、5 万元。货物报关后,该商场按规定缴纳了进口环节的增值税和消费税并取得了海关开具的缴款书。从海关将该化妆品运往商场所在地,取得增值税专用发票,发票上注明运输费用为 5 万元、增值税进项税额为 0.45 万元,该批化妆品当月在国内全部销售,取得不含税销售额 600 万元(该化妆品进口关税税率为 20%,增值税税率为 13%,消费税税率为 15%)。要求:计算该批化妆品进口环节应缴纳的关税、增值税和消费税。

【解析】关税的组成计税价格＝120＋9＋6＋5＝140(万元);

应缴纳进口关税＝140×20%＝28(万元);

进口环节应纳增值税的组成计税价格＝(140＋28)÷(1－15%)＝197.65(万元);

进口环节应纳增值税＝197.65×13%＝25.69(万元);

进口环节应纳消费税＝197.65×15%＝29.65(万元)。

第四节　关税的征收管理

关税征收管理,与国内其他税有所不同。

一、关税缴纳

(一)申报时间

进口货物自运输工具申报进境之日起 14 日内,出口货物在货物运抵海关监管区后装货的 24 小时以前,应由进出口货物的纳税义务人向货物进(出)境地海关申报,海关根据税则归类和完税价格计算应缴纳的关税和进口环节代征税,并填发税款缴款书。

(二)纳税期限

纳税义务人应当自海关填发税款缴款书之日起 15 日内,向指定银行缴纳税款。如关税缴纳期限的最后 1 日是周末或法定节假日,则关税缴纳期限顺延至周末或法定节假日过后的第 1 个工作日。为方便纳税义务人,经申请且海关同意,进(出)口货物的纳税义务人可以在设有海关的指运地(启运地)办理海关申报、纳税手续。

关税纳税义务人因不可抗力或者在国家税收政策调整的情形下,不能按期缴纳税款的,经海关批准,可以延期缴纳税款,但最长不得超过 6 个月。

二、关税的强制执行

纳税义务人未在关税缴纳期限内缴纳税款,即构成关税滞纳。为保证海关征收关税决定的有效执行和国家财政收入的及时入库,《海关法》赋予海关对滞纳关税的纳税义务人强制执行的权利。强制措施主要有以下两类。

(一)征收关税滞纳金

滞纳金自关税缴纳期限届满滞纳之日起,至纳税义务人缴纳关税之日止,按滞纳税款万分之五的比例按日征收,周末或法定节假日不予扣除。具体计算公式为

关税滞纳金金额＝滞纳关税税额×滞纳金征收比率×滞纳天数

【例 4-10】D 公司进口一批货物,海关于 2016 年 3 月 1 日填发税款缴款书,但公司迟至 3 月 27 日才缴纳 500 万元的关税。要求:计算海关应征收的关税滞纳金。

【解析】滞纳 12 天,海关应征收的关税滞纳金＝500×12×0.5‰＝3(万元)。

(二)强制征收

如果纳税义务人自海关填发缴款书之日起 3 个月仍未缴纳税款,经海关关长批准,海关可以采取强制扣缴、变价抵缴等强制措施。强制扣缴即海关从纳税义务人在开户银行或者其他金融机构的存款中直接扣缴税款。变价抵缴即海关将应税货物依法变卖,以变卖所得抵缴税款。

三、关税退还

关税退还是关税纳税义务人按海关核定的税额缴纳关税后,因某种原因的出现,海关将实际征收多于应当征收的税额(称为溢征关税)退还给原纳税义务人的一种行政行为。根据《海关法》规定,海关多征的税款,海关发现后应当立即退还。

按规定,有下列情形之一的,进出口货物的纳税义务人可以自缴纳税款之日起 1 年内,书面声明理由,连同原纳税收据向海关申请退税并加算银行同期活期存款

利息,逾期不予受理:

(1)因海关误征,多纳税款的。

(2)海关核准免验进口的货物,在完税后,发现有短卸情形,经海关审查认可的。

(3)已征出口关税的货物,因故未将其出口,申报退关,经海关查验属实的。

对已征出口关税的出口货物和已征进口关税的进口货物,因货物品种或规格原因(非其他原因)原状复运进境或出境的,经海关查验属实的,也应退还已征关税,海关应当自受理退税申请之日起 30 日内,做出书面答复并通知退税申请人。本规定强调的是,"因货物品种或规格原因,原状复运进境或出境的"。如果属于其他原因且不能以原状复运进境或出境的,不能退税。

四、关税补征和追征

补征和追征是海关在关税纳税义务人按海关核定的税额缴纳关税后,发现实际征收税额少于应当征收的税额(称为短征关税)时,责令纳税义务人补缴所差税款的一种行政行为。《海关法》根据短征关税的原因,将海关征收原短征关税的行为分为补征和追征两种。

(一)关税补征

非因纳税人违反海关规定造成少征或漏征关税的,称为补征。关税的补征期限为缴纳税款或货物放行之日起 1 年内。

(二)关税追征

因纳税人违反海关规定造成少征或漏征关税的,称为追征。关税的追征期限为缴纳税款或货物放行之日起 3 年内,并从缴纳税款之日起按日加收万分之五的滞纳金。

五、关税纳税争议

为保护纳税人合法权益,《海关法》和《进出口条例》都规定了纳税义务人对海关确定的进出口货物的征税、减税、补税或者退税等有异议时,有提出申诉的权利。在纳税义务人同海关发生纳税争议时,可以向海关申请复议,但同时应当在规定期限内按海关核定的税额缴纳关税,逾期则构成滞纳,海关有权按规定采取强制执行措施。

纳税争议的内容一般为,进出境货物和物品的纳税义务人对海关在原产地认定,税则归类,税率或汇率适用,完税价格确定,关税减征、免征、追征、补征和退还等征税行为是否合法或适当,是否侵害了纳税义务人的合法权益,而对海关征收关税的行为表示异议。

纳税争议的申诉程序为,纳税义务人自海关填发税款缴款书之日起 30 日内,向原征税海关的上一级海关书面申请复议。逾期申请复议的,海关不予受理。海关应当自收到复议申请之日起 60 日内做出复议决定,并以复议决定书的形式正式答复纳税义务人;纳税义务人对海关复议决定仍然不服的,可以自收到复议决定书之日起 15 日内,向人民法院提起诉讼。

六、跨境电子商务零售进口税收管理

为促进跨境电子商务零售进口行业的健康发展,营造公平竞争的市场环境,财政部、海关总署、税务总局发布《关于完善跨境电子商务零售进口税收政策的通知》(财关税〔2018〕49 号),自 2019 年 1 月 1 日起,跨境电子商务零售进口税收政策按以下规定执行:

(1)将跨境电子商务零售进口商品的单次交易限值由人民币 2000 元提高至 5000 元,年度交易限值由人民币 20000 元提高至 26000 元。

(2)在限值以内进口的跨境电子商务零售进口商品,关税税率暂设为 0;进口环节增值税、消费税取消免征税额,暂按法定应纳税额的 70% 征收。计税价格超过 5 000 元单次交易限值但低于 26 000 元年度交易限值,且订单下仅一件商品时,可以自跨境电商零售渠道进口,按照货物税率全额征收关税和进口环节增值税、消费税,交易额计入年度交易总额,但年度交易总额超过年度交易限值的,应按一般贸易管理。

【例 4-11】李某 2025 年通过与海关联网的电子商务交易平台发生如下交易,能够实现交易、支付、物流电子信息"三单"比对:2025 年 1 月购买 A 品牌高档化妆品一套,零售价格 2 000 元,运费和保险费 500 元;2025 年 6 月购买 B 品牌高档化妆品一套,零售价格 4 000 元,运费和保险费 1 500 元。两项交易订单下都仅有一件商品,除此之外当年无其他跨境交易。假定化妆品进口关税税率为 20%,增值税税率为 13%,消费税税率为 15%。

要求:计算 A 和 B 两套化妆品进口环节应缴纳的关税、增值税、消费税,并说明 B 化妆品是否可以通过跨境电商零售渠道进口。

【解析】(1)A 化妆品的关税计税价格＝2 000＋500＝2 500(元);

A 化妆品应缴纳的关税＝2 500×0＝0(元);

A 化妆品进口环节应缴纳的增值税＝2 500÷(1−15%)×13%×70%
$$=267.65(元);$$

A 化妆品进口环节应缴纳的消费税＝2 500÷(1−15%)×15%×70%
$$=308.82(元)。$$

（2）B 化妆品的关税计税价格＝4 000＋1 500＝5 500（元）；

B 化妆品应缴纳的关税＝5 500×20％＝1 100（元）；

B 化妆品进口环节应缴纳的增值税＝（5 500＋1 100）÷（1－15％）×13％
＝1 009.41（元）；

B 化妆品进口环节应缴纳的消费税＝（5 500＋1 100）÷（1－15％）×15％
＝1 164.71（元）。

（3）2 500＋5 500＝8 000（元）＜26 000（元），因此 B 化妆品可以通过跨境电商零售渠道进口。

（3）已经购买的电商进口商品属于消费者个人使用的最终商品，不得进入国内市场再次销售；原则上不允许网购保税进口商品在海关特殊监管区域外开展"网购保税＋线下自提"模式。

（4）其他事项请继续按照《财政部海关总署税务总局关于跨境电子商务零售进口税收政策的通知》（财关税〔2016〕18 号）有关规定执行。

（5）为适应跨境电商发展，财政部会同有关部门对《跨境电子商务零售进口商品清单》进行了调整，将另行公布。

思考与练习

【思考题】

1.什么是关税？关税的主要作用是什么？

2.简述关税分类的内容。

3.我国关税的原产地标准是什么？

4.一般进口货物的完税价格如何确定？

【练习题】

一、单选题

1.我国海关进口货物的计税依据是（　　　　）。

A.离岸价格　　　　　　B.到岸价格　　　　　　C.市场价格　　　　　　D.出厂价格

2.下列不属于关税纳税义务人的是（　　　　）。

A.进口货物的收货人

B.出口货物的发货人

C.出口物品的收货人

D.进出境物品的携带人

3.以下需计入进口货物关税完税价格的项目是（　　）。

A.货物运抵境内输入地点之后的运输费用

B.货物运抵境内输入地点之后发生的国内保险费

C.卖方间接从买方对该货物进口后使用所得中获得的收益

D.进口关税

4.下列属于我国确定进口货物原产地的标准的是（　　）。

A.主要产地生产标准　　　　　　　　B.最后产地生产标准

C.最初产地生产标准　　　　　　　　D.全部产地生产标准

5.按中国海关现行规定,进出口货物放行后,如因纳税人违反规定造成的少征或漏征税款,海关应当自纳税人应缴纳税款之日起（　　）内,向收发货人或者他们的代理人追征。

A.1 年　　　　　　B.3 年　　　　　　C.5 年　　　　　　D.6 个月

二、多选题

1.下列关于税则的陈述中,正确的有（　　）。

A.进出口税则是一国政府根据国家关税政策和经济政策,通过一定的立法程序制定公布实施的进出口货物和物品应税的关税税率表

B.进出口税则以税率表为主体,通常还包括实施税则的法令、使用税则的有关说明和附录等

C.《海关进出口税则》是我国海关征收关税的法律依据,也是我国关税政策的具体体现

D.税率表作为税则主体,包括税则商品分类目录和税率栏两大部分

2.下列能独立区分的、不计入进口货物关税完税价格的项目有（　　）。

A.机械进口后的维修费

B.货物运抵境内输入地点前的运输费

C.进口关税

D.进口消费税

3.依据关税的有关规定,下列进口货物中可享受法定免税的有（　　）。

A.外国企业无偿赠送的物资

B.国际组织无偿赠送的物资

C.福利机构进口的符合规定的残疾人专用品

D.关税税额在人民币 50 元以下的一票货物

4.下列进口货物中,经海关审查属实,可酌情减免进口关税的有(　　)。

A.在境外运输途中损失的货物

B.在口岸起卸时遭受损坏的货物

C.在起卸后海关放行前因不可抗力损失的货物

D.因保管不慎在海关查验时已经损坏的货物

三、综合计算题

1.上海某进出口公司从美国进口一批货物,货物以离岸价格成交,成交价折合人民币 1 410 万元(包括单独计价并经海关审查属实的向境外采购代理人支付的买方佣金 10 万元,但不包括使用该货物而向境外支付的软件费 50 万元、向卖方支付的佣金 15 万元),另支付货物运抵我国上海港的运费、保险费等 35 万元。

注:该货物关税税率为 20%,消费税税率为 10%。

要求:分别计算该公司进口环节应缴纳的关税、消费税和增值税。

2.某企业(具有金银首饰经营资质的增值税一般纳税人)海运进口一批银首饰,海关审定货价折合人民币 6 970 万元,运费无法确定,海关按同类货物同程运输费估定运费折合人民币 9.06 万元,该批货物进口关税税率为 15%,消费税税率为 5%。请计算:

(1)该企业进口环节应缴纳的关税;

(2)该企业进口环节应缴纳的消费税;

(3)该企业进口环节应缴纳的增值税。

【练习题参考答案】

第五章 附加税与烟叶税税制

【知识与技能要求】

1.了解教育费附加和烟叶税的概念、特点和作用；

2.理解和掌握附加税和烟叶税的基本法律规定；

3.理解和掌握附加税和烟叶税的应纳税额的计算；

4.了解附加税和烟叶税的相关征收管理规定。

【思政目标】

通过附加税与烟叶税税制的教学，增强学生依法纳税意识，使其理解税收在调节经济、引导健康消费及促进社会资源合理配置方面的作用。

第一节 教育费附加和地方教育附加税制

我国现行的教育费附加和地方教育附加的基本规范是国务院于 1986 年 4 月 28 日颁布的《征收教育费附加的暂行规定》。该规定于同年 7 月 1 日起在全国范围内施行，历经 3 次修订，最新修订时间是 2011 年 1 月 8 日。自 2006 年 9 月 1 日起施行的《中华人民共和国教育法》规定："税务机关依法足额征收教育费附加，由教育行政部门统筹管理，主要用于实施义务教育。省、自治区、直辖市人民政府根据国务院的有关规定，可以决定开征用于教育的地方附加费，专款专用。"2010 年财政部下发了《关于统一地方教育附加政策有关问题的通知》，对各省、自治区、直辖市的地方教育附加进行了统一。

一、教育费附加和地方教育附加的概述

（一）教育费附加和地方教育附加的概念

教育费附加和地方教育附加是对缴纳增值税、消费税的单位和个人，以其实际缴纳的税额为计税依据征收的一种附加费。

（二）教育费附加和地方教育附加的作用

教育费附加和地方教育附加名义上是一种专项资金，但实质上具有税的性质。教育费附加和地方教育附加是为了加快教育事业，扩大地方教育经费的资金来源而征收的一项专用资金。

（三）我国教育费附加和地方教育附加的建立与发展

1984年，国务院颁布了《关于筹措农村学校办学经费的通知》，指出必须在国家增拨教育基本建设投资和教育经费的同时，充分调动企、事业单位和其他各种社会力量办学的积极性，开辟多种渠道筹措经费。为此，国务院于1986年4月28日颁布《征收教育费附加的暂行规定》，并于同年7月1日开始在全国范围内征收。

自2006年9月1日起施行的《中华人民共和国教育法》规定："税务机关依法足额征收教育费附加，由教育行政部门统筹管理，主要用于实施义务教育。省、自治区、直辖市人民政府根据国务院的有关规定，可以决定开征用于教育的地方附加费，专款专用。"如《福建省地方教育附加征收管理暂行办法》规定，征收地方教育附加是为了解决企业分离学校所需办学经费。《江西省地方教育附加征收管理办法》规定，地方教育附加实行专款专用，由省级统筹，专项用于均衡发展城乡义务教育，改善中小学办学条件，近几年重点支出方向为全省中小学校舍安全工程、城镇新区教育园区建设以及灾区学校恢复重建。地方教育附加不是全国统一开征的费种。目前，全国已经有20多个省（自治区、直辖市）开征了地方教育附加。

2010年财政部下发了《关于统一地方教育附加政策有关问题的通知》，对省、市、自治区的地方教育附加进行了统一。此外，自2010年12月1日起，对外商投资企业、外国企业及外籍个人发生纳税义务的增值税、消费税征收教育费附加。

二、教育费附加和地方教育附加的基本法律规定

（一）教育费附加和地方教育附加的征收范围及计征依据

教育费附加和地方教育附加对缴纳增值税、消费税的单位和个人征收，以其实际缴纳的增值税、消费税的税额为计税依据，与增值税、消费税同时缴纳。

（二）教育费附加和地方教育附加的计征比例

教育费附加计征比例根据经济发展、教育投入的需求进行了多次的调整。1986年开征时，教育费附加的计征比例为1%；1990年5月，《国务院关于修改〈征收教育费附加的暂行规定〉的决定》将其调整为2%；根据1994年2月7日发布的《国务院关于教育费附加征收问题的紧急通知》的规定，现行教育费附加征收比率为3%。地方教育附加征收率则从2010年起统一为2%。

（三）教育费附加和地方教育附加的计算

教育费附加和地方教育附加的计算公式如下：

应纳教育费附加或地方教育附加＝实纳增值税、消费税×征收比率

其中,教育费附加征收比率为 3%;地方教育附加征收比率为 2%。

【例 5-1】厦门市一家企业 1 月实际缴纳增值税 200 000 元,缴纳消费税 300 000 元。要求:计算该企业应缴纳的教育费附加和地方教育费附加。

【解析】教育费附加＝(200 000＋300 000)×3%＝15 000(元);

地方教育费附加＝(200 000＋300 000)×2%＝10 000(元)。

(四)教育费附加和地方教育附加的减免规定

(1)对海关进口的产品征收的增值税、消费税,不征收教育费附加。

(2)对由于减免增值税、消费税而发生的退款,可同时退还已征收的教育费附加。但对出口产品退还增值税、消费税的,不退还已征的教育费附加。

(3)对国家重大水利工程建设基金免征教育费附加。

(4)从 2016 年 1 月 29 日起,按月纳税的纳税人,月销售额或营业额不超过 10 万元的,免征教育费附加和地方教育费附加。

(5)从 2023 年 1 月 1 日至 2027 年 12 月 31 日,对增值税小规模纳税人,小型微利企业和个体工商户减半征收教育费附加和地方教育费附加。

第二节　烟叶税税制

我国现行烟叶税的基本规范是 2017 年 12 月 27 日国务院颁布的《中华人民共和国烟叶税法》,自 2018 年 7 月 1 日起施行。

一、烟叶税概述

(一)烟叶税的概念

烟叶税是对在我国境内收购烟叶的单位,以其收购金额为计税依据征收的一种税。

(二)烟叶税的特点

1.季节性强

由于烟叶生产有明显的季节性特点,因此,以晾晒烟叶、烤烟叶为征税对象的烟叶税,同样也具有季节性的特点。在烟叶收购季节,烟叶税的入库税额基本能达到全年入库税额的 90%。

2.税源相对集中

烟叶的生长有一定的气候要求,烟叶产区比较集中,并呈现逐步向适宜区转移的趋势,生产集中度逐步提高,30 万担以上重点地市级公司烟叶收购量占全国的

80％左右。目前,已形成以烤烟叶为主,白肋烟、香料烟和地方名优晾晒烟种植为辅,植烟面积为南方烟区占 80％、黄淮烟区占 14％、北方烟区占 6％ 的种植格局,税源相对集中。

3.征收管理成本较低

烟叶税的纳税人一般是有权收购烟草的烟草公司或者其委托收购烟叶的单位,而烟草公司是依法设立的国有全资公司,收购行为规范,财务会计核算制度比较健全,同时,我国对烟草行业实行计算机管理,这极大地方便了烟叶税收的管理,进而降低了烟叶税的征管成本。

(三)烟叶税的作用

1.有利于国家对从烟叶种植到烟草经营的全过程实施宏观调控政策

由于烟叶是一种特殊的产品,我国一直对其实行专卖政策,在税收上也实行较高的税收标准。目前,我国对烟叶和烟草制品课征的税种包括增值税、消费税和烟叶税,这三个税种构成了一个完整的烟草税收体系。这样有利于国家从烟叶种植到烟草经营实施全方位的宏观调控。

2.有利于国家取得财政收入

烟叶税在我国的税收体系中属于地方税。由于我国的烟叶种植地区主要集中在贫困的边远山区,当地经济较为落后。开征烟叶税可以为烟叶种植地区的地方政府贡献稳定的税收收入,从而促进当地经济的发展。

(四)我国烟叶税的建立与发展

中国对烟草征税始于明朝末年,后来一直保持对烟叶征税,工商统一税和产品税也都有对烤烟征税的规定。

烟叶税的前身为对烟叶征收的农业特产税。2005 年 12 月 29 日,第十届全国人民代表大会常务委员会第十九次会议决定,《中华人民共和国农业税条例》自 2006 年 1 月 1 日起废止。至此,对烟叶征收农业特产税失去了法律依据。但是,停征烟叶农业特产税后,一些县乡的地方财政收入受到了较大的影响,在一定程度上加剧了烟叶产区地方财政的困难,这既不利于烟叶产区县乡经济的发展,也影响了卷烟工业的持续稳定发展。因此,为了兼顾地方利益,促进烟叶产区可持续发展,国务院于 2006 年 4 月 28 日颁布《中华人民共和国烟叶税暂行条例》开征烟叶税,以烟叶税取代原烟叶农业特产税。

二、烟叶税的基本法律规定

(一)征税范围

烟叶税的纳税范围包括晾晒烟叶和烤烟叶。其中,晾晒烟叶包括列入《名晾晒烟名录》的晾晒烟叶和未列入《名晾晒烟名录》的其他晾晒烟叶。

(二)纳税人

烟叶税的纳税人是指在中华人民共和国境内收购烟叶的单位。收购烟叶的单位是指依照《中华人民共和国烟草专卖法》的规定,有权收购烟叶的烟草公司或者受其委托收购烟叶的单位。

(三)税率

烟叶税实行比例税率,税率为20%。烟叶税税率的调整,由国务院决定。

(四)烟叶税的应纳税额的计算

1.计税依据

烟叶税以纳税人收购烟叶的收购金额为计税依据。收购金额包括纳税人支付给烟叶销售者的烟叶收购价款和价外补贴。按照简化手续、方便征收的原则,对价外补贴统一暂按烟叶收购价款的10%计入收购金额计税。收购金额的计算公式如下:

收购金额＝收购价款×(1+10%)

2.应纳税额的计算

烟叶税的应纳税额按照纳税人收购烟叶的收购金额和规定的税率计算。应纳税额的计算公式为:

应纳税额＝烟叶收购金额×税率

【例5-2】某烟草公司系增值税一般纳税,8月份收购烟叶100 000千克,烟叶收购价10元/千克,总计1 000 000元,货款已全部支付。要求:计算该烟草公司8月收购烟叶应缴纳的烟叶税。

【解析】应缴纳的烟叶税＝1 000 000×(1+10%)×20%＝220 000(元)。

三、烟叶税的征收管理

(一)纳税义务发生时间

烟叶税的纳税义务发生时间为纳税人收购烟叶的当天。收购烟叶的当天是指纳税人向烟叶销售者付讫收购烟叶款项或者开具收购烟叶凭据的当天。

(二)申报缴纳

烟叶税按月计征,纳税人应当于纳税义务发生月终了之日起十五日内申报并缴纳税款。

(三)纳税地点

纳税人收购烟叶,应当向烟叶收购地的主管税务机关申报纳税。

思考与练习

【思考题】

　　1.教育费附加和地方教育附加的作用是什么?

　　2.教育费附加和地方教育附加的征税范围和税率是如何规定的?

　　3.烟叶税的作用是什么?

　　4.烟叶税的纳税人和征收范围是怎么规定的?

【练习题】

　　1.甲市某烟草公司向乙县某烟叶种植户收购了一批烟叶,收购价款 90 万元,价外补贴 10 万元。要求:计算烟草公司应纳烟叶税额。

　　2.某市一企业被查补增值税 50 000 元,消费税 20 000 元,所得税 30 000 元,被加收滞纳金 2 000 元,被处罚款 8 000 元。要求:计算该企业应补缴教育费附加及地方教育附加。

【练习题参考答案】

第六章　企业所得税税制

【知识与技能要求】

1.了解我国企业所得税的基本原理及发展历程；

2.了解我国企业所得税的特征；

3.理解和掌握我国企业所得税应纳税额的计算；

4.了解企业所得税的相关征收管理规定。

【思政目标】

通过企业所得税税制的教学,增强学生的社会责任感与依法纳税意识,引导学生认识企业对国家经济和社会发展的责任担当。

第一节　企业所得税概述

在我国现行税制结构中,企业所得税是仅次于增值税的第二大税种。我国现行企业所得税的基本规范是 2007 年 3 月 16 日第十届全国人民代表大会第五次会议通过的《中华人民共和国企业所得税法》(以下简称《企业所得税法》),以及 2007 年 11 月 28 日国务院第 197 次常务会议通过的《中华人民共和国企业所得税法实施条例》(以下简称《企业所得税实施条例》)。

一、企业所得税的概念

企业所得税是对中华人民共和国境内的企业和其他取得收入的组织的生产经营所得和其他所得依法征收的一种税。

二、企业所得税的特点

目前,世界上大多数国家都开征了企业所得税,相对于其他税种来说,企业所得税具有如下特点。

（一）以应纳税所得额为纳税依据

应纳税所得额是指企业每一纳税年度的收入总额减除不征税收入、免税收入、各项扣除以及允许弥补的以前年度亏损后的金额。它既不同于企业会计利润总额，也不同于企业的增值额，更不同于销售额或营业额。企业应纳税所得额的计算以权责发生制为原则，它的正确计算直接关系到国家财政收入和企业的税收负担，并且同成本、费用核算关系密切。

（二）以"量能负担"为征税原则

应纳税所得额是净所得额，能够真实地反映纳税人的实际负担能力。以应纳税所得额为计税依据，能够更好地观测企业的量能负担，即有所得的就纳税，无所得的不纳税；所得多的多纳税，所得少的少纳税，从而将所得税负担的高低与纳税人所得的多少紧密相连，体现了税负公平的原则。

（三）实行"按年计征、分期预缴"的征管办法

应纳税所得额的计算通常以会计利润为基础，而企业会计利润一般是按年计算的。因此，企业所得税以全年应纳税所得额作为计税依据，正好与会计核算期限一致，有利于税收征管。考虑到税款入库的及时性和均衡性，企业所得税实行平时按月或按季预缴税款，年终再根据全年应纳税所得额实际情况汇算清缴，多退少补的征收办法。

拓展阅读

更便捷！今年企业所得税汇缴新感觉

三、企业所得税的作用

（一）为国家提供稳定的财政收入

现代经济社会中，企业的最根本目标就是盈利。企业的生产经营活动，都是以盈利为目的的。虽然从单个企业的角度来看，企业可能有盈利也可能有亏损，但从整个社会的角度来看，企业的盈利是稳定和增长的。企业所得税以企业的纯所得，

即企业的盈利为征税对象,可以为国家提供稳定的财政收入。

(二)促进企业改善经营管理,提高盈利能力

对于企业的股东来说,企业的利润总额扣减上缴给国家的企业所得税后的净额,即净利润,才是股东可以支配的利润。在企业利润总额一定的前提下,如果上缴国家的所得税越多,归属股东的利润就越少;如果上缴国家的所得税越少,归属股东的利润就越多。因此,企业所得税税率的高低,会直接影响企业股东的盈利。企业所得税税率过高,或者采用累进税率,都会对企业股东的利润产生不利的影响,从而也必然对企业的生产经营活动产生不利的影响。相反,如果企业所得税采用比例税率,使税率保持在一个适当的水平上,既能体现税负公平的原则,又能充分调动企业股东的积极性,因为企业股东要想获得更多的利润,必须提高企业的利润总额,因此,企业股东会努力改善企业的生产经营管理,从而提高企业的盈利能力。

(三)国家宏观经济调控的重要手段

税收是国家宏观经济调控的手段之一,国家往往通过设计不同的企业所得税优惠措施来实现对宏观经济的调控,如我国为了鼓励和发展高新技术企业,对需要重点扶持的高新技术企业实行15%企业所得税税率的优惠措施。

四、企业所得税制度的起源和发展

(一)企业所得税制度的起源

与其他税种相比,所得税是赋税史上出现较晚的一个税种。所得税于18世纪末始创于英国,最初目的在于应付战争引起的庞大经费开支,此后曾一度被取消,因此又有"战时税"之称。直到1874年,企业所得税才成为英国税制中的一个永久性税种。第一次世界大战之后,所得税被西方国家普遍采用,并在许多国家的税收制度中占有重要地位。

(二)我国企业所得税制度的建立与发展

1.中华人民共和国成立前的企业所得税制度

中国的所得税制度始于20世纪初。清末宣统年间,政府有关部门曾草拟《所得税章程》,该章程包括了对企业所得和个人所得征税的内容,但因社会动荡未能公布施行。1912年中华民国成立后,国民政府以前述章程为基础制定了《所得税条例》,并于1914年初公布,但因社会动乱,企业生产经营不稳定,以及税收征管条件差,在此后20多年间未能真正施行。1936年,国民政府公布了《所得税暂行条例》,自同年10月1日起施行。这是中国历史上第一次实质性地开征所得税。

1943年,国民政府公布了《所得税法》,进一步提高了所得税的法律地位,并成为政府组织财政收入的重要方式之一。

2.中华人民共和国成立后至改革开放前的企业所得税制度

1949年首届全国税务会议通过了统一全国税收政策的基本方案,其中包括对企业所得和个人所得征税的办法。1950年,政务院发布了《全国税政实施要则》,规定全国设置14种税收,其中涉及对所得征税的有工商业税(所得税部分)、存款利息所得税和薪给报酬所得税3种税收。

1958年和1973年我国进行了两次重大的税制改革,其核心是简化税制,其中的工商业税(所得税部分)主要还是对集体企业征收,国营企业只征一道工商税,不征所得税。

3.改革开放后的企业所得税制度

从20世纪70年代末起,中国开始实行改革开放政策,税制建设进入了一个新的发展时期,税收收入逐渐成为政府财政收入的主要来源,同时税收成为国家宏观经济调控的重要手段。

(1)1978年至1982年的企业所得税制度

改革开放后,为适应引进国外资金、技术和人才,开展对外经济技术合作的需要,根据党中央统一部署,税制改革工作在"七五"计划期间逐步推开。1980年9月,第五届全国人民代表大会第三次会议通过了《中华人民共和国中外合资经营企业所得税法》并公布施行。1981年12月,第五届全国人民代表大会第四次会议通过了《中华人民共和国外国企业所得税法》。上述改革标志着与中国社会主义有计划的市场经济体制相适应的所得税制度改革开始起步。

(2)1983年至1990年的企业所得税制度

作为企业改革和城市改革的一项重大措施,1983年国务院决定在全国试行国营企业"利改税",即将中华人民共和国成立后实行了30多年的国营企业向国家上缴利润的制度改为缴纳企业所得税的制度。

1984年9月,国务院发布了《中华人民共和国国营企业所得税条例(草案)》和《国营企业调节税征收办法》。1985年4月,国务院发布了《中华人民共和国集体企业所得税暂行条例》,实行10%至55%的8级超额累进税率,原来对集体企业征收的工商税(所得税部分)同时停止执行。1988年6月,国务院发布了《中华人民共和国私营企业所得税暂行条例》,规定私营企业所得税税率为35%。国营企业的"利改税"和集体企业、私营企业所得税制度的出台,重新确定了国家与企业的分配关系,使我国的企业所得税制建设进入一个健康发展的新阶段。

(3)1991年至1994年的企业所得税制度

为适应中国建立社会主义市场经济体制的新形势,进一步扩大改革开放,努力把国有企业推向市场,按照统一税法、简化税制、公平税负、促进竞争的原则,国家先后完成了外资企业所得税的统一和内资企业所得税的统一。

1991年4月,第七届全国人民代表大会将《中华人民共和国中外合资经营企业所得税法》与《中华人民共和国外国企业所得税法》合并,制定了《中华人民共和国外商投资企业和外国企业所得税法》,并于同年7月1日起施行。

1993年12月13日,国务院将《中华人民共和国国营企业所得税条例(草案)》《国营企业调节税征收办法》《中华人民共和国集体企业所得税暂行条例》和《中华人民共和国私营企业所得税暂行条例》进行整合,制定了《中华人民共和国企业所得税暂行条例》,该条例自1994年1月1日起施行。上述改革标志着中国的所得税制度改革向着法制化、科学化和规范化的方向迈出了重要的步伐。

(4)1994年至2007年的企业所得税制度

1994年的企业所得税制度分为内资企业、外资企业(包括外商投资企业和外国企业)两套税制,在税制要素内容上都存在一定的差异。

2007年3月16日,全国人民代表大会通过了《企业所得税法》,同年11月28日国务院通过了《企业所得税实施条例》。

(5)2017年至今的企业所得税制度

2017年2月24日,第十二届全国人民代表大会常务委员会第二十六次会议对《中华人民共和国企业所得税法》进行了第一次修改。2018年12月29日第十三届全国人民代表大会常务委员会第七次会议进行了第二次修改。

第二节　企业所得税的基本法律规定

一、企业所得税的纳税人

企业所得税的纳税人为在中华人民共和国境内的企业和其他取得收入的组织。个人独资企业、合伙企业不属于企业所得税的纳税人。

【例6-1】李先生名下有1家个人独资企业,另外,他和朋友共同创办了1家合伙企业。此外,他还与其他人合办了1家有限责任公司。请问:李先生名下的3家公司是否都是企业所得税的纳税人?

【解析】只有李先生与其他人合办的有限责任公司是企业所得税的纳税人,其他两家都不是。

企业所得税的纳税人分为居民企业和非居民企业,这是根据企业纳税义务范围的宽窄进行的分类。不同的企业在向中国政府缴纳所得税时,纳税义务不同。把企业分为居民企业和非居民企业,是为了更好地保障我国税收管辖权的有效行使。税收管辖权是一国政府在征税方面的主权,是国家主权的重要组成部分。根据国际上的通行做法,我国选择了地域管辖权和居民管辖权的双重管辖权标准,以最大限度地维护我国的税收利益。

(一)居民企业

居民企业是指依法在中国境内成立的企业,或者依照外国(地区)法律成立但实际管理机构在中国境内的企业。其包括以下两类:

(1)依照中国法律、行政法规在中国境内成立的企业、事业单位、社会团体以及其他取得收入的组织。

(2)依照外国(地区)法律成立的企业和其他取得收入的组织,且实际管理机构在中国境内。这里的实际管理机构,是指对企业的生产经营、人员、账务、财产等实施实质性全面管理和控制的机构。

(二)非居民企业

非居民企业,是指依照外国(地区)法律成立且实际管理机构不在中国境内,但在中国境内设立机构、场所的,或者在中国境内未设立机构、场所,但有来源于中国境内所得的企业。

上述所称的"机构、场所",是指在中国境内从事生产经营活动的机构、场所,包括:

(1)管理机构、营业机构、办事机构;

(2)工厂、农场、开采自然资源的场所;

(3)提供劳务的场所;

(4)从事建筑、安装、装配、修理、勘探等工程作业的场所;

(5)其他从事生产经营活动的机构、场所。

非居民企业委托营业代理人在中国境内从事生产经营活动的,包括委托单位或者个人经常代其签订合同,或者储存、交付货物等,该营业代理人视为非居民企业在中国境内设立的机构、场所。

二、企业所得税的征税范围

企业所得税的征税范围是指企业的生产经营所得、其他所得和清算所得。

(一)居民企业的征税范围

居民企业应当就其来源于中国境内外的所得缴纳企业所得税。所得包括销售货物所得,提供劳务所得,转让财产所得,股息、红利等权益性投资所得,利息所得,租金所得,特许权使用费所得,接受捐赠所得和其他所得。

(二)非居民企业的征税范围

非居民企业负有有限纳税义务,仅就其来源于中国境内的所得纳税,具体包括两种所得:

(1)在中国境内设立机构、场所取得来源于中国境内的所得,以及发生在中国境内但与其所设机构、场所有实际联系的所得。

(2)在中国境内未设立机构、场所,或者虽设立机构、场所,但取得的所得与其所设机构、场所没有实际联系的来源于中国境内的所得。

上述所称实际联系,是指非居民企业在中国境内设立的机构、场所所拥有的据以取得所得的股权、债权,以及拥有、管理、控制据以取得所得的财产。

(三)来源地的确定

(1)销售货物所得,按照交易活动发生地确定;

(2)提供劳务所得,按照劳务发生地确定;

(3)转让财产所得,不动产转让所得按照不动产所在地确定,动产转让所得按照转让动产的企业或者机构、场所所在地确定,权益性投资资产转让所得按照被投资企业所在地确定;

(4)股息、红利等权益性投资所得,按照分配所得的企业所在地确定;

(5)利息所得、租金所得、特许权使用费所得,按照负担、支付所得的企业或者机构、场所所在地确定,或者按照负担、支付所得的个人的住所地确定;

(6)其他所得,由国务院财政、税务主管部门确定。

【例6-2】某公司为中国的非居民企业,该公司在厦门设立了分支机构,20×2年度该公司取得如下所得:

(1)在中国杭州销售一批货物,获得300万元;

(2)以800万元的价格转让一处不动产,该不动产位于中国福州;

(3)从C公司获得股息50万元,C公司位于马来西亚;

(4)许可中国境内的A公司使用其商标,获得使用费500万元;

（5）设在福州的分支机构获得了来自英国某企业的利息90万元,因为英国的企业曾向本公司的福州分支机构借款500万元。

要求:判断哪些所得来源于中国境内。

【解析】（1）销售货物所得300万元属于中国境内所得,因为交易发生在中国;

（2）转让不动产所得800万元也属于中国境内所得,因为该不动产位于中国;

（3）股息所得50万元属于中国境外所得,因为股息的分配方位于境外;

（4）特许权使用费所得500万元属于中国境内所得,因为该项特许权在中国使用;

（5）来自英国的某企业的利息90万元属于中国境内所得,因为福州机构拥有对英国企业的债权,即来自英国某企业的利息与福州机构有实际联系。

三、企业所得税税率

企业所得税税率是体现国家与企业分配关系的核心要素。税率设计的原则是兼顾国家、企业、职工个人三者利益,既要保证财政收入的稳定增长,又要使企业在发展生产、经营方面有一定的财力保证;既要考虑到企业的实际情况和负担能力,又要维护税率的统一性。

企业所得税实行比例税率。比例税率简便易行,透明度高,不会因征税而改变企业间的收入分配比例,有利于促进效率的提高。

（一）基本税率

企业所得税的基本税率为25%。该税率适用于居民企业和在中国境内设有机构、场所且所得与机构、场所有关联的非居民企业。

（二）低税率

企业所得税的低税率为20%。该税率适用于在中国境内未设立机构、场所的,或者虽设立机构、场所,但取得的所得与其所设机构、场所没有实际联系的非居民企业。但在实际征收时适用10%的税率。

四、税收优惠

税收优惠是指国家对某一部分特定企业和课税对象给予减轻或免除税收负担的一种措施。税法规定的企业所得税的税收优惠方式包括免税、减税、加计扣除、加速折旧、减计收入、税额抵免等。

（一）免征与减征优惠

企业的下列所得,可以免征、减征企业所得税。企业如果从事国家限制和禁止发展的项目,不得享受企业所得税优惠。

(1)从事农、林、牧、渔业项目的所得,包括免征和减征两部分:

①企业从事下列项目的所得,免征企业所得税:

蔬菜、谷物、薯类、油料、豆类、棉花、麻类、糖料、水果、坚果的种植;

农作物新品种的选育;

中药材的种植;

林木的培育和种植;

牲畜、家禽的饲养;

林产品的采集;

灌溉、农产品初加工、兽医、农技推广、农机作业和维修等农、林、牧、渔服务业项目;

远洋捕捞。

②企业从事下列项目的所得,减半征收企业所得税:

花卉、茶以及其他饮料作物和香料作物的种植;

海水养殖、内陆养殖。

(2)从事国家重点扶持的公共基础设施项目投资经营的所得,自项目取得第 1 笔生产经营收入所属纳税年度起,第 1 年至第 3 年免征企业所得税,第 4 年至第 6 年减半征收企业所得税。

企业承包经营、承包建设和内部自建自用本条规定的项目,不得享受本条规定的企业所得税优惠。

(3)从事符合条件的环境保护、节能节水项目的所得,自项目取得第 1 笔生产经营收入所属纳税年度起,第 1 年至第 3 年免征企业所得税,第 4 年至第 6 年减半征收企业所得税。

企业投资经营符合《公共基础设施项目企业所得税 优惠目录》规定条件和标准的公共基础设施项目,采用一次核准、分批次(如码头、泊位、航站楼、跑道、路段、发电机组等)建设,凡同时行符合以下条件的,可按每一批次又为单位计算所得,并享受企业所得税"三免三减半"优惠:

①不同批次在空间上相互独立;

②每一批次自身具备取得收入的功能;

③以每一批次为单位进行会计核算,单独计算所得,并合理分摊期间费用。

(4)一个纳税年度内,居民企业转让技术所有权所得不超过 500 万元的部分,免征企业所得税;超过 500 万元的部分,减半征收企业所得税。

【例 6-3】A 公司(境内居民企业)2016 年将自行开发的一项专利权转让,取得转让收入900万元,与该项技术转让有关的成本和费用为300万元。请问:A公司的专利权转让所得可以享受哪些税收优惠?

【解析】A公司的技术转让所得为600万元,其中500万元以内的部分免征企业所得税,超过500万元的部分,即100万元,减半征收企业所得税。

(二)高新技术企业的税收优惠

对国家需要重点扶持的高新技术企业,减按15%的税率征收企业所得税。国家需要重点扶持的高新技术企业,是指拥有核心自主知识产权,并同时符合下列条件的企业:

(1)企业申请认定时须注册成立一年以上。

(2)自研、受让、受赠、并购等方式,获得对其主要产品(服务)在技术上发挥核心支持作用的知识产权的所有权。

(3)对企业主要产品(服务)发挥核心支持作用的技术属于《国家重点支持的高新技术领域》规定的范围。

(4)企业从事研发和相关技术创新活动的科技人员占企业当年职工总数的比例不低于10%。

(5)企业近3个会计年度(实际经营期不满3年的按实际经营时间计算,下同)的研究开发费用总额占同期销售收入总额的比例符合如下要求:

①最近一年销售收入小于5 000万元(含)的企业,比例不低于5%;

②最近一年销售收入在5 000万元至2亿元(含)的企业,比例不低于4%;

③最近一年销售收入在2亿元以上的企业,比例不低于3%。

其中,企业在中国境内发生的研究开发费用总额占全部研究开发费用总额的比例不低于60%。

(6)近一年高新技术产品(服务)收入占企业同期总收入的比例不低于60%。

(7)企业创新能力评价应达到相应要求。

(8)企业申请认定前一年年内未发生重大安全、重大质量事故或严重环境违法行为。

(三)技术先进型服务企业优惠

1.技术先进型服务企业的优惠税率

自2017年1月1日起,在全国范围内对经认定的技术先进型服务企业,减按15%的税率征收企业所得税。

2.技术先进型服务企业的条件

享受符合规定的企业所得税优惠政策的技术先进型服务企业必须同时符合以下条件:

(1) 在中国境内(不包括港、澳、台地区)注册的法人企业。

(2)从事《技术先进型服务业务认定范围(试行)》中的一种或多种技术先进型服务业务,采用先进技术或具备较强的研发能力。

(3)具有大专以上学历的员工占企业职工总数的50%以上。

(4)从事《技术先进型服务业务认定范围(试行)》中的技术先进型服务业务取得的收入占企业当年总收入的50%以上。

(5)从事离岸服务外包业务取得的收入不低于企业当年总收入的35%。

从事离岸服务外包业务取得的收入,是指企业根据境外单位与其签订的委托合同,由本企业或其直接转包的企业为境外单位提供《技术先进型服务业务认定范围(试行)》中所规定的信息技术外包服务(ITO)、技术性业务流程外包服务(BPO)和技术性知识流程外包服务(KPO),而从上述境外单位取得的收入。

(四)小型微利企业的税收优惠

(1)小型微利企业2023年1月1日至2027年12月31日优惠政策

对小型微利企业减按25%计算应纳税所得额,按照20%的税率缴纳企业所得税。

(2)小型微利企业是指从事国家非限制和禁止行业,且符合年度应纳税所得额不超过300万元、从业人数不超过300人、资产总额不超过5000万元三个条件的企业。

从业人数,包括与企业建立劳动关系的职工人数和企业接受的劳务派遣用工人数。所称从业人数和资产总额指标,应按企业全年的季度平均值确定。具体计算公式如下:

季度平均值=(季初值+季末值)÷2

全年季度平均值=全年各季度平均值之和÷4

年度中间开业或者终止经营活动的,以其实际经营期作为一个纳税年度确定上述相关指标。

拓展阅读

宏观政策"接力"扩大有效需求稳住经济大盘

（四）创投企业优惠

创投企业采取股权投资方式投资于未上市的中小高新技术企业 2 年以上的，可以按照其投资额的 70% 在股权持有满 2 年的当年抵扣该创业投资企业的应纳税所得额；当年不足抵扣的，可以在以后纳税年度结转抵扣。

拓展阅读

何为创投企业？

（五）加计扣除优惠

1.研究开发费用的加计扣除

研究开发费用加计扣除的政策适用于财务核算健全并能准确归集研究开发费用的居民企业。纳税人一个纳税年度中实际发生的新技术、新产品、新工艺的研究开发费用，允许在计算应纳税所得额时按照规定实行加计扣除。

自 2023 年 1 月 1 日起，企业开展研发活动中实际发生的研发费用，未形成无形资产计入当期损益的，在按照规定据实扣除的基础上，再按照实际发生额的 100% 在税前加计扣除；形成无形资产的，按照无形资产成本的 200% 在税前摊销。

上述所称企业是指除烟草制造业、住宿和餐饮业、批发和零售业、房地产业、租赁和商务服务业、娱乐业以外的企业。

拓展阅读

一文读懂：研发费用税前加计扣除归集范围

2.企业委托境外研究开发费用加计扣除的规定

按照《财政部税务总局科技部关于企业委托境外研究开发费用税前加计扣除有关政策问题的通知》(财税〔2018〕64号)的规定,企业委托境外的研究开发费用按照费用实际发生额的80%计入委托方的委托境外研究开发费用。无论委托方是否享受研发费用税前加计扣除政策,受托方均不得加计扣除。

3.安置残疾人员所支付的工资的加计扣除

企业安置残疾人员所支付的工资的加计扣除,是指企业安置残疾人员的,在按照支付给残疾职工工资据实扣除的基础上,按照支付给残疾职工工资的100%加计扣除。残疾人员的范围适用《中华人民共和国残疾人保障法》的有关规定。

企业安置国家鼓励安置的其他就业人员所支付的工资的加计扣除办法,由国务院另行规定。

(六)固定资产加速折旧优惠

1.可以加速折旧的固定资产

企业的固定资产由于技术进步等原因,确需加速折旧的,可以缩短折旧年限或者采取加速折旧的方法。可以采取缩短折旧年限或者采取加速折旧的方法的固定资产包括:

(1)由于技术进步,产品更新换代较快的固定资产;

(2)常年处于强震动、高腐蚀状态的固定资产。

企业采取缩短折旧年限方法的,对其购置的新固定资产,最低折旧年限不得低于《企业所得税法》规定的折旧年限的60%;企业购置已使用过的固定资产,其最低折旧年限不得低于《企业所得税法》规定的最低折旧年限减去已使用年限后剩余年限的60%。最低折旧年限一经确定,一般不得变更。

企业拥有并使用的符合上述规定条件的固定资产采取加速折旧方法的,可以采用双倍余额递减法或者年数总和法。加速折旧方法一经确定,一般不得变更。

2.新购进专门用于研发的仪器、设备税前扣除优惠政策

对所有行业企业2014年1月1日后新购进的专门用于研发的仪器、设备,单位价值不超过100万元的,允许一次性计入当期成本费用在计算应纳税所得额时扣除,不再分年度计算折旧;单位价值超过100万元的,可缩短折旧年限或采取加速折旧的方法。

3.持有固定资产税前扣除优惠政策

对所有行业企业持有的单位价值不超过5 000元的固定资产,允许一次性计入当期成本费用在计算应纳税所得额时扣除,不再分年度计算折旧。

4.新购置设备、器具税前扣除优惠政策

企业在 2018 年 1 月 1 日至 2027 年 12 月 31 日期间新购进的设备、器具(除房屋、建筑物以外),单位价值不超过 500 万元的,允许一次性计入当期成本费用在计算应纳税所得额时扣除,不再分年度计算折旧;

企业新购进的单位价值超过 500 万元的设备、器具,仍按企业所得税法实施条例、《财政部 国家税务总局关于完善固定资产加速折旧企业所得税政策的通知》(财税〔2014〕75 号文)、《财政部 国家税务总局关于进一步完善固定资产加速折旧企业所得税政策的通知》(财税〔2015〕106 号)等相关规定执行,即单位价值的 50%可在当年一次性税前扣除,其余 50%按规定在剩余年度计算折旧进行税前扣除。

5.外购软件和集成电路生产设备加速折旧优惠政策

企业外购的软件,凡符合固定资产或无形资产确认条件的,可以按照固定资产或无形资产进行核算,其折旧年限可以适当缩短,最短可为 2 年(含)。集成电路生产企业的生产设备,其折旧年限可以适当缩短,最短可为 3 年(含)。

(七)减计收入优惠

企业综合利用资源,是指企业以"资源综合利用企业所得税优惠目录(2008 年版)"规定的资源作为主要原材料,生产国家非限制和非禁止并符合国家及行业相关标准的产品取得的收入,减按 90%计入企业当年收入总额。

上述所称原材料占生产产品材料的比例,不得低于"资源综合利用企业所得税优惠目录"规定的标准。

(八)税额抵免优惠

企业购置用于环境保护、节能节水、安全生产等专用设备的投资额,可以按一定比例实行税额抵免。所称税额抵免,是指企业购置并实际使用"环境保护专用设备企业所得税优惠目录"、"节能节水专用设备企业所得税优惠目录"和"安全生产专用设备企业所得税优惠目录"规定的环境保护、节能节水、安全生产等专用设备的,该专用设备的投资额的 10%可以从企业当年的应纳税额中抵免;当年不足抵免的,可以在以后 5 个纳税年度结转抵免。

享受上述企业所得税优惠的企业,应当实际购置并自身实际投入使用上述规定的专用设备;企业购置上述专用设备在 5 年内转让、出租的,应当停止享受企业所得税优惠,并补缴已经抵免的企业所得税税款。

(九)民族自治地方的税收优惠

依照《中华人民共和国民族区域自治法》的规定,实行民族区域自治的自治区、自治州、自治县的自治机关,对本民族自治地方的企业应缴纳的企业所得税中属于地方分享的部分,可以决定减征或者免征。自治州、自治县决定减征或者免征的,须报省、自治区、直辖市人民政府批准。

对民族自治地方内国家限制和禁止行业的企业,不得减征或者免征企业所得税。

(十)海南自由贸易港企业所得税优惠

1.自 2024 年 12 月 1 日起至 2027 年 12 月 31 日,对注册在海南自由贸易港并实质性运营的鼓励类产业企业,减按 15％的税率征收企业所得税。

鼓励类产业企业,是指以海南自由贸易港鼓励类产业目录中规定的产业项目为主营业务,且其主营业务收入占企业收入总额 60％以上的企业。所称实质性运营,是指企业的实际管理机构设在海南自由贸易港,并对企业生产经营、人员、账务、财产等实施实质性全面管理和控制。对不符合实质性运营的企业,不得享受优惠。

海南自由贸易港鼓励类产业目录包括《产业结构调整指导目录(2019 年版)》《鼓励外商投资产业目录(2019 年版)》和海南自由贸易港新增鼓励类产业目录。上述目录在执行期限内修订的,自修订版实施之日起按新版本执行。

对总机构设在海南自由贸易港的符合条件的企业,仅就其设在海南自由贸易港的总机构和分支机构的所得,适用 15％税率;对总机构设在海南自由贸易港以外的企业,仅就其设在海南自由贸易港内的符合条件的分支机构的所得,适用 15％税率。具体征管办法按照国家税务总局有关规定执行。

2.对在海南自由贸易港设立的旅游业、现代服务业、高新技术产业企业新增境外直接投资取得的所得,免征企业所得税。

新增境外直接投资所得应当符合以下条件:

(1)从境外新设分支机构取得的营业利润,或从持股比例超过 20％(含)的境外子公司分回的,与新增境外直接投资相对应的股息所得。

(2)被投资国(地区)的企业所得税法定税率不低于 5％。

上述所称旅游业、现代服务业、高新技术产业,按照海南自由贸易港鼓励类产业目录执行。

3.对在海南自由贸易港设立的企业,新购置(含自建、自行开发)固定资产或无形资产,单位价值不超过 500 万元(含)的,允许一次性计入当期成本费用在计算应纳税所得额时扣除,不再分年度计算折旧和摊销;新购置(含自建、自行开发)固定资产或无形资产,单位价值超过 500 万元的,可以缩短折旧、摊销年限或采取加速折旧、摊销的方法。

上述所称固定资产,是指除房屋、建筑物以外的固定资产。

(十一)西部大开发的税收优惠

1.适用范围

适用范围包括重庆市、四川省、贵州省、云南省、西藏自治区、陕西省、甘肃省、宁夏回族自治区、青海省、新疆维吾尔自治区、新疆生产建设兵团、内蒙古自治区和广西壮族自治区(上述地区统称西部地区)。湖南省湘西土家族苗族自治州、湖北省恩施土家族苗族自治州、吉林省延边朝鲜族自治州、江西省赣州市,可以比照西部地区的税收优惠政策执行。

2.具体内容

(1)对设在西部地区的国家鼓励类产业,在 2021 年 1 月 1 日至 2030 年 12 月 31 日期间,减按 15% 的税率征收企业所得税。

国家鼓励类产业企业,是指以《西部地区鼓励类产业目录》(2005 年版)规定的产业项目为主营业务,其主营业务收入占企业收入总额 60% 以上的企业。

(2)对在西部地区新办交通、电力、水利、邮政、广播电视企业,上述项目业务收入占企业收入总额 60% 以上的,可以享受企业所得税如下优惠政策:内资企业自开始生产经营之日起,享受企业所得税"两免三减半"税收优惠。

第三节　企业所得税应纳税所得额的确定

企业应纳税所得额的计算,以权责发生制为原则。按照《企业所得税法》的规定,应纳税所得额为企业每一纳税年度的收入总额,减除不征税收入、免税收入、各项扣除以及允许弥补的以前年度亏损后的余额。应纳税所得额的正确计算直接关系到国家财政收入和企业的税收负担,并且同成本、费用核算关系密切。因此,《企业所得税法》对应纳税所得额计算做了明确规定,主要内容包括收入总额、扣除范围和标准、资产的税务处理,亏损弥补等。

应纳税所得额的计算公式如下:

应纳税所得额＝收入总额－不征税收入－免税收入－各项扣除－弥补以前年度亏损额

企业应纳税所得额的确定要以《企业所得税法》为依据。企业按照会计准则规定进行核算得出的会计利润是确定应纳税所得额的基础。根据《企业所得税法》第 21 条的规定,企业在计算应纳税所得额时,若企业财务、会计处理办法与税收法律、行政法规的规定不一致,应当依照税收法律、行政法规的规定计算。也就是说,企业的会计利润要按照税法规定进行相应的调整后才能作为应纳税所得额,并据以计算所得税额。

一、收入总额

企业的收入总额包括以货币形式和非货币形式从各种来源取得的收入。

货币形式的收入包括现金、银行存款、应收账款、应收票据、准备持有至到期的债券投资、债务的豁免等。非货币形式的收入包括固定资产、生物资产、无形资产、股权投资、存货、不准备持有至到期的债券投资、劳务以及有关权益等。企业以非货币形式取得的收入,应当按照公允价值确定收入额,即按照市场价格确定的价值。

(一)一般收入的确认

(1)销售货物收入,是指企业销售商品、产品、原材料、包装物、低值易耗品以及其他存货取得的收入。

(2)提供劳务收入,是指企业从事建筑安装、修理修配、交通运输、仓储租赁、金融保险、邮电通信、咨询经纪、文化体育、科学研究、技术服务、教育培训、餐饮住宿、中介代理、卫生保健、社区服务、旅游、娱乐、加工以及其他劳务服务活动取得的收入。

(3)转让财产收入,是指企业转让固定资产、生物资产、无形资产、股权、债权等财产取得的收入。

企业转让股权收入,应于转让协议生效且完成股权变更手续时,确认收入的实现。转让股权收入扣除为取得该股权所发生的成本后,为股权转让所得。企业在计算股权转让所得时,不得扣除被投资企业未分配利润等股东留存收益中按该项股权所可能分配的金额。

【例6-4】3月,甲企业将持有乙企业5%的股权以1 000万元的价格转让,转让价格中包含乙企业未分配利润中归属于该股权的20万元,股权的购置成本为800万元。要求:计算甲企业应确认的股权转让所得。

【解析】计算股权转让所得时,应确认的股权转让所得=1 000-800=200(万元)。

(4)股息、红利等权益性投资收益,是指企业因权益性投资从被投资方取得的收入。此项收益,除国务院财政、税务主管部门另有规定外,按照被投资方做出利润分配决定的日期确认收入的实现。

(5)利息收入,是指企业将资金提供给他人使用但不构成权益性投资,或者因他人占用本企业资金取得的收入,包括存款利息、贷款利息、债券利息、欠款利息等收入。此项收入,按照合同约定的债务人应付利息的日期确认收入的实现。

(6)租金收入,是指企业提供固定资产、包装物或者其他有形资产的使用权取得的收入。此项收入,按照合同约定的承租人应付租金的日期确认收入的实现。

【例6-5】20×2年7月1日A企业将闲置的机器设备租赁给B企业,租赁期为3年,租金总计600万元,当日一次性收取了3年的租金600万元。请问:在计算企业所得税时,计入该年收入总额的租金收入为多少万元?

【解析】由于企业所得税按年征收,所以当年可以计入的租金收入为200万元的一半,也就是100万元。

(7)特许权使用费收入,是指企业提供专利权、非专利技术、商标权、著作权以及其他特许权的使用权取得的收入。此项收入,按照合同约定的特许权使用人应付特许权使用费的日期确认收入的实现。

(8)接受捐赠收入,是指企业接受的来自其他企业、组织或者个人无偿给予的货币性资产、非货币性资产。若企业接受捐赠的是非货币性资产,计入应纳税所得额的内容还应包含由捐赠企业代为支付的增值税。此项收入,按照实际收到捐赠资产的日期确认收入的实现。

【例6-6】E居民企业(增值税一般纳税人)接受捐赠材料一批,取得捐赠方按市场价格开具的增值税专用发票,发票上注明价款为10万元,增值税税额为1.3万元。要求:计算此项捐赠的应纳税所得。

【解析】此项捐赠的应纳税所得额＝10＋1.3＝11.3(万元)。

(9)其他收入,是指企业取得的除上述第(1)项至第(8)项规定的收入外的其他收入,包括企业资产溢余收入、逾期未退包装物押金收入、确实无法偿付的应付款项、已作坏账损失处理后又收回的应收款项、债务重组收入、补贴收入、违约金收入、汇兑收益等。

拓展阅读

数据资源入表的企业所得税涉税挑战及应对

（二）收入确认的特殊规定

（1）以分期收款方式销售货物的,按照合同约定的收款日期确认收入的实现。

（2）企业受托加工制造大型机械设备、船舶、飞机,以及从事建筑、安装、装配工程业务或者提供其他劳务等,持续时间超过12个月的,按照纳税年度内完工进度或者完成的工作量确认收入的实现。

（3）采取产品分成方式取得收入的,按照企业分得产品的日期确认收入的实现,其收入额按照产品的公允价值确定。

（4）企业发生非货币性资产交换,以及将货物、财产、劳务用于捐赠、偿债、赞助、集资、广告、样品、职工福利或者利润分配等用途的,应当视同销售货物、转让财产或者提供劳务,但国务院财政、税务主管部门另有规定的除外。

企业发生下列情形的处置资产,不视同销售确认收入:①将资产用于生产、制造、加工另一产品;②改变资产形状、结构或性能;③改变资产用途（如自建商品房转为自用或经营）;④将资产在总机构及其分支机构之间转移;⑤上述两种或两种以上情形的混合;⑥其他不改变所有权的用途。

企业将资产移送他人的下列情形,应按规定视同销售确认收入:①用于市场推广或销售;②用于交际应酬;③用于职工奖励或福利;④用于股息分配;⑤用于对外捐赠;⑥其他改变资产所有权属的用途。

（5）永续债企业所得税处理。自2019年1月1日起,企业发行的永续债,可以适用股息、红利企业所得税政策,即投资方取得的永续债利息收入属于股息、红利性质,按照现行企业所得税政策相关规定进行处理。其中,发行方和投资方均为居民企业的,永续债利息收入可以适用《企业所得税法》规定的居民企业之间的股息、红利等权益性投资收益免征企业所得税规定。同时,发行方支付的永续债利息支出不得在企业所得税税前扣除。

①企业发行符合规定条件的永续债,也可以按照债券利息适用企业所得税政策,即发行方支付的永续债利息支出准予在其企业所得税税前扣除,投资方取得的永续债利息收入应当依法纳税。

②上述第①项所称符合规定条件的永续债,是指符合下列条件中五项（含）以上的永续债:

第一,被投资企业对该项投资具有还本义务。

第二,有明确约定的利率和付息频率。

第三,有一定的投资期限。

第四,投资方对被投资企业净资产不拥有所有权。

第五,投资方不参与被投资企业日常生产经营活动。

第六,被投资企业可以赎回,或满足特定条件后可以赎回。

第七,被投资企业将该项投资计入负债。

第八,该项投资不承担被投资企业股东同等的经营风险。

第九,该项投资的清偿顺序位于被投资企业股东持有的股份之前。

③企业发行永续债,应当将其适用的税收处理方法在证券交易所、银行间债券市场等发行市场的发行文件中向投资方予以披露。

④发行永续债的企业对每一永续债产品的税收处理方法一经确定,不得变更。企业对永续债采取的税收处理办法与会计核算方式不一致的,发行方、投资方在进行税收处理时须作出相应纳税调整。

⑤上述所称永续债是指经国家发展和改革委员会、中国人民银行、中国银行保险监督管理委员会、中国证券监督管理委员会核准,或经中国银行间市场交易商协会注册、中国证券监督管理委员会授权的证券自律组织备案,依照法定程序发行、附赎回(续期)选择权或无明确到期日的债券,包括可续期企业债、可续期公司债、永续债务融资工具(含永续票据)、无固定期限资本债券等。

(三)企业转让上市公司限售股有关所得税处理

以前的上市公司(特别是国企),有相当部分的法人股。这些法人股与流通股同股同权,但成本极低(股价波动风险全由流通股股东承担),唯一不便就是不能在公开市场自由买卖。后来通过股权分置改革,企业所有股份实现自由流通买卖。

1.企业转让代个人持有的限售股征税问题

(1)企业转让限售股取得的收入,扣除限售股原值和合理税费后的余额为该限售股转让所得。

(2)企业未能提供完整、真实的限售股原值凭证,不能准确计算该限售股原值的,主管税务机关一律按该限售股转让收入的15%,核定为该限售股原值和合理税费。

2.企业在限售股解禁前转让限售股征税问题

企业应按减持在证券登记结算机构登记的限售股取得的全部收入,计入企业当年度应税收入计算纳税。

(四)企业接收政府和股东划入资产的所得税处理

1.企业接收政府划入资产的所得税处理

企业接收县级以上政府及其部门划入的资产,根据划入方式,所得税处理有三种方式：

（1）投资方式。资产以股权投资方式投入企业的，应作为资本金或资本公积处理，不确认收入，并按照接收价值确定计税基础。

（2）符合条件的无偿划入。资产无偿划入企业，凡指定专门用途并按规定进行管理的，企业可作为不征税收入进行企业所得税处理。其中，该项资产属于非货币性资产的，应按政府确定的接收价值计算不征税收入。

（3）其他情况。属于上述第1项和第2项以外情形的，应按政府确定的接收价值确认征税收入。需要注意的是，政府部门将资产租给企业，不属于划入资产。

2.股东划入资产的所得税处理

（1）投资方式。企业接收股东划入资产（包括股东赠予资产、上市公司在股权分置改革过程中接收原非流通股股东和新非流通股股东赠予的资产、股东放弃本企业的股权，下同），如果符合以下两个条件，可以不确认收入：

①合同、协议约定作资本金（包括资本公积）投入；

②在会计上已做实际接受投资处理的。

企业应按公允价值确定该项资产的计税基础。

（2）非投资方式。企业接收股东划入资产，凡作为收入处理的，应按公允价值计入收入总额，计算缴纳企业所得税，同时按公允价值确定该项资产的计税基础。

上述"作为收入处理"包括两种情况：一是没有协议证明股东作为投资投入，二是即使有协议证明股东作为投资投入，但是企业作为收入处理。

（五）相关收入实现的确认

除《企业所得税法》及其实施条例另有规定外，企业销售收入的确认，必须遵循权责发生制原则和实质重于形式原则。

1.一般方式销售商品

（1）企业销售商品同时满足下列条件的，应确认收入的实现：

①商品销售合同已经签订，企业已将商品所有权相关的主要风险和报酬转移给购货方；

②企业对已售出的商品既没有保留通常与所有权相联系的继续管理权，也没有实施有效控制；

③收入的金额能够可靠地计量；

④已发生或将发生的销售方的成本能够可靠地核算。

（2）符合上述收入确认条件，采取下列商品销售方式的，应按以下规定确认收入实现时间：

①销售商品采用托收承付方式的，在办妥托收手续时确认收入。

②销售商品采取预收款方式的，在发出商品时确认收入。

③销售商品需要安装和检验的，在购买方接受商品以及安装和检验完毕时确认收入；如果安装程序比较简单，可在发出商品时确认收入。

④销售商品采用支付手续费方式委托代销的，在收到代销清单时确认收入。

2.提供劳务

企业在各个纳税期末，提供劳务交易的结果能够可靠估计的，应采用完工进度（完工百分比）法确认提供劳务收入。

（1）提供劳务交易的结果能够可靠估计，是指同时满足下列条件：

①收入的金额能够可靠地计量；

②交易的完工进度能够可靠地确定；

③交易中已发生和将发生的成本能够可靠地核算。

（2）企业提供劳务完工进度的确定，可选用下列方法：

①已完工作的测量；

②已提供劳务占劳务总量的比例；

③发生成本占总成本的比例。

（3）企业应按照从接受劳务方已收或应收的合同或协议价款确定劳务收入总额，根据纳税期末提供劳务收入总额乘以完工进度扣除以前纳税年度累计已确认提供劳务收入后的金额，确认为当期劳务收入；同时，按照提供劳务估计总成本乘以完工进度扣除以前纳税期间累计已确认劳务成本后的金额，结转为当期劳务成本。

（4）下列提供劳务满足收入确认条件的，应按规定确认收入：

①安装费。应根据安装完工进度确认收入。安装工作是商品销售附带条件的，安装费在确认商品销售实现时确认收入。

②宣传媒介的收费。应在相关的广告或商业行为出现于公众面前时确认收入。广告的制作费，应根据制作广告的完工进度确认收入。

③软件费。为特定客户开发软件的收费，应根据开发的完工进度确认收入。

④服务费。包含在商品售价内可区分的服务费，在提供服务的期间分期确认收入。

⑤艺术表演、招待宴会和其他特殊活动的收费。在相关活动发生时确认收入。

收费涉及几项活动的,预收的款项应合理分配给每项活动,分别确认收入。

⑥会员费。申请入会或加入会员,只允许取得会籍,所有其他服务或商品都要另行收费的,在取得该会员费时确认收入。申请入会或加入会员后,会员在会员期内不再付费就可得到各种服务或商品,或者以低于非会员的价格销售商品或提供服务的,该会员费应在整个受益期内分期确认收入。

⑦特许权费。属于提供设备和其他有形资产的特许权费,在交付资产或转移资产所有权时确认收入;属于提供初始及后续服务的特许权费,在提供服务时确认收入。

⑧劳务费。长期为客户提供重复的劳务收取的劳务费,在相关劳务活动发生时确认收入。

3.采用售后回购方式销售商品

采用售后回购方式销售商品的,销售的商品按售价确认收入,回购的商品作为购进商品处理。有证据表明不符合销售收入确认条件的,如以销售商品方式进行融资,收到的款项应确认为负债,回购价格大于原售价的,差额应在回购期间确认为利息费用。

4.以旧换新方式销售商品

销售商品以旧换新的,销售商品应当按照销售商品收入确认条件确认收入,回收的商品作为购进商品处理。

5.折扣方式销售商品

折扣方式销售收入的确认如表 6-1 所示。

表 6-1　折扣方式销售确认情况

折扣类型	收入的确认具体规定
商业折扣条件销售	应当按照扣除商业折扣后的金额确定销售商品收入金额
现金折扣条件销售	应当按扣除现金折扣前的金额确定销售商品收入金额,现金折扣在实际发生时作为财务费用扣除
折让方式销售	应当在发生当期冲减当期销售商品收入

6.买一赠一方式销售商品

买一赠一不属于捐赠,应将总的销售金额按各项商品的公允价值的比例来分摊确认各项的销售收入。

7.其他收入

企业取得财产转让收入、债务重组收入、接受捐赠收入、无法偿付的应付款收入等,不论是以货币形式、还是非货币形式体现,除另有规定外,均应一次性计入确认收入的年度计算缴纳企业所得税。

二、不征税收入

收入总额的下列收入为不征税收入:

(1)财政拨款。财政拨款是指各级人民政府对纳入预算管理的事业单位、社会团体等组织拨付的财政资金,但国务院和国务院财政、税务主管部门另有规定的除外。

(2)依法收取并纳入财政管理的行政事业性收费、政府性基金:

①企业按照规定缴纳的、主管部门批准设立的行政事业性收费和政府性基金,准予在计算应纳税所得额时扣除。

②企业收取的各种基金、收费,应计入企业当年的收入总额。

③企业依照法律、法规及国务院有关规定收取并上缴财政的政府性基金和行政事业性收费,准予作为不征税收入,于上缴财政的当年在计算应纳税所得额时从收入总额中减除;未上缴财政的部分,不得从收入总额中减除。

(3)国务院规定的其他不征税收入。国务院规定的其他不征税收入是指企业取得的,由国务院财政、税务主管部门规定专项用途并经国务院批准的财政性资金。

三、免税收入

(1)国债利息收入。国债利息收入是指企业持有国务院财政部门发行的国债取得的利息收入。为鼓励企业积极购买国债,支援国家建设,税法规定,企业因购买国债所得的利息收入,免征企业所得税。

(2)居民企业直接投资于其他居民企业取得的股息、红利等权益性投资收益。因为股息、红利是税后利润分配形成的,即其已经在被投资企业缴纳了企业所得税。为了体现税收效率和中性原则,避免重复征税,《企业所得税法》规定符合条件的居民企业之间的股息、红利等权益性投资收益为免税收入。

(3)在中国境内设立机构、场所的非居民企业从居民企业取得与该机构、场所有实际联系的股息、红利等权益性投资收益。上一项和本项所称的权益性收益(投资收益)均不包括连续持有居民企业公开发行并上市流通的股票不足 12 个月取得的投资收益。

(4)同时符合下列条件的非营利公益组织的收入:

①接受其他单位或者个人捐赠的收入;

②除《企业所得税法》第 7 条规定的财政拨款以外的其他政府补助收入,但不

包括因政府购买服务取得的收入;

③按照省级以上民政、财政部门规定收取的会费;

④不征税收入和免税收入孳生的银行存款利息收入;

⑤财政部、国家税务总局规定的其他收入。

【例6-7】C公司是我国一家从事商品流通的有限责任公司。20×2年,该公司取得以下收入:销售货物收入2 000万元,租金收入100万元,被投资D公司(我国境内的居民企业)分回投资收益200万元,营业外收入3万元,国债利息收入5万元,企业债券利息收入10万元,代政府收取政府性基金50万元。要求:计算该年C公司的收入总额、不征税收入、免税收入和应税收入。

【解析】C公司的收入总额就是其取得的全部收入,收入总额=2 000+100+200+3+5+10+50=2 368(万元);

不征税收入为代政府收取政府性基金50万元;

免税收入为国债利息收入5万元和投资收益200万元;

应税收入=2 368-50-5-200=2 113(万元)。

四、扣除原则和范围

(一)税前扣除项目的原则

企业申报的扣除项目和金额要真实、合法。除税收法规另有规定外,税前扣除一般应遵循以下原则:

(1)权责发生制原则。企业费用应在发生的所属期扣除,而不是在实际支付时确认扣除。

(2)配比原则。企业发生的费用应在发生的所属期扣除。

(3)相关性原则。企业可扣除的费用从性质和根源上必须与取得应税收入直接相关。

(4)确定性原则。企业可扣除的费用不论何时支付,其金额必须是确定的。

(5)合理性原则。企业发生的费用应符合生产经营活动常规和会计惯例。

(二)扣除项目的范围

《企业所得税法》规定,企业实际发生的与取得收入有关的、合理的支出,包括成本、费用、税金、损失和其他支持,准予在计算应纳税所得额时扣除。在实际中,计算应纳税所得额时还应注意三方面的内容:①企业发生的支出应当区分收益性支出和资本性支出。收益性支出在发生当期直接扣除;资本性支出应当分期扣除或者计入有关资产成本,不得在发生当期直接扣除。②企业的不征税收入用于支出所形成的费用或者财产,不得扣除或者计算对应的折旧、摊销扣除。③除《企业所得税法》及其实施条例另有规定外,企业实际发生的成本、费用、税金、损失和其他支出,不得重复扣除。

(1)成本,是指企业在生产经营活动中发生的销售成本、销货成本、业务支出以及其他耗费。

(2)费用,是指企业在生产经营活动中发生的销售费用、管理费用和财务费用,已经计入成本的有关费用除外。

(3)税金,是指企业发生的除企业所得税和允许抵扣的增值税以外的各项税金及其附加。

【例6-8】某市一家居民企业为增值税一般纳税人,该企业20×2年度发生的有关经营业务如下:

(1)销售货物取得不含税收入8 600万元,与货物配比的销售成本为5 600万元。

(2)转让技术所有权取得收入700万元,直接与技术所有权转让有关的成本和费用为100万元。

(3)出租设备取得租金收入200万元。

(4)接受原材料捐赠,取得增值税专用发票,发票上注明材料金额为50万元、增值税进项税额为6.5万元。

(5)取得国债利息收入30万元。

(6)购进原材料,取得增值税专用发票,发票上注明原材料价款为3 000万元、进项税额为510万元;支付购料运输费用共计230万元,取得运输专用发票。(不考虑城市维护建设税和教育费附加)

要求:计算该企业的企业所得税应纳税所得额。

【解析】应纳税所得额=(8 600−5 600)+(700−100−500)÷2+200+56.5
=3 296.5(万元)。

(4)损失,是指企业在生产经营活动中发生的固定资产和存货的盘亏、毁损、报废损失,转让财产损失,呆账损失,坏账损失,自然灾害等不可抗力因素造成的损失以及其他损失。

税前可以扣除的损失为净损失,即企业的损失减除责任人赔偿和保险赔款后的余额。计算公式如下:

税前可以扣除的损失=存货成本+不能抵扣增值税−保险赔偿−责任赔偿

企业已经作为损失处理的资产,在以后纳税年度又全部收回或者部分收回时,应当计入当期收入。

【例 6-9】F 企业 20×2 年因管理不善发生意外事故,损失的库存外购原材料的不含税价为 30 万元(已抵扣进项税),取得责任人赔偿 5 万元,取得保险公司赔款 8 万;因自然灾害的原因发生存货损失,损失存货的不含税价为 20 万元,保险赔偿 6 万元。要求:计算 F 企业当年企业所得税税前可扣除的损失。

【解析】税前扣除的损失=(30+30×13%-5-8)+(20-6)=34.9(万元)。

(5)其他支出,是指除成本、费用、税金、损失外,企业在生产经营活动中发生的与生产经营活动有关的、合理的支出。

(三)有关扣除项目的具体标准

在计算应纳税所得额时,下列项目可按照实际发生额或规定的标准扣除。

1.工资薪金支出

(1)企业发生的合理的工资薪金支出,准予扣除。工资薪金,是指企业每一纳税年度支付给在本企业任职或者受雇的员工的所有现金形式或者非现金形式的劳动报酬,包括基本工资、奖金、津贴、补贴、年终加薪、加班工资,以及与员工任职或者受雇有关的其他支出。

合理的工资薪金支出,是指企业按照股东大会、董事会、薪酬委员会或相关管理机构制订的工资薪金制度规定实际发放给员工的工资薪金。确认工资薪金支出是否合理时,应考虑以下因素:①企业制订了较为规范的员工工资薪金制度;②企业所制订的工资薪金制度符合行业及地区水平;③企业在一定时期所发放的工资薪金是相对固定的,工资薪金的调整是有序进行的;④企业对实际发放的工资薪金,已依法履行了代扣代缴个人所得税义务;⑤有关工资薪金的安排,不以减少或逃避税款为目的。

(2)根据国家税务总局公告 2012 年第 18 号《关于我国居民企业实行股权激励计划有关企业所得税处理问题的公告》,为推进我国资本市场改革,促进企业建立健全激励与约束机制,就上市公司实施股权激励计划有关企业所得税处理问题,规定如下:

①对股权激励计划实行后立即可以行权的,上市公司可以根据实际行权时该股票的公允价格与激励对象实际行权支付价格的差额和数量,计算确定作为当年上市公司工资薪金支出,依照税法规定进行税前扣除。

②对股权激励计划实行后,需待一定等待期方可行权的,上市公司等待期内会计上计算确认的相关成本费用,不得在对应年度计算缴纳企业所得税时扣除。在股权激励计划可行权后,上市公司方可按上述第①项的规定进行处理。

③上述所指股票实际行权时的公允价格,以实际行权日该股票的收盘价格

确定。

2.职工福利费、工会经费、教育经费

企业发生的职工福利费、工会经费、职工教育经费按标准扣除,未超过标准的按实际数扣除,超过标准的只能按标准扣除。

(1)企业发生的职工福利费支出,不超过工资薪金总额14%的部分准予扣除。

①尚未分离的内设集体福利部门所发生的设备、设施和人员费用,包括职工食堂、职工浴室、理发室、医务所、疗养院等集体福利部门的设备、设施的折旧和维修保养费用和福利部门工作人员的工资薪金、社会保险费、住房公积金、劳务费等人工费用。

【例6-10】格新公司20×2年实际支付的合理的工资总额为1 000万元(其中不含临时工的相关费用支出)。公司拥有临时工10人,每人每月的工资为2 000元,其中4人是职工浴池的工作人员,另外4人是生产车间工人,还有2人是企业办公室的行政职员。公司当年有员工因公受伤给予抚恤金100万。公司当年拨缴的工会经费为21万元。要求:计算格新公司涉及的企业所得税纳税调整的金额。

【解析】格新公司该年工资总额=1 000+0.2×6×12=1 014.4(万元)。职工浴池的工作人员为企业内设部门的临时工,因此这4人的工资应算职工福利费而不是一般的工资、薪金。

工会经费的扣除限额=1 014.4×2%=20.288(万元),当年实际拨缴的工会经费为21万元,大于20.288万元,因此工会经费的纳税调整额为0.712万元。

职工福利费实际发生=100+0.2×4×12=109.6(万元),职工福利费的扣除限额=1 014.4×14%=142.016(万元)。142.016万元大于109.6万元,职工福利费不需调整。

因此,格新公司该年的纳税调整额为0.712万元。

②为职工卫生保健、生活、住房、交通等发放或支付的各项现金补贴和非货币性福利。

③按照其他规定发生的其他职工福利费,如丧葬费、抚恤金、安家费、探亲假路费等。

值得注意的是,企业发生的职工福利费,应该单独设置账册进行准确核算。没有单独设置账册准确核算的,税务机关应责令企业在规定的期限内进行改正。逾期仍未改正的,税务机关可对企业发生的职工福利费进行合理的核定。

(2)企业拨缴的工会经费,不超过工资薪金总额2%的部分准予扣除。

(3)除国务院财政、税务主管部门另有规定外,企业发生的职工教育经费支出,自 2018 年 1 月 1 日起不超过工资薪金总额 8% 的部分，准予扣除；超过的部分，准予在以后纳税年度结转扣除。

软件生产企业发生的职工教育经费中的职工培训费用，根据《财政部 国家税务总局关于企业所得税若干优惠政策的通知》（财税〔2012〕27 号）规定，可以全额在企业所得税前扣除。软件生产企业应准确划分职工教育经费中的职工培训费支出，对于不能准确划分的，以及准确划分后职工教育经费中扣除职工培训费用的余额，一律按照工资薪金总额 8% 的比例扣除。

核力发电企业为培养核电厂操纵员发生的培养费用，依据国家税务总局公告 2014 年第 29 号第三条规定，可作为企业的发电成本在税前扣除。企业应将核电厂操纵员培养费与员工的职工教育经费严格区分，单独核算，员工实际发生的职工教育经费支出不得计入核电厂操纵员培养费直接扣除。

上述所称的"工资薪金总额"，是指企业按照规定实际发放的工资薪金总和，不包括企业的职工福利费、职工教育经费、工会经费以及养老保险费、医疗保险费、失业保险费、工伤保险费、生育保险费等社会保险费和住房公积金。属于国有性质的企业，其工资薪金，不得超过政府有关部门给予的限定数额；超过的部分，不得计入企业工资薪金总额，也不得在计算企业应纳税所得额时扣除。

3.社会保险费

（1）企业依照国务院有关主管部门或者省级人民政府规定的范围和标准为职工缴纳的五险一金，即基本养老保险费、基本医疗保险费、失业保险费、工伤保险费、生育保险费等基本社会保险费和住房公积金，准予扣除。

（2）企业为投资者或者职工支付的补充养老保险费、补充医疗保险费，在国务院财政、税务主管部门规定的范围和标准内，准予扣除。企业依照国家有关规定为特殊工种职工支付的人身安全保险费和符合国务院财政、税务主管部门规定可以扣除的商业保险费准予扣除。

（3）企业参加财产保险，按照规定缴纳的保险费，准予扣除。企业为投资者或者职工支付的商业保险费，不得扣除。

【例 6-11】某企业实际支付合理的工资总额 1 000 万元，发生职工福利费支出 130 万元，工会经费 20 万元，职工教育经费 26 万元，为职工支付商业保险费 20 万元。要求：计算职工福利费、工会经费、职工教育经费允许税前扣除的金额。

【解析】职工福利费允许税前扣除金额＝1 000×14%＝140（万元）；

工会经费允许税前扣除金额＝1 000×2%＝20（万元）；

职工教育经费允许税前扣除金额＝1 000×8%＝80（万元）；

商业保险费不得扣除。

4.利息费用

企业在生产经营活动中发生的下列利息支出,准予扣除:

(1)非金融企业向金融企业借款的利息支出、金融企业的各项存款利息支出和同业拆借利息支出、企业经批准发行债券的利息支出;

(2)非金融企业向非金融企业借款的利息支出,不超过按照金融企业同期同类贷款利率计算的数额的部分。

【例 6-12】某居民企业全年发生财务费用 40 万元,其中含向非金融企业借款 250 万元所支付的年利息 20 万元(当年金融企业贷款的年利率为 5.8%)。要求:计算该企业税前允许扣除的财务费用的金额。

【解析】该企业税前允许扣除的财务费用=$250 \times 5.8\% = 14.5$(万元)。

(3)关联企业利息费用的扣除。企业从其关联方接受的债权性投资与权益性投资的比例超过规定标准而发生的利息支出,不得在计算应纳税所得额时扣除。

①在计算应纳税所得额时,企业实际支付给关联方的利息支出,其接受关联方债权性投资与其权益性投资比例不超过规定比例计算的部分,准予扣除,超过的部分不得在发生当期和以后年度扣除。

上述所称规定比例,金融企业为 5:1,其他企业为 2:1。

②企业如果能够按照税法及其实施条例的有关规定提供相关资料,并证明相关交易活动符合独立交易原则;或者该企业的实际税负不高于境内关联方的,其实际支付给境内关联方的利息支出,在计算应纳税所得额时准予扣除。

③企业同时从事金融业务和非金融业务,其实际支付给关联方的利息支出,应按照合理方法分开计算;没有按照合理方法分开计算的,一律按前述第①条有关其他企业的比例计算准予税前扣除的利息支出。

④企业自关联方取得的不符合规定的利息收入应按照有关规定缴纳企业所得税。

(4)企业向自然人借款的利息支出在企业所得税税前的扣除。

①企业向股东或其他与企业有关联关系的自然人借款的利息支出,应根据《企业所得税法》第四十六条及《财政部国家税务总局关于企业关联方利息支出税前扣除标准有关税收政策问题的通知》(财税〔2008〕121 号)规定的条件,计算企业所得税扣除额。

②企业向除第①项规定以外的内部职工或其他人员借款的利息支出,其借款情况同时符合以下条件的,其利息支出在不超过按照金融企业同期同类贷款利率

计算的数额的部分,准予扣除。

条件一:企业与个人之间的借贷是真实、合法、有效的,并且不具有非法集资目的或其他违反法律法规的行为。

条件二:企业与个人之间签订了借款合同。

【例6-13】甲公司为增值税一般纳税人,20×2年归还关联企业一年期借款本金1 200万元,并按事先约定的7.5%利率另支付利息费用90万元(注:关联企业对甲企业的权益性投资额为480万元,同期银行贷款年利率为5.8%)。要求:计算甲公司企业所得税税前可扣除的利息费用。

【解析】甲公司企业所得税税前可扣除的利息费用=480×2×5.8%
=55.68(万元)。

5.借款费用

(1)企业在生产经营活动中发生的合理的不需要资本化的借款费用,准予扣除。

(2)企业为购置、建造固定资产、无形资产和经过12个月以上的建造才能达到预定可销售状态的存货发生借款的,在有关资产购置、建造期间发生的合理的借款费用,应当作为资本性支出计入有关资产的成本,并依照相关规定扣除。

(3)企业通过发行债券、取得贷款、吸收保户储金等方式融资而发生的合理的费用支出,符合资本化条件的,应计入相关资产成本;不符合资本化条件的,应作为财务费用,准予在企业所得税税前据实扣除。

【例6-14】某企业4月1日向银行借款500万元用于建造厂房,借款期限为1年。当年向银行支付了3个季度的借款利息22.5万元,该厂房于10月31日竣工结算并投入使用。要求:计算该企业的企业所得税税前可扣除的利息费用。

【解析】企业所得税税前可扣除的财务费用=22.5÷9×2=5(万元)。

6.汇兑损失

企业在货币交易中,以及纳税年度终了时将人民币以外的货币性资产、负债按照期末即期人民币汇率中间价折算为人民币时产生的汇兑损失,除已经计入有关资产成本以及与向所有者进行利润分配相关的部分外,准予扣除。

7.业务招待费

企业发生的与生产经营活动有关的业务招待费支出,按照发生额的60%扣除,但最高不得超过当年销售(营业)收入的5‰。

对从事股权投资业务的企业(包括集团公司总部、创业投资企业等),其从被投资企业所分配的股息、红利以及股权转让收入,可以按规定的比例计算业务招待费扣除限额。

企业在筹建期间,发生的与筹办活动有关的业务招待费支出,可按实际发生额的 60% 计入企业筹办费,并按有关规定在税前扣除。

【例 6-15】某企业 20×2 年度取得销售货物收入 2 800 万元,转让专利使用权收入 800 万元,债务重组收益 100 万元,固定资产转让收入 50 万元,包装物出租收入 200 万元,接受捐赠收入 20 万元,国债利息收入 30 万元;对外赠送不含税市场价值 200 万元的货物;当年实际发生的业务招待费为 30 万元。要求:计算该企业当年企业所得税税前可扣除的业务招待费。

【解析】销售(营业)收入 ＝ 2 800＋800＋200＋200 ＝ 4 000(万元);

业务招待费实际发生额的 60% ＝ 30×60% ＝ 18(万元);

销售(营业)收入的 5‰ ＝ 4 000×5‰ ＝ 20(万元);

所以,该企业当年企业所得税税前可扣除的业务招待费为 18 万元。

8.广告费与业务宣传费

(1)企业发生的符合条件的广告费和业务宣传费支出,除国务院财政、税务主管部门另有规定外,不超过当年销售(营业)收入 15% 的部分,准予扣除;超过的部分,准予在以后纳税年度结转扣除。

【例 6-16】某服装厂 20×2 年取得销售收入 3 000 万元,转让技术使用权收入 200 万元;发生现金折扣 100 万元,广告费支出 1 000 万元,业务宣传费 40 万元。要求:计算该服装厂当年企业所得税税前可扣除的广告费和业务宣传费。

【解析】广告费和业务宣传费扣除标准 ＝ (3 000＋200)×15% ＝ 480(万元)。

(2)2021 年 1 月 1 日起至 2025 年 12 月 31 日止,对化妆品制造或销售、医药制造和饮料制造(不含酒类制造)企业发生的广告费和业务宣传费支出,不超过当年销售(营业)收入 30% 的部分,准予扣除;超过部分,准予在以后纳税年度结转扣除。

(3)对签订广告费和业务宣传费分摊协议(以下简称分摊协议)的关联企业,其中一方发生的不超过当年销售(营业)收入税前扣除限额比例内的广告费和业务宣传费支出可以在本企业扣除,也可以将其中的部分或全部按照分摊协议归集至另一方扣除。另一方在计算本企业广告费和业务宣传费支出企业所得税税前扣除限额时,可将按照上述办法归集至本企业的广告费和业务宣传费不计算在内。

(4)企业在筹建期间,发生的广告费和业务宣传费,可按实际发生额计入企业筹办费,可按上述规定在税前扣除。

(5)烟草企业的烟草广告费和业务宣传费支出,一律不得在计算应纳税所得额时扣除。企业申报扣除的广告费支出应与赞助支出严格区分。企业申报扣除的广告费支出,必须符合下列条件:广告是通过工商部门批准的专门机构制作的;已实际支付费用,并已取得发票;通过一定的媒体传播。

9.环境保护专项资金

企业依照法律、行政法规的有关规定提取的用于环境保护、生态恢复等方面的专项资金,准予扣除。上述专项资金提取后改变用途的,不得扣除。

10.保险费

企业参加财产保险,按照规定缴纳的保险费,准予扣除。

11.租赁费

企业根据生产经营活动的需要租入固定资产支付的租赁费,按照以下方法扣除:

(1)以经营租赁方式租入固定资产发生的租赁费支出,按照租赁期限均匀扣除;

(2)以融资租赁方式租入固定资产发生的租赁费支出,按照规定构成融资租入固定资产价值的部分应当提取折旧费用,分期扣除。

12.劳动保护支出

企业发生的合理的劳动保护支出,准予扣除。

13.公益性捐赠

企业通过公益性社会团体或者县级以上人民政府及其部门,用于《中华人民共和国公益事业捐赠法》规定的公益事业的捐赠,不超过年度利润总额12%的部分,结转后三年内计算扣除。其中,公益性社会团体是指符合条件的基金会、慈善组织等社会团体。计算扣除标准的年度利润总额,是指企业依照国家统一会计制度的规定计算的年度会计利润。

【例6-17】位于市区的某制药公司20×2年取得主营业务收入5 500万元,其他业务收入400万元,营业外收入300万元,投资收益120万元;发生主营业务成本2 800万元,其他业务成本300万元,营业外支出210万元,税金及附加420万元,管理费用550万元,销售费用900万元,财务费用180万元。其中,营业外支出包括对外捐赠的货币资金140万元(通过县级政府向贫困地区捐赠120万元,直接向某学校捐赠20万元)。要求:计算该公司当年企业所得税税前可扣除的公益性捐赠金额。

【解析】会计利润=5 500+400+300-2 800-300-210-420-550-900-

$180+120=960(万元)$。

公益捐赠扣除限额$=960×12\%=115.2(万元)$。

通过县级政府向贫困地区捐赠的 120 万元超过限额,直接向某学校捐赠的 20 万元不能在企业所得税税前进行扣除。

所以,该公司当年企业所得税税前可扣除的公益性捐赠金额为 115.2 万元。

14.有关资产的费用

企业转让各类固定资产发生的费用允许扣除;企业按规定计算的固定资产折旧费、无形资产和递延资产的摊销费准予扣除。

15.总机构分摊的费用

非居民企业在中国境内设立的机构、场所,就其中国境外总机构发生的与该机构、场所生产经营有关的费用,能够提供总机构出具的费用汇集范围、定额、分配依据和方法等证明文件,并合理分摊的,准予扣除。

16.资产损失

企业当期发生的固定资产和流动资产的盘亏、毁损净损失,由其提供清查盘存资料,经主管税务机关审核后,准予扣除;企业发生非正常损失时,不得从销项税额中抵扣的进项税额,应视同企业财产损失,申报后在所得税前按规定扣除。

17.手续费及佣金支出

企业发生与生产经营有关的手续费及佣金支出,不超过以下规定计算限额的部分,准予扣除;超过的部分,不得扣除。

(1)保险企业:自 2019 年 1 月 1 日起,发生与其经营活动有关的手续费及佣金支出,不超过当年全部保费收入扣除退保金等后余额的 18%(含本数)的部分,在计算应纳税所得额时准予扣除;超过部分,允许结转以后年度扣除。

(2)其他企业:按与具有合法经营资格的中介服务机构或个人(不含交易双方及其雇员、代理人和代表人等)所签订服务协议或合同确认的收入金额的 5%计算限额。

18.企业维简费支出

企业实际发生的维简费支出,属于收益性支出的,可作为当期费用税前扣除;属于资本性支出的,应计入有关资产成本,并按规定计提折旧或摊销在税前扣除。预提的维简费,不得在当期税前扣除。

19.棚户区改造支出

企业参与政府统一组织的工矿棚户区改造、林区棚户区改造、垦区危房改造并同时符合一定条件的棚户区改造支出,准予税前扣除。

20.金融企业贷款损失准备金企业所得税税前扣除有关政策

自 2019 年 1 月 1 日起金融企业贷款(涉农贷款和中小企业贷款除外)损失准备金企业所得税税前扣除按以下规定处理。

(1)准予税前提取贷款损失准备金的贷款资产范围包括:

①贷款(含抵押、质押、担保等贷款);

②银行卡透支、贴现、信用垫款(含银行承兑汇票垫款、信用证垫款、担保垫款等)、进出口押汇、同业拆出、应收融资租赁款等各项具有贷款特征的风险资产;

③由金融企业转贷并承担对外还款责任的国外贷款,包括国际金融组织贷款、外国买方信贷、外国政府贷款、日本国际协力银行不附条件贷款和外国政府混合贷款等资产。

(2)金融企业准予当年税前扣除的贷款损失准备金的计算公式如下:

$$\text{准予当年税前扣除的贷款损失准备金} = \text{本年末准予提取贷款损失准备金的贷款资产余额} \times 1\% - \text{截至上年末已在税前扣除的贷款损失准备金的余额}$$

金融企业按上述公式计算的数额如为负数,应当相应调增当年的应纳税所得额。

(3)金融企业的委托贷款、代理贷款、国债投资、应收股利、上交央行准备金以及金融企业剥离的债权和股权、应收财政贴息、央行款项等不承担风险和损失的资产,不得提取贷款损失准备金并在税前扣除。

(4)金融企业发生的符合条件的贷款损失,应先冲减已在税前扣除的贷款损失准备金,不足冲减部分可据实在计算当年应纳税所得额时扣除。

21.其他项目

企业发生的其他项目,如会员费、合理的会议费、差旅费、违约金、诉讼费用等,准予扣除。

22.关于可转换债券转换为股权投资的税务处理。

(1)购买方企业的税务处理。

①购买方企业购买可转换债券,在其持有期间按照约定利率取得的利息收入,应当依法申报缴纳企业所得税。

②购买方企业可转换债券转换为股票时,将应收未收利息一并转为股票的,该应收未收利息即使会计上未确认收入,税收上也应当作为当期利息收入申报纳税;转换后以该债券购买价、应收未收利息和支付的相关税费作为该股票投资成本。

(2)发行方企业的税务处理。

①发行方企业发生的可转换债券的利息,按照规定在税前扣除。

②发行方企业按照约定将购买方持有的可转换债券和应付未付利息一并转为股票的,其应付未付利息视同已支付,按照规定在税前扣除。

(四)税前不得扣除的项目

(1)向投资者支付的股息、红利等权益性投资收益款项。

(2)企业所得税税款。

(3)税收滞纳金。税收滞纳金,是指纳税人违反税收法规,被税务机关处以的滞纳金。

(4)罚金、罚款和被没收财物的损失。罚金、罚款和被没收财物的损失,是指纳税人违反国家有关法律、法规规定,被有关部门处以的罚款,以及被司法机关处以的罚金和被没收财物。

(5)超过规定标准的捐赠支出。

(6)赞助支出。赞助支出,是指企业发生的与生产经营活动无关的各种非广告性质支出。

(7)未经核定的准备金支出。未经核定的准备金支出,是指不符合国务院财政、税务主管部门规定的各项资产减值准备、风险准备等准备金支出。

会计上出于谨慎性原则提取的减值准备等,税法不允许在企业所得税的税前进行扣除,因为这只是可能发生的,税法规定可扣除的一定是确定已发生的费用。但金融企业的贷款损失准备却是可以扣除的,因为该行业属于特殊行业,其经营风险较大。

(8)企业之间支付的管理费、企业内营业机构之间支付的租金和特许权使用费,以及非银行企业内营业机构之间支付的利息。

(9)与取得收入无关的其他支出。

五、亏损弥补

企业经营过程中不可避免地会出现亏损,为了减轻企业的负担,《企业所得税法》规定,企业纳税年度发生的亏损,准予向以后年度结转,用以后年度的所得弥补,但结转年限最长不得超过 5 年。而且,企业在汇总计算缴纳企业所得税时,其境外营业机构的亏损不得抵减境内营业机构的盈利。

(1)企业筹办期间不计算为亏损年度,企业开始生产经营的年度,为开始计算企业损益的年度。企业从事生产经营之前进行筹办活动期间发生筹办费用支出,不得计算为当期的亏损,企业可以在开始经营之日的当年一次性扣除,也可以按照新税法有关长期待摊费用的规定处理,但一经选定,不得改变。

（2）企业弥补亏损的年限从企业发生亏损年度后的第 2 年开始连续计算，即使在此期间企业继续发生亏损，也不中断计算弥补亏损的年限。超过 5 年仍未弥补的亏损，不得再在税前弥补。

（3）企业连续发生年度亏损，在弥补亏损时，应依据先亏先补的原则，从第一个亏损的年度开始计算弥补亏损额，并按顺序计算亏损弥补期。

（4）自 2018 年 1 月 1 日起，当年具备高新技术企业或科技型中小企业资格的企业，其具备资格年度之前 5 个年度发生的尚未弥补完的亏损，准予结转以后年度弥补，最长结转年限由 5 年延长至 10 年。

【例 6-18】表 6-2 为经税务机关审定的某国有企业连续 7 年的应纳税所得额情况。假设该企业一直执行 5 年亏损弥补规定。要求：分析该公司这 7 年期间的弥补亏损情况。

表 6-2　某国有企业近 7 年的应纳税所得额情况

年度/年	20×0	20×1	20×2	20×3	20×4	20×5	20×6
应纳税所得额/万元	−165	−56	30	30	40	60	60

【解析】根据《企业所得税法》的规定，企业当年度发生的亏损，可以在其后连续 5 年在税前弥补，逾期未弥补完的，不能再在税前弥补。

对于 20×0 年的亏损额，20×1 至 20×5 年为弥补期，截至 20×5 年，尚有未弥补的亏损 5 万元。

对于 20×1 年的亏损额，20×2 至 20×6 年为弥补期，截至 20×6 年，56 万元的亏损额已全部弥补。

六、资产的税务处理

资产是企业拥有或者控制的，预期会给企业带来经济利益的资源。对于资本性支出以及无形资产受让、开办、开发费用，不允许作为成本、费用从纳税人的收入总额中做一次性扣除，只能采取分次计提折旧或分次摊销的方式予以扣除。因此，资产的税务处理成了准确计算企业所得税应纳税所得额的关键因素之一。

《企业所得税法》规定，企业的各项资产，包括固定资产、生物资产、无形资产、长期待摊费用、投资资产、存货等。资产以历史成本为计税基础。这里所称历史成本，是指企业取得该项资产时实际发生的支出。企业持有各项资产期间资产增值或者减值，除国务院财政、税务主管部门规定可以确认损益外，不得调整该资产的计税基础。

（一）固定资产的税务处理

固定资产，是指企业为生产产品、提供劳务、出租或者经营管理而持有的、使用时间超过 12 个月的非货币性资产，包括房屋、建筑物、机器、机械、运输工具以及其他与生产经营活动有关的设备、器具、工具等。

1.固定资产的计税基础

（1）外购的固定资产，以购买价款和支付的相关税费以及直接归属于使该资产达到预定用途发生的其他支出为计税基础。

（2）自行建造的固定资产，以竣工结算前发生的支出为计税基础。

（3）融资租入的固定资产，以租赁合同约定的付款总额和承租人在签订租赁合同过程中发生的相关费用为计税基础；租赁合同未约定付款总额的，以该资产的公允价值和承租人在签订租赁合同过程中发生的相关费用为计税基础。

（4）盘盈的固定资产，以同类固定资产的重置完全价值为计税基础。

（5）通过捐赠、投资、非货币性资产交换、债务重组等方式取得的固定资产，以该资产的公允价值和支付的相关税费为计税基础。

（6）改建的固定资产，除已足额提取折旧的固定资产的改建支出和租入固定资产的改建支出外（这两项改建支出列入长期待摊费用），以改建过程中发生的改建支出增加为计税基础。

2.固定资产的折旧范围

按照《企业所得税法》的规定，下列固定资产不得计算折旧扣除：

（1）房屋、建筑物以外未投入使用的固定资产；

（2）以经营租赁方式租入的固定资产；

（3）以融资租赁方式租出的固定资产；

（4）已足额提取折旧仍继续使用的固定资产；

（5）单独估价作为固定资产入账的土地；

（6）其他不得计算折旧扣除的固定资产。

3.固定资产的折旧方法

（1）固定资产按照直线法计算的折旧，准予扣除。

（2）企业应当自固定资产投入使用月份的次月起计算折旧；停止使用的固定资产，应当自停止使用月份的次月起停止计算折旧。

（3）企业应当根据固定资产的性质和使用情况，合理确定固定资产的预计净残值。固定资产的预计净残值一经确定，不得变更。

4.固定资产的折旧年限

除国务院财政、税务主管部门另有规定外,固定资产计算折旧的最低年限如下:

(1)房屋、建筑物,为 20 年;

(2)飞机、火车、轮船、机器、机械和其他生产设备,为 10 年;

(3)与生产经营活动有关的器具、工具、家具等,为 5 年;

(4)飞机、火车、轮船以外的运输工具,为 4 年;

(5)电子设备,为 3 年。

5.固定资产折旧的企业所得税处理

(1)企业固定资产会计折旧年限如果短于税法规定的最低折旧年限,其按会计折旧年限计提的折旧高于按税法规定的最低折旧年限计提的折旧部分,应调增当期应纳税所得额;会计年限已满,税法最低年限未到且税收折旧尚未足额扣除,尚未足额扣除的折旧可在剩余年限继续扣除。

(2)企业固定资产会计折旧年限如果长于税法规定的最低折旧年限,其折旧仍按税法确定的固定资产计税基础计算扣除。

(3)会计上提取的固定资产减值准备,不得税前扣除,其折旧按税法确定的计税基础计算扣除。

(4)企业按税法规定实行加速折旧的,其按加速折旧办法计算的折旧额可全额在税前扣除。

【例 6-19】6 月,某企业为了提高产品性能与安全度,从国内购入 2 台安全生产设备并于当月投入使用,取得的增值税专用发票注明价款为 400 万元、进项税额为 68 万元。企业采用直线法按 5 年计提折旧,残值率为 8%(经税务机构认可)。税法规定,该设备直线法的折旧年限为 10 年。要求计算该企业关于这两台设备企业所得税税前可扣除的折旧。

【解析】该企业所得税税前允许抵扣的折旧=$400 \times (1-8\%) \div 10 \div 12 \times 6$
$$=18.4(万元)。$$

6.固定资产改扩建的税务处理

自 2011 年 7 月 1 日起,企业对房屋、建筑物等固定资产在未足额提取折旧前进行改扩建的,如属于推倒重置的,该资产原值减除提取折旧后的净值,应并入重置后的固定资产计税成本,并在该固定资产投入使用后的次月起,按照税法规定的折旧年限,一并计提折旧;如属于提升功能、增加面积的,该固定资产的改扩建支出,应并入该固定资产计税基础,并从改扩建完工投入使用后的次月起,重新按税法规定的该固定资产折旧年限计提折旧,如该改扩建后的固定资产尚可使用的年限低于税法规定的最低年限的可以按尚可使用的年限计提折旧。

7.企业所得税核定征收改为查账征收后有关资产的税务处理

(1)企业能够提供资产购置发票的,以发票载明金额为计税基础;不能提供资产购置发票的,可以凭购置资产的合同(协议)、资金支付证明、会计核算资料等记载金额,作为计税基础。

(2)企业核定征税期间投入使用的资产,改为查账征税后,按照税法规定的折旧、摊销年限,扣除该资产投入使用年限后,就剩余年限继续计提折旧、摊销额并在税前扣除。

(二)生产性生物资产的税务处理

生产性生物资产,是指企业为生产农产品、提供劳务或者出租等而持有的生物资产,包括经济林、薪炭林、产畜和役畜等。

1.生产性生物资产的计税基础

(1)外购的生产性生物资产,以购买价款和支付的相关税费为计税基础。

(2)通过捐赠、投资、非货币性资产交换、债务重组等方式取得的生产性生物资产,以该资产的公允价值和支付的相关税费为计税基础。

2.生产性生物资产的折旧方法

生产性生物资产按照直线法计算的折旧,准予扣除。

企业应当自生产性生物资产投入使用月份的次月起计算折旧;停止使用的生产性生物资产,应当自停止使用月份的次月起停止计算折旧。

企业应当根据生产性生物资产的性质和使用情况,合理确定生产性生物资产的预计净残值。生产性生物资产的预计净残值一经确定,不得变更。

3.生产性生物资产的折旧年限

生产性生物资产计算折旧的最低年限如下:

(1)林木类生产性生物资产,为 10 年;

(2)畜类生产性生物资产,为 3 年。

(三)无形资产的税务处理

无形资产,是指企业为生产产品、提供劳务、出租或者经营管理而持有的、没有实物形态的非货币性长期资产,包括专利权、商标权、著作权、土地使用权、非专利技术、商誉等。

1.无形资产的计税基础

无形资产按照以下方法确定计税基础：

(1)外购的无形资产,以购买价款和支付的相关税费以及直接归属于使该资产达到预定用途发生的其他支出为计税基础;

(2)自行开发的无形资产,以开发过程中该资产符合资本化条件后至达到预定用途前发生的支出为计税基础;

(3)通过捐赠、投资、非货币性资产交换、债务重组等方式取得的无形资产,以该资产的公允价值和支付的相关税费为计税基础。

2.无形资产的摊销

在计算应纳税所得额时,企业按照规定计算的无形资产摊销费用,准予扣除。

下列无形资产不得计算摊销费用扣除：

(1)自行开发的支出已在计算应纳税所得额时扣除的无形资产;

(2)自创商誉;

(3)与经营活动无关的无形资产;

(4)其他不得计算摊销费用扣除的无形资产。

3.无形资产的摊销方法及年限

无形资产的摊销,采取直线法计算。

无形资产的摊销年限不得低于10年。作为投资或者受让的无形资产,有关法律规定或者合同约定了使用年限的,可以按照规定或者约定的使用年限分期摊销。

外购商誉支出,企业整体转让或者清算时,准予扣除。

(四)长期待摊费用的税务处理

长期待摊费用,是指企业发生的应在1个年度以上或几个年度进行摊销的费用。在计算应纳税所得额时,企业发生的下列支出作为长期待摊费用,按照规定摊销的,准予扣除：

(1)已足额提取折旧的固定资产的改建支出;

(2)租入固定资产的改建支出;

(3)固定资产的大修理支出;

(4)其他应当作为长期待摊费用的支出。

固定资产的改建支出,是指改变房屋或者建筑物结构、延长使用年限等发生的支出。已足额提取折旧的固定资产的改建支出,按照固定资产预计尚可使用年限分期摊销。租入固定资产的改建支出,按照合同约定的剩余租赁期限分期摊销。改建的固定资产延长使用年限的,应当适当延长折旧年限。

固定资产的大修理支出,按照固定资产尚可使用年限分期摊销。

上述所称固定资产的大修理支出,是指同时符合下列条件的支出:

(1)修理支出达到取得固定资产时的计税基础 50% 以上;

(2)修理后固定资产的使用年限延长 2 年以上。

其他应当作为长期待摊费用的支出,自支出发生月份的次月起,分期摊销,摊销年限不得低于 3 年。

（五)存货的税务处理

存货,是指企业持有以备出售的产品或者商品、处在生产过程中的在产品、在生产或者提供劳务过程中耗用的材料和物料等。

1.存货的计税基础

存货按照以下方法确定成本:

(1)通过支付现金方式取得的存货,以购买价款和支付的相关税费为成本;

(2)通过支付现金以外的方式取得的存货,以该存货的公允价值和支付的相关税费为成本;

(3)生产性生物资产收获的农产品,以产出或者采收过程中发生的材料费、人工费和分摊的间接费用等必要支出为成本。

2.存货的成本计算方法

企业使用或者销售的存货的成本计算方法,可以在先进先出法、加权平均法、个别计价法中选用一种。计价方法一经选用,不得随意变更。

（六)投资资产的税务处理

投资资产,是指企业对外进行权益性投资和债权性投资形成的资产。

1.投资资产的成本

投资资产按照以下方法确定成本:

(1)通过支付现金方式取得的投资资产,以购买价款为成本;

(2)通过支付现金以外的方式取得的投资资产,以该资产的公允价值和支付的相关税费为成本。

2.投资资产成本的扣除方法

企业对外投资期间,投资资产的成本在计算应纳税所得额时不得扣除。企业在转让或者处置投资资产时,投资资产的成本准予扣除。

3.投资企业撤回或减少投资的税务处理

(1)自 2011 年 7 月 1 日,投资企业从被投资企业撤回或减少投资,其取得的资产中,相当于初始出资的部分,应确认为投资收回;相当于被投资企业累计未分配利润和累计盈余公积按减少实收资本比例计算的部分,应确认为股息所得;其余部分确认为投资资产转让所得。

(2)被投资企业发生的经营亏损,由被投资企业按规定结转弥补。投资企业不得调整减低其投资成本,也不得将其确认为投资损失。

4.非货币性资产投资的税务处理

非货币性资产,是指现金、银行存款、应收账款、应收票据以及准备持有至到期的债券投资等货币性资产以外的资产。

(1)企业(以下简称企业)以非货币性资产对外投资确认的非货币性资产转让所得,可在不超过5年期限内,分期均匀计入相应年度的应纳税所得额,按规定计算缴纳企业所得税。

(2)企业以非货币性资产对外投资的,应对非货币性资产进行评估并按评后的公允价值扣除计税基础后的余额,计算确认非货币性资产转让所得。

企业以非货币性资产对外投资的,应于投资协议生效并办理股权登记手续时,确认非货币性资产转让收入的实现。

(3)企业以非货币性资产对外投资而取得被投资企业的股权,应以非货币性资产的原计税成本为计税基础,加上每年确认的非货币性资产转让所得,逐年进行调整。

被投资企业取得非货币性资产的计税基础,应按非货币性资产的公允价值确定。

(4)企业在对外投资5年内转让上述股权或收回投资的,应停止执行递延纳税政策并就递延期内尚未确认的非货币性资产转让所得,在转让股权或收回投资当年的企业所得税年度汇算清缴时,一次性计算缴纳企业所得税。企业在计算股权转让所得时,可按前述第3项第(1)条规定将股权的计税基础一次调整到位。

企业在对外投资5年内注销的,应停止执行递延纳税政策,并就递延期内尚未确认的非货币性资产转让所得,在注销当年的企业所得税年度汇算清缴时,一次性计算缴纳企业所得税。

(5)非货币性资产投资,限于以非货币性资产出资设立新的居民企业,或将非货币性资产注入现存的居民企业。

(6)企业发生非货币性资产投资,符合《财政部 国家税务总局关于企业重组业务企业所得税处理若干问题的通知》(财税〔2009〕59号)等文件规定的特殊性税务处理条件的,也可选择按特殊性税务处理规定执行。

七、资产损失的所得税处理

(一)资产损失的定义

资产损失,是指企业在生产经营活动中实际发生的、与取得应税收入有关的资产损失,包括现金损失,存款损失,坏账损失,贷款损失,股权投资损失,固定资产和存货的盘亏、毁损、报废、被盗损失,自然灾害等不可抗力因素造成的损失以及其他损失。

上述资产是指企业拥有或者控制的、用于经营管理活动且与取得应税收入有关的资产,包括现金、银行存款、应收及预付款项(包括应收票据、各类垫款、企业之间往来款项)等货币资产,存货、固定资产、在建工程、生产性生物资产等非货币资产,以及债权性投资和股权(权益)性投资。

(二)资产损失扣除政策

依据《财政部国家税务总局关于企业资产损失税前扣除政策的通知》(财税〔2009〕57号)规定,企业资产损失税前扣除政策如下:

(1)企业清查出的现金短缺减除责任人赔偿后的余额,作为现金损失在计算应纳税所得额时扣除。

(2)企业将货币性资金存入法定具有吸收存款职能的机构,因该机构依法破产、清算,或者政府责令停业、关闭等原因,确实不能收回的部分,作为存款损失在计算应纳税所得额时扣除。

(3)企业除贷款类债权外的应收、预付账款符合下列条件之一的,减除可收回金额后确认的无法收回的应收、预付款项,可以作为坏账损失在计算应纳税所得额时扣除:

①债务人依法宣告破产、关闭、解散、被撤销,或者被依法注销、吊销营业执照,其清算财产不足清偿的;

②债务人死亡,或者依法被宣告失踪、死亡,其财产或者遗产不足清偿的;

③债务人逾期3年以上未清偿,且有确凿证据证明已无力清偿债务的;

④与债务人达成债务重组协议或法院批准破产重整计划后,无法追偿的;

⑤因自然灾害、战争等不可抗力导致无法收回的;

⑥国务院财政、税务主管部门规定的其他条件。

(4)企业经采取所有可能的措施和实施必要的程序之后,符合下列条件之一的贷款类债权,可以作为贷款损失在计算应纳税所得额时扣除:

①借款人和担保人依法宣告破产、关闭、解散、被撤销,并终止法人资格,或者已完全停止经营活动,被依法注销、吊销营业执照,对借款人和担保人进行追偿后,

未能收回的债权；

②借款人死亡，或者依法被宣告失踪、死亡，依法对其财产或者遗产进行清偿，并对担保人进行追偿后，未能收回的债权；

③借款人遭受重大自然灾害或者意外事故，损失巨大且不能获得保险补偿，或者以保险赔偿后，确实无力偿还部分或者全部债务，对借款人财产进行清偿和对担保人进行追偿后，未能收回的债权；

④借款人触犯刑律，依法受到制裁，其财产不足归还所借债务，又无其他债务承担者，经追偿后确实无法收回的债权；

⑤由于借款人和担保人不能偿还到期债务，企业诉诸法律，经法院对借款人和担保人强制执行，借款人和担保人均无财产可执行，法院裁定执行程序终结或终止（中止）后，仍无法收回的债权；

⑥由于借款人和担保人不能偿还到期债务，企业诉诸法律后，经法院调解或经债权人会议通过，与借款人和担保人达成和解协议或重整协议，在借款人和担保人履行完还款义务后，无法追偿的剩余债权；

⑦由于上述第①～⑥项原因借款人不能偿还到期债务，企业依法取得抵债资产，抵债金额小于贷款本息的差额，经追偿后仍无法收回的债权；

⑧开立信用证、办理承兑汇票、开具保函等发生垫款时，凡开证申请人和保证人由于上述第①～⑦项原因，无法偿还垫款，金融企业经追偿后仍无法收回的垫款；

⑨银行卡持卡人和担保人由于上述第①～⑦项原因，未能还清透支款项，金融企业经追偿后仍无法收回的透支款项；

⑩助学贷款逾期后，在金融企业确定的有效追索期限内，依法处置助学贷款抵押物（质押物），并向担保人追索连带责任后，仍无法收回的贷款；

⑪经国务院专案批准核销的贷款类债权；

⑫国务院财政、税务主管部门规定的其他条件。

(5)企业的股权投资符合下列条件之一的，减除可收回金额后确认的无法收回的股权投资，可以作为股权投资损失在计算应纳税所得额时扣除：

①被投资方依法宣告破产、关闭、解散、被撤销，或者被依法注销、吊销营业执照的；

②被投资方财务状况严重恶化，累计发生巨额亏损，已连续停止经营3年以上，且无重新恢复经营改组计划的；

③对被投资方不具有控制权，投资期限届满或者投资期限已超过10年，且被

投资单位因连续 3 年经营亏损导致资不抵债的；

④被投资方财务状况严重恶化，累计发生巨额亏损，已完成清算或清算期超过 3 年以上的；

⑤国务院财政、税务主管部门规定的其他条件。

（6）对企业盘亏的固定资产或存货，以该固定资产的账面净值或存货的成本减除责任人赔偿后的余额，作为固定资产或存货盘亏损失在计算应纳税所得额时扣除。

（7）对企业毁损、报废的固定资产或存货，以该固定资产的账面净值或存货的成本减除残值、保险赔款和责任人赔偿后的余额，作为固定资产或存货毁损、报废损失在计算应纳税所得额时扣除。

（8）对企业被盗的固定资产或存货，以该固定资产的账面净值或存货的成本减除保险赔款和责任人赔偿后的余额，作为固定资产或存货被盗损失在计算应纳税所得额时扣除。

（9）企业因存货盘亏、毁损、报废、被盗等原因不得从增值税销项税额中抵扣的进项税额，可以与存货损失一起在计算应纳税所得额时扣除。

（10）企业在计算应纳税所得额时已经扣除的资产损失，在以后纳税年度全部或者部分收回时，其收回部分应当作为收入计入收回当期的应纳税所得额。

（11）企业境内、境外营业机构发生的资产损失应分开核算，对境外营业机构由于发生资产损失而产生的亏损，不得在计算境内应纳税所得额时扣除。

（12）企业对其扣除的各项资产损失，应当提供能够证明资产损失确属已实际发生的合法证据，包括具有法律效力的外部证据、具有法定资质的中介机构的经济鉴证证明、具有法定资质的专业机构的技术鉴定证明等。

（三）资产损失税前扣除管理

根据《企业资产损失所得税税前扣除管理办法》（国家税务总局公告 2011 年第 25 号）的规定，自 2011 年 1 月 1 日起，企业资产损失税前扣除管理的基本原则是：

（1）准予在企业所得税税前扣除的资产损失，是指企业在实际处置、转让上述资产过程中发生的合理损失（以下简称实际资产损失），以及企业虽未实际处置、转让上述资产，但符合《财政部国家税务总局关于企业资产损失税前扣除政策的通知》（财税〔2009〕57 号）和上述文件规定条件计算确认的损失（以下简称法定资产损失）。

（2）企业实际资产损失，应当在其实际发生且会计上已作损失处理的年度申报扣除。企业向税务机关申报扣除资产损失，仅需填报企业所得税年度纳税申报表

"资产损失税前扣除及纳税调整明细表",不再报送资产损失相关资料,相关资料由企业留存备查。

(3)企业发生的资产损失,应按规定的程序和要求向主管税务机关申报后方能在税前扣除。未经申报的损失,不得在税前扣除。

(4)企业以前年度发生的资产损失未能在当年税前扣除的,可以按照上述文件的规定,向税务机关说明并进行专项申报扣除。其中,属于实际资产损失的,准予追补至该项损失发生年度扣除,其追补确认期限一般不得超过5年,但因计划经济体制转轨过程中遗留的资产损失、企业重组上市过程中因权属不清出现争议而未能及时扣除的资产损失、因承担国家政策性任务而形成的资产损失以及因政策定性不明确而形成的资产损失等特殊原因形成的资产损失,其追补确认期限经国家税务总局批准后可适当延长。属于法定资产损失的,应在申报年度扣除。

企业因以前年度实际资产损失未在税前扣除而多缴的企业所得税税款,可在追补确认年度企业所得税应纳税款中予以抵扣,不足抵扣的,向以后年度递延抵扣。

企业实际资产损失发生年度扣除追补确认的损失后出现亏损的,应先调整资产损失发生年度的亏损额,再按弥补亏损的原则计算以后年度多缴的企业所得税税款,并按前款办法进行税务处理。

另外上述文件还对申报管理,资产损失的确认证据,货币资产损失、非货币资产损失、投资损失的确认等作出了规定。

八、企业重组的所得税处理

(一)企业重组的认定

企业重组,是指企业在日常经营活动以外发生的法律结构或经济结构重大改变的交易,包括企业法律形式改变、债务重组、股权收购、资产收购、合并、分立等。

企业法律形式改变,是指企业注册名称、住所以及企业组织形式等的简单改变,但符合税法规定的其他重组的类型除外。

债务重组,是指在债务人发生财务困难的情况下,债权人按照其与债务人达成的书面协议或者法院裁定书,就其债务人的债务作出让步的事项。

股权收购,是指收购企业购买被收购企业的股权,以实现对被收购企业控制的交易。收购企业支付对价的形式包括股权支付、非股权支付或两者的组合。

资产收购,是指受让企业购买转让企业实质经营性资产的交易。受让企业支付对价的形式包括股权支付、非股权支付或两者的组合。

合并,是指被合并企业将其全部资产和负债转让给合并企业,被合并企业股东换取合并企业的股权或非股权支付,实现两个或两个以上企业的依法合并。

分立,是指被分立企业将部分或全部资产分离转让给分立企业,被分立企业股东换取分立企业的股权或非股权支付,实现企业的依法分立。

股权支付,是指企业重组中购买、换取资产的一方在支付对价时以本企业或其控股企业的股权、股份作为支付的形式。

非股权支付,是指以本企业的现金、银行存款、应收款项、本企业或其控股企业股权和股份以外的有价证券、存货、固定资产、其他资产以及承担债务等作为支付的形式。

自2008年1月1日起,企业发生上述重组事项的,按本节二、三中的相关规定进行所得税处理。

(二)企业重组的一般性税务处理方法

(1)企业由法人转变为个人独资企业、合伙企业等非法人组织,或将登记注册地转移至中华人民共和国境外,应视同企业进行清算、分配,股东重新投资成立新企业。企业的全部资产以及股东投资的计税基础均应以公允价值为基础确定。

企业发生其他法律形式简单改变的,可直接变更税务登记,除另有规定外,有关企业所得税纳税事项(包括亏损结转、税收优惠等权益和义务)由变更后企业承继,但因住所发生变化而不符合税收优惠条件的除外。

(2)企业债务重组相关交易的处理:

①以非货币资产清偿债务,应当分解为转让相关非货币性资产、按非货币性资产公允价值清偿债务两项业务,确认相关资产的所得或损失。

②发生债权转股权的,应当分解为债务清偿和股权投资两项业务,确认有关债务清偿所得或损失。

③债务人应当按照支付的债务清偿额低于债务计税基础的差额,确认债务重组所得;债权人应当按照收到的债务清偿额低于债权计税基础的差额,确认债务重组损失。

④债务人的相关所得税纳税事项原则上保持不变。

(3)企业股权收购、资产收购重组相关交易的处理:

①被收购方应确认股权、资产转让所得或损失。

②收购方取得的股权或资产的计税基础应以公允价值为基础确定。

③被收购企业的相关所得税事项原则上保持不变。

(4)企业合并当事各方的税务处理:

①合并企业应按公允价值确定接受被合并企业各项资产和负债的计税基础。

②被合并企业及其股东都应按清算进行所得税处理。

③被合并企业的亏损不得在合并企业结转弥补。

（5）企业分立当事各方的税务处理：

①被分立企业对分立出去的资产应按公允价值确认资产转让所得或损失。

②分立企业应按公允价值确认接受资产的计税基础。

③被分立企业继续存在时，其股东取得的对价应视同被分立企业分配进行处理。

④被分立企业不再继续存在时，被分立企业及其股东都应按清算进行所得税处理。

⑤企业分立相关企业的亏损不得相互结转弥补。

（三）企业重组的特殊性税务处理方法

1.适用特殊性税务处理的条件

企业重组同时符合下列条件的，适用特殊性税务处理规定：

（1）具有合理的商业目的，且不以减少、免除或者推迟缴纳税款为主要目的。

（2）被收购、合并或分立部分的资产或股权比例符合下述第 2 项规定的比例。

（3）企业重组后的连续 12 个月内不改变重组资产原来的实质性经营活动。

（4）重组交易对价中涉及的股权支付金额符合下述第 2 项规定的比例。

（5）企业重组中取得股权支付的原主要股东，在重组后连续 12 个月内，不得转让所取得的股权。

2.企业重组符合上述特殊性税务处理条件的，交易各方对其交易中的股权支付部分的税务处理

（1）企业债务重组确认的应纳税所得额占该企业当年应纳税所得额 50% 以上，可以在 5 个纳税年度的期间内，均匀计入各年度的应纳税所得额。

企业发生债权转股权业务的，对债务清偿和股权投资两项业务暂不确认有关债务清偿所得或损失，股权投资的计税基础以原债权的计税基础确定。企业的其他相关所得税事项保持不变。

（2）股权收购，收购企业购买的股权不低于被收购企业全部股权的 50%，且收购企业在该股权收购发生时的股权支付金额不低于其交易支付总额的 85%，可以选择按以下规定处理：

①被收购企业的股东取得收购企业股权的计税基础，以被收购股权的原有计税基础确定。

②收购企业取得被收购企业股权的计税基础，以被收购股权的原有计税基础

确定。

③收购企业、被收购企业的原有各项资产和负债的计税基础和其他相关所得税事项保持不变。

(3)资产收购,受让企业收购的资产不低于转让企业全部资产的50%,且受让企业在该资产收购发生时的股权支付金额不低于其交易支付总额的85%,可以选择按以下规定处理:

①转让企业取得受让企业股权的计税基础,以被转让资产的原有计税基础确定。

②受让企业取得转让企业资产的计税基础,以被转让资产的原有计税基础确定。

(4)企业合并,企业股东在该企业合并发生时取得的股权支付金额不低于其交易支付总额的85%,以及同一控制下且不需要支付对价的企业合并,可以选择按以下规定处理:

①合并企业接受被合并企业资产和负债的计税基础,以被合并企业的原有计税基础确定。

②被合并企业合并前的相关所得税事项由合并企业承继。

③可由合并企业弥补的被合并企业亏损的限额为被合并企业的净资产公允价值乘以截至合并业务发生当年年末国家发行的最长期限的国债利率。

④被合并企业股东取得合并企业股权的计税基础,以其原持有的被合并企业股权的计税基础确定。

(5)企业分立,被分立企业所有股东按原持股比例取得分立企业的股权,分立企业和被分立企业均不改变原来的实质经营活动,且被分立企业股东在该企业分立发生时取得的股权支付金额不低于其交易支付总额的85%,可以选择按以下规定处理:

①分立企业接受被分立企业资产和负债的计税基础,以被分立企业的原有计税基础确定。

②被分立企业已分立出去资产相应的所得税事项由分立企业承继。

③被分立企业未超过法定弥补期限的亏损额可按分立资产占全部资产的比例进行分配,由分立企业继续弥补。

④被分立企业的股东取得分立企业的股权(以下简称新股),如需部分或全部放弃原持有的被分立企业的股权(以下简称旧股),新股的计税基础应以放弃旧股的计税基础确定。如不需放弃旧股,则其取得新股的计税基础可从以下两种方法

中选择确定:第一,直接将新股的计税基础确定为零。第二,以被分立企业分立出去的净资产占被分立企业全部净资产的比例先调减原持有的旧股的计税基础,再将调减的计税基础平均分配到新股上。

(6)重组交易各方按上述第(1)～(5)项规定对交易中的股权支付暂不确认有关资产的转让所得或损失的,其非股权支付仍应在交易当期确认相应的资产转让所得或损失,并调整相应资产的计税基础。

非股权支付对应的资产转让所得或损失=(被转让资产的公允价值－被转让资产的计税基础)×非股权支付金额/被转让资产的公允价值

(7)对100%直接控制的居民企业之间,以及受同一或相同多家居民企业100%直接控制的居民企业之间按账面净值划转股权或资产,凡具有合理商业目的、不以减少、免除或者推迟缴纳税款为主要目的,股权或资产划转后连续12个月内不改变被划转股权或资产原来的实质性经营活动,且划出方企业和划入方企业均未在会计上确认损益的,可以选择按以下规定进行特殊性税务处理:

①划出方企业和划入方企业均不确认所得。

②划入方企业取得被划转股权或资产的计税基础,以被划转股权或资产的原账面净值确定。

③划入方企业取得的被划转资产,应按其原账面净值计算折旧扣除。

上述第(7)项所称"对100%直接控制的居民企业之间,以及受同一或相同多家居民企业100%直接控制的居民企业之间"是指:

第一,100%直接控制的母子公司之间,母公司向子公司按账面净值划转其持有的股权或资产,母公司获得子公司100%的股权支付。母公司按增加长期股权投资处理,子公司按接受投资(包括资本公积,下同)处理。母公司获得子公司股权的计税基础以划转股权或资产的原计税基础确定。

第二,100%直接控制的母子公司之间,母公司向子公司按账面净值划转其持有的股权或资产,母公司没有获得任何股权或非股权支付。母公司按冲减实收资本(包括资本公积,下同)处理,子公司按接受投资处理。

第三,100%直接控制的母子公司之间,子公司向母公司按账面净值划转其持有的股权或资产,子公司没有获得任何股权或非股权支付。母公司按收回投资处理,或按接受投资处理,子公司按冲减实收资本处理。母公司应按被划转股权或资产的原计税基础,相应调减持有子公司股权的计税基础。

第四,受同一或相同多家母公司100%直接控制的子公司之间,在母公司主导下,一家子公司向另一家子公司按账面净值划转其持有的股权或资产,划出方没有获得任何股权或非股权支付。划出方按冲减所有者权益处理,划入方按接受投资处理。

3.特殊性税务处理附加条件

企业发生涉及中国境内与境外之间(包括港、澳、台地区)的股权和资产收购交易除应符合上述第 1 项规定的条件外,还应同时符合下列条件,才可选择适用特殊性税务处理的规定。

(1)非居民企业向其 100% 直接控股的另一非居民企业转让其拥有的居民企业股权,没有因此造成以后该项股权转让所得预提税负变化,且转让方非居民企业向主管税务机关书面承诺在 3 年(含 3 年)内不转让其拥有的受让方非居民企业的股权。

(2)非居民企业向与其具有 100% 直接控股关系的居民企业转让其拥有的另一居民企业股权。

(3)居民企业以其拥有的资产或股权向其 100% 直接控股的非居民企业进行投资。

(4)财政部、国家税务总局核准的其他情形。

上述第(3)项所指的"居民企业以其拥有的资产或股权向其 100% 直接控股的非居民企业进行投资",其资产或股权转让收益如选择特殊性税务处理,可以在 10 个纳税年度内均匀计入各年度应纳税所得额。

4.企业分立、合并的税收优惠政策适用

在企业吸收合并中,合并后的存续企业性质及适用税收优惠的条件未发生改变的,可以继续享受合并前该企业剩余期限的税收优惠,其优惠金额按存续企业合并前一年的应纳税所得额(亏损计为零)计算。

在企业存续分立中,分立后的存续企业性质及适用税收优惠的条件未发生改变的,可以继续享受分立前该企业剩余期限的税收优惠,其优惠金额按该企业分立前一年的应纳税所得额(亏损计为零)乘以分立后存续企业资产占分立前该企业全部资产的比例计算。

5.企业重组前后 12 个月内资产、股权交易的税务处理

企业在重组发生前后连续 12 个月内分步对其资产、股权进行交易,应根据实质重于形式原则将上述交易作为一项企业重组交易进行处理。

6.企业重组特殊性税务处理的备案

企业发生符合上述规定的特殊性重组条件并选择特殊性税务处理的,当事各方应在该重组业务完成当年企业所得税年度申报时,向主管税务机关提交书面备

案资料,证明其符合各类特殊性重组规定的条件。企业未按规定书面备案的,一律不得按特殊重组业务进行税务处理。

九、税法规定与会计规定差异的处理

税法规定与会计规定差异的处理,是指在计算应纳税所得额时,企业会计规定与税法规定不一致的,应当依照税法规定予以调整,即企业在平时进行会计核算时,可以按会计制度的有关规定进行账务处理,但在申报纳税时,对税法规定和会计制度规定有差异的,要按税法的规定进行纳税调整。

根据《企业所得税法》第二十一条规定,对企业依据财务会计制度规定,并实际在财务会计处理上已确认的支出,凡没有超过《企业所得税法》和有关税收法规规定的税前扣除范围和标准的,可按企业实际会计处理确认的支出,在企业所得税税前扣除,计算其应纳税所得额。

(1)企业不能提供完整、准确的收入及成本、费用凭证,不能正确计算应纳税所得额的,由税务机关核定其应纳税所得额。

(2)企业依法清算时,以其清算终了后的清算所得为应纳税所得额,按规定缴纳企业所得税。所谓清算所得,是指企业的全部资产可变现价值或者交易价格减除资产净值清算费用以及相关税费等后的余额。

投资方企业从被清算企业分得的剩余资产,其中相当于从被清算企业累计未分配利润和累计盈余公积中应当分得的部分,应当确认为股息所得;剩余资产减除上述股息所得后的余额,超过或者低于投资成本的部分,应当确认为投资资产转让所得或者损失。

(3)企业应纳税所得额是根据税收法规计算出来的,它在数额上与依据财务会计制度计算的利润总额往往不一致。因此,税法规定:对企业按照有关财务会计制度计算的利润总额,要按照税法的规定进行必要调整后,才能作为应纳税所得额计算缴纳所得税。

(4)自2011年7月1日起,企业当年度实际发生的相关成本、费用,由于各种原因未能及时取得该成本、费用的有效凭证,企业在预缴季度所得税时,可暂按账面发生金额进行核算;但在汇算清缴时,应补充提供该成本、费用的有效凭证。

第四节　企业所得税应纳税额的计算

一、居民企业所得税额的计算

居民企业应缴纳的所得税税额等于应纳税所得额乘以适用税率,减除依照《企业所得税法》关于税收优惠的规定减免和抵免的税额。具体计算公式如下:

应纳税额＝应纳税所得额×适用税率－减免税额－抵免税额

根据计算公式可以看出,应纳税额取决于应纳税所得额和适用税率两个因素。在实际工作中,应纳税所得额的计算一般有两种方法。

(一)直接计算法

在直接计算法下,企业每一纳税年度的应纳税所得额的计算公式如下:

应纳税所得额＝收入总额－不征税收入－免税收入－各项扣除－弥补以前年度亏损额

(二)间接计算法

间接计算法是在会计核算的利润总额的基础上,按照税法规定,通过调整计算得出应纳税所得额。调整的内容:一是企业的财务会计处理和税法规定不一致的应予以调整的金额;二是企业根据税法的规定准予扣除的金额。其计算公式如下:

应纳税所得额＝利润总额＋纳税调整增加额－纳税调整减少额

【例6-20】某工业企业为居民企业2024年度生产经营情况如下:

(1)取得不含税销售收入4 500万元,发生与收入相匹配的销售成本1 900万元,实际缴纳增值税700万元、税金及附加80万元。

(2)取得其他业务收入300万元,与其相对应的其他业务成本为100万元。

(3)发生销售费用1 500万元,其中含广告费800万元、业务宣传费20万元。

(4)发生管理费用500万元,其中含业务招待费50万元、研究新产品费用40万元。

(5)发生财务费用80万元,其中含向非金融机构(非关联方)借款1年的利息支出50万元,借款年利率为10％(银行同期同类贷款年利率为6％)。

(6)发生营业外支出30万,其中含向供应商支付的违约金5万元、工商局罚款1万元,通过政府部门向贫困地区捐赠的款项20万元。

(7)取得投资收益18万元,包括直接投资外地居民企业分回的税后利润17万元(该居民公司适用的企业所得税税率为15％)和国债利息收入1万元。

(8)该企业的账面会计利润为628万元。

要求:计算该企业本年度实际应纳的企业所得税。

【解析】(1)营业收入＝4 500＋300＝4 800(万元)。

(2)广告业务费的最高扣除限额＝4 800×15％＝720(万元),应调增应纳税所得额＝800＋20－720＝100(万元)。

(3)实际发生的业务招待费的60％＝50×60％＝30(万元),销售(营业)收入的5‰＝50×5‰＝24(万元)。由于24万元小于30万元,故业务招待费的最高扣除限额为24万元,应调增应纳税所得额＝50－24＝26(万元)。研究新产品的费用可加计100％扣除,应调减应纳税所得额40万元。

(4)非金融机构的借款利息不得超过银行同期的贷款年利率,利息支出扣除限额＝50×6％＝30(万元),应调增应纳税所得额＝50－30＝20(万元)。

(5)捐赠不得超过会计利润的12％,那么捐赠扣除限额＝628×12％＝75.36(万元),20万元的捐款没有超过扣除限额,可按实际捐赠数扣除,不作纳税调整。

(6)工商局罚款不得扣除,应调增应纳税所得额1万元。

(7)国债利息收入可以免税,应调减应纳税所得额1万元。

(8)居民企业直接投资于其他居民企业的股息红利性质的投资收益属于免税收入,因此应调减应纳税所得额17万元。

(9)应纳税所得额＝628＋100＋26－40＋20＋1－1－17＝717(万元)。

(10)该企业实际应缴纳的企业所得税＝717×25％＝179.25(万元)。

二、境外所得抵扣税额的计算

《企业所得税法》规定,居民企业来源于中国境外的所得,以及非居民企业在中国境内设立机构、场所,取得发生在中国境外但与该机构、场所有实际联系的所得应缴纳企业所得税。由于企业在境外获得的所得,其来源的国家或地区也会行使征税权,这将导致国际重复征税,不利于国际经济交往。

为了避免国际重复征税,《企业所得税法》规定,已在境外缴纳的所得税税额可以从其当期应纳税额中抵免,其中的已在境外缴纳的所得税税额,是指企业来源于中国境外的所得依照中国境外税收法律以及相关规定应当缴纳并已经实际缴纳的企业所得税性质的税款。企业可以进行税收抵免的所得包括:

(1)居民企业来源于中国境外的应税所得;

(2)非居民企业在中国境内设立机构、场所,取得发生在中国境外但与该机构、场所有实际联系的应税所得。

《企业所得税法》规定,企业当年实际抵免的税额,不得超过抵免限额;企业已经在中国境外缴纳的企业所得税性质的税额超过抵免限额的部分,可以在超过抵免限额的当年的次年起连续 5 个纳税年度内,用每年度抵免限额抵免当年应抵税额后的余额进行抵补。

除国务院财政、税务主管部门另有规定外,该抵免限额应当分国(地区)不分项计算,计算公式如下:

$$抵免限额 = 中国境内、境外所得依照《企业所得税法》及其实施条例规定计算的应纳税总额 \times 来源于某国(地区)的应纳税所得额 \div 中国境内、境外应纳税所得额总额$$

$$= 来源于某国(地区)的应纳税所得额(境外税前所得额) \times 25\%$$

【例 6-21】某企业 20×2 年度境内应纳税所得额为 100 万元,适用 25% 的企业所得税税率。另外,该企业分别在 A、B 两国设有分支机构(我国与 A、B 两国已经缔结避免双重征税协定),在 A 国分支机构的应纳税所得额为 50 万元,A 国税率为 20%;在 B 国的分支机构的应纳税所得额为 30 万元,B 国税率为 30%。假设该企业在 A、B 两国的所得按我国税法计算的应纳税所得额和按 A、B 两国税法计算的应纳税所得额一致,两个分支机构在 A、B 两国分别缴纳了 10 万元和 9 万元的企业所得税。要求:计算该企业汇总时在我国应缴纳的企业所得税税额。

【解析】该企业按我国税法计算的境内、境外所得的应纳税额 $=(100+50+30) \times 25\% = 45$(万元)。

A、B 两国的扣除限额:

A 国扣除限额 $= 45 \times [50 \div (100+50+30)] = 12.5$(万元);

B 国扣除限额 $= 45 \times [30 \div (100+50+30)] = 7.5$(万元)。

在 A 国缴纳的所得税为 10 万元,低于扣除限额 12.5 万元,可全额扣除;

在 B 国缴纳的所得税为 9 万元,高于扣除限额 7.5 万元,其超过扣除限额的部分 1.5 万元当年不能扣除。

企业当年应纳税额 $= 100 \times 25\% + 2.5(补) = 27.5$(万元)。

三、居民企业核定征收所得税的计算

通常情况下,居民企业纳税人的企业所得税申报,实行查账征收方式,但纳税人具有下列情形之一的,由税务机关核定征收企业所得税:

(1)依照法律、行政法规的规定可以不设置账簿的;

(2)依照法律、行政法规的规定应当设置但未设置账簿的;

(3)擅自销毁账簿或者拒不提供纳税资料的;

(4)虽设置账簿,但账目混乱或者成本资料、收入凭证、费用凭证残缺不全,难以查账的;

(5)发生纳税义务,未按照规定的期限办理纳税申报,经税务机关责令限期申报,逾期仍不申报的;

(6)申报的计税依据明显偏低,又无正当理由的。

特殊行业、特殊类型的纳税人和一定规模以上的纳税人不适用核定征收办法。

采用应税所得率方式核定征收企业所得税的,应税所得税额计算公式如下:

应纳税所得额＝应税收入额×应税所得率

或　　应纳税所得额＝成本(费用)支出额÷(1－应税所得率)×应税所得率

应纳所得税额＝应纳税所得额×适用税率

应纳税所得率如表 6-3 所示。

表 6-3　不同行业的应纳税所得率

行　业	应纳税所得率/%	行业	应纳税所得率/%
农、林、牧、渔业	3～10	建筑业	8～20
制造业	5～15	饮食业	8～25
批发与零售贸易业	4～15	娱乐业	15～30
交通运输业	7～15	其他行业	10～30

【例 6-22】20×2 年某居民企业向主管税务机关申报应税收入总额 120 万元,成本费用支出总额 127.5 万元,全年亏损 7.5 万元。经税务机关检查,该企业成本费用核算准确,但收入总额不能确定。税务机关对该企业采取核定征税办法,应税所得率为 25%。要求:计算该年度该企业应缴纳的企业所得税。

【解析】该企业应纳税所得额＝127.5÷(1－25%)×25%＝42.5(万元)。

应纳所得税额＝42.5×25%＝10.63(万元)。

四、非居民企业应纳税额的计算

对于在中国境内未设立机构、场所的,或者虽设立机构、场所,但取得的所得与其所设机构、场所没有实际联系的非居民企业的所得,按照下列方法计算应纳税所得额:

(1)股息、红利等权益性投资收益和利息、租金、特许权使用费所得,以收入全额为应纳税所得额;

(2)转让财产所得,以收入全额减除财产净值后的余额为应纳税所得额;

(3)其他所得,参照前两项规定的方法计算应纳税所得额。

财产净值是指财产的计税基础减除已经按照规定扣除的折旧、折耗、摊销、准备金等后的余额。

五、非居民企业所得税核定征收办法

非居民企业因会计账簿不健全,资料残缺难以查账,或者其他原因不能准确计算并据实申报其应纳税所得额的,税务机关有权采取以下方法核定其应纳税所得额:

(1)按收入总额核定应纳税所得额,计算公式如下:

应纳税所得额＝收入总额×经税务机关核定的利润率

(2)按成本费用核定应纳税所得额,计算公式如下:

应纳税所得额＝成本费用总额÷(1－经税务机关核定的利润率)×经税务机关核定的利润率

(3)按经费支出换算收入核定应纳税所得额,计算公式如下:

应纳税所得额＝经费支出总额÷(1－经税务机关核定的利润率)×经税务机关核定的利润率

(4)税务机关可按照以下标准确定非居民企业的利润率:

①从事承包工程作业、设计和咨询劳务的,利润率为15%～30%;

②从事管理服务的,利润率为30%～50%;

③从事其他劳务或劳务以外经营活动的,利润率不低于15%。

税务机关有根据认为非居民企业的实际利润率明显高于上述标准的,可以按照比上述标准更高的利润率核定其应纳税所得额。

第五节　企业所得税的征收管理

一、纳税地点

除税收法律、行政法规另有规定外,居民企业以企业登记注册地确定纳税地点;但登记注册地在境外的,以实际管理机构所在地为纳税地点。企业登记注册地,是指企业依照国家有关规定登记注册的住所地。

居民企业在中国境内设立不具有法人资格的营业机构的,应当汇总计算并缴纳企业所得税。企业汇总计算并缴纳企业所得税时,应当统一核算应纳税所得额,具体办法由国务院财政、税务主管部门另行制定。

非居民企业在中国境内设立机构、场所的,来源于中国境内的所得,以及发生在中国境外但与其所设机构、场所有实际联系的所得,以机构、场所所在地为纳税地点。非居民企业在中国境内设立两个或者两个以上机构、场所的,经各机构、场

所所在地税务机关的共同上级税务机关审核批准,可以选择由其主要机构、场所汇总缴纳企业所得税。

非居民企业在中国境内未设立机构、场所的,或者虽设立机构、场所,但取得的所得与其所设机构、场所没有实际联系的,以扣缴义务人所在地为纳税地点。

除国务院另有规定外,企业之间不得合并缴纳企业所得税。

二、纳税期限

企业所得税实行分月或者分季预缴,年终汇算清缴,多退少补的税款缴纳方式。

按月或按季预缴的,企业应当自月份或者季度终了之日起 15 日内,向税务机关报送预缴企业所得税纳税申报表,预缴税款。

企业所得税的纳税年度自公历 1 月 1 日起至 12 月 31 日止。企业在一个纳税年度中间开业,或者终止经营活动,使该纳税年度的实际经营期不足 12 个月的,应当以其实际经营期为一个纳税年度。企业依法清算时,应当以清算期间作为一个纳税年度。

企业应当自年度终了之日起 5 个月内,向税务机关报送年度企业所得税纳税申报表,并汇算清缴,结清应缴应退税款。

纳税人在年度中间终止经营活动的,应当自实际经营终止之日起 60 日内,向税务机关办理当期企业所得税汇算清缴。

三、纳税申报

企业在纳税年度内无论盈利或者亏损,都应当依照《企业所得税法》规定的期限,向税务机关报送预缴企业所得税纳税申报表、年度企业所得税纳税申报表、财务会计报告和税务机关规定应当报送的其他有关资料。

企业应当在办理注销登记前,就其清算所得向税务机关申报并依法缴纳企业所得税。

企业缴纳的企业所得税,以人民币计算。企业所得以人民币以外的货币计算的,应折合成人民币计算应纳税所得额。

四、源泉扣缴

源泉扣缴是指依照有关法律规定或者合同约定对非居民企业直接负有支付相关款项义务的单位或者个人,依据《企业所得税法》相关规定对其应缴纳的企业所得税进行扣缴管理的一种征收方法。实行源泉扣缴的主要目的在于有效保护税源,保证国家财政收入,防止偷漏税,简化纳税手续。

(1)非居民企业在中国境内未设立机构、场所的,或者虽设立机构、场所,但取得的所得与其所设机构、场所没有实际联系的,其来源于中国境内的所得应缴纳的所得税,实行源泉扣缴,以支付人为扣缴义务人。对非居民企业在中国境内取得工程作业和劳务所得应缴纳的所得税,税务机关可以指定工程价款或者劳务费的支付人为扣缴义务人。

(2)税款由扣缴义务人在每次支付或者到期支付时,从支付或者到期应支付的款项中扣缴。扣缴义务人每次代扣的税款,应当自代扣之日起 7 日内缴入国库,并向所在地的税务机关报送"中华人民共和国扣缴企业所得税报告表"。

(3)依照《企业所得税法》规定应当扣缴的所得税,扣缴义务人未依法扣缴或者无法履行扣缴义务的,由纳税人在所得发生地缴纳。纳税人未依法缴纳的,税务机关可以从该纳税人在中国境内其他收入项目的支付人应付的款额中,追缴该纳税人的应纳税款。

五、特别纳税调整

近年来,我国通过健全防控体系来打击国际逃避税,维护国家税收权益。2014年后,国家税务总局相继制定并出台了《一般反避税管理办法(试行)》《关于非居民企业间接转让财产企业所得税若干问题的公告》《关于企业向境外关联方支付费用有关企业所得税问题的公告》等文件。此外,国家税务总局对《特别纳税调整实施办法(试行)》进行了修订,发布《特别纳税调查调整及相互协商程序管理办法》(国家税务总局公告 2017 年第 6 号),自 2017 年 5 月 1 日起施行。

(一)特别纳税调整的概念

企业与其关联方之间的业务往来,不符合独立交易原则而减少企业或者其关联方应纳税收入或者所得额的,税务机关有权按照合理方法调整。

企业的关联方,是指与企业有下列关联关系之一的企业、其他组织或者个人:

(1)在资金、经营、购销等方面存在直接或者间接的控制关系;

(2)直接或者间接地同为第三者控制;

(3)在利益上具有相关联的其他关系。

企业可以依照《企业所得税法》的规定,按照独立交易原则与其关联方分摊共同发生的成本,达成成本分摊协议。企业与其关联方分摊成本时,应当按照成本与预期收益相配比的原则进行分摊,并在税务机关规定的期限内,按照税务机关的要求报送有关资料。

企业与其关联方分摊成本时违反上述规定的,其自行分摊的成本不得在计算应纳税所得额时扣除。

关于企业向境外关联方支付费用有关企业所得税问题的公告

（二）税务机关进行特别纳税调整的方法

在正常交易原则下，各国在转让定价税收立法和管理实践中形成了一套对跨国关联企业间不合理转让定价进行审核和调整的方法，主要有：

（1）可比非受控价格法，是指按照没有关联关系的交易各方进行相同或者类似业务往来的价格进行定价的方法。

（2）再销售价格法，是指按照从关联方购进商品再销售给没有关联关系的交易方的价格，减除相同或者类似业务的销售毛利进行定价的方法。

（3）成本加成法，是指按照成本加合理的费用和利润进行定价的方法。

（4）交易净利润法，是指按照没有关联关系的交易各方进行相同或者类似业务往来取得的净利润水平确定利润的方法。

（5）利润分割法，是指将企业与其关联方的合并利润或者亏损在各方之间采用合理标准进行分配的方法。

（6）其他符合独立交易原则的方法。

（三）预约定价安排管理

企业可以向税务机关提出与其关联方之间业务往来的定价原则和计算方法，税务机关与企业协商、确认后，达成预约定价安排。

预约定价安排，是指企业就其未来年度关联交易的定价原则和计算方法，向税务机关提出申请，与税务机关按照独立交易原则协商、确认后达成的协议。

上海：数据赋能 精准对接 全力以"复"稳外资

思考与练习

【思考题】

1.企业所得税的特点是什么？

2.企业所得税居民企业纳税人和非居民企业纳税人的判定标准是什么？它们的纳税范围有什么不同？

3.现行《企业所得税法》对所得来源地是如何规定的？

4.在计算企业所得税时,哪些项目可以税前扣除？哪些项目不允许税前扣除？

5.企业所得税的征收方式有哪几种？

【练习题】

一、单选题

1.下列单位中,不属于企业所得税纳税人的是(　　)。

A.股份制企业

B.合伙企业

C.外商投资企业

D.有经营所得的其他组织

2.依据《企业所得税法》的规定,下列各项所得中,按负担、支付所得的企业或机构、场所所在地或者个人的住所所在地确定所得来源地的是(　　)。

A.提供劳务所得

B.转让房屋所得

C.权益性投资所得

D.特许权使用费所得

3.下列各项中,不属于企业所得税纳税人的企业是(　　)。

A.在外国成立但实际管理机构在中国境内的企业

B.在中国境内成立的外商独资企业

C.在中国境内成立的个人独资企业

D.在中国境内未设立机构、场所,但有来源于中国境内所得的企业

4.以下关于企业所得税收入确认时间的表述中,正确的是(　　)。

A.股息、红利等权益性投资收益,以投资方收到分配金额作为收入的实现

B.利息收入,按照合同约定的债务人应付利息的日期确认收入的实现

C.租金收入,在实际收到租金收入时确认收入的实现

D.特许权使用费收入,在实际收到使用费收入时确认收入的实现

5.按照企业所得税的相关规定,下列说法中,正确的是(　　　)。

A.销售商品采用托收承付方式的,在发出商品时确认收入

B.销售商品采取预收款方式的,在收到预售款时确认收入

C.销售商品采取支付手续费方式委托代销的,在收到代销清单时确认收入

D.企业以买一赠一方式组合销售本企业商品的,对赠品按照捐赠行为进行税务处理

6.某奶粉厂外购奶牛支付价款 20 万元,依据企业所得税相关规定,该项资产在企业所得税税前扣除方法为(　　　)。

A.一次性在税前扣除

B.按奶牛寿命在税前分期扣除

C.按直线法以不低于 3 年的折旧年限计算折旧在税前扣除

D.按直线法以不低于 10 年的折旧年限计算折旧在税前扣除

7.在计算企业所得税应缴纳所得额时,下列项目准予扣除的是(　　　)。

A.经济合同的违约金支出

B.各项税收滞纳金支出

C.罚金支出

D.非广告性质的赞助支出

二、多选题

1.《企业所得税法》规定的转让财产收入包括转让(　　　)。

A.生物资产　　　　　　　　　　B.低值易耗品

C.股权　　　　　　　　　　　　D.债权

2.根据企业所得税处置资产确认收入的相关规定,下列各项行为中,不应视同销售的有(　　　)。

A.将生产的产品用于市场推广

B.将生产的产品用于职工福利

C.将产品用于管理部门

D.将资产在总机构及其境内分支机构之间转移

3.下列各项中,不属于企业所得税工资、薪金支出范围的有(　　　)。

A.向雇员支付加班奖金支出

B.雇员年终加薪的支出

C.按规定为雇员缴纳社保支出

D.为雇员提供的劳动保护费支出

4.根据《企业所得税法》的规定,企业在生产经营活动中发生的下列利息支出,

准予在税前据实扣除的有（　　）。

    A.非金融企业向金融企业借款的利息支出

    B.非金融企业向非金融企业借款的利息支出

    C.金融企业的各项存款利息支出

    D.金融企业的同业拆借利息支出

5.根据《企业所得税法》的规定,下列借款费用应资本化的有（　　）。

    A.为建造固定资产发生借款的,该资产建造期间发生的合理的借款费用

    B.为购置无形资产发生借款的,该资产购置期间发生的合理的借款费用

    C.为经过 6 个月以上的建造才能达到预定可销售状态的存货发生借款的,该资产建造期间发生的合理的借款费用

    D.为经过 12 个月以上的建造才能达到预定可销售状态的存货发生借款的,该资产建造期间发生的合理的借款费用

6.根据《企业所得税法》的规定,在计算企业所得税应纳税所得额时,下列项目不得在企业所得税税前扣除的有（　　）。

    A.计提的固定资产减值准备

    B.违反法律被司法部门处以的罚金

    C.非广告性质的赞助支出

    D. 被没收财物的损失

三、综合计算题

1.某居民企业全年发生以下业务:

(1)销售产品取得不含税收入 2 000 万元,发生与收入相配比的销售成本 1 000万元,实际缴纳增值税 700 万元;

(2)转让一项商标所有权,取得营业外收入 60 万元;

(3)收取当年让渡资产使用权的专利实施许可费,取得其他业务收入 10 万元;

(4)全年发生销售费用 500 万元,含广告费 400 万元;发生管理费用 200 万元,含业务招待费 80 万元;

(5)全年发生营业外支出 40 万元(含通过政府向灾区捐赠的款项 20 万元,直接向私立小学捐赠的款项 10 万元,违反政府规定被工商局处以的罚款 2 万元);

(6)发生财务费用 80 万,其中含向非金融企业借款 500 万元所支付的年利息 40 万元(当年金融企业贷款的年利率为 5.8%);

(7)取得投资收益 18 万元,包括从直接投资外地非上市的居民企业而分回的税后利润 17 万元(该居民企业适用的企业所得税税率为 15%)和国债利息收入 1 万元。

请计算:

(1)该企业的会计利润。

(2)该企业的应纳税所得额。

(3)该企业的应纳所得税额。

2.某公司全年境内外应纳税所得额为 100 万元。其中,从 A 国子公司分回税前所得 42 万元,已在 A 国按 30% 的税率缴纳了企业所得税;从 B 国子公司分回税前所得 30 万元,已在 B 国按 20% 的税率缴纳了企业所得税。

请计算:

(1)A 国子公司的税收抵免限额。

(2)B 国子公司的税收抵免限额。

(3)该公司的应纳企业所得税。

【练习题参考答案】

第七章　个人所得税税制

【知识与技能要求】

1.了解个人所得税的概念、特点和作用;

2.理解和掌握个人所得税的基本法律规定;

3.理解和掌握个人所得税应纳税额的计算;

4.了解个人所得税的相关征收管理规定。

【思政目标】

通过个人所得税税制的教学,增强学生的公平正义意识与家国情怀,使其明白个人所得税在调节收入分配、促进社会公平中的关键作用。

第一节　个人所得税概述

我国现行个人所得税的基本规范是 2018 年 8 月 31 日由第十三届全国人民代表大会常务委员会第五次会议修改通过并公布的《中华人民共和国个人所得税法》(以下简称《个人所得税法》),该法律自 2019 年 1 月 1 日起施行的。

一、个人所得税的概念

个人所得税是对个人取得的各项应税所得征收的一种税。其中的个人,既指自然人,也包括自然人性质的企业,如个人独资企业、合伙企业。

二、个人所得税的特点

我国现行的个人所得税主要具有以下几大特点。

(一)初步建立分类与综合相结合的征收模式

世界各国的税收实务中,个人所得税的征税模式有 3 种:分类征收制、综合征收制和混合征收制。分类征收制是针对个人所得的不同种类按不同的税率征收个

— 221 —

人所得税,这种模式的优点是能充分体现国家的经济政策并对收入进行调节,缺点是可能导致税负不公平。综合征收制是将个人一定时期的各种所得汇总起来按照统一的税率来征税,这种模式能体现税负公平的原则,但不利于国家对不同收入的调节,而且这种模式要求政府建立完善的纳税申报制度。混合征收制即分类与综合相结合征收制具体又分成两种方式:一种方式是先将个人所得分成不同的种类,对不同的种类按不同的税率征税,然后将个人一定时期的各类所得汇总按统一的税率计算征收,多退少补;另一种方式是将部分种类的所得独立出来分类计征所得税,其他所得汇总按总额计征所得税。混合征收制综合了前两种模式的优点,既能体现国家对收入的调节,又能体现税负公平。

随着我国居民收入来源多样化、收入水平迅速增加,高收入人群和低收入人群的收入差异不断扩大,我国现行的个人所得税制将工资、薪金所得,劳务报酬所得,稿酬所得,特许权使用费所得等四项劳动性所得纳入综合征税范围,按照统一的超额累进税率综合征税,允许劳务报酬、稿酬、特许权使用费等三类收入在扣除 20% 的费用后计算纳税,稿酬所得在允许扣除 20% 费用的基础上,进一步给予再减按 70% 计算的优惠。同时,子女教育、继续教育、大病医疗、住房房屋贷款或者住房租金、赡养老人的支出也将作为专项附加项目予以扣除。居民个人按年合并计算个人所得税,非居民个人按月或者按次分项计算个人所得税。由此,我国初步建立了个人所得税制度分类与综合相结合的征收模式,更符合个人所得税基本原理,有利于税制公平。

(二)累进税率与比例税率并用

我国现行个人所得税根据各类个人所得的不同性质和特点,将累进税率和比例税率综合运用于个人所得税制。其中,对工资、薪金所得,个体工商户的生产、经营所得,企事业单位承包经营、承租经营所得,采用累进税率,实现量能负担;对劳务报酬、稿酬等其他所得,采用比例税率,从而实现对个人收入差距的合理调节。

(三)费用扣除额较宽,并采用定额与定率相结合的费用扣除方法

各国的个人所得税均有费用扣除的规定,只是扣除的方法及额度不同。我国采用定额和定率相结合的费用扣除方法。对工资、薪金所得,定额扣除的标准为 5 000 元/月;对劳务报酬等所得,每次收入不超过 4 000 元的减除 800 元,每次收入 4 000 元以上的减除 20% 的费用。这种扣除方法把征税的重点集中在高收入者身上,使得高收入群体负担更多的税收,低收入群体缴纳较少的税收,以缩小高收入者和低收入者之间的收入差距,对个人收入差距进行合理的调节。

三、个人所得税的作用

(一)有利于增加财政收入

个人所得税是对个人的所得征税,在现实生活中,个人所得的来源广泛,而且随着社会经济的发展,个人所得也将逐步增长。选择对个人所得征税,可以获得稳定的增长的财政收入,对政府组织财政收入是十分有利的。

(二)对个人收入进行调节

个人所得税具有收入调节功能,设计合理的个人所得税征收制度,充分发挥个人所得税对收入的调节作用,对维护社会稳定,促进经济发展有着重要的意义。

(三)有利于增强居民的纳税意识

个人所得税开征过程中,政府对个人所得税的宣传、税款的征收与缴纳,源泉扣缴制度和居民自行申报制度的实施等,都有利于培养和增强居民的纳税意识。

四、个人所得税的起源与发展

(一)个人所得税制度的起源

18世纪末,英国由于与法国交战致使财政吃紧,而作为当时主要税收收入来源的消费税和关税都无法解决这个问题,于是有人提议向高收入者征收所得税,1799年英国开始征收个人所得税。所得税课征之初是为了应付战时之需,本无永久的性质。

19世纪之后,西方各国相继效仿开征个人所得税,并且使之从临时性的税种发展成为永久性的税种。20世纪70年代,个人所得税已经成为许多发达国家最主要的税收来源。由于个人所得税在稳定社会经济方面也发挥着重要作用,因此还被称为调节经济的"内在稳定器"。

(二)我国个人所得税制度的建立与发展

1.中华人民共和国成立前的个人所得税制度

中国个人所得税的征收始于清朝末年。宣统年间起草的《所得税章程》中包括对个人所得征税的内容。中华民国时期,北洋政府曾经制定过《所得税条例》,该条例后经南京政府修订,但未真正实行。1936年7月,民国政府制定并发布了《所得税暂行条例》,开征属于个人所得税的薪给报酬所得税和证券存款所得税。

2.中华人民共和国成立后的个人所得税制度

中华人民共和国成立后,在1950年颁布的《全国税政实施要则》中列有薪给报酬所得税(未开征)和存款利息所得税。

为了适应对外开放的要求,1980年9月10日第五届全国人民代表大会第三次会议审议通过《个人所得税法》,正式确立了个人所得税,该法规主要适用于中国境内的外籍人员。同年 12 月 14 日,经国务院批准,财政部公布了《中华人民共和国法个人所得税法实施细则》。1986 年,国务院根据改革和发展的经济形势,发布了《中华人民共和国城乡个体工商业户所得税暂行条例》和《中华人民共和国个人收入调节税暂行条例》,对国内公民和个体工商业户征收所得税,从而形成了个人所得税、城乡个体工商业户所得税和个人收入调节税三税并存的格局。

为了规范和完善个人所得税的征税制度,适应建立社会主义市场经济体制的要求,1993 年 10 月 31 日第八届全国人民代表大会常务委员会第四次会议决定修改《个人所得税法》,将主要适用于中国境内外籍人员的个人所得税与个体工商业户所得税、个人收入调节税合并,设置了统一的个人所得税。

国务院于 1994 年 1 月 28 日发布了《中华人民共和国个人所得税法实施条例》(以下简称《个人所得税法实施条例》)。之后,根据我国国民经济和社会发展的情况,全国人大常委会于 1999 年 8 月 30 日、2005 年 10 月 27 日、2007 年 6 月 29 日、2007 年 12 月 29 日、2011 年 6 月 30 日对《个人所得税法》进行了五次修订,国务院相应地对《个人所得税法实施条例》进行了三次修订。2018 年 8 月 31 日第十三届全国人民代表大会常务委员会第五次会议通过《关于修改〈中华人民共和国个人所得税法〉的决定》对个人所得税法进行第七次修正,自 2019 年 1 月 1 日起施行。2018 年 12 月 18 日国务院令第 707 号第四次修订了《个人所得税法实施条例》。自 2019 年 1 月 1 日起与修订后的《个人所得税法》同步施行。

拓展阅读

打击网络主播偷逃税行为 彰显税收和社会公平

第二节 个人所得税的基本法律规定

一、个人所得税的纳税人

凡在中国境内有住所的个人、个体工商户,在中国境内有所得的外籍人员和香港、澳门、台湾同胞,均为个人所得税的纳税义务人。《个人所得税法》根据住所和居住时间两项标准,将个人所得税的纳税义务人划分为居民纳税人和非居民纳税人。居民纳税人承担无限纳税义务,非居民纳税人只负有限纳税义务。

(一)居民纳税人

个人所得税的居民纳税人负有无限纳税义务,其来源于中国境内和境外的所得,都应在我国缴纳个人所得税。居民纳税人是指在中国境内有住所,或者无住所而在境内居住累计满183天的个人。

1.住所标准

在中国境内有住所的个人,是指因户籍、家庭、经济利益关系而在中国境内习惯性居住的个人。所谓习惯性居住,是判定纳税义务人是居民还是非居民的一个法律意义上的标准,而不是指实际居住或在某一个特定时期内的居住地。如因学习、工作、探亲、旅游等而在中国境外居住的,在其原因消除之后,必须回到中国境内居住的个人,则中国即为该纳税人的习惯性居住地。所以,《个人所得税法》中所说的"住所",其概念与通常所说的住所是有区别的。

2.居住时间标准

一个纳税年度在境内居住累计满183天,是指在一个纳税年度(即公历1月1日起至12月31日止,下同)内,在中国境内居住累计满183日。在计算居住天数时,按其一个纳税年度内在境内的实际居住时间确定,取消了原有的临时离境规定,即境内无住所的某人在一个纳税年度内无论出境多少次,只要在我国境内累计住满183天,就可判定为我国的居民个人。

为了加强国际交流,鼓励外籍人员来我国工作,本着从宽、从简的原则,税法规定:对于在中国境内无住所,但是居住1年以上未超过5年的个人,其来源于中国境内的所得应全部依法缴纳个人所得税,经主管税务机关批准,可以只就来源于中国境内公司、企业以及其他经济组织或个人支付的部分缴纳个人所得税。对于居住满5年的个人,从第6年起,应当就其来源于中国境内、境外的全部所得缴纳个人所得税。

上述所说的中国境内,是指中国大陆地区,不包括香港、澳门、台湾地区。

(二)非居民纳税人

个人所得税的非居民纳税人只负有限纳税义务,仅就其从中国境内取得的所得在我国缴纳个人所得税。非居民纳税人,是指在中国境内无住所又不居住或者无住所而一个纳税年度内在境内居住不满183天的个人。

自2019年1月1日起,无住所个人一个纳税年度内在中国境内累计居住天数,按照个人在中国境内累计停留的天数计算。在中国境内停留的当天满 24 小时的,计入中国境内居住天数,在中国境内停留的当天不足 24 小时的,不计入中国境内居住天数。

【例 7-1】汤姆是美国人,20×1 年 1 月 1 日至 20×2 年 9 月 30 日被公司总部派到上海工作。期间,汤姆于 20×1 年 7 月 1 日到 7 月 25 日回美国述职,于 20×1 年 12 月 20 日到 20×2 年 1 月 10 日回美国度假。请判断:在 20×1 年和 20×2 年两个纳税年度,汤姆属于居民纳税义务人还是非居民纳税义务人?

【解析】汤姆是美国人,在中国境内无住所,因此,需要根据汤姆在中国境内实际居住的时间来判断其纳税义务。

20×1 年度,汤姆两次离境,其中 20×1 年 7 月 1 日到 7 月 25 日回美国述职,20×1 年 12 月 20 日到 20×1 年 12 月 31 日回美国度假,两次离境时间合计为 37 天,汤姆 20×1 年度在中国境内居住满 183 天,所以,20×1 年度汤姆属于居民纳税人。

20×2 年度,汤姆工作到 20×2 年 9 月 30 日,在中国居住满 183 天,20×2 年度汤姆属于居民纳税人。

二、个人所得税的征税对象

个人所得税的征税对象是指个人取得的所得,《个人所得税法》列举的个人所得项目共有 9 项,具体范围如下:

(一)工资、薪金所得

工资、薪金所得,是指个人因任职或者受雇而取得的工资、薪金、奖金、年终加薪、劳动分红、津贴、补贴以及与任职或者受雇有关的其他所得。

在这类报酬中,工资、薪金的收入主体略有差异,"蓝领阶层"的所得称为工资,"白领阶层"的所得称为薪金。工资、薪金所得建立在收入者与支付单位之间存在任职受雇关系上,这种任职受雇关系在现实中主要体现为劳动关系或人事关系。但在实际立法过程中,各国都从简便易行的角度考虑,将工资、薪金合并为一个项目计征个人所得税。

上述所得中,工资、薪金、属于工资性质的奖金、年终加薪、劳动分红,不分种类和取得的情况,一律按"工资、薪金所得"课税。津贴、补贴等项目是否应计入"工资、薪金所得"征税,按如下原则处理:

(1)对按照国务院规定发给的政府特殊津贴和国务院规定免纳个人所得税的补贴、津贴,免予征收个人所得税。其他各种补贴、津贴均应计入"工资、薪金所得"项目征税。

（2）下列不属于工资、薪金性质的补贴、津贴，或者不属于纳税人本人"工资、薪金所得"项目的收入，不予征税：

①独生子女补贴。

②执行公务员工资制度未纳入基本工资总额的补贴、津贴差额和家属成员的副食品补贴。

③托儿补助费。

④差旅费津贴、误餐补助。其中，误餐补助是按照财政部规定，个人因公在城区、郊区工作，不能在工作单位或返回就餐的，根据实际误餐顿数，按规定的标准领取的误餐费。单位以误餐补助名义发给职工的补助、津贴不能包括在内。

⑤外国来华留学生，领取的生活津贴费、奖学金，不属于工资、薪金范畴，不征个人所得税。

（3）关于个人取得公务交通、通信补贴收入的征税问题。

个人因公务用车和通信制度改革而取得的公务用车、通信补贴收入，扣除一定标准的公务费用后，按照"工资、薪金所得"项目计征个人所得税。按月发放的，并入当月"工资、薪金所得"计征个人所得税；不按月发放的，分解到所属月份并与该月份"工资、薪金所得"合并后计征个人所得税。

公务费用扣除标准，由省税务局根据纳税人公务交通、通信费用实际发生情况调查测算，报经省级人民政府批准后确定，并报国家税务总局备案。

（二）劳务报酬所得

劳务报酬所得，是指个人从事设计、装潢、安装、制图、化验、测试、医疗、法律、会计、咨询、讲学、新闻、广播、翻译、审稿、书画、雕刻、影视、录音、录像、演出、表演、广告、展览、技术服务、介绍服务、经纪服务、代办服务以及其他劳务取得的所得。

劳务报酬所得和工资、薪金所得同属于个人提供劳务而取得的所得，在实务工作中可以按照如下标准区分：工资、薪金所得是属于非独立个人劳务活动，即在机关、团体、学校、部队、企事业单位及其他组织中任职、受雇而得到的报酬；劳务报酬所得则是个人独立从事各种技艺、提供各项劳务取得的报酬。两者的主要区别在于，前者存在雇佣与被雇佣关系，后者则不存在这种关系。

【例 7-2】陈女士是某歌舞团的著名舞蹈演员，每个月从歌舞团领取固定报酬收入 7 500 元，当年 10 月，陈女士应一家娱乐公司的邀请，出席了在广州举行的歌舞表演，获得报酬 30 000 元。请问：陈女士的上述收入中哪些属于工资、薪金所得？哪些属于劳务报酬所得？

【解析】从歌舞团取得的固定报酬收入属于工资、薪金所得，在广州出席的歌舞表演收入属于劳务报酬所得。

在校学生因参与勤工俭学活动(包括参与学校组织的勤工俭学活动)应依法缴纳个人所得税。

个人担任董事职务所取得的收入分两种情形:

(1)个人担任公司董事、监事且不在公司任职受雇的,按"劳务报酬所得"项目纳税;

(2)个人在公司(包括关联公司)任职、受雇同时兼任董事、监事,按"工资、薪金所得"纳税(与个人工资合并)。

自 2004 年 1 月 20 日起,对商品营销活动中,企业和单位对营销业绩突出的非雇员以培训班、研讨会、工作考察等名义组织旅游活动,通过免收差旅费、旅游费对个人实行的营销业绩奖励(包括实物、有价证券等),应根据所发生费用的金额作为该营销人员当期的劳务收入,按照"劳务报酬所得"项目征收个人所得税,并由提供上述费用的企业和单位代扣代缴。

(三)稿酬所得

稿酬所得,是指个人因其作品以图书、报刊形式出版、发表而取得的所得。这里所说的作品,包括文学作品、摄影、乐谱等能以图书、报刊方式出版、发表的作品。对不以图书、报刊形式出版、发表的翻译、审稿、书画等所得,不属于稿酬所得,应按"劳务报酬所得"征税。将稿酬所得独立划归一个征税项目,主要是考虑了出版、发表作品的特殊性。第一,它是一种依靠较高智力创作的精神产品;第二,它具有普遍性;第三,它与社会主义精神文明和物质文明密切相关;第四,它的报酬相对偏低。因此,稿酬所得应当与一般劳务报酬相区别,并给予适当优惠照顾。

作者去世后,对取得其遗作稿酬的个人,按"稿酬所得"征收个人所得税。

对报社、杂志社、出版社等单位的职员在本单位的刊物上发表作品、出版图书取得所得的征税规定如下:

(1)任职、受雇于报社、杂志社等单位的记者、编辑等专业人员,因在本单位的报纸、杂志上发表作品取得的所得,与其当月工资收入合并,按"工资、薪金所得"项目征收个人所得税。

除上述专业人员以外,其他人员在本单位的报纸、杂志上发表作品取得的所得,应按"稿酬所得"项目征收个人所得税。

(2)出版社的专业作者撰写、编写或翻译的作品,由本社以图书形式出版而取得的稿费收入,应按"稿酬所得"项目征收个人所得税。

(四)特许权使用费所得

特许权使用费所得,是指个人提供专利权、商标权、著作权、非专利技术以及其他特许权的使用权取得的所得;提供著作权的使用权取得的所得,不包括稿酬所得。

作者将自己的文字作品手稿原件或复印件公开拍卖(竞价)取得的所得,应按"特许权使用费所得"项目征收个人所得税。

个人取得特许权的经济赔偿收入按"特许权使用费所得"项目纳税,税款由支付赔款的单位或个人代扣代缴。

编剧从电视剧的制作单位取得的剧本使用费,按"特许权使用费所得"项目征税。

【例7-3】中国公民潘女士于20×1年12月13日通过拍卖行将一副祖传徐悲鸿的奔马图和一副自己的书法作品进行拍卖,分别取得收入16 500 000元和50 000元。请问:潘女士的上述两项拍卖收入分别属于个人所得税的哪项应税所得项目?

【解析】潘女士拍卖的祖传徐悲鸿的奔马图所得,属于"财产转让所得"项目;拍卖自己的书法作品,属于"特许权使用费所得"项目。

(五)经营所得

经营所得包括:

(1)个体工商户从事生产、经营活动取得的所得,个人独资企业投资人、合伙企业的个人合伙人来源于境内注册的个人独资企业、合伙企业生产、经营的所得。个体工商户以业主为个人所得税纳税义务人。

(2)个人依法从事办学、医疗、咨询以及其他有偿服务活动取得的所得。

(3)个人对企业、事业单位承包经营、承租经营以及转包、转租取得的所得。对企事业单位的承包经营、承租经营所得,是指个人承包经营或承租经营以及转包、转租取得的所得。承包项目可分多种,如生产经营、采购、销售、建筑安装等各种承包。转包包括全部转包或部分转包。

(4)个人从事其他生产、经营活动取得的所得。例如,个人因从事彩票代销业务而取得的所得,或者从事个体出租车运营的出租车驾驶员取得的收入,都应按照"经营所得"项目计征个人所得税。这里所说的从事个体出租车运营,包括:出租车属个人所有,但挂靠出租汽车经营单位或企事业单位,驾驶员向挂靠单位缴纳管理费的,或出租汽车经营单位将出租车所有权转移给驾驶员的。

注意:个体工商户和从事生产、经营的个人,取得与生产、经营活动无关的其他各项应税所得,应分别按照其他应税项目的有关规定,计算征收个人所得税。如取得银行存款的利息所得、对外投资取得的股息所得,应按"股息、利息、红利"项目的规定单独计征个人所得税。个人独资企业、合伙企业的个人投资者以企业资金为本人、家庭成员及其相关人员支付与企业生产经营无关的消费性支出及购买汽车、住房等财产性支出,视为企业对个人投资者的利润分配,并入投资者个人的生产经营所得,依照"经营所得"项目计征个人所得税。

(六)利息、股息、红利所得

利息、股息、红利所得,是指个人拥有债权、股权而取得的利息、股息、红利所得。其中,利息是指个人因持有债权而获取的所得,包括存款、贷款和债权的利息;股息是指个人因拥有股权而取得的公司按照一定的股息率和股东所持有的股份数分给股东的收益;红利是公司分派股利之后,按持股比例分配给股东的收益。

我国自 2008 年 10 月 9 日起,对个人取得的国债利息、国家发行的金融债券利息、教育储蓄存款利息,均免征个人所得税。

(1)除个人独资企业、合伙企业以外的其他企业的个人投资者,以企业资金为本人、家庭成员及其相关人员支付与企业生产经营无关的消费性支出及购买汽车、住房等财产支出,视为企业对个人投资者的红利分配,依照"利息、股息、红利所得"项目计个人所得税。企业的上述支出不允许在所得税前扣除。

纳税年度内个人投资者从其投资企业(个人独资企业、合伙企业除外)借款,在该纳税年度终了后既不归还又未用于企业生产经营的,其未归还的借款可视为企业对个人投资者的红利分配,依照"利息、股息、红利所得"项目计征个人所得税。

(2)企业为股东购买车辆并将车辆所有权办到股东个人名下,其实质为企业对股东进行了红利性质的实物分配,应按照"利息、股息、红利所得"项目征收个人所得税。考虑到该股东个人名下的车辆同时也为企业经营使用的实际情况,允许合理减除部分所得;减除的具体数额由主管税务机关根据车辆的实际使用情况合理确定。

(七)财产租赁所得

财产租赁所得,是指个人出租建筑物、土地使用权、机器设备、车船以及其他财产取得的所得。

个人取得的财产转租收入,属于"财产租赁所得"的征税范围。确认财产租赁所得的纳税义务人,应以产权凭证为依据。无产权凭证的,由主管税务机关根据实际情况确定纳税义务人。产权所有人死亡,在未办理产权继承手续期间,该财产出租而有租金收入的,以领取租金的个人为纳税义务人。

(八)财产转让所得

财产转让所得,是指个人转让有价证券、股权、建筑物、土地使用权、机器设备、车船以及其他财产取得的所得。具体规定为：

1.股票转让所得

《个人所得税法》规定,对股票转让所得征收个人所得税的办法,由国务院财政部门另行制定,报国务院批准施行。由于我国证券市场还不成熟,目前我国对股票转让所得暂不征收个人所得税,但对自然人(个人)股东股权转让所得应按"财产转让所得"征收个人所得税。

2.量化资产股份转让

集体所有制企业在改制为股份合作企业时,对职工个人以股份形式取得的拥有所有权的企业量化资产,暂缓征收个人所得税;当个人将股份转让时,就其转让收入额,减除个人取得该股份时实际支付的费用支出和合理转让费用后的余额,按"财产转让所得"征税。

(九)偶然所得

偶然所得,是指个人得奖、中奖、中彩以及其他偶然性质的所得。

企业对累积消费达到一定额度的顾客,给予额外抽奖机会,个人的获奖所得,按照"偶然所得"项目,全额适用20%的税率缴纳个人所得税。

购买社会福利有奖募捐奖券一次中奖不超过1万元的,暂免征收个人所得税,超过1万的全额征税。

三、所得来源地的确认

个人所得税根据所得来源地将个人所得分成境内所得和境外所得,其中居民纳税人应就境内所得和境外所得承担全面纳税义务,而非居民纳税人则只需要就境内所得承担纳税义务。因此,准确判断所得来源地,是确定纳税人纳税义务的前提。

根据《个人所得税法实施条例》规定,除国务院财政、税务主管部门另有规定外,下列所得,不论支付地点是否在中国境内,均为来源于中国境内的所得:

(1)因任职、受雇、履约等在中国境内提供劳务取得的所得;

(2)将财产出租给承租人在中国境内使用而取得的所得;

(3)许可各种特许权在中国境内使用而取得的所得;

(4)转让中国境内的不动产等财产或者在中国境内转让其他财产取得的所得;

(5)从中国境内企业、事业单位、其他组织以及居民个人取得的利息、股息、红利所得。

【例7-4】陈女士在中国人寿芝加哥分公司工作,取得年薪100万元的收入,20×1年将自己的房产出租给同在芝加哥的中国留学生使用,取得年租金收入10万元,20×2年1月将专利权转让给中国境内的公司使用,取得所得200万元。

请问:陈女士的以上所得哪些来源于中国境内?

【解析】由于年薪100万元的收入来源于中国人寿美国芝加哥分公司,属于工资、薪金所得,此所得不属于来源于中国境内的所得。

出租的房产的承租人是在美国使用,属于财产租赁所得,此所得不属于来源于中国境内的所得。

转让专利权的使用地为中国境内,属于特许权使用费所得,此所得属于来源于中国境内的所得。

四、个人所得税的税率

个人所得税征税涉及面广、政策性强,因此,在设计税率时,需要全面衡量,通盘考虑,科学设计。个人所得税的设计主要体现了以下原则:

第一,税负从轻。现阶段我国大多数个人的所得来源比较单一,主要是工资、薪金所得,而且总体收入水平不高,生活费用支出占个人收入的比重还比较大。因此,在设计税率时,应体现税负从轻原则,特别是工资、薪金所得适用的累进税率,其起点税率不能过高,要保证中等收入水平的纳税人负担较少的税额。

第二,区别对待、分类调节。个人所得的形式多种多样,大体可以分为4类:

(1)工资或薪金类所得;

(2)生产经营和承租、承包类所得;

(3)劳务、特许权使用、财产租赁或转让类所得;

(4)利息、股息、红利类所得。

上述4类所得的收入性质和纳税能力各不相同。第(1)类所得属于非独立个人劳动所得,其中的相当部分需要用于生活支出。由于每人基本生计费用大体相同,因此收入越高,扣除基本生计费用后的余额也越多,应采用超额累进税率进行调节。第(2)类所得涉及生产经营规模及效益问题,本应比照对企业利润征税的办法处理,但由于个体业主的生产经营及获利情况相差悬殊,所以,也采用了超额累进税率进行调节。第(3)类所得多为一次性所得,且涉及的成本、费用与净所得的比例较为均衡,故采取比例税率征收的办法。第(4)类所得属于纯投资性所得,除不应扣除任何费用外,还应实行超额累进调节的办法。但出于简化计税方法考虑,采取了按比例税率征收的办法。

第三,体现国家政策。征收个人所得税最重要的目的,是调节社会收入分配,尤其是要调节那些过高的收入,鼓励劳动所得。这项原则不仅体现在分类设计税率、分项制定征税办法方面,还体现在对不同的所得项目或同一所得项目中不同来源的收入,分别采取减征和加成征税的办法,以体现国家税收的鼓励、调节政策。

例如,对属于知识性勤劳所得的稿酬所得,规定按适用税率减征 30％的税额;对劳务报酬所得畸高的,实行加成征税办法。

我国现行的《个人所得税法》根据不同的个人所得项目设置不同的税率。

(一)综合所得适用税率

综合所得适用 3％～45％的七级超额累进税率,同时为了简化计算,通常分级计算速算扣除数,具体见表 7-1。

表 7-1　综合所得适用税率

级　数	全年应纳税所得额	税率/%	速算扣除数/元
1	不超过 36 000 元的部分	3	0
2	超过 36 000 元至 144 000 元的部分	10	2 520
3	超过 144 000 元至 300 000 元的部分	20	16 920
4	超过 300 000 元至 420 000 元的部分	25	31 920
5	超过 420 000 元至 660 000 元的部分	30	52 920
6	超过 660 000 元至 960 000 元的部分	35	85 920
7	超过 960 000 元的部分	45	181 920

(二)经营所得适用税率

个体工商户的生产、经营所得和对企事业单位的承包经营、承租经营所得,个人独资企业和合伙企业的生产经营所得,适用 5％～35％的五级超额累进税率,具体见表 7-2。

表 7-2　经营所得适用税率

级　数	全年应纳税所得额	税率/%	速算扣除数/元
1	不超过 30 000 元的部分	5	0
2	超过 30 000 元至 90 000 元的部分	10	1 500
3	超过 90 000 元至 300 000 元的部分	20	10 500
4	超过 300 000 元至 500 000 元的部分	30	40 500
5	超过 500 000 元的部分	35	65 500

(三)利息、股息、红利所得,财产租赁所得,财产转让所得,偶然所得适用税率

利息、股息、红利所得,财产租赁所得,财产转让所得,偶然所得和其他所得,适

用比例税率,税率为20%。

为了配合国家住房制度改革,促进住房租赁市场的健康发展,从2008年3月1日起,个人出租住房减按10%的税率征收个人所得税。

(四)预扣预缴使用税率表(见表7-3、表7-4、表7-5)

表7-3　居民个人工资、薪金所得预扣预缴适用税率

级　数	累计预扣预缴应纳税所得额	预扣率/%	速算扣除数
1	不超过36 000元	3	0
2	超过36 000元至144 000元的部分	10	2 520
3	超过144 000元至300 000元的部分	20	16 920
4	超过300 000元至420 000元的部分	25	31 920
5	超过420 000元至660 000元的部分	30	52 920
6	超过660 000元至960 000元的部分	35	85 920
7	超过960 000元的部分	45	181 920

表7-4　居民个人劳务报酬所得预扣预缴适用税率

级　数	预扣预缴应纳税所得额	预扣率/%	速算扣除数
1	不超过20 000元	20	0
2	超过20 000元至50 000元的部分	30	2 000
3	超过50 000元的部分	40	7 000

表7-5　非居民个人工资薪金所得、劳务报酬所得、
稿酬所得、特许权使用费所得适用税率

级　数	应纳税所得额	预扣率/%	速算扣除数
1	不超过3 000元	3	0
2	超过3 000元至12 000元的部分	10	210
3	超过12 000元至25 000元的部分	20	1 410
4	超过25 000元至35 000元的部分	25	2 660
5	超过35 000元至55 000元的部分	30	4 410
6	超过55 000元至80 000元的部分	35	7 160
7	超过80 000元的部分	45	15 160

注:本表也适用于居民个人的综合所得按月计算税额。

五、个人所得税的税收优惠

《个人所得税法》规定了二类税收优惠政策,一是税法规定的免纳个人所得税的优惠,二是批准减征个人所得税的优惠。

(一)免税项目

下列各项个人所得,免纳个人所得税:

(1)省级人民政府、国务院部委和中国人民解放军军以上单位,以及外国组织、国际组织颁发的科学、教育、技术、文化、卫生、体育、环境保护等方面的奖金。

(2)国债和国家发行的金融债券利息。

国债利息,是指个人持有中华人民共和国财政部发行的债券而取得的利息;国家发行的金融债券利息,是指个人持有经国务院批准发行的金融债券而取得的利息。

(3)按照国家统一规定发给的补贴、津贴,是指按照国务院规定发给的政府特殊津贴、院士津贴、资深院士津贴,以及国务院规定免纳个人所得税的其他补贴、津贴。

(4)福利费、抚恤金、救济金。

福利费,是指根据国家有关规定,从企业、事业单位、国家机关、社会团体提留的福利费或者工会经费中支付给个人的生活补助费;救济金,是指各级人民政府民政部门支付给个人的生活困难补助费。

(5)保险赔款。

(6)军人的转业费、复员费。

(7)按照国家统一规定发给干部、职工的安家费、退职费、退休工资、离休工资、离休生活补助费。

(8)依照我国有关法律规定应予免税的各国驻华使馆、领事馆的外交代表、领事官员和其他人员的所得。

(9)中国政府参加的国际公约、签订的协议中规定免税的所得。

(10)政府或够条件的机构发放的见义勇为奖金。

(11)企业和个人按照省级以上人民政府规定的标准,以个人工资中的部分作为社会保险(住房、医疗、失业、养老)免税。

个人领取原提存的住房公积金、医疗保险金、基本养老保险金时,免予征收个人所得税。

(12)对个人取得的教育储蓄存款利息所得以及国务院财政部门确定的其他专项储蓄存款或者储蓄性专项基金存款的利息所得。

自2008年10月9日起,对居民储蓄存款利息,暂免征收个人所得税。

(13)储蓄机构内从事代扣代缴工作的办税人员取得的扣缴利息税手续费所得。

（14）生育妇女按规定取得的生育津贴、生育医疗费或其他属于生育保险性质的津贴、补贴。

（15）工伤职工及其近亲属按规定取得的工伤保险待遇。

（16）从事种植业、养殖业、饲养业和捕捞业取得的所得，对个体工商户或个人不征收个人所得税，对个人独资企业和合伙企业暂不征收个人所得税。

（17）个人举报、协查各种违法、犯罪行为而获得的奖金。

（18）个人办理代扣代缴税款手续，按规定取得的扣缴手续费。

（19）个人转让自用达 5 年以上并且是唯一的家庭生活居住用房取得的所得。

（20）达到离休、退休年龄，但确因工作需要，适当延长离休、退休年龄的高级专家，其在延长离休、退休期间的工资、薪金所得，视同退休金、离休工资免税。

高级专家延长离休、退休期间取得的工资薪金所得，其免征个人所得税政策口径按下列标准执行：

①对高级专家从其劳动人事关系所在单位取得的，单位按国家有关规定向职工统一发放的工资、薪金、奖金、津贴、补贴等收入，视同离休、退休金，免征个人所得税。

②除上述第①项所述收入以外各种名目的津补贴收入等，以及高级专家从其劳动人事关系所在单位之外的其他地方取得的培训费、讲课费、顾问费、稿酬等各种收入，依法计征个人所得税。

（21）凡符合下列条件之一的外籍专家取得的工资、薪金所得可免税：

①根据世界银行专项贷款协议由世界银行直接派往我国工作的外国专家。

②联合国组织直接派往我国工作的专家。

③为联合国援助项目来华工作的专家。

④援助国派往我国专为该国无偿援助项目工作的专家，除工资、薪金外，其取得的生活津贴也免税。

⑤根据两国政府签订文化交流项目来华工作 2 年以内的文教专家，其工资、薪金所得由该国负担的。此外，外国来华文教专家，在我国服务期间，由我方发工资、薪金，并对其住房、使用汽车、医疗实行免费"三包"，可只就工资、薪金所得按照税法规定征收个人所得税；对我方免费提供的住房、使用汽车、医疗，可免予计算纳税。

⑥根据我国大专院校国际交流项目来华工作 2 年以内的文教专家，其工资、薪金所得由该国负担的。

⑦通过民间科研协定来华工作的专家，其工资、薪金所得由该国政府机构负

担的。

（22）被拆迁人按规定标准取得的拆迁补偿款。

（23）个人投资者从投保基金公司取得的行政和解金,暂免征收个人所得税。

（24）个人转让境内公开发行和转让市场上市公司股票（含全国中小企业股份转让系统挂牌公司非原始股）取得的所得,暂免征收个人所得税。

（25）个人从境内公开发行和转让市场取得的上市公司股票,按照持股时间对取得的股息红利所得按照差别化待遇:持股期限分别按全额（1个月以内）、减按50%（1个月至1年）、免税（1年以上）计入应纳税所得额。

（26）个人取得的下列中奖所得,暂免征收个人所得税:

①个人取得单张有奖发票奖金所得不超过800元（含800元）的,暂免征收个人所得税;个人取得单张有奖发票奖金所得超过800元的,应全额按照个人所得税法规定的"偶然所得"目征收个人所得税。

②购买社会福利有奖募捐奖券、体育彩票一次中奖收入不超过10 000元的暂免征收个人所得税;对一次中奖收入超过10 000元的,应按税法规定全额征税。

③电脑彩票以同一人在同一期同一游戏中获得的全部奖金为一次中奖收入,其中全国联网单场竞猜游戏分别按照足球游戏、篮球游戏、冠军游戏和冠亚军游戏设期,以每张彩票涉及比赛场次中最晚的比赛编号日期为判定标准,相同的为同一期;海南视频电子即开游戏以同一场游戏奖金为一次中奖收入。即开型彩票以一张彩票奖金为一次中奖收入。

彩票机构和销售网点兑付电脑彩票时,兑奖金额超过3 000元的,应登记中奖人相关实名信息和兑奖信息,中奖人应主动配合做好登记工作。

彩票机构负责代扣代缴个人所得税,2024年9月1日起,为电脑彩票一次中奖收入超过3 000元至10 000元（含）的个人办理免税申报,为电脑彩票和即开型彩票一次中奖收入超过10 000元的个人办理纳税申报。

（27）乡镇企业的职工和农民取得的青苗补偿费,暂不征税。

（28）对由亚洲开发银行支付给我国公民或国民（包括为亚行执行任务的专家）的薪金和津贴,凡经亚洲开发银行确认这些人员为亚洲开发银行雇员或执行项目专家的,其取得的符合我国税法规定的有关薪金和津贴等报酬,免税。

（29）对法律援助人员按照规定获得的法律援助补贴。法律援助机构向法律援助人员支付法律援助补贴时,应当为获得补贴的法律援助人员办理个人所得税劳务报酬所得免税申报。

（30）国务院财政部门批准免税的所得。

个人所得税政策对居民生育的影响及优化

(二)减税项目

有下列情形之一的,经批准可以减征个人所得税:

(1)残疾、孤老人员和烈属的所得。

(2)因严重自然灾害造成重大损失的。

(3)其他经国务院财政部门批准减税的。

上述减征个人所得税,其减征的幅度和期限由省、自治区、直辖市人民政府规定。

第三节　个人所得税应纳税额的计算

个人所得税的计税依据是应纳税所得额。应纳税所得额是个人获得的收入总额减去《个人所得税法》规定的扣除项目或扣除金额之后的余额。

一、居民个人综合所得的计税方法

居民个人取得综合所得,按年计算个人所得税;有扣缴义务人的,由扣缴义务人按月或者按次预扣预缴税款;需要办理汇算清缴的,应当在取得所得的次年3月1日至6月30日内办理汇算清缴。

居民个人的综合所得,以每一纳税年度的收入额减除基本费用60 000元以及专项扣除、专项附加扣除和依法确定的其他扣除后的余额,为应纳税所得额。计算公式为

综合所得＝纳税年度的综合收入额－基本费用60 000元－专项扣除－专项附加扣除－其他扣除

专项扣除、专项附加扣除和依法确定的其他扣除,以居民个人一个纳税年度的所得额为限额;一个纳税年度扣除不完的,不结转以后年度扣除。

其他扣除,包括个人缴付符合国家规定的企业年金、职业年金,个人购买符合

国家规定的商业健康保险、税收递延型商业养老保险的支出，以及国务院规定可以扣除的其他项目。

（一）专项附加扣除

专项附加扣除是指个人所得税法规定的子女教育、继续教育、大病医疗、住房贷款利息或者住房租金、赡养老人和3岁以下婴幼儿照护7项专项附加扣除。

1.子女教育专项附加扣除

（1）纳税人的子女接受学前教育和学历教育的相关支出，按照每个子女每月2 000元（每年24 000元）的标准定额扣除。

学前教育包括年满3岁至小学入学前教育。学历教育包括义务教育（小学、初中教育）、高中阶段教育（普通高中、中等职业、技工教育）、高等教育（大学专科、大学本科、硕士研究生、博士研究生教育）。

（2）父母可以选择由其中一方按扣除标准的100%扣除，也可以选择由双方分别按扣除标准的50%扣除，具体扣除方式在一个纳税年度内不能变更。

（3）纳税人子女在中国境外接受教育的，纳税人应当留存境外学校录取通知书、留学签证等相关教育的证明资料备查。

2.继续教育专项附加扣除

（1）纳税人在中国境内接受学历（学位）继续教育的支出，在学历（学位）教育期间按照每月400元定额扣除。同一学历（学位）继续教育的扣除期限不能超过48个月。纳税人接受技能人员职业资格继续教育、专业技术人员职业资格继续教育的支出，在取得相关证书的当年，按照3 600元定额扣除。

（2）个人接受本科及以下学历（学位）继续教育，符合规定扣除条件的，可以选择由其父母扣除，也可以选择由本人扣除。

（3）纳税人接受技能人员职业资格继续教育、专业技术人员职业资格继续教育的，应留存相关证书等资料备查。

3.大病医疗专项附加扣除

（1）在一个纳税年度内，纳税人发生的与基本医保相关的医药费用支出，扣除医保报销后个人负担（指医保目录范围内的自付部分）累计超过15 000元的部分，由纳税人在办理度汇算清缴时，在80 000元限额内据实扣除。

（2）纳税人发生的医药费用支出可以选择由本人或者其配偶扣除；未成年子女发生医药费用支出可以选择由其父母一方扣除。

纳税人及其配偶、未成年子女发生的医药费用支出，按规定分别计算扣除额。

（3）纳税人应当留存医药服务收费及医保报销相关票据原件（或者复印件）等

资料备查。医疗保障部门应当向患者提供在医疗保障信息系统记录的本人年度医药费用的信息查询服务。

4.住房贷款利息专项附加扣除

(1)纳税人本人或者配偶单独或者共同使用商业银行或者住房公积金个人住房贷款为本人或者其配偶购买中国境内住房,发生的首套住房贷款利息支出,在实际发生贷款利息的年度,按照每月1 000元的标准定额扣除,扣除期限最长不超过240个月。纳税人只能享受一次首套住房贷款的利息扣除。

上述所称首套住房贷款是指购买住房享受首套住房贷款利率的住房贷款。

(2)经夫妻双方约定,可以选择由其中一方扣除、具体扣除方式在一个纳税年度内不能变更。

夫妻双方婚前分别购买住房发生的首套住房贷款,其贷款利息支出,婚后可以选择其中一套购买的住房,由购买方按扣除标准的100%扣除,也可以由夫妻双方对各自购买的住房分别按扣除标准的50%扣除,具体扣除方式在一个纳税年度内不能变更。

(3)纳税人应当留存住房贷款合同、贷款还款支出凭证备查。

5.住房租金专项附加扣除

(1)纳税人在主要工作城市没有自有住房而发生的住房租金支出,可以按照以下标准定额扣除:

①直辖市、省会(首府)城市、计划单列市以及国务院确定的其他城市,扣除标准为每月1 500元。

②除上述①所列城市以外,市辖区户籍人口超过100万的城市,扣除标准为每月1 100元;市辖区户籍人口不超过100万的城市,扣除标准为每月800元。

纳税人的配偶在纳税人的主要工作城市有自有住房的,视同纳税人在主要工作城市有自有住房。市辖区户籍人口,以国家统计局公布的数据为准。

(2)主要工作城市是指纳税人任职受雇的直辖市、计划单列市、副省级城市、地级市(地区、州、盟)全部行政区域范围;纳税人无任职受雇单位的,为受理其综合所得汇缴清缴的税务机关所在城市。

夫妻双方主要工作城市相同的,只能由一方扣除住房租金支出。

(3)住房租金支出由签订租赁住房合同的承租人扣除。

(4)纳税人及其配偶在一个纳税年度内不能同时分别享受住房贷款利息和住房租金专项附加扣除。

(5)纳税人应当留存住房租赁合同、协议等有关资料备查。

6.赡养老人专项附加扣除

(1)纳税人赡养一位及以上被赡养人的赡养支出,统一按照以下标准定额扣除:

①纳税人为独生子女的,按照每月3 000元的标准定额扣除。

②纳税人为非独生子女的,由其与兄弟姐妹分摊每月3 000元的扣除额度,每人分摊的额度不能超过每月1 500元。可以由赡养人均摊或者约定分摊,也可以由被赡养人指定分摊。约定或者指定分摊的须签订书面分摊协议,指定分摊优先于约定分摊。具体分摊方式和额度在一个纳税年度不能变更。

(2)被赡养人是指年满60岁的父母,以及子女均已去世的年满60岁的祖父母、外祖父母。

7.3岁以下婴幼儿照护专项附加扣除

(1)纳税人照护3岁以下婴幼儿子女的相关支出,按照每个婴幼儿每月2 000元(每年24 000元)的标定额扣除。

(2)父母可以选择由其中一方按扣除标准的100%扣除,也可以选择由双方分别按扣除标准的50%扣除,具体扣除方式在一个纳税年度内不能变更。

3岁以下婴幼儿照护个人所得税专项附加扣除自2022年1月1日起实施。

(二)居民个人预扣预缴办法

扣缴义务人向居民个人支付工资薪金所得、劳务报酬所得、稿酬所得、特许权使用费所得时,按以下方法预扣预缴个人所得税,并向主管税务机关报送《个人所得税扣缴申报表》。年度预扣预缴税额与年度应纳税额不一致的,由居民个人于次年3月1日至6月30日向主管税务机关办理综合所得年度汇算清缴,税款多退少补。

(1)扣缴义务人向居民个人支付工资、薪金所得时,应当按照累计预扣法计算预扣税款,并按月办理全员全额扣缴申报。具体计算公式如下:

本期应预扣预缴税额=(累计预扣预缴应纳税所得额×预扣率一速算扣除数)一累计减免税额一累计已预扣预缴税额、累计预扣预缴应纳税所得额=累计收入一累计免税收入一累计减除费用一累计专项扣除一累计专项附加扣除一累计依法确定的其他扣除

其中,累计减除费用,按照5 000元/月乘以纳税人当年截至本月在本单位的任职受雇月份数计算。

上述公式中,计算居民个人工资、薪金所得预扣预缴税额的预扣率、速算扣除数,按《个人所得税税率表(四)(居民个人工资、薪金所得预扣预缴适用税率表)》

(见表7-3)执行。

【例7-5】杨某每月应发工资均为30 000元,每月减除费用5 000元,"三险一金"等专项扣除为4 500元,享受专项附加扣除共计2 000元,没有减免收入及减免税额等情况。要求:计算前3个月各月应预扣预缴税额和全年预扣预缴税额。

【解析】

1月份应预扣预缴税额=(30 000-5 000-4 500-2 000)×3%=555(元);

2月份应预扣预缴税额=(30 000×2-5 000×2-4 500×2-2 000×2)×10%-2 520-555=625(元);

3月份应预扣预缴税额=(30 000×3-5 000×3-4 500×3-2 000×3)×10%-2 520-555-625=1 850(元);

全年累计预扣预缴税额=(30 000×12-5 000×12-4 500×12-2 000×12)×20%-16 920=27 480(元)

(2)扣缴义务人向居民个人支付劳务报酬所得、稿酬所得、特许权使用费所得,按次或者按月预扣预缴个人所得税。具体预扣预缴方法如下:

①劳务报酬所得、稿酬所得、特许权使用费所得以收入减除费用后的余额为收入额。其中,稿酬所得的收入额减按70%计算。

②减除费用:劳务报酬所得、稿酬所得、特许权使用费所得每次收入不超过4 000元的,减除费用按800元计算;每次收入4 000元以上的,减除费用按20%计算。

③应纳税所得额:劳务报酬所得、稿酬所得、特许权使用费所得,以每次收入额为预扣预缴应纳税所得额。劳务报酬所得适用20%~40%的超额累进预扣率(见表7-4),稿酬所得、特许权使用费所得适用20%的比例预扣率。

劳务报酬所得应预扣预缴税额=预扣预缴应纳税所得额×预扣率-速算扣除数
稿酬所得、特许权使用费所得应预扣预缴税额=预扣预缴应纳税所得额×20%

【例7-6】假如杨某(居民个人)本月取得劳务报酬所得20 000元。要求:计算应预扣预缴税额。

【解析】

收入额=预扣预缴应纳税所得额=收入×(1-20%)=20 000×(1-20%)=16 000(元);

应预扣预缴税额=16 000×20%=3 200(元)。

【例7-7】假如杨某(居民个人)本月取得稿酬所得20 000元。要求:计算应预扣预缴税额。

【解析】

收入额＝收入×(1－20％)×70％＝20 000×(1－20％)×70％＝11 200(元)；

应预扣预缴税额＝11 200×20％＝2 240(元)。

(三)全年汇算清缴纳税申报

工资、薪金所得全额计入收入额；而劳务报酬所得、特许权使用费所得的收入额为实际取得劳务报酬、特许权使用费收入的80％；此外，稿酬所得的收入额在扣除20％费用的基础上，再减按70％计算，即稿酬所得的收入额为实际取得稿酬收入的56％。

这里说明的关于产生劳务报酬所得、稿酬所得、特许权使用费所得预扣预缴和汇算清缴的差异性的原因如下：

(1)收入额的计算方法不同：年度汇算清缴时，收入额为收入减除20％的费用后的余额(稿酬再减30％)；预扣预缴时收入额为每次收入减除费用后的余额，其中，"收入不超过4 000元的，费用按800元计算；每次收入4 000元以上的，费用按20％计算"。

(2)适用的税率/预扣率不同：年度汇算清缴时，并入综合所得适用3％～45％的超额累进税率；预扣预缴时，劳务报酬所得适用个人所得税预扣率表7-5，稿酬所得、特许权使用费所得适用20％的比例预扣率。

(3)可扣除的项目不同：居民个人的上述三项所得和工资、薪金所得属于综合所得，年度汇算清缴时以四项所得的合计收入额减除费用60 000元以及专项扣除、专项附加扣除和依法确定的其他扣除后的余额，为应纳税所得额。而上述三项所得日常预扣预缴税款时暂不减除上述扣除。

【例7-8】(续例7-6和例7-7)杨某全年收入情况如下：全年工资薪金收入36万元，"三险一金"等专项扣除为4 500元/月，全年享受专项附加扣除共计2.4万元，全年取得劳务报酬收入2万元，稿酬收入2万元。不考虑其他因素，请计算杨某汇算清缴多退少补的个人所得税税额。

【解析】

(1)全年收入额＝36＋2×80％＋2×56％＝38.72(万元)。

(2)全年减除费用＝6(万元)；

专项扣除＝0.45×12＝5.4(万元)；

专项附加扣除＝2.4(万元)；

扣除项合计＝6＋5.4＋2.4＝13.8(万元)。

(3)应纳税所得额＝38.72－13.8＝24.92(万元)＝249 200(元)。

(4)全年应纳个人所得税额＝249 200×20％－16 920＝32 920(元)。

(5)汇算清缴应补交税额＝32 920－27 480－3 200－2 240＝0(元)。

二、非居民个人综合所得的计税方法

非居民个人取得工资薪金所得、劳务报酬所得、稿酬所得和特许权使用费所得,有扣缴义务人的,由扣缴义务人代扣代缴税款,不办理汇算清缴。

扣缴义务人向非居民个人支付工资薪金所得、劳务报酬所得、稿酬所得和特许权使用费所得时,应当按以下方法按月或者按次代扣代缴个人所得税:

非居民个人的工资薪金所得,以每月收入额减除费用5 000元后的余额为应纳税所得额;劳务报酬所得、稿酬所得、特许权使用费所得,以每次收入额为应纳税所得额,适用税率表(见表7-5)计算应纳税额。其中,劳务报酬所得、稿酬所得、特许权使用费所得以收入减除20％的费用后的余额为收入额。稿酬所得的收入额减按70％计算。

非居民个人工资薪金所得、劳务报酬所得、稿酬所得、特许权使用费所得应纳税额＝应纳税所得额×税率－速算扣除数

《个人所得税法实施条例》中对前述所得的"次"作出了明确规定。具体是:

非居民个人取得劳务报酬所得、稿酬所得、特许权使用费所得①,根据不同所得项目的特点,分别规定为:

(1)属于一次性收入的,以取得该项收入为一次。

就劳务报酬所得来看,从事设计、安装、装潢、制图、化验、测试等劳务,往往是接受客户的委托,按照客户的要求,完成一次劳务后取得收入。因此,这些收入属于一次性收入,应以每次提供劳务取得的收入为一次。但需要注意的是,如果一次性劳务报酬收入是以分月支付的方式取得的,就适用"同一事项连续取得收入,以1个月内取得的收入为一次"的规定。

就稿酬来看,以每次出版、发表取得的收入为一次,不论出版单位是预付还是分笔支付稿酬,或者加印该作品后再付稿酬,均应合并其稿酬所得按一次计征个人所得税。具体又可细分为:同一作品再版取得的所得,应视作另一次稿酬所得计征个人所得税;同一作品先在报刊上连载,然后再出版,或先出版,再在报刊上连载的,应视为两次稿酬所得征税,即连载作为一次,出版作为另一次;同一作品在报刊上连载取得收入的,以连载完成后取得的所有收入合并为一次,计征个人所得税;

---

① 居民个人取得这些所得,扣缴义务人按"次"预扣预缴税款也适用本规定。

同一作品在出版和发表时,以预付稿酬或分次支付稿酬等形式取得的稿酬收入,应合并计算为一次;同一作品出版发表后,因添加印数而追加稿酬的,应与以前出版、发表时取得的稿酬合并计算为一次,计征个人所得税;在两处或两处以上出版、发表或再版同一作品而取得稿酬所得,则可分别就各处取得的所得或再版所得按分次所得计征个人所得税;作者去世后,对取得其遗作稿酬的个人,按"稿酬所得"项目征收个人所得税。

就特许权使用费来看,以某项使用权的一次转让所取得的收入为一次。一个非居民个人,可能不仅拥有一项特许权,每一项特许权的使用权也可能不止一次地向我国境内提供。因此,对特许权使用费所得的"次"的界定,明确为以每一项使用权的每次转让所取得的收入为一次。如果该次转让取得的收入是分笔支付的,则应将各笔收入相加,计征个人所得税。

(2)属于同一事项连续取得收入的,以1个月内取得的收入为一次。例如,某外籍歌手(非居民个人)与一卡拉 OK 厅签约,在一定时期内每天到卡拉 OK 厅演唱一次,每次演出后卡拉 OK 厅付酬 500 元。在计算其劳务报酬所得时,应视为同一事项的连续性收入,以其1个月内取得的收入为一次计征个人所得税,而不能以每天取得的收入为一次。

【例 7-9】6 月,某外商投资企业雇员 Justin(非居民个人)取得薪金收入 30 000 元,劳务报酬收入 15 000 元、稿酬收入 12 000 元。请依照现行税法规定计算 Justin 3 月应纳的个人所得税。

(1)应纳税所得额=30 000+15 000×(1−20%)+12 000×(1−20%)×70%−5 000=43 720(元)。

(2)6 月应缴纳个人所得税=43 720×30%−4 410=8 706(元)。

三、经营所得的计算方法

经营所得应纳税额的计算公式为

应纳税额=全年应纳税所得额×适用税率−速算扣除数

或　应纳税额=(全年收入额−成本、费用以及损失)×适用税率−速算扣除数

自 2023 年 1 月 1 日起至 2027 年 12 月 31 日,对个体工商户年应纳税所得额不超过 200 万元的部分,减半征收个人所得税。个体工商户在享受现行其他个人所得税优惠政策的基础上,可叠加享受本条优惠政策。个体工商户不区分征收方式,均可享受。

减免税额=(个体工商户经营所得应纳税所得额不超过 200 万元部分的应纳税额−其他政策减免税额×个体工商户经营所得应纳税所得额不超过 200 万元部分÷经营所得应纳税所得额)×50%

（一）个体工商户应纳税额的计算方法

个体工商户应纳税所得额的计算，以权责发生制为原则，属于当期的收入和费用，不论款项是否收付，均作为当期的收入和费用；不属于当期的收入和费用，即使款项已经在当期收付，均不作为当期的收入和费用。财政部、国家税务总局另有规定的除外。

1.计税基本规定

（1）个体工商户的收入总额是指个体工商户从事生产经营以及与生产经营有关的活动所取得的各项收入，包括商品（产品）销售收入、营运收入、劳务服务收入、工程价款收入、财产出租或转让收入、利息收入、其他业务收入和工农业外收入。个体工商户的各项收入应当按权责发生制原则确定。

（2）成本、费用，是指纳税义务人从事生产、经营所发生的各项直接支出和分配计入成本的间接费用以及销售费用、管理费用、财务费用；所说的损失，是指纳税义务人在生产、经营过程中发生的各项营业外支出。

个体工商户下列支出不得扣除：

①个人所得税税款。

②税收滞纳金。

③罚金、罚款和被没收财物的损失。

④不符合扣除规定的捐赠支出。

⑤赞助支出。赞助支出是指个体工商户发生的与生产经营活动无关的各种非广告性质支出。

⑥用于个人和家庭的支出。

⑦与取得生产经营收入无关的其他支出。

⑧国家税务总局规定不准扣除的支出。

（3）部分准予扣除的项目规定如下：

①个体工商户实际支付给从业人员的、合理的工资薪金支出，准予扣除；个体工商户业主的工资在税前不允许扣除，业主费用扣除标准统一为 5 000 元/月。

②分别核算生产经营费用、个人家庭费用。难以分清的，40％视为生产经营费用，准予扣除。

③个体工商户按照国务院有关主管部门或者省级人民政府规定的范围和标准为其业主和从业人员缴纳的基本养老保险费、基本医疗保险费、失业保险费、生育保险费、工伤保险费和住房公积金，准予扣除。

A.个体工商户为从业人员缴纳的补充养老保险费、补充医疗保险费,分别在不超过从业人员工资总额5%标准内的部分据实扣除;超过的部分,不得扣除。

B.个体工商户业主本人缴纳的补充养老保险费、补充医疗保险费,以当地(地级市)上年度社会平均工资的3倍为计算基数,分别在不超过该计算基数5%标准内的部分据实扣除;超过的部分,不得扣除。

④个体工商户业主本人向当地工会组织缴纳的工会经费、实际发生的职工福利费支出、职工教育经费支出,以当地(地级市)上年度社会平均工资的3倍为计算基数,在2%、14%、2.5%的比例内据实扣除。

从业人员的三项经费支出的计算基数,同企业所得税的规定。

⑤个体工商户代其从业人员或者他人负担的税款,不得税前扣除。

⑥个体工商户的公益性捐赠,不超过其应纳税所得额30%的部分可以据实扣除。财政部、国税总局规定可以全额在税前扣除的捐赠支出项目,按有关规定执行。个体工商户直接对受益人的捐赠不得扣除。

⑦研发费用,以及为研发新产品、新技术而购置的单台价值在10万元以下的测试仪器、试验性装置的购置费可直接扣除。单台价值在10万元以上(含10万元)的测试仪器和试验性装置,按固定资产管理,不得在当期直接扣除。

其他关于租赁费、汇兑损益、利息支出、广告及业务宣传费、业务招待费、亏损弥补等规定,均与企业所得税一致。

2.个体工商户生产、经营所得应纳税额的计算

个体工商户的生产、经营所得适用五级超额累进税率见表7-2,以其应纳税所得额按适用税率计算应纳税额。计算公式为

应纳税额＝应纳税所得额×适用税率－速算扣除数

由于个体工商户生产、经营所得的应纳税额实行按年计算、分月或分季预缴、年终汇算清缴、多退少补的方法,因此,在实际工作中,需要分别计算按月预缴税额和年终汇算清缴税额。其计算公式为

本月应预缴税额＝本月累计应纳税所得额×适用税率－速算扣除数－上月累计已预缴税额

全年应纳税额＝全年应纳税所得额×适用税率－速算扣除数

汇算清缴税额＝全年应纳税额－全年累计已预缴税额

【例7-10】周某20×2年承包某加工厂,根据协议,加工厂工商登记变更为个体工商户。该年加工厂取得的收入总额为700 000元,准予扣除的成本、费用及相关支出合计630 000元(不含生计费),其中含周某每月从加工厂领取的工资2 700元。要求:计算周某该年应缴纳的个人所得税。

【解析】应纳税所得额＝700 000－630 000＋2 700×12－5 000×12

＝42 400（元）；

应缴纳的个人所得税＝42 400×10％－1 500＝2 732（元）。

（二）个人独资企业和合伙企业应纳税额的计算

对个人独资企业和合伙企业生产经营所得,其个人所得税应纳税额的计算有以下两种方法。

1.查账征税

自 2019 年 1 月 1 日起,个人独资企业和合伙企业投资者的生产经营所得依法计征个人所得税时,个人独资企业和合伙企业投资者本人的费用扣除标准统一确定为 60 000 元/年,即 5 000 元/月。投资者的工资不得在税前扣除。

投资者及其家庭发生的生活费用不允许在税前扣除。投资者及其家庭发生的生活费用与企业生产经营费用混合在一起,并且难以划分的,全部视为投资者个人及其家庭发生的生活费用,不允许在税前扣除。

企业生产经营和投资者及其家庭生活共用的固定资产,难以划分的,由主管税务机关根据企业的生产经营类型、规模等具体情况,核定准予在税前扣除的折旧费用的数额或比例。

企业向其从业人员实际支付的合理的工资、薪金支出,允许在税前据实扣除。

企业拨缴的工会经费、发生的职工福利费、职工教育经费支出分别在工资、薪金总额 2％、14％、2.5％的标准内据实扣除。

每一纳税年度发生的广告费和业务宣传费用不超过当年销售（营业）收入15％的部分,可据实扣除;超过部分,准予在以后纳税年度结转扣除。

每一纳税年度发生的与其生产经营业务直接相关的业务招待费支出,按照发生额的 60％扣除,但最高不得超过当年销售（营业）收入的 5％。

企业计提的各种准备金不得扣除。

投资者兴办两个或两个以上企业的,根据前述规定准予扣除的个人费用,由投资者选择在其中一个企业的生产经营所得中扣除。

企业的年度亏损,允许用本企业下一年度的生产经营所得弥补,下一年度所得不足弥补的,允许逐年延续弥补,但最长不得超过 5 年。

投资者兴办两个或两个以上企业的,企业的年度经营亏损不能跨企业弥补。

投资者来源于中国境外的生产经营所得,已在境外缴纳所得税的,可以按照《中华人民共和国个人所得税法》的有关规定计算扣除已在境外缴纳的所得税。

自 2022 年 1 月 1 日起,持有股权、股票、合伙企业财产份额等权益性投资的个人独资企业、合伙企业，一律适用查账征收方式计征个人所得税。

2.核定征收

核定征收方式，包括定额征收、核定应税所得率征收以及其他合理的征收方式。有下列情形之一的，主管税务机关应采取核定征收方式征收个人所得税：

(1)企业依照国家有关规定应当设置但未设置账簿的。

(2)企业虽设置账簿，但账目混乱或者成本资料、收入凭证、费用凭证残缺不全，难以查账的。

(3)纳税人发生纳税义务，未按照规定的期限办理纳税申报，经税务机关责令限期申报，逾期仍不申报的。

实行核定应税所得率征收方式的，应纳所得税额的计算公式为

应纳所得税额＝应纳税所得额×适用税率

应纳税所得额＝收入总额×应税所得率

或　应纳税所得额＝成本费用支出额÷(1－应税所得率)×应税所得率

应税所得率应按规定的标准执行见表7-6。

表7-6　个人所得税核定征收应税所得率

行　业	应税所得率/%
工业、交通运输业、商业	5～20
建筑业、房地产开发业	7～20
饮食服务业	7～25
娱乐业	20～40
其他行业	10～30

企业经营多业的，无论其经营项目是否单独核算，均应根据其主营项目确定其适用的应税所得率。

实行核定征收的投资者，不能享受个人所得税的优惠政策。

实行查账征收方式的个人独资企业和合伙企业改为核定征收方式后，在查账征收方式下认定的年度经营亏损未弥补完的部分，不得再继续弥补。

取得经营所得的个人，没有综合所得的，计算其每一纳税年度的应纳税所得额时，应当减除费用60 000元、专项扣除、专项附加扣除以及依法确定的其他扣除，专项附加扣除在办理汇算清缴时减除。

需要注意的是，自2022年1月1日起，持有股权、股票、合伙企业财产份额等权益性投资的个人独资企业、合伙企业(以下简称独资合伙企业)，一律适用查账征收方式计征个人所得税。独资合伙企业应自持有上述权益性投资之日起30日内，

主动向税务机关报送持有权益性投资的情况。

(三)对企事业单位的承包经营、承租经营所得应纳税额的计算

对企事业单位的承包经营、承租经营所得,以每一纳税年度的收入总额,减除必要费用后的余额,为应纳税所得额。其中,每一纳税年度的收入总额,是指纳税义务人按照承包经营、承租经营合同规定分得的经营利润和工资、薪金性质的所得。上述所称减除必要费用,是指按月减除 5 000 元。计算公式如下:

应纳税所得额＝全年收入总额－5 000×12

【例 7-11】20×2 年 9 月 1 日,张某承包一招待所,合同规定张某每月取得工资 3 500 元,年终从企业所得税税后利润中上缴承包费 50 000 元,其余经营成果归张某所有。该年该招待所税后利润为 95 000 元,要求:计算当年张某共应缴纳的个人所得税。

【解析】纳税年度收入总额＝3 500×4＋(95 000－50 000)＝59 000(元);

年应纳税所得额＝59 000－5 000×4＝39 000(元);

应纳个人所得税＝39 000×10％－1 500＝2 400(元)。

四、财产租赁所得应纳税额的计算

(一)应纳税所得额的确定

财产租赁所得一般以个人每次取得的收入,定额或定率减除规定费用后的余额为应纳税所得额。在确定财产租赁的应纳税所得额时,纳税人在出租财产过程中缴纳的税金和教育费附加,可持完税(缴款)凭证,从其财产租赁收入中扣除。准予扣除的项目除了规定费用和有关税、费外,还准予扣除能够提供有效、准确凭证,证明由纳税人负担的该出租财产实际开支的修缮费用。允许扣除的修缮费用,以每次 800 元为限。一次扣除不完的,准予在下一次继续扣除,直到扣完为止。

个人将承租房屋转租取得的租金收入,属于个人所得税应税所得,应按"财产租赁所得"项目计算缴纳个人所得税。取得转租收入的个人向房屋出租方支付的租金,凭房屋租赁合同和合法支付凭据允许在计算个人所得税时,从该项转租收入中扣除。

应纳税所得额的计算公式为

(1)每次(月)收入不超过 4 000 元的:

应纳税所得额＝每次收入额－准予扣除项目－修缮费用(800 元为限)－800 元

(2)每次(月)收入 4 000 元以上的:

应纳税所得额＝[每次收入额－准予扣除项目－修缮费用(800 元为限)]×(1－20％)

（二）应纳税额计算

财产租赁所得适用20%的比例税率。但对个人按市场价格出租的居民住房取得的所得，自2001年1月1日起暂减按10%的税率征收个人所得税。计算公式如下：

应纳税额＝应纳税所得额×适用税率

【例7-12】王某20×2年1月份将位于县城的一处住房出租给他人居住，租期为2年，每月租金2 000元，房产原值70万元，当地政府规定房产原值扣除比例为30%，可提供出租财产过程中缴纳税费的完税凭证，每月112.4元。2月发生漏雨修缮费1 800元。要求：计算王某3月、4月两个月的应纳个人所得税。

【解析】3月应纳个人所得税＝（2 000－112.4－800－800）×10%＝28.76（元）；

4月应纳个人所得税＝（2 000－112.4－200－800）×10%＝88.76（元）。

五、财产转让所得应纳税额的计算

（一）应纳税所得额的确定

财产转让所得，以转让财产的收入额减除财产原值和合理费用后的余额，为应纳税所得额。其计算公式为

应纳税所得额＝每次转让财产的收入额－财产原值－合理费用

财产原值，是指：

（1）有价证券，为买入价以及买入时按照规定交纳的有关费用。转让股权一般采用"先进先出法"，即证券账户中先取得的股票视为先转让。而转让债权一般采用"加权平均法"确定其应减除的财产原值和合理费用，即以纳税人购进的同一种债券的买入价和买进过程中缴纳的税费总和，除以纳税人购进的该种债券数量之和，乘以纳税人卖出的该种债券数量，再加上卖出该种债券过程中缴纳的税费。其计算公式如下：

$$\begin{array}{l}\text{一次卖出某一种类的债券}\\\text{允许扣除的买价和费用}\end{array}=\dfrac{\begin{array}{l}\text{购进该种债券的买入价和买}\\\text{进过程中缴纳的税费总和}\end{array}\times\begin{array}{l}\text{本次卖出的该}\\\text{种类债券数量}\end{array}}{\begin{array}{l}\text{购进该种类}\\\text{债券总数量}\end{array}+\begin{array}{l}\text{卖出的该种类债券}\\\text{过程中缴纳的税费}\end{array}}$$

$$\begin{array}{l}\text{每次卖出债券应}\\\text{纳个人所得税额}\end{array}=\left(\begin{array}{l}\text{该次卖出该}\\\text{类债券收入}\end{array}-\begin{array}{l}\text{该次卖出该类债券允}\\\text{许扣除的买价和费用}\end{array}\right)\times20\%$$

【例7-13】居住在市区的中国居民王某本期购入债券2 000份，每份买入价10元，支付购进买入债券的税费共计300元。本期内将买入的债券一次卖出600

份,每份卖出价为 12 元,支付卖出债券的税费共计 200 元。要求:计算王某卖出债券应扣除的买价及费用。

【解析】王某卖出债券应扣除的买价及费用=(2 000×10+300)÷2 000×600+200=6 290(元)。

(2)建筑物,为建造费或者购进价格以及其他有关费用。

(3)土地使用权,为取得土地使用权所支付的金额、开发土地的费用以及其他有关费用。

(4)机器设备、车船,为购进价格、运输费、安装费以及其他有关费用。

(5)其他财产,参照以上方法确定。

纳税义务人未提供完整、准确的财产原值凭证,不能正确计算财产原值的,由主管税务机关核定其财产原值。

上述所称合理费用,是指卖出财产时按照规定支付的有关费用。

(二)应纳税额的计算方法

财产转让所得适用 20% 的比例税率。其应纳税额的计算公式为

应纳税额=应纳税所得额×适用税率

【例 7-14】我国公民张先生为国内某企业高级技术人员,3月转让 3 年前购买的三居室精装修房屋一套,售价 230 万元,转让过程中支付相关税费 13.8 万元。该套房屋的购进价为 100 万元,购房过程中支付的相关税费为 3 万元。所有税费支出均取得合法凭证。要求:计算转让房屋所得应缴纳的个人所得税。

【解析】转让房屋所得应缴纳的个人所得税=(230-100-13.8)×20%=23.24(万元)。

六、利息、股息、红利所得应纳税额的计算

(一)应纳税所得额的确定

利息、股息、红利所得,以每次收入额为应纳税所得额,不得从收入中扣除任何费用。其中,对于股份制企业在分配股息、红利时,以股票形式向股东个人支付应得的股息、红利(即派发红股),应以派发红股的股票票面金额为收入额,计征个税。

(二)实施上市公司股息红利差别化个人所得税政策

(1)个人从公开发行和转让市场取得的上市公司股票,持股期限超过 1 年的,股息红利所得暂免征收个人所得税;个人从公开发行和转让市场取得的上市公司股票,持股期限在 1 个月以内(含 1 个月)的,其股息红利所得全额计入应纳税所得额;持股期限在 1 个月以上至 1 年(含 1 年)的,暂减按 50% 计入应纳税所得额。

所称上市公司,是指在上海证券交易所、深圳证券交易所挂牌交易的上市公司;持股期限,是指个人从公开发行和转让市场取得上市公司股票之日至转让交割该股票之日前一日的持有时间。

(2)上市公司派发股息红利时,对个人持股1年以内(含1年)的,上市公司暂不扣缴个人所得税;待个人转让股票时,证券登记结算公司根据其持股期限计算应纳税额,由证券公司等股份托管机构从个人资金账户中扣收并划付证券登记结算公司,证券登记结算公司应于次月5个工作日内划付上市公司,上市公司在收到税款当月的法定申报期内向主管税务机关申报缴纳税款。

(3)个人转让股票时,按照先进先出的原则计算持股期限,即证券账户中先取得的股票视为先转让。

(4)对个人持有的上市公司限售股,解禁后取得的股息红利,按照规定计算纳税,持股时间自解禁日起计算;解禁前取得的股息红利继续暂减按50%计入应纳税所得额,适用20%的税率计征个人所得税。

(5)证券投资基金从上市公司取得的股息红利所得,按照上述规定计征个人所得税。

(三)应纳税额的计算

股息、利息、红利所得适用20%的比例税率。其应纳税额的计算公式为

应纳税额＝应纳税所得额×适用税率

【例7-15】王某20×1年2月购买某上市公司的股票10 000股,该上市公司20×1年度的利润方案为每10股送3股,并于20×2年1月份实施。要求:计算该上市公司应扣缴的王某的个人所得税。

【解析】上市公司应扣缴的王某的个人所得税＝10 000÷10×3×1×50％×20％＝300(元)。

七、偶然所得应纳税额的计算

(一)应纳税所得额的确定

以个人每次取得的收入额为应纳税所得额,不扣除任何费用。有特殊规定外,每次收入额就是应纳税所得额,以每次取得该项收入为一次。

(二)应纳税额的计算

偶然所得适用20%的比例税率,其应纳税额的计算公式为

应纳税额＝应纳税所得额(每次收入额)×20％

八、特殊情况下个人所得税应纳税额的计算

(一)扣除捐赠款的计税方法

《个人所得税法》规定,个人将其所得通过中国境内的社会团体、国家机关向教育和其他社会公益事业以及遭受严重自然灾害地区、贫困地区捐赠,捐赠额未超过纳税义务人申报的应纳税所得额30%的部分,可以从其应纳税所得额中扣除。其计算公式如下:

捐赠扣除限额＝申报的应纳税所得额×30％

应纳税额＝(应纳税所得额－允许扣除的捐赠额)×适用税率－速算扣除数

【例 7-16】陈某参加了商场的有奖销售活动并幸运中奖,中奖所得共计20 000元。陈某领奖时告知商场,从中奖收入中拿出4 000元通过教育部门向某希望小学捐赠。要求:计算陈某应缴纳的个人所得税。

【解析】因为4 000÷20 000＝20％,小于捐赠扣除比例30％,陈某的捐赠额可以全部从应纳税所得额中扣除。

应纳税所得额＝20 000－4 000＝16 000(元)。

应纳税额(商场代扣税款)＝16 000×20％＝3 200(元)。

(二)境外缴纳税额抵免的计税方法

我国对居民纳税人的境内所得和境外所得都征收个人所得税。而境外所得在境外也需要缴纳个人所得税。为了避免国际双重征税,《个人所得税法》规定,纳税义务人从中国境外取得的所得,准予其在应纳税额中扣除已在境外缴纳的个人所得税税额。其中,准予扣除的已在境外缴纳的个人所得税税额,是指纳税义务人从中国境外取得的所得,依照该所得来源国家或者地区的法律应当缴纳并且实际已经缴纳的税额。

纳税义务人从中国境外取得的所得,区别不同国家或者地区和不同所得项目,依照税法规定的费用减除标准和适用税率计算应纳税额;同一国家或者地区内不同所得项目的应纳税额之和,为该国家或者地区的扣除限额。

纳税义务人在中国境外一个国家或者地区实际已经缴纳的个人所得税税额,低于依照上述规定计算出的该国家或者地区扣除限额的,应当在中国缴纳差额部分的税款;超过该国家或者地区扣除限额的,其超过部分不得在本纳税年度的应纳税额中扣除,但是可以在以后纳税年度的该国家或者地区扣除限额的余额中补扣,补扣期限最长不得超过5年。

纳税义务人申请扣除已在境外缴纳的个人所得税税额时,应当提供境外税务机关填发的完税凭证原件。

【例 7-17】中国公民李某 20×2 年度,从 A 国和 B 国获得如下收入:在 A 国演出取得收入 200 000 元,已在 A 国缴纳个人所得税 60 000 元。在 B 国出版自传,获得稿酬 300 000 元,已在 B 国缴纳个人所得税 50 000 万元;另在 B 国演出一次,取得演出收入 250 000 元,在 B 国缴纳个人所得税 50 000 万元。要求:计算李某上述收入在我国应缴纳的个人所得税额。

【解析】(1)A 国收入按我国税法计算的个人所得税额=200 000×(1−20%)×40%−7 000=57 000(元)。

李某在 A 国已缴个人所得税的扣除限额为 57 000 元,实际缴纳个人所得税 60 000 元,大于扣除限额,按扣除限额扣除,扣除后在我国不再补税,超过扣除限额的 3 000 元在以后年度该国家扣除限额中补扣。

(2)B 国稿酬所得应纳税额=300 000×(1−20%)×20%×(1−30%)=33 600(元)。

B 国演出收入应纳税额=250 000×(1−20%)×40%−7 000=73 000(元)。

李某在 B 国收入的应纳税额为 106 600(33 600+73 000)元,即扣除限额为 106 600 元,李某已在 B 国缴纳个人所得税 100 000(50 000+50 000)元,低于扣除限额,可以全部扣除。

李某从 B 国获得的收入应在我国补缴税额=33 600+73 000−50 000−50 000=6 600(元)。

(三)关于股权激励所得个人所得税的征收办法

为支持国家"大众创业、万众创新"战略的实施,促进我国经济结构转型升级,经国务院批准,根据财税 2016〔101〕号文件的规定,对符合条件的非上市公司股票期权、股权期权、限制性股票和股权奖励实行递延纳税政策。

(1)非上市公司授予本公司员工的股票期权、股权期权、限制性股票和股权奖励,符合规定条件的,经向主管税务机关备案,可实行递延纳税政策,即员工在取得股权激励时可暂不纳税,递延至转让该股权时纳税;股权转让时,按照股权转让收入减除股权取得成本以及合理税费后的差额,适用"财产转让所得"项目,按照20%的税率计算缴纳个人所得税。

股权转让时,股票(权)期权取得成本按行权价确定,限制性股票取得成本按实际出资额确定,股权奖励取得成本为零。

(2)上市公司授予个人的股票期权、限制性股票和股权奖励,经向主管税务机关备案,个人可自股票期权行权、限制性股票解禁或取得股权奖励之日起,在不超过 12 个月的期限内缴纳个人所得税。

(3)企业或个人以技术成果投资入股到境内居民企业,被投资企业支付的对价全部为股票(权)的,企业或个人可选择继续按现行有关税收政策执行,也可选择适用递延纳税优惠政策。

选择技术成果投资入股递延纳税政策的,经向主管税务机关备案,投资入股当期可暂不纳税,允许递延至转让股权时,按股权转让收入减去技术成果原值和合理税费后的差额计算缴纳个人所得税。

(4)相关政策:

①个人从任职受雇企业以低于公平市场价格取得股票(权)的,凡不符合递延纳税条件,应在获得股票(权)时,对实际出资额低于公平市场价格的差额,按照"工资、薪金所得"项目,参照《财政部 国家税务总局关于个人股票期权所得征收个人所得税问题的通知》(财税〔2005〕35号)有关规定计算缴纳个人所得税。

②个人因股权激励、技术成果投资入股取得股权后,非上市公司在境内上市的,处置递延纳税的股权时,按照现行限售股有关征税规定执行。

③个人转让股权时,视同享受递延纳税优惠政策的股权优先转让。递延纳税的股权成本按照加权平均法计算,不与其他方式取得的股权成本合并计算。

④持有递延纳税的股权期间,因该股权产生的转增股本收入,以及以该递延纳税的股权再进行非货币性资产投资的,应在当期缴纳税款。

⑤全国中小企业股份转让系统挂牌公司按照上述第(1)项执行。

(四)个人无偿受赠房屋产权的个人所得税处理

(1)以下情形的房屋产权无偿赠与,对当事双方不征收个人所得税:

①房屋产权所有人将房屋产权无偿赠与配偶、父母、子女、祖父母、外祖父母、孙子女、外孙子女、兄弟姐妹;

②房屋产权所有人将房屋产权无偿赠与对其承担直接抚养或者赡养义务的抚养人或者赡养人;

③房屋产权所有人死亡,其法定继承人、遗嘱继承人或者受遗赠人依法取得房屋产权。

(2)除第(1)条规定情形以外,房屋产权所有人将房屋产权无偿赠与他人的,受赠人因无偿受赠房屋取得的受赠所得,按照经国务院财政部门确定征税的"其他所得"项目缴纳个人所得税,税率为20%。

(3)对受赠人无偿受赠房屋计征个人所得税时,其应纳税所得额为房地产赠与合同上标明的赠与房屋价值减除赠与过程中受赠人支付的相关税费后的余额。赠与合同标明的房屋价值明显低于市场价格或房地产赠与合同未标明赠与房屋价值的,税务机关可依据受赠房屋的市场评估价格或采取其他合理方式确定受赠人的应纳税所得额。

(4)受赠人转让受赠房屋的,以其转让受赠房屋的收入减除原捐赠人取得该房屋的实际购置成本以及赠与和转让过程中受赠人支付的相关税费后的余额,为受赠人的应纳税所得额,依法计征个人所得税。受赠人转让受赠房屋价格明显偏低且无正当理由的,税务机关可以依据该房屋的市场评估价格或其他合理方式确定的价格核定其转让收入。

(五)关于个人转让离婚析产房屋的征税问题

(1)通过离婚析产的方式分割房屋产权是夫妻双方对共同共有财产的处置,个人因离婚办理房屋产权过户手续,不征收个人所得税。

(2)个人转让离婚析产房屋所取得的收入,允许扣除其相应的财产原值和合理费用后,余额按照规定的税率缴纳个人所得税;其相应的财产原值,为房屋初次购置全部原值和相关税费之和乘以转让者占房屋所有权的比例。

(3)个人转让离婚析产房屋所取得的收入,符合家庭生活自用五年以上唯一住房的,可以申请免征个人所得税。

(六)单位低价向职工售房有关个税的计算方法

根据住房制度改革政策的有关规定,国家机关、企事业单位及其他组织在住房制度改革期间,按照所在地县级以上人民政府规定的房改成本价格向职工出售公有住房,差价部分免征个税。除前述情况以外的单位按低于购置或建造成本价格出售住房给职工,职工因此少支付的差价按“工资、薪金所得”征税。差价部分,是指职工实际支付的购房价款低于该房屋的购置或建造成本价格的差额。计税方法比照全年一次性奖金的方法计算。

(七)对个人因解除劳动合同取得经济补偿金的征税方法

(1)企业依照国家有关法律规定宣告破产,企业职工从该破产企业取得的一次性安置费收入,免征个人所得税。

(2)个人因与用人单位解除劳动关系而取得的一次性补偿收入(包括用人单位发放的经济补偿金、生活补助费和其他补助费),其收入在当地上年职工平均工资3倍数额以内的部分,免征个人所得税;超过3倍数额部分的一次性补偿收入,可视为一次取得数月的工资、薪金收入,允许在一定期限内(最长不得超过12年)平均计算。

具体办法为:以超过3倍数额部分的一次性补偿收入,除以个人在本企业的工作年限数(超过12年的按12年计算),以其商数作为个人的月工资、薪金收入,按照税法规定计算缴纳个人所得税。

（3）个人领取一次性补偿收入时，按照国家和地方政府规定的比例实际缴纳的住房公积金、医疗保险费、基本养老保险费、失业保险费，可以在计征个人所得税时予以扣除。

【例 7-18】20×2 年 10 月，甲公司与有本公司工龄 8 年的张某解除劳动合同，一次性支付经济补偿金 120 000 元。在领取一次性补偿收入时，张某按照国家和地方政府规定实际缴纳住房公积金、医疗保险费、基本养老保险费、失业保险费共计 4 000 元。当地上一年度职工年平均工资为 21 840 元。要求：计算张某应缴纳的个人所得税额。

【解析】根据规定，个人领取的经济补偿金在当地上年职工平均工资 3 倍数额以内的部分，免征个人所得税。

应税部分＝120 000－21 840×3－4 000＝50 480（元）；

折成月工资＝5 0480÷8＝6 310（元）；

应纳个人所得税＝[(6 310－5000)×3%]×8（个月）＝314.4（元）。

（八）在外商投资企业、外国企业和外国驻华机构工作的中方人员取得工资、薪金所得的征税问题

（1）凡是由雇佣单位和派遣单位分别支付的，只由雇佣单位一方在支付工资、薪金时，按税法规定减除费用，计算扣缴个人所得税；派遣单位支付的工资、薪金不再减除费用，以支付金额直接确定适用税率，计算扣缴个人所得税。上述纳税义务人，应持两处支付单位提供的原始明细工资、薪金单（书）和完税凭证原件，选择并固定到一地税务机关汇算清缴其工资、薪金所得的个人所得税。

（2）对于外商投资企业、外国企业和外国驻华机构发放给中方工作人员的工资、薪金所得，应全额计税。对于可以提供有效合同或有关凭证，能够证明其工资、薪金所得的一部分按有关规定上交派遣（介绍）单位的，可以扣除其实际上交的部分，按其余额计征个人所得税。

（九）居民个人全年一次性奖金应纳税的计算

（1）居民个人取得全年一次性奖金，在 2027 年 12 月 31 日前，不并入当年综合所得，以全年一次性奖金收入除以 12 个月得到的数额，按照按月换算后的综合所得税率表 7-6（月度税率表），确定适用税率和速算扣除数，单独计算纳税。

表 7-6　按月换算后的综合所得税率

级　数	月应纳税所得额	税率/%	速算扣除数/元
1	不超过 3 000 元	3	0
2	超过 3 000 元至 12 000 元	10	210
3	超过 12 000 元至 25 000 元的部分	20	1 410
4	超过 25 000 元至 35 000 元的部分	25	2 660
5	超过 35 000 元至 55 000 元的部分	30	4 410
6	超过 55 000 元至 80 000 元的部分	35	7 160
7	超过 80 000 元	45	15 160

在一个纳税年度内,对每一个纳税人,该计税办法只允许采用一次。

实行年薪制和绩效工资的单位,居民个人取得年终兑现的年薪和绩效工资按上述方法执行。居民个人取得全年一次性奖金,也可以选择并入当年综合所得计算纳税。

居民个人取得除全年一次性奖金以外的其他各种名目奖金,如半年奖、季度奖、加班奖、先进奖、考勤奖等,一律与当月工资、薪金收入合并,按税法规定缴纳个人得税。

计算公式为

应纳税额＝全年一次性奖金收入×适用税率－速算扣除数

居民个人取得全年一次性奖金,也可以选择并入当年综合所得计算纳税。

【例 7-19】假定中国居民个人李某 20×2 年在我国境内 1—12 月每月的税后工资为 3 800 元,12 月 31 日又一次性领取年终含税奖金 60 000 元。请计算李某取得年终奖金应缴纳的个人所得税。

【解析】(1)年终奖金适用的税率和速算扣除数:

按 12 个月分摊后,每月的奖金＝60 000÷12＝5 000(元),根据工资、薪金七级超额累进税率的规定,适用的税率和速算扣除数分别为 10%、210 元。

(2)年终奖应缴纳个人所得税:

应纳税额＝年终奖金收入×适用的税率－速算扣除数＝60 000×10%－210

＝5 790(元)

(十)个人养老金有关个人所得税政策

(1)自 2022 年 1 月 1 日起,对个人养老金实施递延纳税优惠政策。

在缴费环节,个人向个人养老金资金账户的缴费,按照 12 000 元/年的限额标准,在综合所得或经营所得中据实扣除;在投资环节,计入个人养老金资金账户的投资收益暂不征收个人所得税;在领取环节,个人领取的个人养老金,不并入综合所得,单独按照3%的税率计算缴纳个人所得税,其缴纳的税款计入"工资、薪金所得"项目。

(2)个人缴费享受税前扣除优惠时,以个人养老金信息管理服务平台出具的扣除凭证为扣税凭据。

取得工资薪金所得、按累计预扣法预扣预缴个人所得税劳务报酬所得的,其缴费可以选择在当年预扣预缴或次年汇算清缴时在限额标准内据实扣除。选择在当年预扣预缴的,应及时将相关凭证提供给扣缴单位。扣缴单位应按照税法有关要求,为纳税人办理税前扣除有关事项。

取得其他劳务报酬、稿酬、特许权使用费等所得或经营所得的,其缴费在次年汇算清缴时在限额标准内据实扣除。

个人按规定领取个人养老金时,由开立个人养老金资金账户所在市的商业银行机构代扣代缴其应缴的个人所得税。

(3)上述税收政策自2022年1月1日起在个人养老金先行城市实施;自2024年12月15日起,在中国境内参加城镇职工基本养老保险或者城乡居民基本养老保险的劳动者,均可以参加个人养老金制度。

上海市、福建省、苏州工业园区等已实施个人税收递延型商业养老保险试点的地区,自2022年1月1日起统一按照上述税收政策执行。

九、无住所个人所得税的计算(参见财政部、国家税务总局2019年第35号公告)

为深化"放管服"改革,进一步优化税收营商环境,提高非居民纳税人享受协定待遇的便捷性,国家税务总局制定了《非居民纳税人享受协定待遇管理办法》,自2020年1月1日起施行。

(一)无住所个人为非居民个人情形

1.非居民个人境内居住时间累计不超过90天的情形

在一个纳税年度内,在境内累计居住不超过90天的非居民个人,仅就归属于境内工作期间并由境内雇主支付或者负担的工资薪金所得计算缴纳个人所得税。

2.非居民个人境内居住时间累计超过90天不满183天的情形

在一个纳税年度内,在境内居住时间累计超过90天不满183天的非居民个人,取得归属于境内工作期间的工资、薪金所得,均应当计算缴纳个人所得税;其取得属于境外工作期间的工资薪金所得,不征收个人所得税。

（二）无住所个人为居民个人的情形

在一个纳税年度内，在境内累计居住满 183 天的无住所居民个人取得工资、薪金所得，当月工资、薪金收入额按照以下规定计算。

1.无住所居民个人在境内居住累计满 183 天的年度连续不满 6 年的情形

在境内居住累计满 183 天的年度连续不满 6 年的无住所居民个人，符合《个人所得税法实施条例》第四条优惠条件的，其取得的全部工资、薪金所得，除归属于境外工作期间且由境外单位或者个人支付的工资、薪金所得部分外，均应计算缴纳个人所得税。

2.无住所居民个人在境内居住累计满 183 天的年度连续满 6 年的情形

在境内居住累计满 183 天的年度连续满 6 年后，不符合《个人所得税法实施条例》第四条优惠条件的无住所居民个人，其从境内、境外取得的全部工资、薪金所得均应计算缴纳个人所得税。

（三）无住所个人为高管人员的情形

无住所居民个人为高管人员的，工资、薪金收入额按上述"（二）无住所个人为居民个人的情形"规定计算纳税。非居民个人为高管人员的，按照以下规定处理。

1.高管人员在境内居住时间累计不超过 90 天的情形

在一个纳税年度内，在境内累计居住不超过 90 天的高管人员，其取得由境内雇主支付或者负担的工资、薪金所得应当计算缴纳个人所得税；不是由境内雇主支付或者负担的工资、薪金所得，不缴纳个人所得税。当月工资、新金收入额为当月境内支付或者负担的工资、薪金收入额。

2.高管人员在境内居住时间累计超过 90 天不满 183 天的情形

在一个纳税年度内，在境内居住累计超过 90 天但不满 183 天的高管人员，其取得的工资、薪金所得，除归属于境外工作期间且不是由境内雇主支付或者负担的部分外，应当计算缴纳个人所得税。

第四节　个人所得税的征收管理

个人所得的来源广泛，为了加强征收与管理，个人所得税采取两种缴纳方式：全员全额扣缴申报纳税和纳税人自行申报纳税。

一、全员全额扣缴

全员全额扣缴申报是指扣缴义务人应当在代扣税款的次月 15 日内，向主管税务机关报送其支付所得的所有个人的有关信息、支付所得数额、扣除事项和数额、扣缴税款的具体数额和总额以及其他相关涉税信息资料。

(1)扣缴义务人和代扣预扣税款的范围。

扣缴义务人是指向个人支付所得的单位或者个人。

支付,包括现金支付、汇拨支付、转账支付和以有价证券、实物以及其他形式的支付。

实行个人所得税全员全额扣缴申报的应税所得包括:工资、薪金所得,劳务报酬所得,稿酬所得,特许权使用费所得,利息、股息、红利所得,财产租赁所得,财产转让所得,偶然所得。扣缴义务人应当依法办理全员全额扣缴申报。

(2)扣缴义务人责任与义务。

①支付工资、薪金所得的扣缴义务人应当于年度终了后2个月内,向纳税人提供其个人所得和已扣缴税款等信息。纳税人年度中间需要提供上述信息的,扣缴义务人应当提供。

②纳税人取得除工资、薪金所得以外的其他所得,扣缴义务人应当在扣缴税款后,及时向纳税人提供其个人所得和已扣缴税款等信息。

③扣缴义务人应当按照纳税人提供的信息计算税款、办理扣缴申报,不得擅自更改纳税人提供的信息。

扣缴义务人发现纳税人提供的信息与实际情况不符的,可以要求纳税人修改。纳税人拒绝修改的,扣缴义务人应当报告税务机关,税务机关应当及时处理。

纳税人发现扣缴义务人提供或者扣缴申报的个人信息、支付所得、扣缴税款等信息与实际情况不符的,有权要求扣缴义务人修改。扣缴义务人拒绝修改的,纳税人应当报告税务机关,税务机关应当及时处理。

④对扣缴义务人按照规定扣缴的税款,按年付给2%的手续费。

(3)扣缴义务人每月或者每次预扣、代扣的税款,应当在次月15日内缴入国库,并向税务机关报送"个人所得税扣缴申报表"。

二、自行申报纳税

(一)申报纳税的所得项目

凡依据《个人所得税法》负有纳税义务的纳税人,有下列情形之一的,应当按照规定办理纳税申报:

(1)取得综合所得需要办理汇算清缴;

(2)取得应税所得没有扣缴义务人;

(3)取得应税所得,扣缴义务人未扣缴税款;

（4）取得境外所得；

（5）因移居境外注销中国户籍；

（6）非居民个人在中国境内从两处以上取得工资、薪金所得；

（7）国务院规定的其他情形。

（二）申报纳税期限

（1）居民个人取得综合所得，按年计算个人所得税；有扣缴义务人的，由扣缴义务人按月或者按次预扣预缴税款；需要办理汇算清缴的，应当在取得所得的次年3月1日至6月30日内办理汇算清缴。

居民个人向扣缴义务人提供专项附加扣除信息的，扣缴义务人按月预扣预缴税款时应当按照规定予以扣除，不得拒绝。

非居民个人取得工资薪金所得、劳务报酬所得、稿酬所得和特许权使用费所得，有扣缴义务人的，由扣缴义务人按月或者按次代扣代缴税款，不办理汇算清缴。

（2）纳税人取得经营所得，按年计算个人所得税，由纳税人在月度或者季度终了后15日内向税务机关报送纳税申报表，并预缴税款；在取得所得的次年3月31日前办理汇算清缴。

纳税人取得利息、股息、红利所得，财产租赁所得，财产转让所得和偶然所得，按月或者按次计算个人所得税，有扣缴义务人的，由扣缴义务人按月或者按次代扣代缴税款。

（3）纳税人取得应税所得没有扣缴义务人的，应当在取得所得的次月15日内向税务机关报送纳税申报表，并缴纳税款。

（4）纳税人取得应税所得，扣缴义务人未缴税款的，纳税人应当在取得所得的次年6月30前，缴纳税款；税务机关通知限期缴纳的，纳税人应当按照期限缴纳税款。

（5）居民个人从中国境外取得所得的，应当在取得所得的次年3月1日至6月30日内申报纳税。

（6）非居民个人在中国境内从两处以上取得工资、薪金所得的，应当在取得所得的次月15日内申报纳税。

（7）纳税人因移居境外注销中国户籍的，应当在注销中国户籍前办理税款清算。

（8）扣缴义务人每月或者每次预扣、代扣的税款，应当在次月15日内缴入国库，并向税务机关报送扣缴个人所得税申报表。

纳税人办理汇算清缴退税或者扣缴义务人为纳税人办理汇算清缴退税的，税务机关审核后,按照国库管理的有关规定办理退税。

(三)申报纳税地点

申报纳税地点一般为收入来源地的税务机关。但是,纳税人在两处或两处以上取得工资、薪金所得的,可选择并固定在一地税务机关申报纳税;境外取得所得的,应向境内户籍所在地或经常居住地税务机关申报纳税。

对在中国境内几地工作的临时来华人员,应以税法规定的申报纳税日期为准,在某一地区达到申报纳税日期的,即在该地申报纳税。但为了方便纳税,也可准予个人提出申请,经批准后固定在一地申报纳税。对由在华企业或办事机构发放工资、薪金的外籍纳税人,由在华企业或办事机构集中向当地税务机关申报纳税。

纳税人要求变更申报纳税地点的,须经原主管税务机关备案。

(四)自行申报纳税的申报方式

纳税人可由本人或委托他人,或者采用邮寄方式在规定的申报期限内申报纳税。采取邮寄方式申报纳税的,以寄出的邮戳日期为实际申报日期。

三、专项附加扣除享受扣除及办理时间

(1)纳税人享受符合规定的专项附加扣除的计算时间分别为:

①3岁以下婴幼儿照护。为婴幼儿出生的当月至年满3周岁的前1个月。

②子女教育。学前教育阶段,为子女年满3周岁当月至小学入学前1个月。学历教育,为子女接受全日制学历教育入学的当月至全日制学历教育结束的当月。

③继续教育。学历(学位)继续教育,为在中国境内接受学历(学位)继续教育入学的当月至学历(学位)继续教育结束的当月,同一学历(学位)继续教育的扣除期限最长不得超过48个月。技能人员职业资格继续教育、专业技术人员职业资格继续教育为取得相关证书的当年。

④大病医疗。为医疗保障信息系统记录的医药费用实际支出的当年。

⑤住房贷款利息。为贷款合同约定开始还款的当月至贷款全部归还或贷款合同终止的当月,扣除期限最长不得超过240个月。

⑥住房租金。为租赁合同(协议)约定的房屋租赁期开始的当月至租赁期结束的当月。提前终止合同(协议)的,以实际租赁期限为准。

⑦赡养老人。为被赡养人年满60周岁的当月至赡养义务终止的年末。

上述规定的学历教育和学历(学位)继续教育的期间,包含因病或其他非主观原因休学但学籍继续保留的休学期间,以及施教机构按规定组织实施的寒暑假等假期。

(2)享受3岁以下婴幼儿照护、子女教育、继续教育、住房贷款利息或者住房租

金、赡养老人专项附加扣除的纳税人，自符合条件开始，可以向支付工资、薪金所得的扣缴义务人提供上述专项附加扣除有关信息，由扣缴义务人在预扣预缴税款时，按其在本单位本年可享受的累计扣除额办理扣除；也可以在次年 3 月 1 日至 6 月 30 日内，向汇缴地主管税务机关办理汇算清缴申报时扣除。

纳税人同时从两处以上取得工资、薪金所得，并由扣缴义务人办理上述专项附加扣除的，对同一专项附加扣除项目，一个纳税年度内，纳税人只能选择从其中一处扣除。

享受大病医疗专项附加扣除的纳税人，由其在次年 3 月 1 日至 6 月 30 日内，自行向汇缴地主管税务机关办理汇算清缴申报时扣除。

（3）扣缴义务人办理工资、薪金所得预扣预缴税款时，应当根据纳税人报送的"个人所得税专项附加扣除信息表"（以下简称"扣除信息表"）为纳税人办理专项附加扣除。

纳税人年度中间更换工作单位的，在原单位任职、受雇期间已享受的专项附加扣除金额，不得在新任职、受雇单位扣除。原扣缴义务人应当自纳税人离职不再发放工资、薪金所得的当月起，停止为其办理专项附加扣除。

（4）纳税人未取得工资、薪金所得，仅取得劳务报酬所得、稿酬所得、特许权使用费所得需要享受专项附加扣除的，应当在次年 3 月 1 日至 6 月 30 日内，自行向汇缴地主管税务机关报送扣除信息表，并在办理汇算清缴申报时扣除。

（5）一个纳税年度内，纳税人在扣缴义务人预扣预缴税款环节未享受或未足额享受专项附加扣除的，可以在当年内向支付工资、薪金的扣缴义务人申请在剩余月份发放工资、薪金时补充扣除，也可以在次年 3 月 1 日至 6 月 30 日内，向汇缴地主管税务机关办理汇算清缴时申报扣除。

四、反避税规定

（一）有下列情形之一的，税务机关有权按照合理方法进行纳税调整

（1）个人与其关联方之间的业务往来不符合独立交易原则而减少本人或者其关联方应纳税额，且无正当理由。

（2）居民个人控制的，或者居民个人和居民企业共同控制的设立在实际税负明显偏低的国家（地区）的企业，无合理经营需要，对应当归属于居民个人的利润不作分配或者减少分配。

（3）个人实施其他不具有合理商业目的的安排而获取不当税收利益。

（二）补税及加征利息

（1）税务机关依照前述规定情形作出纳税调整，需要补征税款的，应当补征税

款,并依法加收利息。

(2)依法加征的利息,应当按照税款所属纳税申报期最后一日中国人民银行公布的与补税期间同期的人民币贷款基准利率计算,自税款纳税申报期满次日起至补缴税款期限届满之日止按日加收。纳税人在补缴税款期限届满前补缴税款的,利息加收至补缴税款之日。

五、自然人纳税识别号的规定

(1)自然人纳税人识别号,是自然人纳税人办理各类涉税事项的唯一代码标识。

(2)有中国公民身份证号码的,以其中国公民身份证号码作为纳税人识别号;没有中国公民身份证号码的,由税务机关赋予其纳税人识别号。

(3)纳税人首次办理涉税事项时,应当向税务机关或者扣缴义务人出示有效身份证件、并报送相关基础信息。

(4)税务机关应当在赋予自然人纳税人识别号后告知或者通过扣缴义务人告知纳税人其纳税人识别号,并为自然人纳税人查询本人纳税人识别号提供便利。

(5)自然人纳税人办理纳税申报、税款缴纳、申请退税、开具完税凭证、纳税查询等涉税事项时应当向税务机关或扣缴义务人提供纳税人识别号。

(6)上述所称有效身份证件,是指:

①纳税人为中国公民且持有有效"中华人民共和国居民身份证"(以下简称居民身份证)的,为居民身份证。

②纳税人为华侨且没有居民身份证的,为有效的"中华人民共和国护照"(以下简称中国护照)和华侨身份证明。

③纳税人为港澳居民的,为有效的"港澳居民来往内地通行证"(以下简称港澳居民通行证)或"中华人民共和国港澳居民居住证"(以下简称港澳居民居住证)。

④纳税人为台湾居民的,为有效的"台湾居民来往大陆通行证"(以下简称台湾居民通行证)或"中华人民共和国台湾居民居住证"(以下简称台湾居民居住证)。

⑤纳税人为持有有效"中华人民共和国外国人永久居留身份证"(以下简称外国人永久居留证)的外籍个人的,为永久居留证和外国护照;未持有永久居留证但持有有效"中华人民共和国外国人工作许可证"(以下简称外国人工作许可证)的,为外国人工作许可证和外国护照;其他外籍个人,为有效的外国护照。

六、个人所得税"税收完税证明"调整为"纳税记录"的规定

为配合个人所得税制度改革,进一步落实国务院减证便民要求,优化纳税服务,国家税务总局决定将个人所得税"税收完税证明"(文书式)调整为"纳税记录"。

（1）从 2019 年 1 月 1 日起，纳税人申请开具税款所属期为 2019 年 1 月 1 日（含）以后的个人所得税缴（退）税情况证明的，税务机关不再开具"税收完税证明"（文书式），调整为开具"纳税记录"；纳税人申请开具税款所属期为 2018 年 12 月 31 日（含）以前个人所得税缴（退）税情况证明的，税务机关继续开具"税收完税证明"（文书式）。

（2）纳税人 2019 年 1 月 1 日以后取得应税所得并由扣缴义务人向税务机关办理了全员此，均可以申请开具"纳税记录"。金额扣缴申报，或根据税法规定自行向税务机关办理纳税申报的，不论是否实际缴纳税。

（3）纳税人可以通过电子税务局、手机 App 申请开具本人的个人所得税"纳税记录"，也可以到办税服务厅申请开具。

（4）纳税人可以委托他人持下列证件和资料到办税服务厅代为开具个人所得税"纳税记录"：委托人及受托人有效身份证件原件；委托人书面授权资料。

（5）纳税人对个人所得税"纳税记录"存在异议的，可以向该项记录中列明的税务机关申请核实。

（6）税务机关提供个人所得税"纳税记录"的验证服务，支持通过电子税务局、手机 App 等方式进行验证。具体验证方法见个人所得税"纳税记录"中的相关说明。

七、建立个人所得税纳税信用管理机制

（1）全面实施个人所得税申报信用承诺制。税务部门在"个人所得税自行纳税申报表""个人所得税专项附加扣除信息表"等表单中设立格式规范、标准统一的信用承诺书，纳税人需对填报信息的真实性、准确性、完整性作出守信承诺。信用承诺的履行情况纳入个人信用记录，提醒和引导纳税人重视自身纳税信用，并视情况予以失信惩戒。

（2）建立健全个人所得税纳税信用记录。国家税务总局以自然人纳税人识别号为唯一标识，以个人所得税纳税申报记录、专项附加扣除信息报送记录、违反信用承诺和违法违规行为记录为重点，研究制定自然人纳税信用管理的制度办法，全面建立自然人纳税信用信息采集、记录、查询、应用、修复、安全管理和权益维护机制，依法依规采集和评价自然人纳税信用信息，形成全国自然人纳税信用信息库，并与全国信用信息共享平台建立数据共享机制。

（3）建立自然人失信行为认定机制。对于违反《中华人民共和国税收征收管理法》《中华人民共和国个人所得税法》，以及其他法律法规和规范性文件，违背诚实信用原则，存在偷税、骗税、骗抵、冒用他人身份信息、恶意举报、虚假申诉等失信行

为的当事人,税务部门将其列入重点关注对象,依法依规采取行政性约束和惩戒措施;对于情节严重、达到重大税收违法失信案件标准的,税务部门将其列为严重失信当事人,依法对外公示,并与全国信用信息共享平台共享。

（4）对个人所得税守信纳税人提供更多便利和机会。探索将个人所得税守信情况纳入自然人诚信积分体系管理机制。对个人所得税纳税信用记录持续优良的纳税人,相关部门应提供更多服务便利,依法实施绿色通道、容缺受理等激励措施;鼓励行政管理部门在颁发荣誉证书、嘉奖和表彰时将其作为参考因素予以考虑。

（5）对个人所得税严重失信当事人实施联合惩戒。税务部门与有关部门合作,建立个人所得税严重失信当事人联合惩戒机制,对经税务部门依法认定,在个人所得税自行申报、专项附加扣除和享受优惠等过程中存在严重违法失信行为的纳税人和扣缴义务人,向全国信用信息共享平台推送相关信息并建立信用信息数据动态更新机制,依法依规实施联合惩戒。

（6）强化信息安全和隐私保护。税务部门依法保护自然人纳税信用信息,积极引导社会各方依法依规使用自然人纳税信用信息。各地区、各部门要按最小授权原则设定自然人纳税信用信息管理人员权限。加大对信用信息系统、信用服务机构数据库的监管力度,保护纳税人合法权益和个人隐私,确保国家信息安全。

（7）建立异议解决和失信修复机制。对个人所得税纳税信用记录存在异议的,纳税人可向税务机关提出异议申请,税务机关应及时回复并反馈结果。自然人在规定期限内纠正失信行为、消除不良影响的,可以通过主动作出信用承诺、参与信用知识学习、税收公益活动或信用体系建设公益活动等方式开展信用修复,对完成信用修复的自然人,税务部门按照规定修复其纳税信用。对因政策理解偏差或办税系统操作失误导致轻微失信,且能够按照规定履行涉税义务的自然人,税务部门将简化修复程序,及时对其纳税信用进行修复。

思考与练习

【思考题】

1.个人所得税有哪几种税制模式？它们各有什么优缺点？

2.个人所得税的纳税人分为哪几类？判定的标准是什么？各自承担何种纳税义务？

3.我国个人所得税未来的改革方向是什么？

4.个人所得税的应税项目有哪些?

5.个人所得税的征税对象有哪几类?分别是如何计算应纳税额的?

6.个人所得税的优惠政策有哪些?

【练习题】

一、单选题

1.从世界范围看,个人所得税制可以划分为三种类型,我国个人所得税属于（   ）。

  A. 综合所得税制　　　　　　B. 分类所得税制

  C. 混合所得税制　　　　　　D. 源泉扣缴税制

2.我国对居民纳税人和非居民纳税人的划分标准是（   ）。

  A. 习惯性住所标准　　　　　B. 居住时间标准

  C. 永久性住所标准　　　　　D. 习惯性住所标准和居住时间标准

3.出租车经营单位对出租车驾驶员采取单车承包或承租方式运营,出租车驾驶员从事客货营运取得的收入,按（   ）项目征收个人所得税。

  A."工资、薪金所得"　　　　B."对企事业单位的承包经营、承租经营所得"

  C."劳务报酬所得"　　　　　D."个体工商户生产、经营所得"

4.个人参加笔会现场作画取得的作画所得属于（   ）项目。

  A."工资、薪金所得"　　　　B."稿酬所得"

  C."劳务报酬所得"　　　　　D."个体工商户生产、经营所得"

5.以下不属于"特许权使用费所得"项目的是（   ）。

  A.提供商标使用权取得的所得

  B.提供非专利技术使用权取得的所得

  C.提供专利使用权取得的所得

  D.转让土地使用权取得的所得

6.合伙企业的投资者李某以企业资金为其家庭购买汽车和住房,则李某该财产购置支出应按（   ）项目计征个人所得税。

  A."工资、薪金所得"

  B."对企事业单位的承包经营、承租经营所得"

  C."个体工商户的生产、经营所得"

  D."利息、股息、红利所得"

7.某股份公司投资者赵某3月从该公司借款5万元用于消费,到年底仍未归还。则赵某借用的该款项应按（　　　）项目计征个人所得税。

A."工资、薪金所得"

B."对企事业单位的承包经营、承租经营所得"

C."个体工商户的生产、经营所得"

D."利息、股息、红利所得"

二、多选题

1.张某承包经营一国有企业（拥有企业经营成果所有权），每年上缴承包费用 5 万元，该承包费用（　　　）。

A.在计算企业所得税时不允许税前扣除

B.在计算企业所得税时允许税前扣除

C. 在计算个人所得税时不允许税前扣除

D. 在计算个人所得税时允许税前扣除

2.下列各项中，应按"个体工商户生产、经营所得"项目征税的有（　　　）。

A.个人因从事彩票代销业务而取得的所得

B.法人企业的个人投资者以本企业资金为本人购买的汽车

C.个人独资企业的个人投资者以企业资金为本人购买的住房

D.出租汽车经营单位对出租车驾驶员采取单车承包或承租方式运营，出租车驾驶员从事客货营运取得的所得

3.下列各项所得，在计算个人所得税时，不得减除费用的有（　　　）。

A.股息、利息、红利所得　　　　B.稿酬所得

C.劳务报酬所得　　　　　　　　D.偶然所得

4.财产转让所得中可扣除的费用有（　　　）。

A.必要费用的扣除，即定额扣除 800 元或 20％的费用

B.财产原值

C.合理费用

D.所计提的折旧

三、综合计算题

中国公民张先生为国内某企业高新技术人员，2024 年 1 月至 12 月取得的收入情况如下：

(1)每月取得工薪收入 18 400 元。

(2)3 月转让其 2013 年购买的三居室精装修房屋一套，售价 230 万元，不含增值税，转让过程中支付可在税前扣除的相关税费 13.8 万元。该套房屋的购进价为

100万元,购房过程中支付的相关税费为3万元。所有税费支出均取得合法凭证。

(3)6月因提供重要线索,协助公安部门侦破某重大经济案件,获得公安部门奖金2万元,已取得公安部门提供的获奖证明材料。

(4)9月参加某商场组织的抽奖活动,取得中奖收入30 000元。将其中的10 000元通过市教育局捐赠给贫困地区。

已知:张先生的独生女就读于某大学二年级;张先生和妻子的首套住房贷款合同于1月底终止(20年内);张先生父母年纪均已过60周岁且张先生为非独生子;张先生当年发生购买保健药品支出20 000元(与基本医保不相关)。

要求:根据上述资料,回答下列问题。

(1)下列关于享受符合规定的专项附加扣除的计算时间的表述中,错误的是( )。

A.子女学历教育,为子女接受全日制学历教育入学的当月至全日制学历教育结束的当月

B.住房贷款利息,为贷款合同约定开始还款的当月至贷款全部归还或贷款合同终止的当月

C.赡养老人,为被赡养人年满60周岁的当月至赡养义务终止的当月

D.大病医疗,为医疗保障信息系统记录的医药费用实际支出的当年

(2)下列关于享受符合规定的专项附加扣除的扣除方式的表述中,错误的是( )。

A.子女教育,父母可以选择由其中一方按扣除标准的100%扣除

B.住房贷款利息,只能由夫妻一方扣除

C.赡养老人,可以由赡养人均摊或者约定分摊,也可以由被赡养人指定分摊

D.大病医疗,可以选择由本人或者其配偶扣除

(3)下列关于张先生享受符合规定的专项附加扣除的表述中,错误的是( )。

A.针对子女教育支出,张先生每个月最多可以扣除2 000元

B.针对住房贷款利息支出,张先生最多只能在1月扣除1 000元

C.针对赡养老人支出,张先生每个月最多可以扣除3 000元

D.张先生购买保健药品支出,不得扣除

(4)计算张先生转让房屋所得应缴纳的个人所得税。

(5)计算张先生从公安部门获得的奖金应缴纳的个人所得税。

(6)计算张先生中奖所得应缴纳的个人所得税。

【练习题参考答案】

第八章　财产类税制

【知识与技能要求】

1.了解财产税中房产税、车船税、契税、城镇土地使用税和土地增值税这5个税种的概念、特点和作用；

2.理解和掌握财产税5个税种的基本法律规定；

3.理解和掌握财产税5个税种应纳税额的计算；

4.了解财产税5个税种的相关征收管理规定。

【思政目标】

通过财产类税制的教学，增强学生的财富公平分配意识，促使其理解税收在调节财富差距、实现社会公平方面的关键作用。

第一节　房产税税制

我国现行房产税的基本规范是国务院于1986年9月15日颁布的《中华人民共和国房产税暂行条例》（以下简称《房产税暂行条例》）。2008年12月31日国务院发布第546号令，自2009年1月1日起废止《城市房产税暂行条例》，外商投资企业、外国企业和组织以及外籍个人依照《房产税暂行条例》缴纳房产税。至此，在全国范围内实行内外统一的房产税。2011年1月8日国务院令第588号《国务院关于废止和修改部分行政法规的规定》，对部分条款进行修改。

一、房产税概述

（一）房产税的概念

房产税是以房屋为征税对象，按房屋的计税余值或租金收入，向房产所有人或经营人征收的一种财产税。

273

（二）房产税的特点

1.房产税属于个别财产税

按征税对象的范围不同,财产税可以分为一般财产税与个别财产税。一般财产税是对纳税人拥有的各类财产实行综合课征的税收。个别财产税是对纳税人拥有的土地、房屋、资本和其他财产分别征税的税收。房产税属于个别财产税,其征税对象只限于房屋。

2.征税范围有所限定

我国现行的房产税限定在城市、县城、建制镇和工矿区范围内征收,不涉及农村。但是,对某些拥有房屋,却没有纳税能力或者没有征税意义的单位,如国家拨付行政经费、事业经费和国防经费的单位自用的房产,税法规定予以免税,进而将其排除在征税范围之外。

3.税源稳定、征收简便

由于房产税的课税对象属于不动产,因而税源相对稳定。同时,房产税采用简易的征收办法,其计税依据是房产的计税余值及房屋的租金收入,因而只需要对房屋产权进行登记并加强对出租房产活动的管理,征收相对较为简便。

4.区别不同经营使用方式规定不同的征税办法

拥有房屋的单位和个人,既可以将房屋自用于生产经营,又可以用于出租、出典。鉴于此,房产税根据纳税人经营形式不同,对前一类房屋按房产计税余值征税,对后一类房屋按租金收入征税,使征税办法符合纳税人的经营特点,不仅平衡了税收负担,而且便于征收管理。

（三）房产税的作用

1.为地方提供可靠的财政收入

随着我国城镇化进程的加快和房地产业的迅速发展,应税房产的保有量不断增加,房产税的税源持续稳步增长,加上房产税征收简便的特点,房产税已经成为地方政府财政收入的重要来源。

2.征收房产税可以加强对房屋的管理

征收房产税不仅可以调节社会财富的公平分配,还可以促进房产所有者加强对房产的管理,提高房屋的使用率,避免因房产闲置造成资源浪费,进而抑制对房地产的过度需求,促进房地产行业稳定、健康地发展。

（四）我国房产税的建立与发展

中华人民共和国成立后,1950 年 1 月政务院公布了《全国税政实施要则》,规定全国统一征收房产税。同年 6 月,房产税和地产税合并为房地产税。1951 年 8

月8日,政务院公布《城市房地产税暂行条例》,并在全国范围内施行。

1973年简化税制,将试行工商税的企业缴纳的城市房地产税并入工商税,只对有房产的个人、外国侨民和房地产管理部门继续征收城市房地产税。

1984年10月,国营企业实行"利改税"和全国工商税制改革,恢复对企业征收城市房地产税,并将城市房地产税分为房产税和土地使用税。1986年9月15日,国务院发布《房产税暂行条例》,决定从当年10月1日起施行。对在中国有房产的外商投资企业、外国企业和外籍人员仍征收城市房地产税。

2009年1月1日起,外商投资企业、外国企业和组织及外籍个人,依照《房产税暂行条例》缴纳房产税。至此,城市房地产税彻底退出历史舞台,内外有别的房产税制得以统一。

2011年1月28日,上海、重庆作为试点城市实施了由国务院制定并颁布的房产税改革试点办法,正式开始对部分个人住房征收房产税,开创了我国住房制度改革以来向本国国籍个人拥有的住房征收房产税的先河。

二、房产税的基本法律规定

(一)征税范围和征税对象

1.征税范围

房产税在城市、县城、建制镇和工矿区征收。因此,房产税的征税范围为城市、县城、建制镇和工矿区,不包括农村。

【例8-1】下列房屋及建筑物中,哪些属于房产税的征税范围?

(1)农村的居住用房;

(2)建在室外的露天游泳池;

(3)个人拥有的市区经营性用房;

(4)尚未使用或出租而待售的商品房。

【解析】由于房产税的征税范围不包括农村,游泳池不是房产,商品房在出售前不征收房产税,所以只有第(3)种情况属于房产税的征税范围。

2.征税对象

房产税的征收对象是房产。所谓房产,是指以房屋形态表现的财产,包括其附属的设备,但不包括独立的建筑物,如围墙、烟囱、水塔等。房屋,是指有屋面和围护结构(有墙或两边有柱)、能遮挡风雨,可供人在其中生产、工作、学习、娱乐、居住或储存物资的场所。

(二)纳税人

房产税的纳税人是指在我国城市、县城、建制镇和工矿区内拥有房屋产权的单

位和个人,具体包括以下四类:

(1)产权属于国家所有的,由经营管理的单位缴纳房产税;产权属于集体和个人所有的,由集体单位和个人缴纳房产税。

(2)产权出典的,由承典人缴纳房产税。所谓产权出典,是指产权所有人将房屋、生产资料等的产权,在一定期限内典当给他人使用,而取得资金的一种融资业务。这种业务大多发生于出典人急需用款,又想保留产权回赎权的情况下。由于承典人在房屋出典期间,对房屋具有支配权,所以税法规定承典人为纳税人。

【例 8-2】A 公司急需用钱,将名下的写字楼出典给 B 公司,出典期为 2016—2021 年,但 A 公司保留写字楼的回赎权。请问:在出典期,谁是这幢写字楼的房产税纳税人?

【解析】出典期内,B 公司为房产税的纳税人。

(3)产权所有人、承典人不在房产所在地的,或者产权未确定及租典纠纷未解决的,由房产代管人或者使用人缴纳房产税。

(4)纳税单位和个人无租使用房产管理部门、免税单位及纳税单位的房产,应由使用人代为缴纳房产税。

自 2009 年 1 月 1 日起,外商投资企业和外国企业和组织以及外籍个人应按规定缴纳房产税。

(三)税率

房产税税率采用比例税率。按照房产余值计征的,年税率为 1.2%;按房产租金收入计征的,年税率为 12%。

从 2008 年 3 月 1 日起,对个人出租住房,不区分用途,其租金收入按 4%的税率征收房产税;对企事业单位、社会团体以及其他组织按市场价格向个人出租用于居住的住房,减按 4%的税率征收房产税。

(四)税收优惠

(1)国家机关、人民团体、军队自用的房产免征房产税。但上述免税单位的出租房产不属于免税范围。

(2)由国家财政部门拨付事业经费的单位自用的房产免征房产税。但如学校的工厂、商店、招待所等应照章纳税。

(3)宗教寺庙、公园、名胜古迹自用的房产免征房产税,但经营用的房产不免。

(4)个人所有非营业用的房产免征房产税,但个人拥有的营业用房或出租的房产,应照章纳税。

(5)对行使国家行政管理职能的中国人民银行总行所属分支机构自用的房地

产,免征房产税。

(6)经财政部批准免税的其他房产。

三、房产税的应纳税额的计算

(一)计税依据

房产税实行从价计征和从租计征两种计税方法,其计税依据分别为房产余值和房屋的租金收入。

1.经营自用房屋的计税依据

对纳税人经营自用房屋的,采用从价计征的办法,其计税依据为房产原值一次减除10%～30%后的余值。具体减除幅度,由省、自治区、直辖市人民政府规定。

(1)房产原值不论是否记载在会计账簿固定资产科目中,均应按照房屋原价计算缴纳房产税。房屋原价应根据国家有关会计制度规定进行核算。对纳税人未按国家会计制度规定核算并记载的,应按规定予以调整或重新评估。

(2)房产原值应包括与房屋不可分割的各种附属设备或一般不单独计算价值的配套设施。凡以房屋为载体,不可随意移动的附属设备和配套设施,如给排水、采暖、消防、中央空调、电气及智能化楼宇设备等,无论在会计核算中是否单独记账与核算,都应计入房产原值,计征房产税。

(3)纳税人对原有房屋进行改建、扩建的,要相应增加房屋的原值。

(4)对于更换房屋附属设备和配套设施的,在将其价值计入房产原值时,可扣减原来相应设备和设施的价值;对于附属设备和配套设施中易损坏,需要经常更换的零配件,更新后不再计入房产原值,原零配件的原值也不扣除。

2.房产出租的计税依据

对纳税人出租房屋的,采用从租计征的办法,其计税依据为房产的不含税租金收入。不含税租金收入是指不含增值税的租金收入,是房屋产权所有人出租房产使用权所取得的报酬,包括货币收入和实物收入。对以劳务或其他形式作为报酬抵付房租收入的,应根据当地同类房产的租金水平,确定一个标准租金从租计征。

纳税人对个人出租房屋的租金收入申报不实或申报数与同一地段同类房屋的租金收入相比明显不合理的,税务部门可以按照有关规定,采取科学、合理的方法核定其应纳税额。

【例 8-3】C 公司有一栋库房,库房在会计账簿的"固定资产"科目中的原值为500 万元。20×1 年 C 公司将该库房出租给 D 公司,租赁合同约定全年收取的租金为 72 万元。20×1 年合同到期后,C 公司与 D 公司协商,20×2 年 D 公司不再以租赁的形式使用 C 公司的库房,而由 C 公司配备保管人员,D 公司将货物存放在 C 公司的库房中,租赁合同改为仓储保管合同。假设 C 公司所在地主管税务机关规定的房产税扣除比例为 30%。要求:分别计算 20×1 年和 20×2 年 C 公司缴纳的房产税的计税依据。

【解析】20×1 年,由于 C 公司是以租赁形式出租库房,应采用从租计征的办法计算缴纳房产税,因此 C 公司的房产税计税依据是 72 万。

20×2 年,C 公司是利用库房从事仓储保管业务,其计税方法变为从价计征,由于税务机关规定的房产税扣除比例为 30%,因此 C 公司房产税的计税依据=500×(1−30%)=350(万元)。

3.有偿租赁房产的特殊情形

(1)关于地下建筑出租的房产税问题。根据《财政部 国家税务总局关于具备房屋功能的地下建筑征收房产税的通知》(财税〔2005〕181 号)的规定,凡在房产税征收范畴内的具备房屋功能的地下建筑,包含与地上房屋相连的地下建筑以及完全建在地面以下的建筑、地下人防设施等,均应当依照有关规定征收房产税。上述具备房屋功效的地下建筑是指有屋面和维护结构,可以遮风避雨,可供人们在其中生产、经营、工作、学习、娱乐、居住或储藏物资的场合。出租的地下建筑,按照出租地上房屋建筑的有关规定计算征收房产税。

(2)对于投资联营的房产,应确定房产税的计税依据。对以房产投资,收取固定收入,不承担联营风险的,实际是以联营名义取得房产租金,由出租方按租金收入计算缴纳房产税;对以房产投资联营,投资者参与投资利润分红,共担风险的,按照房产余值作为计税依据计征房产税。

(3)关于业主共有的经营性房产出租的房产税问题。依据《财政部 国家税务总局关于房产税、城镇土地使用税有关政策的通知》(财税〔2006〕186 号),对居民住宅区内业主共有的经营性房产,由实际经营(包括自营和出租)的代管人或使用人缴纳房产税。其中自营的,依照房产原值减除 10% 至 30% 后的余值计征,没有房产原值或不能将业主共有房产与其他房产的原值准确划分开的,由房产所在地地方税务机关参照同类房产核定房产原值;出租的,依照租金收入计征。

(二)应纳税额的计算

根据规定,房产税应纳税额的计算方法有以下两种:

(1)从价计征的计算,计算公式如下:

应纳税额=房产原值×(1−扣除比例)×1.2%

(2)从租计征的计算,计算公式如下:

应纳税额=年租金收入×12%

【例 8-4】甲企业 1 月委托施工企业建造仓库,工程 4 月份竣工,5 月份办妥验收手续。该仓库在甲企业账簿"固定资产"科目中记载的原值为 9 500 万元。同年

3月,该企业因为生产规模扩大,购置了乙企业的仓库1栋,产权转移书据上注明的交易价格为1 200万元,在企业"固定资产"科目上记载的原值为1 250万元,取得了房屋权属证书。已知当地省政府规定的房产税计算余值的扣除比例为30%。

要求:计算甲企业建造仓库和购置仓库分别应缴纳的房产税。

【解析】建造仓库应纳房产税＝9 500×(1－30%)×1.2%÷12×7＝46.55(万元);

购置仓库应纳房产税＝1 250×(1－30%)×1.2%÷12×9＝7.88(万元)。

四、房产税的征收管理

(一)纳税义务发生时间

(1)纳税人将原有房产用于生产经营,从生产经营之月起,缴纳房产税。

(2)纳税人自行新建房屋用于生产经营,从建成之次月起,缴纳房产税。

(3)纳税人委托施工企业建设的房屋,从办理验收手续之次月起,缴纳房产税。

(4)纳税人购置新建商品房,自房屋交付使用之次月起,缴纳房产税。

(5)纳税人购置存量房,自办理房屋权属转移、变更登记手续,房地产权属登记机关签发房屋权属证书之次月起,缴纳房产税。

(6)纳税人出租、出借房产,自交付出租、出借房产之次月起,缴纳房产税。

(7)融资租赁的房产,由承租人自融资租赁合同约定开始日的次月起依照房产余值缴纳房产税。合同未约定开始日的,由承租人自合同签订的次月起依照房产余值缴纳房产税。

(二)纳税期限

房产税按年征收、分期缴纳。纳税期限由省、自治区、直辖市人民政府规定。

(三)纳税地点

房产税由房产所在地的税务机关征收。房产不在同一地方的纳税人,应按房产的坐落地点分别向房产所在地的税务机关纳税。

拓展阅读

麻辣财经:房产税遗产税要开征? 别听风就是雨!

第二节　车船税税制

　　现行的车船税的基本规范是 2011 年 2 月 25 日中华人民共和国第十一届全国人民代表大会常务委员会第十九次会议通过的《中华人民共和国车船税法》（以下简称《车船税法》），该法律自 2012 年 1 月 1 日起施行。后根据 2019 年 4 月 23 日，第十三届全国人民代表大会常务委员会第十次会议通过的《关于修改〈中华人民共和国建筑法〉等八部法律的决定》修正。

一、车船税概述

（一）车船税的概念

　　车船税是对在我国境内属于《车船税法》所附"车船税税目税额表"规定的车辆、船舶（以下简称"车船"），根据其种类，按照规定的计税单位和年税额标准计算征收的一种税。

（二）车船税的特点

1.具有个别财产税的特点

　　从财产税的角度看，车船税属于个别财产税，征税对象仅限于车辆、船舶两类运输工具，并且是对"保有"环节的车辆征税，因而具有明显的财产税性质。

2.实行分类、分级定额税率

　　车船税将征税对象划分为车辆与船舶，并规定他们各自的定额税率。对车辆采用分类、分级幅度税额，即对不同类别和不同项目的车辆规定最高税额和最低税额，以适应我国各地经济发展不平衡，车辆种类繁多、大小不同的实际情况；对船舶实行分类、分级固定税额，即对不同类别、不同吨位的船舶，规定全国统一的固定税额，以适用船舶航程长、流动大的特点，保持全国税负的大体均衡。

3.按年申报，分月计算，一次性缴纳

　　车船税实行按年申报，分月计算，一次性缴纳的解缴办法。

（三）车船税的作用

1.为地方政府筹集财政资金，支持交通运输职业发展

　　改革开放以来，我国的交通运输业发展迅速，运输紧张的状况大为缓解，但矛盾依然存在。开征车船税，能够将分散在车船人手中的部分资金集中起来，增加地方财源，增加对交通运输建设的财政投入，促进交通运输业的发展。

2.调节财富分配，体现社会公平

　　在国外，车船税属于对不动产征税的范围，这类税收除了筹集地方财政收入

外,另一重要的功能是对个人拥有的财产或者财富(如轿车、游艇等)进行调节,缓解财富分配不公。随着我国经济的增长,部分先富起来的个人拥有私人轿车、游艇及其他车船的情况会日益增加,征收车船税的财富再分配作用亦会显得更加重要。

(四)我国车船税的建立与发展

早在公元前129年,我国就开征了车船税,当时叫"算商车",仅征商贾之车,不涉及一般的车船。明清时,官府曾对内河商船征收船钞。中华人民共和国成立前,不少城市对车船征收牌照税。

中华人民共和国成立后,中央人民政府政务院于1951年颁布了《车船使用牌照税暂行条例》,对车船征收车船使用牌照税。1986年9月,国务院在实施工商税制改革时,颁布了《中华人民共和国车船使用税暂行条例》,该条例不适用于外商投资企业和外国企业及外籍个人。因此,对外商投资企业和外国企业及外籍个人仍征收车船使用牌照税。2006年12月29日,国务院颁布了《中华人民共和国车船税暂行条例》,同时废止了《车船使用牌照税暂行条例》和《车船使用税暂行条例》,《中华人民共和国车船税暂行条例》自2007年1月1日起施行。2011年2月25日,第十一届全国人民代表大会常务委员会第十九次会议通过了《车船税法》。

二、车船税的基本法律规定

(一)征税范围

车船税的征税范围是《车船税法》所附"车船税税目税额表"中列出的车辆、船舶,包括依法应当在车船登记管理部门登记的机动车辆和船舶,也包括依法不需要在车船登记管理部门登记的在单位内部场所行驶或者作业的机动车辆和船舶。

上述机动车辆,包括乘用车、商用车(包括客车、货车)、挂车、专用作业车、轮式专用机械车、摩托车。拖拉机不需要缴纳车船税。

船舶,是指各类机动、非机动船舶以及其他水上移动装置,但是船舶上装备的救生艇筏和长度小于5米的艇筏除外。其中,机动船舶是指用机器推进的船舶;拖船是指专门用于拖(推)动运输船舶的专业作业船舶;非机动驳船是指在船舶登记管理部门登记为驳船的非机动船舶;游艇是指具备内置机械推进动力装置,长度在90米以下,主要用于游览观光、休闲娱乐、水上体育运动等活动,并应当具有船舶检验证书和适航证书的船舶。

(二)纳税人

车船税的纳税人是指车船的所有人或者管理人。其中,所有人是指在我国境内拥有车船的单位和个人;管理人是指对车船具有管理权或者使用权,但不具有所有权的单位。上述单位,包括在中国境内成立的行政机关、企业、事业单位、社会团体以及其他组织;上述个人,包括个体工商户以及其他个人。

【例 8-5】陈先生将自己名下的一辆丰田商务车出租给 F 公司,租期是 20×1—20×6 年。请问:在租赁期间,谁是车船税的纳税人?

【解析】F 公司在租赁期为该车的车船税纳税人。

(三)税率

车船税实行幅度定额税率,即对征税的车船规定单位幅度税额。

车辆的具体适用税额由省、自治区、直辖市人民政府依照"车船税税目税额表"规定的税额幅度和国务院的规定确定。船舶的具体适用税额由国务院在"车船税税目税额表"规定的税额幅度内确定。车船税具体适用税率见表 8-1。

表 8-1　车船税税目税额

税 目		计税单位	年基准税额	备 注
乘用车[按发动机汽缸容量(排气量)分档]	1.0 升(含)以下的	每辆	60 元至 360 元	核定载客人数 9 人(含)以下
	1.0 升以上至 1.6 升(含)的		300 元至 540 元	
	1.6 升以上至 2.0 升(含)的		360 元至 660 元	
	2.0 升以上至 2.5 升(含)的		660 元至 1 200 元	
	2.5 升以上至 3.0 升(含)的		1200 元至 2 400 元	
	3.0 升以上至 4.0 升(含)的		2400 元至 3 600 元	
	4.0 升以上的		3600 元至 5 400 元	
商用车	客车	每辆	480 元至 1 440 元	核定载客人数 9 人以上,包括电车
	货车	整备质量每吨	16 元至 120 元	包括半挂牵引车、三轮汽车和低速载货汽车等
挂车		整备质量每吨	按照货车税额的 50%计算	
其他车辆	专用作业车	整备质量每吨	16 元至 120 元	不包括拖拉机
	轮式专用机械车		16 元至 120 元	
摩托车		每辆	36 元至 180 元	

税 目		计税单位	年基准税额	备 注
船舶	机动船舶	净吨位每吨	3元至6元	拖船、非机动驳船分别按照机动船舶税额的50％计算
	游艇	艇身长度每米	600元至2 000元	

（四）税收优惠

（1）捕捞、养殖渔船，即在渔业船舶登记管理部门登记为捕捞船或者养殖船的船舶，免征车船税。

（2）军队、武装警察部队专用的车船，即按照规定在军队、武装警察部队车船登记管理部门登记，并领取军队、武警牌照的车船，免征车船税。

（3）警用车船，即公安机关、国家安全机关、监狱、劳动教养管理机关和人民法院、人民检察院领取警用牌照的车辆和执行警务的专用船舶，免征车船税。

（4）依照法律规定应当予以免税的外国驻华使领馆、国际组织驻华代表机构及其有关人员的车船，免征车船税。

（5）新能源车辆的优惠：

①对节约能源车辆，减半征收车船税。

②对使用新能源的车辆，免征车船税。

使用新能源的车辆包括纯电动汽车、燃料电池汽车和混合动力汽车。

（6）省、自治区、直辖市人民政府根据当地实际情况，可以对公共交通车船，农村居民拥有并主要在农村地区使用的摩托车、三轮汽车和低速载货汽车定期减征或者免征车船税。

（7）对受地震、洪涝等严重自然灾害影响纳税困难以及其他特殊原因确需减免税的车船，可以在一定期限内减征或者免征车船税。

三、车船税的应纳税额的计算

（一）计税依据

车船税采用定额税率，即对征税的车船规定单位固定税额。

（1）机动船舶，具体适用税额为：

①净吨位不超过200吨的，每吨3元；

②净吨位超过200吨但不超过2 000吨的，每吨4元；

③净吨位超过2 000吨但不超过10 000吨的，每吨5元；

④净吨位超过10 000吨的，每吨6元。

⑤拖船按照发动机功率每1千瓦折合净吨位0.67吨计算征收车船税。

(2)游艇,具体适用税额为:

①艇身长度不超过10米的游艇,每米600元。

②艇身长度超过10米但不超过18米的游艇,每米900元。

③艇身长度超过18米但不超过30米的游艇,每米1 300元。

④艇身长度超过30米的游艇,每米2 000元。

⑤辅助动力帆艇,每米600元。

游艇艇身长度是指游艇的总长。

《车船税法》及其实施条例所涉及的排气量、整备质量、核定载客人数、净吨位、千瓦、艇身长度,以车船登记管理部门核发的车船登记证书或者行驶证所载数据为准。

车辆整备质量、净吨位、艇身长度等计税单位,有尾数的一律按照含尾数的计税单位据实计算应纳税额,税额计算到分。

依法不需要办理登记的车船和依法应当登记而未办理登记或者不能提供车船登记证书、行驶证的车船,以车船出厂合格证明或者进口凭证标注的技术参数、数据为准;不能提供车船出厂合格证明或者进口凭证的,由主管税务机关参照国家相关标准核定,没有国家相关标准的参照同类车船核定。

(二)应纳税额的计算

车船税应纳税额的计算公式如下:

乘用车应纳税额=乘用车辆数×适用年税额

商用客车应纳税额=商用客车辆数×适用年税额

商用货车应纳税额=整备质量吨数×适用年税额

专用作业车应纳税额=整备质量吨数×适用年税额

轮式专用机械车应纳税额=整备质量吨数×适用年税额

摩托车应纳税额=摩托车辆数×适用年税额

机动船舶应纳税额=船舶净吨位×适用年税额

游艇应纳税额=艇身长度米数×适用年税额

购置的新车船,购置当年的应纳税额自纳税义务发生的当月起按月计算。计算公式如下:

应纳税额=(年应纳税额÷12)×应纳税月份数

应纳税月份数=12-纳税义务发生时间(取月份)+1

【例8-6】某机械制造厂拥有货车3辆,每辆货车的整备质量均为1.499吨;挂车1部,其整备质量为1.2吨;小汽车2辆。已知货车车船税税率为整备质量每吨年基准税额 16 元,小汽车车船税税率为每辆年基准税额 360 元。要求:计算该厂应纳车船税。

【解析】挂车按照货车税额的 50% 计算纳税。《车船税法》及其实施条例涉及的整备质量、净吨位等计税单位,有尾数的一律按照含尾数的计税单位据实计算车船税应纳税额。

$$该机械制造厂应纳的车船税 = 1.499 \times 3 \times 16 + 1.2 \times 16 \times 50\% + 2 \times 360$$
$$= 801.55(元)。$$

四、车船税的征收管理

(一)纳税义务发生时间

车船税纳税义务发生时间为取得车船所有权或者管理权的当月,应当以购买车船的发票或者其他证明文件所载日期的当月为准。

(二)纳税期限

车船税按年申报,分月计算,一次性缴纳。购置的新车船,购置当年的应纳税额自取得车船所有权或管理权的当月起按月计算,应纳税额为年应纳税额除以 12 再乘以应纳税月份数。

(三)纳税地点

车船税的纳税地点为车船的登记地或者车船税扣缴义务人所在地。依法不需要办理登记的车船,车船税的纳税地点为车船的所有人或者管理人所在地。

第三节 契税税制

我国现行契税的基本规范是 2020 年 8 月 11 日第十三届全国人民代表大会常务委员会第二十一次会议表决通过,并于 2021 年 9 月 1 日开始实施的《中华人民共和国契税法》(以下简称《契税法》)。

一、契税概述

(一)契税的概念

契税是指在土地、房屋权属发生转变时,向产权承受人征收的一种财产税。

(二)契税的特点

1.契税属于财产转移税

契税以发生转移的不动产,即土地和房屋为征税对象,具有财产转移课税性质。土地、房屋产权未发生转移的,不征契税。

2.契税由财产承受人缴纳

一般税种都以销售者为纳税人,即卖方纳税。契税属于土地、房屋产权发生交易过程中的财产税,由承受人纳税,即买方纳税。对买方征税的主要目的在于,承认不动产转移生效,承受人纳税以后,便可拥有转移过来的不动产产权或使用权,法律保护纳税人的合法权益。

(三)契税的作用

1.增加地方财政收入,为地方经济建设积累资金

契税按财产转移价值征税,税源较为充足,它可以弥补其他财产税的不足,扩大其征税范围,随着市场经济的发展和房产交易的活跃,契税的财政作用将日益显著。

2.调节财富分配,体现社会公平

土地、房屋交易本身就意味着财富的流动或分配。在土地、房屋的交易环节征收契税,可以适当调节财产的取得者的收入,缓解社会分配不公的矛盾。

3.引导住房合理消费,调控房地产市场

税收对市场资源的配置具有调节功能。契税在财产转移环节征收,对于引导住房合理消费、抑制投机炒房行为、规范房地产市场具有一定的作用,有利于促进房地产市场的持续健康发展。

(四)我国契税的建立与发展

契税是我国一个很古老的税种,最早起源于东晋时期,在民间一直有着很深的影响。

中华人民共和国成立后,中央人民政府政务院于 1950 年发布《契税暂行条例》,规定对土地、房屋的买卖、典当、赠与和交换征收契税。1954 年财政部经政务院批准,对《契税暂行条例》的个别条款进行了修改,规定对公有制单位承受土地、房屋权属转移免征契税。社会主义改造完成以后,土地禁止买卖和转让,征收土地契税也就自然停止了。这使得契税的征收范围大大缩小,收入额很小。在此后的一段时间内,全国契税征收工作基本处于停顿状态。改革开放后,国家重新调整了土地、房屋管理方面的有关政策,房地产市场逐步得到了恢复和发展。为适应形势的要求,从 1990 年开始,全国契税征管工作全面恢复。国务院于 1997 年 7 月 7 日发布了《契税暂行条例》,并于同年 10 月 1 日起开始实施。

二、契税的基本法律规定

(一)征税范围

契税以在我国境内转移土地、房屋权属的行为作为征税对象。土地、房屋权属

未发生转移的,不征收契税。契税的征税范围具体包括:

1.土地使用权的出让

土地使用权出让是指国家或集体以土地所有者的身份,将土地使用权在一定年限内让渡给土地使用者,并由土地使用者向国家或集体支付土地使用权出让金的行为,可以使用拍卖招标双方协议的方式。

2.土地使用权的转让

土地使用权的转让,是指土地使用者以出售、赠与、交换或者其他方式将土地使用权转移给其他单位和个人的行为。土地使用权的转让不包括农村集体土地承包经营权的转移。

3.房屋买卖

房屋买卖,是指以货币为媒介,出卖者向购买者过渡房产所有权的交易行为。以下几种特殊情况,视同买卖房屋:

(1)以房产抵债或实物交换房屋,应由产权承受人,按房屋现值缴纳契税。

【例8-7】居民乙因拖欠居民甲180万元款项无力偿还,12月经当地有关部门调解,以房产抵偿该笔债务,居民甲因此取得该房产的产权并支付给居民乙差价款20万元。假定当地省政府规定的契税税率为5%。要求:计算缴纳契税的依据。

【解析】计算缴纳契税的依据=180+20=200(万元)。

(2)以房产作投资或股权转让,这种交易也属于房屋产权转移,应根据国家房地产管理的有关规定,办理房屋产权交易和产权变更登记手续,并缴纳契税。

【例8-8】C企业以自有房产投资于D企业取得股权,请问D企业是否需要缴纳契税?

【解析】D企业在办理产权登记手续后,需要缴纳契税。

(3)买房拆料或翻建新房,应照章缴纳契税。

4.房屋赠与

以获奖方式取得房屋产权的,其实质是接受赠与房产,赠与方不纳土地增值税,但承受方应纳契税。

5.房屋互换

房屋互换是指房屋所有者之间互相交换房屋的行为。

6.土地、房屋权属转移

下列情形发生土地、房屋权属转移的,承受方应当依法缴纳契税:

(1)因共有不动产份额变化的。

（2）因共有人增加或者减少的。

（3）因人民法院、仲裁委员会的生效法律文书或者监察机关出具的监察文书等因素，发生土地、房屋权属转移的。

（二）纳税人

契税的纳税人是指承受我国境内转移土地、房屋权属的单位和个人。承受是指以受让、购买、受赠、交换等方式取得土地、房屋权属的行为。

（三）税率

契税实行3％～5％的幅度税率。实行幅度税率是考虑到中国经济发展的不平衡，各地经济差别较大的实际情况。因此，各省、自治区、直辖市人民政府可以在3％～5％的幅度税率规定范围内，按照本地区的实际情况决定。

（四）契税的税收优惠

（1）国家机关、事业单位、社会团体、军事单位承受土地、房屋用于办公、教学、医疗、科研和军事设施的，免征契税。

（2）城镇职工按规定第一次购买公有住房，免征契税。

此外，财政部、国家税务总局规定：自2016年2月22日起，对个人购买家庭唯一住房（家庭成员范围包括购房人、配偶以及未成年子女，下同），面积为90平方米及以下的，减按1％的税率征收契税；面积为90平方米以上的，减按1.5％的税率征收契税。对个人购买家庭第二套改善性住房，面积为90平方米及以下的，减按1％的税率征收契税；面积为90平方米以上的，减按2％的税率征收契税。

（3）因不可抗力灭失住房而重新购买住房的，酌情减免。不可抗力是指自然灾害、战争等不能预见、不可避免，并不能克服的客观情况。

（4）土地、房屋被县级以上人民政府征用、占用后，重新承受土地、房屋权属的，由省级人民政府确定是否减免。

（5）承受荒山、荒沟、荒丘、荒滩土地使用权，并用于农、林、牧、渔业生产的，免征契税。

（6）依照中国有关法律规定以及中国缔结或参加的双边和多边条约或协定，应当予以免税的外国驻华使馆、领事馆、联合国驻华机构及其外交代表、领事官员和其他外交人员承受土地、房屋权属，可以免征契税。

（7）财政部规定的其他减征、免征契税的项目。

三、契税的应纳税额的计算

（一）计税依据

契税的计税依据为不动产的价格。由于土地、房屋权属转移方式不同，定价方法不同,因而具体计税依据视不同情况而决定。

(1)土地使用权出让、土地使用权出售、房屋买卖,以成交价格为计税依据。成交价格是指土地、房屋权属转移合同确定的价格,包括承受者应交付的货币、实物、无形资产或者其他经济利益。

(2)土地使用权赠与、房屋赠与,由征收机关参照土地使用权出售、房屋买卖的市场价格核定。这是因为土地使用权赠与、房屋赠与属于特殊的转移形式,无货币支付,在计征税额时只能参照市场上同类土地、房屋价格计算应纳税额。

(3)土地使用权交换、房屋交换,为所交换的土地使用权、房屋的价格差额。也就是说,交换价格相等时,免征契税;交换价格不等时,由多交付货币、实物、无形资产或者其他经济利益的一方缴纳契税。对于成交价格明显低于市场价格并且无正当理由的,或者所交换土地使用权、房屋的价格的差额明显不合理并且无正当理由的,征收机关可以参照市场价格核定计税依据。

(4)以划拨方式取得土地使用权,经批准转让房地产时,由房地产转让者补交契税。计税依据为补交的土地使用权出让费用或者土地收益。

(5)对于个人无偿赠与不动产行为(法定继承人除外),应对受赠人全额征收契税。

(6)房屋附属设施征收契税的依据:

①采取分期付款方式购买房屋附属设施土地使用权、房屋所有权的,应按合同规定的总价款计征契税。

②承受的房屋附属设施权属如为单独计价的,按照当地确定的适用税率征收契税;如与房屋统一计价的,适用与房屋相同的契税税率。

(二)应纳税额的计算

契税应纳税额的计算公式为

应纳税额=计税依据×税率

应纳税额以人民币计算。转移土地、房屋权属以外汇结算的,按照纳税义务发生之日中国人民银行公布的人民币市场汇率中间价折合成人民币计算。

【例8-9】丁先生拥有两套住房,将其中一套出售给陈女士,成交价为2 000 000元;将另外一套住房与李先生交换,并支付给李先生换房差价款500 000元。假定契税税率为3%。要求:计算丁先生、陈女士和李先生相关行为应该缴纳的契税。

【解析】丁先生应该缴纳的契税=500 000×3%=15 000(元);

陈女士应该缴纳的契税=2 000 000×3%=60 000(元);

李先生不需要缴纳契税。

四、契税的征收管理

(一)纳税义务发生时间

契税的纳税义务发生时间是纳税人签订土地、房屋权属转移合同的当天,或者纳税人取得其他具有土地、房屋权属转移合同性质凭证的当天。

(二)纳税期限

纳税人应当在依法办理土地、房屋权属登记手续前申报缴纳契税。

(三)纳税地点

契税的纳税地点为土地、房屋的所在地。

第四节　城镇土地使用税税制

现行城镇土地使用税的基本规范是 1988 年 9 月 27 日国务院颁布的《中华人民共和国城镇土地使用税暂行条例》(以下简称《城镇土地使用税暂行条例》)。该暂行条例于 2019 年 3 月 2 日作了第四次修订。

一、城镇土地使用税概述

(一)城镇土地使用税的概念

城镇土地使用税是以城镇土地为征税对象,以实际占用的土地面积为计税依据,按规定税额对拥有土地使用权的单位和个人征收的一种税。

(二)城镇土地使用税的特点

1.对占用土地的行为征税

广义上,土地是一种财产,对土地课税在国外属于财产税。但是,根据我国宪法规定,城镇土地归国家所有,单位和个人只有占用权或使用权,而无所有权。因此,现行的城镇土地使用税实质上是对占有土地资源的行为课税,属于准财产税,而非严格意义上的财产税。

2.征税对象是土地

由于我国的土地归国家所有,单位和个人只有占有权或使用权,而无所有权,因此,国家既可以凭借财产权力对土地使用人获取的利益进行分配,又可以凭借政治权力对土地使用者进行征税。开征城镇土地使用税,实质上是运用国家政治权力,将纳税人获取的本应属于国家的土地收益集中到国家手中。

3.征税范围有所限定

现行城镇土地使用税的征税范围限定在城市、县城、建制镇和工矿区内国家所有和集体所有的土地。

4.实行差别幅度税额

开征城镇土地使用税的目的之一是调剂土地的级差收入,而级差收入的产生主要取决于土地的位置。为了有利于体现国家政策,城镇土地使用税实行差别幅度税额。对不同的城镇适用不同的税额;对同一城镇的不同地段,也根据市政建设状况和经济繁荣程度确定不等的负担水平。

（三）城镇土地使用税的作用

1.促进合理、节约使用土地

土地是一种宝贵的自然资源。我国虽然幅员辽阔,但人均占有土地面积并不宽裕。过去,我国对非农业用地基本上都采取行政划拨、无偿使用的办法,企业、单位总是尽量多占地、占好地,宽打窄用,占而不用,造成大量土地资源的浪费,与我国土地资源严重不足的状况形成了尖锐的矛盾。

开征城镇土地使用税后,国有土地不再由单位、个人无偿使用,而要按规定向国家纳税。由于城镇土地使用税的税额按大城市,中等城市,小城市及县城、建制镇、工矿区分为四个档次,每个档次又由地方政府根据土地所处位置的好坏确定高低不等的适用税额。企业多占地、占好地就要多缴税;少占地、占次地,就可少缴税。这样,就可以促使企业在用地时精打细算,把空余不用或可少用的土地让出来,从而起到加强土地管理,合理节约用地的作用。

2.调节土地级差收入,鼓励平等竞争

在我国目前市场经济条件下,影响企业效益的因素很多。其中,地理位置好坏是影响企业运输成本、流通费用高低,进而影响企业利润的重要因素之一。由于因地理位置差异而获得的土地级差收入与企业自身经营状况无关,如果对土地级差收入不征税,既不利于企业经济核算,也无法对企业的主观经营成果进行比较。

征收城镇土地使用税,并按城镇土地的不同位置设置差别税额,土地位置好,级差收入多的,多征税;土地位置差,级差收入少的,少征税。这样,将国有土地的级差收入纳入国家财政,不仅有利于理顺国家和土地使用者的分配关系,还为企业之间的平等竞争创造了基本公平的用地条件。

3.广集财政资金,完善地方税体系

土地是一种税源稳定且具有非流动性的税基,通常是地方财政的主要收入来源之一。根据1994年分税制体制的规定,城镇土地使用税是地方税,收入归地方政府支配。由于我国土地资源广阔,该税种又在所有城市和县城、建制镇、工矿区开征,收入额较大,因此,它可以成为地方财政的一项稳定收入,为完善地方税体系和分税制财政体制创造条件。

(四)我国城镇土地使用税制的建立与发展

我国对土地征税由来已久。1949年以前,我国的土地税一般称为"田赋",即以农村土地为对象课征的税。我国的土地税始于鲁宣公十五年(公元前594年)的"初税亩",即按土地面积(亩)征收赋税。经过2000多年的演变,到中华民国时期,才将对土地征收的各种税收统称为"田赋"。1930年,中华民国政府公布"土地法",规定在部分城市开征地税和土地增值税。

中华人民共和国成立后,1951年8月,中央人民政府政务院颁布《城市房地产税暂行条例》,规定在城市中征收房产税和地产税,称为城市房地产税。1971年简化税制时,把对国内企业征收的房地产税并入工商税。

为了合理利用城镇土地,调节土地级差收入,提高土地使用效益,加强土地管理,国务院于1988年9月27日发布了《城镇土地使用税暂行条例》,从1988年11月1日起实施。随着我国社会经济的发展,国务院对该暂行条例先后进行了三次修订:根据2006年12月31日《国务院关于修改〈中华人民共和国城镇土地使用税暂行条例〉的决定》第一次修订,根据2011年1月8日《国务院关于废止和修改部分行政法规的决定》第二次修订,根据2013年12月7日《国务院关于修改部分行政法规的决定》第三次修订。2019年3月2日作了第四次修订。

二、城镇土地使用税的基本法律规定

(一)征税范围

城镇土地使用税的征税范围,包括在城市、县城、建制镇、工矿区范围内的国家所有和集体所有的土地。

上述城市、县城、建制镇、工矿区的确认标准为:城市是指经国务院批准设立的市;县城是指县人民政府所在地;建制镇是指经省、自治区、直辖市人民政府批准设立的建制镇;工矿区是指工商业比较发达,人口比较集中,符合国务院规定的建制镇标准,但尚未设立建制镇的大中型工矿企业所在地。工矿区须经省、自治区、直辖市人民政府批准。

(二)纳税人

在城市、县城、建制镇、工矿区范围内使用土地的单位和个人,为城镇土地使用税(以下简称"土地使用税")的纳税人。前述所称单位,包括国有企业、集体企业、私营企业、股份制企业、外商投资企业、外国企业以及其他企业和事业单位、社会团体、国家机关、军队以及其他单位;所称个人,包括个体工商户以及其他个人。

城镇土地使用税的纳税人通常包括以下几类:拥有土地使用权的单位和个人;拥有土地使用权的单位和个人不在土地所在地的,其土地的实际使用人和代管人为纳税人；土地使用权未确定的或权属纠纷未解决的，其实际使用人为纳税人；土地使用权共有的，共有各方都是纳税人，由共有各方分别纳税。

（三）税率

城镇土地使用税采用定额税率，即采用有幅度的差别税额。按大、中、小城市和县城、建制镇、工矿区分别规定每平方米城镇土地使用税的年应纳税额。城镇土地使用税每平方米年税额标准具体规定见表8-2。

表8-2　城镇土地使用税税率

级　别	人口/人	每平方米税额/元
大城市	50万以上	1.5～30
中等城市	20万～50万	1.2～24
小城市	20万以下	0.9～18
县城、建制镇、工矿区	—	0.6～12

各省、自治区、直辖市人民政府可根据市政建设情况和经济繁荣程度在规定税额幅度内，确定所辖地区的适用税额幅度。经济落后地区，城镇土地使用税的适用税额标准可以适当降低，但降低额不得低于上述规定最低税额的30%；经济发达地区的适用税额标准可以适当提高，但须报财政部批准。

（四）税收优惠

1.法定免税

（1）国家机关、人民团体、军队自用的土地；

（2）由国家财政部门拨付事业经费的单位自用的土地；

（3）宗教寺庙、公园、名胜古迹自用的土地；

（4）市政街道、广场、绿化地带等公共用地；

（5）直接用于农、林、牧、渔业的生产用地；

（6）经批准开山填海整治的土地和改造的废弃土地，从使用的月份起免缴土地使用税5年至10年；

（7）由财政部另行规定免税的能源、交通、水利设施用地和其他用地。

2.由省、自治区、直辖市地方税务局确定的减免税项目

（1）个人所有的居住房屋及院落用地；

（2）房产管理部门在房租调整改革前出租的居民住房用地；

（3）免税单位职工家属的宿舍用地；

（4）集体和个人办的各类学校、医院、托儿所、幼儿园用地。

三、城镇土地使用税应纳税额的计算

(一)计税依据

城镇土地使用税以纳税人实际占用的土地面积为计税依据。

纳税人实际占用的土地面积,以房地产管理部门核发的土地使用证书确认的土地面积为准;尚未核发土地使用证书的,应由纳税人据实申报土地面积,据以纳税,待核发土地使用证以后再作调整。

(二)应纳税额的计算

城镇土地使用税根据实际使用土地的面积,按税法规定的单位税额缴纳。其计算公式如下:

应纳税额＝计税土地面积(平方米)×适用税额

对在城镇土地使用税征税范围内单独建造的地下建筑用地,暂按应征税款的50%征收城镇土地使用税。

【例8-10】某企业的土地使用权证书证明其实际占地50 000平方米。其中,托儿所占地500平方米,绿地占地200平方米。另外,将600平方米租给医院使用,将100平方米租给公安派出所使用。该企业所在地区城镇土地使用税的年税额为2元/平方米。要求:计算该企业当年应缴纳的城镇土地使用税额。

【解析】该企业当年应缴纳的城镇土地使用税额＝(50 000−500−600−100)×2
＝97 600(元)。

四、城镇土地使用税的征收管理

(一)纳税义务发生时间

除纳税人新征用的耕地是自批准征用之日起满一年时开始缴纳土地使用税之外,其余城镇土地使用税都是从次月起计征,如出租、出借房产,自交付出租、出借房产之次月起计征;购置新建商品房,自房屋交付使用之次月起计征;购置存量房,自办理房屋权属转移、变更登记手续,房地产权属登记机关签发房屋权属证书之次月起计征。

(二)纳税期限

城镇土地使用税实行按年计算、分期缴纳的征收办法。缴纳期限由省、自治区、直辖市人民政府确定。

(三)纳税地点

城镇土地使用税由土地所在地的税务机关征收。纳税人使用的土地不属于同一省(自治区、直辖市)管辖范围的,应由纳税人分别向土地所在地的地税机关缴纳土地使用税。在同一省(自治区、直辖市)管辖范围内的,纳税人跨地区使用的土

地,如何确定纳税地点,由各省、自治区、直辖市地方税务局确定。

第五节 土地增值税税制

我国现行的土地增值税的基本规范,是 1993 年 12 月 13 日国务院颁布的《中华人民共和国土地增值税暂行条例》(以下简称《土地增值税暂行条例》)。

为了贯彻落实税收法定原则,2019 年 7 月,财政部会同国家税务总局发布了《中华人民共和国土地增值税法(征求意见稿)》,广泛凝聚社会共识,推进民主立法,向全社会公开征求意见。

一、土地增值税概述

(一)土地增值税的概念

土地增值税是对在我国境内以出售或者其他方式有偿转让国有土地使用权、地上建筑物及其附着物并取得收入的单位和个人,就其转让房地产所取得的增值额征收的一种税。

(二)土地增值税的特点

1.以转让房地产取得的增值额为征税对象

土地增值税的增值额是以征税对象的全部销售收入额扣除与其相关的成本、费用、税金及其他项目金额后的余额,与增值税的增值额有所不同。

2.征税面比较广

凡在我国境内转让房地产并取得收入的单位和个人,除税法规定免税的外,均应依照土地增值税条例规定缴纳土地增值税。换言之,凡发生应税行为的单位和个人,不论其经济性质,也不分内、外资企业或中、外籍人员,无论专营或兼营房地产业务,均有缴纳增值税的义务。

3.采用扣除法和评估法计算增值额

土地增值税在计算方法上考虑我国实际情况,以纳税人转让房地产取得的收入,减除法定扣除项目金额后的余额作为计税依据。对旧房及建筑物的转让,以及对纳税人转让房地产申报不实、成交价格偏低的,则采用评估价格法确定增值额,计征土地增值税。

4.实行超率累进税率

土地增值税的税率是以转让房地产增值率的高低位依据来确认,按照累进原则设计,实行分级计税,增值率高的,税率高,多纳税;增值率低的,税率低,少纳税。

这样,税收负担较为合理,便于体现国家政策。

5.实行按次征收

土地增值税在房地产发生转让的环节,实行按次征收,每发生一次转让行为,就应根据每次取得的增值额征一次税。

(三)土地增值税的作用

1.有利于加强国家对房地产开发商和房地产交易市场的调控

改革开放前,我国土地使用制度一直采取行政划拨的方式,土地实行无偿、无限期使用,不允许土地进行买卖,既没有土地交易行为,更不存在土地交易市场。实践证明,这种土地制度不利于提高土地资源的使用效益。改革开放后,我国对土地使用制度逐步进行改革,1987年深圳第一宗土地买卖的成交,打破了土地无偿使用、不准买卖的传统规定,确立了房地产有偿使用、允许转让土地使用权的政策和制度。新的土地使用政策和制度的实施,从根本上促进了我国房地产市场的建立。这对于合理配置土地资源,提高土地使用效益,增加政府财政收入,改善城市基础设施和人民生活居住条件,以及带动国民经济相关产业的发展,都产生了积极作用。

但是,由于有关土地管理的各项制度滞后,不健全、不配套,以及行政管理上的偏差,在房地产业发展中出现了一些问题,主要体现为房地产开发过热,炒买炒卖房地产的投机之风一度盛行,房地产价格上涨过猛,投入房地产的资金规模过大,国家土地资源浪费严重,国有土地资源收益流失过多,这严重冲击和危害到国民经济的健康、协调发展,而且也造成了社会分配不公。

为此,我国决定借鉴世界上一些国家和地区的有益做法,开征土地增值税,利用税收杠杆对房地产业和房地产市场进行适当的调控,以保证房地产业和房地产市场的健康发展,控制房地产的投机行为,促进土地资源的合理利用,调节部分单位和个人通过房地产交易取得的过高收入。

2.有利于国家抑制炒买炒卖土地获取暴利的行为

土地收益主要来源于土地的增值,而土地增值主要基于两个方面的原因:一是自然增值,即土地资源是有限的,随着经济建设的发展,生产和生活建设用地扩大,土地资源发生紧缺,导致土地价格上升。这是土地增值的主要因素。二是投资增值,即投入资金开发建设,建成各种生产、生活、商业设施,把"生地"变为"熟地",因生产和生活环境得到改善而形成土地增值。在我国,土地资源归国家所有,这是因为国家为整治和开发土地投入了巨额资金,应参与土地增值收益分配,并取得较大份额。同时,房地产开发者投资、开发房地产,也应保证其获得合理收益,以促进房地产业的正常发展。

然而,有些地区出于招商引资或急于求成搞建设的原因,盲目进行土地开发,竞相压低国有土地批租价格,给炒买炒卖者留下可乘之机,致使国家土地增值收益流失严重,极大地损害了国家利益。通过对土地增值性收益征税,可以在一定程度上堵住漏洞,减少国家土地资源及增值性收益的流失,遏制土地投机行为,保护房地产开发者的合法权益,维护国家的整体利益。

3.有利于增加国家财政收入,为经济建设积累资金

土地增值税开征前,我国涉及房地产交易市场的税收主要有营业税、企业所得税、个人所得税、契税等。这些税对转让房地产收益只起一般的调节作用,对房地产交易因土地增值所获得的过高收入无法起到特殊的调节作用。开征土地增值税能为国家财政收入开辟新的财源。

土地增值收入属于地方财政收入,地方可集中财力用于地方经济建设,同时,开征土地增值税可以规范土地增值收益的分配制度,统一各地土地增值收益的收费标准。

(四)我国土地增值税的建立与发展

中华人民共和国成立之前,1930年民国政府曾在其颁布的《土地法》中详细规定了土地增值税制度。中华人民共和国成立后,曾于20世纪80年代后期,尝试土地制度的改革。1990年5月,国务院发布了《中华人民共和国城镇土地使用权的出让和转让暂行条例》,为土地使用权成为生产要素进入市场提供了法律保障。1993年12月13日,国务院第138号令发布《土地增值税暂行条例》,决定自1994年1月1日起开征土地增值税。这是我国开征的第一个以土地增值额或土地收益额为课税对象的税种。

二、土地增值税的基本法律规定

(一)征税范围

土地增值税的课税对象是有偿转让国有土地使用权及地上建筑物和其他附着物所取得的增值额。

1.征税范围的一般规定

(1)土地增值税只对转让国有土地使用权的行为征税,对转让非国有土地使用权和出让国有土地使用权的行为不征税。

所谓国有土地使用权,是指土地使用人根据法律、合同等的规定,对国家所有的土地享有的使用权利。土地增值税只对企业、单位和个人等经济主体转让国有土地使用权的行为课税。对于集体所有的土地,按现行规定须先由国家征用后才能转让。

国有土地使用权的出让,是指国家以土地所有者的身份将土地使用权在一定年限内让与土地使用者,并由土地使用者向国家支付土地出让金的行为。由于土地使用权的出让方是国家,出让收入在性质上属于政府凭借所有权在土地一级市场上收取的租金,所以政府出让土地的行为及取得的收入不属于土地增值税的征税范围。

【例 8-11】李先生于 20×0 年 2 月购买了一商铺,购置后一直对外出租。20×2 年 1 月,李先生将这一商铺转卖给他人,并签订产权转移书据。请问:李先生是不是土地增值税的纳税人?他应该就上述哪些行为缴纳土地增值税?

【解析】李先生是土地增值税的纳税人,李先生应就其转让商铺的行为缴纳土地增值税,购买和出租商铺则不需要缴纳土地增值税。

(2)土地增值税既对转让国有土地使用权的行为征税,也对转让地上建筑物及其他附着物产权的行为征税。

所谓地上建筑物,是指建于土地上的一切建筑物,包括地上地下的各种附属设施,如厂房、仓库、商店、医院、住宅、地下室、围墙、烟囱、电梯、中央空调、管道等。所谓附着物,是指附着于土地上、不能移动,或一经移动即遭损坏的种植物、养植物及其他物品。上述建筑物和附着物的所有者对自己的财产依法享有占有、使用、收益和处置的权利,即拥有排他性的全部产权。

(3)土地增值税只对有偿转让的房地产征税,对以继承、赠与等方式无偿转让的房地产,不予征税。不予征收土地增值税的行为主要包括两种:

①房产所有人、土地使用人将房产、土地使用权赠与直系亲属或者承担直接赡养义务人。

②房产所有人、土地使用人通过中国境内非营利的社会团体、国家机关将房屋产权、土地使用权赠与教育、民政和其他社会福利、公益事业。

【例 8-12】10 月,方先生继承了其父亲留给他的一套房产(土地使用权为国家所有),方先生将这套房产无偿捐赠给了某慈善机构。该机构属于依法登记的,具有法人资格的非营利性机构。同年 11 月,该机构又将方先生的这套房产转让给了A 公司,取得转让收入 100 万元,并在当月办理了产权过户手续。请问:上述三项行为中,哪些行为需要缴纳土地增值税?

【解析】方先生的继承行为不需要缴纳土地增值税。

方先生的捐赠行为,也符合国家关于土地增值税不征收的规定,所以也不需要缴纳土地增税。

慈善机构的房产转让行为属于土地增值税的征收范围。

2.征税范围的具体规定

(1)合作建房。对于一方出地,另一方出资金,双方合作建房,建成后按比例分房自用的,暂免征收土地增值税;但建成后转让的,应征收土地增值税。

(2)房地产的互换。由于发生了房产转移,因此房地产的互换属于土地增值税的征税范围。但是对于个人之间互换自有居住用房的行为,经过当地税务机关审核,可以免征土地增值税。

(3)房地产的抵押。房地产的抵押是指房产所有者或土地使用者作为债务人或第三人向债权人提供不动产作为清偿债务的担保而不转移权属的法律行为。这种情况下房产的产权、土地使用权在抵押期间并没有发生权属的变更,因此对房地产的抵押,在抵押期间不征收土地增值税。

(4)房地产的出租。房地产的出租是指房产所有者或土地使用者,将房产或土地使用权租赁给承租人使用,由承租人向出租人支付租金的行为。房地产企业虽然取得了收入,但没有发生房产产权、土地使用权的转让,因此,不属于土地增值税的征税范围。

(5)房地产的重新评估。按照财政部门的规定,国有企业在清产核资时对房地产进行重新评估而产生的评估增值,因其既没有发生房地产权属的转移,房产产权、土地使用权人也未取得收入,所以不属于土地增值税的征税范围。

(6)国家收回国有土地使用权、征用地上建筑物及附着物。国家收回或征用虽然发生了权属的变更,原房地产所有人也取得了收入,但按照《土地增值税暂行条例》的有关规定,可以免征土地增值税。

(7)房地产的代建行为。房地产的代建行为是指房地产开发公司代客户进行房地产的开发,开发完成后向客户收取代建收入的行为。对于房地产开发公司而言,虽然取得了收入,但没有发生房地产权属的转移,其收入属于劳务收入性质,故不属于土地增值税的征税范围。

(8)土地使用者转让、抵押或置换土地。无论土地使用者是否取得了该土地的使用权属证书,无论土地使用者在转让、抵押或置换土地过程中是否与对方当事人办理了土地使用权属证书变更登记手续,只要土地使用者享有占用、使用收益或处分该土地的权利,且有合同等证据表明其实质转让、抵押或置换了土地并取得了相应的经济利益,土地使用者及其对方当事人就应当依照税法规定缴纳土地增值税等相关税收。

(二)纳税人

土地增值税的纳税人是指转让国有土地使用权、地上的建筑物及其附着物并取得收入的单位和个人。其中,单位是指各类企事业单位、国家机关和社会团体及其他组织;个人包括个体经营者。

(三)税率

由于土地增值税的主要目的在于抑制房地产的投机、炒卖活动,限制滥占耕地的行为,并适当调节纳税人的收入分配,保障国家权益,因此采用了四级超率累进税率的形式。其中,最低税率为30%,最高税率为60%,具体见表8-3。

表8-3　土地增值税超率累进税率

级次	增值额与扣除项目金额的比率	税率/%	速算扣除系数/%
1	不超过50%的部分	30	0
2	超过50%～100%的部分	40	5
3	超过100%～200%的部分	50	15
4	超过200%的部分	60	35

(四)税收优惠

(1)纳税人建造普通标准住宅出售,增值额未超过扣除项目金额20%的,免征土地增值税;增值额超过扣除项目金额20%的,应就其全部增值额按规定计税。

(2)因国家建设需要依法征收、收回的房地产,免征土地增值税。因国家建设需要依法征用、收回的房地产,是指因城市实施规划、国家建设的需要而被政府批准征用的房产或收回的土地使用权。因城市实施规划、国家建设的需要而搬迁,由纳税人自行转让原房地产的,比照本规定免征土地增值税。

(3)自1999年8月1日起,对居民个人拥有的普通住宅,在其转让时暂免征收土地增值税。个人因工作调动或改善居住条件而转让原自用住房(非普通住宅),经向税务机关申报核准,凡居住满5年或5年以上的,免予征收土地增值税;居住满3年未满5年的,减半征收土地增值税;居住未满3年的,按规定计征土地增值税。

(4)企事业单位、社会团体以及其他组织转让旧房作为廉租住房、经济适用住房房源且增值额未超过扣除项目金额20%的,免征土地增值税。

三、土地增值税应纳税额的计算

(一)计税依据

土地增值税的计税依据为纳税人转让房地产所取得的增值额,即纳税人转让房地产的收入减除税法规定的扣除项目金额后的余额。具体计算公式为

土地增值额＝转让房地产收入－扣除项目金额

1.转让房地产收入的确定

纳税人转让房地产所取得的不含增值税收入,是指包括货币收入、实物收入和

其他收入在内的全部价款及有关的经济收益。

为方便纳税人,简化土地增值税预征税款计算,房地产开发企业采取预收款方式销售自行开发的房地产项目的,可按照以下方法计算土地增值税预征计征依据:

土地增值税预征的计征依据=预收款－应预缴增值税税款

2.扣除项目金额的确定

在确定房地产转让的增值额和计算应纳土地增值税时,允许从房地产转让收入中扣除的项目及其金额有以下六类。

(1)取得土地使用权所支付的金额

取得土地使用权所支付的金额,是指纳税人为取得土地使用权所支付的地价款和按统一规定交纳的有关费用。

(2)房地产开发成本

房地产开发成本,是指纳税人房地产开发项目实际发生的成本,包括土地征用及拆迁补偿费、前期工程费、建筑安装工程费、基础设施费、公共配套设施费、开发间接费用等。这些费用允许按实际发生数扣除。

(3)房地产开发费用

房地产开发费用,是指与房地产开发项目有关的销售费用、管理费用、财务费用。

①财务费用中的利息支出,凡能够按转让房地产项目计算分摊并提供金融机构证明的,允许据实扣除,但最高不能超过按商业银行同类同期贷款利率计算的金额。其他房地产开发费用,按取得土地使用权所支付的金额和房地产开发成本之和的 5%以内计算扣除。

②财务费用中的利息支出,凡不能按转让房地产项目计算分摊利息支出或不能提供金融机构证明的,房地产开发费用按取得土地使用权所支付的金额和房地产开发成本之和的 10%以内计算扣除。

上述计算扣除的具体比例,由各省、自治区、直辖市人民政府规定。

【例 8-13】厦门某公司开发房地产取得土地使用权所支付的金额为 1 700 万元;房地产开发成本为 1 200 万元;向金融机构借入资金产生利息支出 500 万元,其中超过国家规定上浮幅度的金额为 50 万元;福建省规定,能提供贷款证明且可以合理分摊利息支出的,其房地产开发费用的计算扣除比例为 5%。要求:计算这家公司允许扣除的房地产开发费用。

【解析】该企业允许扣除的房地产开发费用＝500－50＋(1 700＋1 200)×5%
＝595(万元)。

（4）与转让房地产有关的税金

与转让房地产有关的税金，是指在转让房地产时缴纳的城市维护建设税、印花税，因转让房地产交纳的教育费附加，也可视同税金予以扣除。营改增后，本项目的扣除不包括增值税。其中，允许扣除的印花税，是指转让房地产时缴纳的印花税。房地产开发企业缴纳的印花税列入管理费用，不再单独扣除。房地产开发企业以外的其他企业在计算土地增值税时，允许扣除在转让环节缴纳的印花税。

对于个人购入房地产再转让的，其购入环节缴纳的契税，由于已经包含在旧房及建筑物的评估价格之中，因此计算土地增值税时，不能作为与转让房地产有关的税金扣除。

（5）财政部规定的其他扣除项目

对从事房地产开发的纳税人，可按取得土地使用权所支付的金额和房地产开发成本之和，加计20％扣除。但是，对取得土地使用权后未进行开发即转让的，在计算应纳增值税时，只允许扣除取得土地使用权时支付的金额、缴纳的有关费用以及在转让环节缴纳的税金，不得加计扣除。这样规定的目的是抑制炒买炒卖地皮的投机行为。

【例8-14】某房地产开发公司全年支付下列相关税费：（1）支付给建筑人员的工资福利费50万元。（2）占用耕地缴纳的耕地占用税5万元。（3）销售过程中发生的销售费用40万元。（4）开发小区内的道路建设费用10万元。请问可列入加计20％扣除范围的有哪些？

【解析】加计扣除费用＝（取得土地使用权支付的金额＋房地产开发成本）×20％。销售过程中发生的销售费用40万为房地产开发费用，不属于允许加计扣除的范围，所以可以列入扣除范围的有（1）、（2）和（4）。

（6）旧房及建筑物的评估价格

税法规定，转让旧房及建筑物的，应按旧房及建筑物的评估价格、取得土地使用权所支付的地价款和按国家统一规定缴纳的有关费用以及在转让环节缴纳的税金，作为扣除项目金额计算土地增值税。

①旧房及建筑物的评估价格，是指在转让已使用的房屋及建筑物时，由政府批准设立的房地产评估机构评定的重置成本价乘以成新度折扣率后的价格，评估价格须经当地税务机关确认。

②对取得土地使用权未支付地价款或不能提供已支付的地价款凭据的，不允许扣除取得土地使用权所支付的金额

③纳税人转让旧房及建筑物时，因计算纳税需要对房地产进行评估，其支付的

评估费用允许在计算土地增值税时予以扣除,但对纳税人因隐瞒、虚报房地产成交价格等情形而按房地产评估价格计算征收土地增值税时发生的评估费用,则不允许在计算土地增值税时扣除。

根据国家税务总局 2016 年第 70 号公告,营改增后,凡不能取得评估价格,但能提供购房发票的,扣除项目的金额按照下列方法计算:

①提供的购房凭据为营改增前取得的营业税发票的,按照发票所载金额(不扣减营业税)并从购买年度起至转让年度止每年加计 5% 计算。

②提供的购房凭据为营改增后取得的增值税普通发票的,按照发票所载价税合计金额从购买年度起至转让年度止每年加计 5% 计算。

③提供的购房发票为营改增后取得的增值税专用发票的,按照发票所载不含增值税金额加上不允许抵扣的增值税进项税额之和,并从购买年度起至转让年度止每年加计 5% 计算。

计算扣除时,"每年"是指按购房发票购买年度起至售房发票开具之日止,每满 12 个月计一年;超过一年,未满 12 个月但超过 6 个月的,可以视同为一年。

【例 8-15】20×6 年 3 月,某企业转让一处 20×1 年 6 月购买的办公用房,转让时不能取得评估价格,原购房发票注明购房款为 300 万元,购入时缴纳契税 9 万元,转让时缴纳营业税、城建税、教育费附加共计 5.5 万元,缴纳印花税 0.2 万元,上述金额和凭证均经主管税务机关确认。要求:计算缴纳土地增值税时可扣除的金额。

【解析】原发票注明购房款为 300 万元,可扣除的旧房及建筑物的评估价格 = 300×(1+5%×5)=375(万元)。购入时缴纳的 9 万元契税可以扣除;转让时,税款合计 =5.5+0.2=5.7(万元),也可扣除。该企业缴纳土地增值税时可扣除的金额 =375+9+5.7=389.7(万元)。

(二)应纳税额的计算

土地增值税以转让房地产的增值额为税基,依据超率累进税率,计算应纳税额。首先,以出售房地产的总收入减除扣除项目金额,求得增值额;其次,将增值额同扣除项目金额相比,其比值即为土地增值率;最后,根据土地增值率的高低确定各个部分适用税率,以此计算各部分增值额的应纳税额,并加总求得应纳税额。其计算公式为

应纳税额 =∑(每级距的土地增值额 × 适用税率)

但在实际工作中,分步计算比较烦琐,一般可用速算扣除法计算。计算公式为

应纳税额 = 土地增值额 × 适用税率 - 扣除项目金额 × 速算扣除系数

具体方法如下：

(1)增值额未超过扣除项目金额 50％时,计算公式为

土地增值税税额＝增值额×30％

(2)增值额超过扣除项目金额 50％,未超过 100％时,计算公式为

土地增值税税额＝增值额×40％－扣除项目金额×5％

(3)增值额超过扣除项目金额 100％,未超过 200％时,计算公式为

土地增值税税额＝增值额×50％－扣除项目金额×15％

(4)增值额超过扣除项目金额 200％时,计算公式为

土地增值税税额＝增值额×60％－扣除项目金额×35％

上述公式中的 5％、15％、35％分别为第 2 级、第 3 级、第 4 级的速算扣除系数,见前述表 8-3。

以下就转让房地产的不同情况,分别介绍相应的应纳税额的计算方法。

1.转让土地使用权和出售新房及配套设施应纳税额的计算方法

转让土地使用权和出售新房的情况在实践中较为普遍。可根据上述计税原理,分四步计算应纳税额。

(1)计算增值额:

增值额＝转让房地产收入－扣除项目金额

(2)计算增值率:

增值率＝增值额÷扣除项目金额

(3)确定适用税率。

(4)计算应纳税额:

应纳税额＝增值额×适用税率－扣除项目金额×速算扣除率

【例 8-16】某房地产开发公司销售其新建商品房一幢,取得销售收入 14 000 万元,已知该公司支付与商品房相关的土地使用权费及开发成本合计为 4 800 万元;该公司没有按房地产项目计算分摊银行借款利息;该商品房所在地的省政府规定计征土地增值税时房地产开发费用扣除比例为最高比例;销售商品房缴纳有关税金 770 万元。要求:计算该公司销售商品房应缴纳的土地增值税。

【解析】土地使用费开发成本为 4 800 万元。

由于该公司没有按房地产项目计算分摊银行借款利息,按规定,房地产开发费用按取得土地使用权所支付的金额和房地产开发成本之和的 10％以内计算扣除。因此,房地产开发费用＝4 800×10％＝480(万元)。

允许扣除的税费为 770 万元。

从事房地产开发的纳税人可加计扣除 20％,加计扣除额＝4 800×20％＝960(万元)。

增值额＝14 000－4 800－480－770－960＝6 990(万元)。

增值率＝6 990÷7 010×100％＝99.71％,适用税率为第二档,税率40％、速算扣除系数5％。

应纳土地增值税＝6 990×40％－7 010×5％＝2 445.5(万元)。

2.出售旧房应纳税额的计算方法

出售旧房及建筑物,首先按照评估价格及有关因素计算、确定扣除项目金额,然后根据上述计税原理,分四步计算应纳税额。

(1)计算评估价格:

评估价格＝重置成本×成新度折扣率

(2)汇集扣除项目金额。

(3)计算增值率。

(4)确定适用税率。

(5)依据适用税率计算应纳税额:

应纳税额＝增值额×适用税率－扣除项目金额×速算扣除率

【例8-17】某工业企业转让一栋旧厂房,该厂房造价150万元,土地使用权是无偿取得的。如果材料和人工按现行市场价计算,建造同样的房子需要700万元。该厂房转让时6成新,按600万元出售,支付有关税费共计30万元。要求:计算企业转让旧房应缴纳的土地增值税额。

【解析】评估价格＝700×60％＝420(万元);

允许扣除的税费为30万元;

扣除项目金额合计＝420＋30＝450(万元);

增值额＝600－450＝150(万元);

增值率＝150÷450×100％＝33.33％;

应纳税额＝150×30％＝45(万元)。

3.特殊方式

(1)纳税人成片受让土地使用权后,分期分批开发、转让房地产的,其扣除项目金额的确定,可按转让土地使用权的面积占总面积的比例计算分摊,或按建筑面积计算分摊,也可按税务机关确认的其他方式计算分摊。计算公式为

扣除项目金额＝扣除项目的总金额×(转让土地使用权的面积或建筑面积÷受让总面积)

(2)纳税人采用预售方式出售商品的,在计算缴纳土地增值税时,可以按买卖

时签订的预售合同上所记载金额计算应纳土地增值税税额,再根据每笔预收款占总售价的比率,计算分摊每次所需要缴纳的土地增值税税额,在每次预收款时计征。

四、土地增值税征收管理

由于房地产开发与转让周期较长,土地增值税征管难度较大,应加强土地增值税的预征管理,预征率的确定要科学、合理。对已经实行预征办法的地区,可根据不同类型的房地产的实际情况,确定适当的预征率。除保障性住房外,东部地区省份预征率不得低于2%,中部和东北地区省份不得低于1.5%,西部地区省份不得低于1%。

为更好发挥土地增值税调节作用,根据《土地增值税暂行条例》及其实施细则等有关规定,自2024年12月1日起,将土地增值税预征率下限降低0.5个百分点。调整后,除保障性住房外,东部地区省份预征率下限为1.5%,中部和东北地区省份预征率下限为1%,西部地区省份预征率下限为0.5%(地区的划分按照国务院有关文件的规定执行)。

对于纳税人预售房地产所取得的收入,凡当地税务机关规定预征土地增值税的,纳税人应当到主管税务机关办理纳税申报,并按规定比例预交税款,待办理决算后,多退少补;凡当地税务机关规定不预征土地增值税的,也应在取得收入时先到税务机关登记或备案。

(一)纳税义务发生时间

(1)以一次交割、付清价款方式转让房地产的,在办理过户、登记手续前一次性缴纳全部税额。

(2)以分期收款方式转让的,先计算出应纳税总额,然后根据合同约定的收款日期和约定的收款比例确定应纳税额。

(3)纳税人在项目全部竣工结算前转让房地产取得的收入,由于涉及成本确定或其他原因,而无法据以计算土地增值税的,可以预征土地增值税,待该项目全部竣工、办理结算后再进行清算,多退少补。具体办法由各省、自治区、直辖市地方税务局根据当地情况制定。

(二)纳税期限

纳税人应在转让房地产合同签订后的七日内,到房地产所在地的主管税务机关办理纳税申报,并向税务机关提交房屋及建筑物产权、土地使用权证书,土地转让、房产买卖合同,房地产评估报告及其他与转让房地产有关的资料。纳税人因经常发生房地产转让而难以在每次转让后申报的,经税务机关审核同意后,可以定期进行纳税申报,具体期限由税务机关根据情况确定。

（三）纳税地点

土地增值税的纳税人应向房地产所在地主管税务机关办理纳税申报,并在税务机关核定的期限内缴纳土地增值税。房地产所在地,是指房地产的坐落地。不论纳税人的机构所在地、经营所在地、居住所在地设在何处,均应在转让的房地产所在地申报纳税。具体有以下两种情况。

1.纳税人是法人的

当纳税人转让的房地产坐落地与其机构所在地或经营所在地同在一地时,可在办理税务登记的原管辖税务机关申报纳税;如果转让的房地产坐落地与其机构所在地或经营所在地不一致时,则应在房地产坐落地的主管税务机关申报纳税。纳税人转让的房地产坐落在两个或两个以上地区的,应按房地产所在地分别申报纳税。

2.纳税人是自然人的

当纳税人转让的房地产的坐落地与其居住所在地同在一地时,可在其住所所在地税务机关申报纳税;如果转让的房地产的坐落地与其居住地不一致时,则应在房地产坐落地的主管税务机关申报纳税。

思考与练习

【思考题】

1.简述开征房产税的意义。

2.简述房产税的纳税人和征税范围。

3.简述车船税的特点。

4.简述车船税的征税范围和计税依据。

5.简述契税的概念和它的发展。

6.简述开征契税的意义。

7.城镇土地使用税有哪些特点?

8.简述城镇土地使用税的征税范围和计税依据。

9.土地增值税的征收范围是如何规定的? 税率采用何种形式?

10.土地增值税的扣除项目都有哪些?

【练习题】

一、单选题

1.下列属于房产税征收范围的是(　　　)。

A.露天游泳池

B.房地产开发企业建造的商品房在出售前对外出租

C.某工业企业地处于农村的生产用房

D.房地产开发企业开发的未使用的待售商品房

2.下列各项中,符合房产税纳税义务人规定的是(　　　)。

A.房屋出租的,由承租人缴纳房产税

B.房屋产权出典的,由出典人缴纳房产税

C.无租使用房产管理部门的房产,由使用人代为缴纳房产税

D.房屋产权未确定的,暂不缴纳房产税

3.下列各项中,契税计税依据可由征收机关核定的是(　　　)。

A.土地使用权出售

B.国有土地使用权出让

C.土地使用权赠与

D.以划拨方式取得土地使用权

4.某企业在市区拥有一块地,尚未由有关部门组织测量面积,但持有政府部门核发的土地使用证书。下列关于该企业履行城镇土地使用税纳税义务的表述中,正确的是(　　　)。

A.暂缓履行纳税义务

B.自行测量土地面积并履行纳税义务

C.待将来有关部门测定完土地面积后再履行纳税义务

D.以证书确认的土地面积作为计税依据履行纳税义务

5.下列各项中,属于土地增值税征税范围的是(　　　)。

A.自建房屋转为自用

B.企业出租房屋

C.企业转让国有土地使用权

D.房地产的代建行为

6.车辆适用的车船税税率形式是(　　　)。

A.定额幅度税率　　　　　　　　B.超额累进税率

C.超率累进税率　　　　　　　　D.比例税率

二、多选题

1.根据《房产税暂行条例》及其实施细则的规定,以下可以作为房产税计税依据的有( )。

A.房产原值   B.房产余值

C.房产租金   D.房产净值

2.下列项目中,以"辆"为计税依据计算车船税的有( )。

A.船舶   B.摩托车   C.客车   D.货车

3.下列行为中,应缴纳契税的有( )。

A.个人将自有房产无偿赠与非法定继承人

B.个人以自有房产等价交换自住房产

C.个人以自有房产投入本人独资经营的企业

D.个人以自有房产抵偿银行的未偿还贷款

三、计算题

1.某上市公司20×2年以5 000万元购得一处高档会所,然后加以改建。支出500万元在后院新建一露天泳池,支出500万元新增中央空调系统,拆除200万元的照明设施,再支付500万元安装智能照明和楼宇声控系统。该会所于20×2年底改建完毕并对外营业。当地规定计算房产余值扣除比例为30%。要求计算20×3年该会所应缴纳的房产税。

2.某运输公司拥有载货汽车15辆(每辆货车整备质量为10吨),乘人大客车20辆,小客车10辆。要求:计算该公司应纳车船税。

注:载货汽车每吨年税额90元,乘人大客车每辆年税额1 200元,小客车每辆年税额800元。

3.居民乙因拖欠居民甲180万元款项无力偿还,6月经当地有关部门调解,以房产抵偿该笔债务,居民甲因此取得该房产的产权并支付给居民乙差价款20万元。假定当地省政府规定的契税税率为5%。要求:计算该居民应该缴纳的契税。

4.某房地产开发公司与某单位于8月正式签署一份写字楼转让合同,取得转让收入15 000万元,公司与该写字楼有关的支出为:支付的地价及各种费用共计9 000万元,房地产开发成本为4 500万元,财务费用中利息支出为400万元(可按转让项目计算分摊并提供金融机构证明),转让环节缴纳的有关税费共计500万元。该房地产开发公司所在地政府规定的其他房地产开发费用计算扣除比例为5%。要求:计算房地产开发公司应纳的土地增值税。

5.某商业企业于2024年在某市繁华地段购置一块土地用于建设商场,土地面积为 5 000 平方米。已知该地段城镇土地使用税的年税额为每平方米 10 元。要求:计算该企业 2024 年应缴纳的城镇土地使用税。

【练习题参考答案】

第九章 资源税税制

【知识与技能要求】

1.了解资源税的概念、特点和作用；

2.理解和掌握资源税的基本法律规定；

3.理解和掌握资源税应纳税额的计算；

4.了解资源税的相关征收管理规定。

【思政目标】

通过资源税税制的教学,提升学生对资源合理利用与环境保护的认识,引导其树立资源有偿使用及可持续发展的观念。

第一节 资源税概述

我国现行资源税的基本规范,是 2019 年 8 月 26 日第十三届全国人民代表大会常务委员会第十二次会议通过的《中华人民共和国资源税法》(以下简称《资源税法》),并自 2020 年 9 月 1 日起施行。2024 年 12 月 1 日起,我国全面实施水资源费改税试点。

一、资源税的概念

资源税是对在我国境内开采应税矿产品及生产盐的单位和个人,就其应税数量征收的一种税。

二、资源税的特点

（一）征税范围较窄

自然资源是生产资料或生活资料的天然来源,它包括的范围很广,如矿产资源、土地资源、水资源、动植物资源等。目前我国的资源税征税范围较窄,仅选择了

311

部分级差收入差异较大,资源较为普遍,易于征收管理的矿产品和盐作为课税对象。随着我国经济的快速发展,对自然资源的合理利用和有效保护将越来越重要,因此,资源税的征税范围应逐步扩大。

（二）具有受益税的性质

一般来说,国家既可以凭借对自然资源的所有权向资源的开发经营者收取占用费或租金,也可以凭借政治权力征税。所以,资源税的征收是国家政治权力和所有权的统一。单位或者个人开发经营国有自然资源,既应当为拥有开发权而付出一定的"代价";又应当因享有国有自然资源而有义务支付一定的"费用"。所以说,我国的资源税具有受益税的性质。

（三）实行源泉课征

不论采掘或生产单位是否独立核算,资源税均规定在采掘或生产地源泉控制征收,这样既照顾了采掘地的利益,又避免了税款的流失。这与其他税种由独立核算的单位统一缴纳不同。

（四）具有级差收入税的特点

各种自然资源在客观上都存在着好坏、贫富、储存状况、开采条件、选矿条件、地理位置等种种差异。这些客观因素必然导致各资源开发者和使用者在资源丰瘠和收益多少上存在较大悬殊。一些占用和开发优质资源的企业和经营者,因资源条件的优越可以获得平均利润以外的级差收入;而开发和占用劣质资源的企业和经营者,则不能获得级差收入。我国资源税通过对同一资源实行高低不同的差别税率,可以直接调节因资源条件不同而产生的级差收入。可见,资源税实际上是一种级差收入税。

三、资源税的作用

对开采的自然资源课税,是目前许多国家和政府普遍的做法,我国开征资源税的意义主要表现在以下几个方面。

（一）有利于国有资源的合理开采、节约使用和有效配置

开征资源税,可以根据资源和开发条件的优劣,征收不同的税额,把资源的开采和使用,与纳税人的切身利益相结合。这样,一方面有利于国家加强对自然资源的保护和管理,防止经营者乱占滥用资源,减少资源的损失浪费;另一方面也有利于资源的开放经营者从关心自身的经济利益出发,提高资源的开发利用率,自觉克服采富弃贫、采易弃难、采大弃小、乱采乱挖等浪费资源的做法,合理、有效、节约地开发利用国有资源。

（二）有利于平衡税负、公平竞争

我国地域辽阔,各地资源结构和开发条件差异较大。资源条件好、品位高、开采条件优越的企业,成本低、利润水平高;资源条件不好、品位低、开采条件差的企业,成本高、利润水平低。通过征收资源税,可以把由于自然条件优劣形成的级差收入收归国家所有,消除企业之间因自然资源条件优劣造成的利润水平相差悬殊和利润分配苦乐不均的现象,促进企业公平竞争。

（三）有利于增加财政收入,促进产业结构调整

对资源征税,拓宽了税收的调节范围,有利于充分发挥税收的经济杠杆作用,配合资源产品的价格调整,改变资源产业长期利润偏低的状况,促进产业结构的合理化;同时,还能增加财政收入,提高财政收入的稳定性。

四、我国资源税的建立与发展

我国对矿产资源征税的历史十分悠久。早在春秋战国时代,齐国著名的经济学家管仲就提出"官山海"的政策;西汉时期,汝南人桓宽根据著名的"盐铁会议"记录整理成的《盐铁论》一书,更是详细记录了御史大夫桑弘羊与 60 多位贤良文学之间就政府是否应该继续实行盐铁转卖、酒类专营、均输平准等政策展开的激烈争论;此后,历朝历代关于盐铁专营的争论一直连绵不断、此起彼伏。

1984 年起,我国开始采用普遍征收、从量定额计征的方式,对在我国境内从事原油、天然气、煤炭等矿产资源开采的单位和个人征收资源税。

1994 年,我国对资源税进行了改革,国务院重新颁布了《资源税暂行条例》,进一步扩大征收范围并实行从量定额征收办法。但随着我国经济的发展,这种计税方法已不适应经济发展和构建资源节约型社会的要求。

为进一步完善资源税制度,2010 年 6 月 1 日,我国率先在新疆开展原油、天然气资源税从价计征改革,拉开了资源税制度改革的序幕。

在过去 6 年中,资源税改革范围逐步扩大,改革品目不断增加,资源税改革阔步前行:2010 年 12 月 1 日,油气资源税改革扩大到内蒙古、甘肃、四川、青海、贵州、宁夏等 12 个西部省区;2011 年 11 月 1 日,油气资源税改革推广至全国范围;2014 年 12 月 1 日,煤炭资源税从价计征改革全面实施,同时全面清理涉煤收费基金;2015 年 5 月 1 日,资源税从价计征改革覆盖稀土、钨、钼 3 个品目。

经过 6 年的探索实践,资源税改革率先在 6 个品目建立了从价计征机制,实现了资源税收入与矿价直接挂钩,有效克服了原从量定额征收方式缺乏弹性和逆向调节的问题,也为全面推开资源税从价计征改革摸清了方向,积累了经验。

2016 年 5 月 10 日,财政部和国家税务总局发布《关于全面推进资源税改革的通知》。通知明确了资源税改革的主要内容,包括扩大资源税征收范围,开展水资

源税改革试点工作；实施矿产资源税从价计征改革；全面清理涉及矿产资源的收费基金；合理确定资源税税率水平；加强矿产资源税收优惠政策管理，提高资源综合利用效率等。同时，在河北省开征水资源税试点工作，采取水资源费改税方式，将地表水和地下水纳入征税范围，实行从量定额计征。2017 年 12 月 1 日起，水资源税改革试点进一步扩大到北京、天津、山西、内蒙古、山东、河南、四川、陕西、宁夏 9 个省、自治区、直辖市。

为了贯彻习近平生态文明思想，落实税收法定原则，2019 年 8 月 26 日第十三届全国人民代表大会常务委员会第十二次会议通过了《中华人民共和国资源税法》（以下简称《资源税法》），并自 2020 年 9 月 1 日起施行。为贯彻落实《资源税法》、《财政部、税务总局关于资源税有关问题执行口径的公告》（财政部、税务总局公告 2020 年第 34 号）、《国家税务总局关于资源税征收管理若干问题的公告》（国家税务总局公告 2020 年第 14 号）、《财政部、税务总局关于继续执行的资源税优惠政策的公告》（财政部、税务总局公告 2020 年第 32 号）有关问题的执行口径和征管具体规定等进行了明确，以规范资源税的征收管理。2024 年 12 月 1 日，我国全面实施水资源费改税试点。

第二节　资源税的基本法律规定

一、征税范围

资源税税目包括五大类，不在 5 个税目下面又设有若干个子目。《资源税法》所列的税目有 164 个，涵盖了所有已经发现的矿种和盐。

（一）能源矿产

（1）原油，是指开采的天然原油，不包括人造石油。

（2）天然气、页岩气、天然气水合物。

（3）煤，包括原煤和以未税原煤加工的洗选煤。

（4）煤成（层）气。

（5）铀、钍。

（6）油页岩、油砂、天然沥青、石煤。

（7）地热。

（二）金属矿产

（1）黑色金属，包括铁、锰、铬、钒、钛。

（2）有色金属，包括铜、铅、锌、锡、镍、锑、镁、钴、铋、汞;铝土矿;钨;钼;金、银;铂、钯、钌、锇、铱、铑;轻稀土;中重稀土;铍、锂、锆、锶、铷、铯、铌、钽、锗、镓、铟、铊、铪、铼、镉、硒、碲。

（三）非金属矿产

（1）矿物类，包括高岭土;石灰岩;磷;石墨;萤石、硫铁矿、自然硫;天然石英砂、脉石英、粉石英、水晶、工业用金刚石、冰洲石、蓝晶石、硅线石（矽线石）、长石、滑石、刚玉、菱镁矿、颜料矿物、天然碱、芒硝、钠硝石、明矾石、砷、硼、碘、溴、膨润土、硅藻土、陶瓷土、耐火黏土、铁矾土、凹凸棒石黏土、海泡石黏土、伊利石黏土、累托石黏土;叶蜡石、硅灰石、透辉石、珍珠岩、云母、沸石、重晶石、毒重石、方解石、蛭石、透闪石、工业用电气石、白垩、石棉、蓝石棉、红柱石、石榴子石、石膏;其他黏土（铸型用黏土、砖瓦用黏土、陶粒用黏土、水泥配料用黏土、水泥配料用红土、水泥配料用黄土、水泥配料用泥岩、保温材料用黏土）。

（2）岩石类，包括大理岩、花岗岩、白云岩、石英岩、砂岩、辉绿岩、安山岩、闪长岩、板岩、玄武岩、片麻岩、角闪岩、页岩、浮石、凝灰岩、黑曜岩、霞石正长岩、蛇纹岩、麦饭石、泥灰岩、含钾岩石、含钾砂页岩、天然油石、橄榄岩、松脂岩、粗面岩、辉长岩、辉石岩、正长岩、火山灰、火山渣、泥炭;砂石（天然砂、卵石、机制砂石）。

（3）宝玉石类，包括宝石、玉石、宝石级金刚石、玛瑙、黄玉、碧玺。

（四）水气矿产

（1）二氧化碳气、硫化氢气、氦气、氡气。

（2）矿泉水。

（五）盐

（1）钠盐、钾盐、镁盐、锂盐。

（2）天然卤水。

（3）海盐。

上述各税目征税时有的对原矿征税，有的对选矿征税，具体适用的征税对象按照《资源税税目税率表》的规定执行，主要包括以下 3 类：

（1）按原矿征税。

（2）按选矿征税。

（3）按原矿或者选矿征税。

纳税人以自采原矿（经过采矿过程采出后未进行选矿或者加工的矿石）直接销售，或者自用于应当缴纳资源税情形的，按照原矿计征资源税。

纳税人以自采原矿洗选加工为选矿产品（通过破碎、切割、洗选、筛分、磨矿、分级、提纯、脱水、干燥等过程形成的产品,包括富集的精矿和研磨成粉、粒级成型、割成型的原矿加工品)销售,或者将选矿产品自用于应当缴纳资源税情形的,按照选产品计征资源税,在原矿移送环节不缴纳资源税。对于无法区分原生岩石矿种的粒级成型砂石颗粒,按照砂石税目征收资源税。

拓展阅读

全面推开资源税改革开出第一张资源税税票

二、纳税义务人

资源税的纳税义务人是指在中华人民共和国领域及管辖的其他海域开发应税资源的单位和个人。应税资源的具体范围,由《资源税法》所附《资源税税目税率表》确定。

资源税规定仅对在中国境内开发应税资源的单位和个人征收,因此,进口的矿产品和盐不征收资源税。由于对进口应税产品不征收资源税,相应地,对出口应税产品也不免征或退还已纳资源税。

纳税人自用应税产品,如果属于应当缴纳资源税的情形,应按规定缴纳资源税。纳税人自用应税产品应当缴纳资源税的情形包括:纳税人以应税产品用于非货币性资产交换、捐赠、偿债、赞助、集资、投资、广告、样品、职工福利、利润分配或者连续生产非应税产品等。纳税人开采或者生产应税产品自用于连续生产应税产品的,不缴纳资源税。如铁原矿用于继续生产铁精粉的,在移送铁原矿时不缴纳资源税;但对于生产非应税产品的,如将铁精粉继续用于冶炼的,应当在移送环节缴纳资源税。

开采海洋或陆上油气资源的中外合作油气田,在 2011 年 11 月 1 日前已签订的合同继续缴纳矿区使用费,不缴纳资源税;合同期满后,依法缴纳资源税。

【例 9-1】A 外贸企业是一家在中国注册的从事国内外贸易的企业,20×2 年 1 月从国外进口原油 30 万元;B 公司是一家原油生产企业,同期生产、销售原油 50 万吨。请问:A 公司和 B 公司是不是资源税的纳税义务人?

【解析】因为 A 公司仅从事进口应税资源,因此它不是为资源税的纳税义务人。B 公司在中国境内开采原油,因此是资源税的纳税义务人。

三、税率

资源税法按原矿、选矿分别设定税率。对原油、天然气、中重稀土、钨、钼等战略资源实行固定税率,由税法直接确定。其他应税资源实行幅度税率,其具体适用税率由省、自治区、直辖市人民政府统筹考虑该应税资源的品位、开采条件以及对生态环境的影响等情况,在规定的税率幅度内提出,报同级人民代表大会常务委员会决定,并报全国人民代表大会常务委员会和国务院备案。《资源税税目税率表》见表 9-1。

表 9-1 资源税税目税率

(2020 年 9 月 1 日起执行)

税　目		征税对象	税　率
能源矿产	原油	原矿	6%
	天然气、页岩气、天然气水合物	原矿	6%
	煤	原矿或者选矿	2%～10%
	煤成(层)气	原矿	1%～2%
	铀、钍	原矿	4%
	油页岩、油砂、天然沥青、石煤	原矿或者选矿	1%～4%
	地热	原矿	1%～20%或者每立方米 1～30 元
金属矿产	黑色金属	铁、锰、铬、钒、钛	原矿或者选矿	1%～9%
	有色金属	铜、铅、锌、锡、镍、锑、镁、钴、铋、汞	原矿或者选矿	2%～10%
		铝土矿	原矿或者选矿	2%～9%
		钨	选矿	6.5%
		钼	选矿	8%
		金、银	原矿或者选矿	2%～6%
		铂、钯、钌、锇、铱、铑	原矿或者选矿	5%～10%
		轻稀土	选矿	7%～12%
		中重稀土	选矿	20%
		铍、锂、锆、锶、铷、铯、铌、钽、锗、镓、铟、铊、铪、铼、镉、硒、碲	原矿或者选矿	2%～10%

税　目			征税对象	税　率
非金属矿产	矿物类	高岭土	原矿或者选矿	1%～6%
		石灰岩	原矿或者选矿	1%～6%或者每吨（每立方米）1～10元
		磷	原矿或者选矿	3%～8%
		石墨	原矿或者选矿	3%～12%
		萤石、硫铁矿、自然硫	原矿或者选矿	1%～8%
		天然石英砂、脉石英、粉石英、水晶、工业用金刚石、冰洲石、蓝晶石、硅线石（砂线石）、长石、滑石、刚玉、菱镁矿、颜料矿物、天然碱、芒硝、钠硝石、明矾石、砷、硼、碘、溴、膨润土、硅藻土、陶瓷土、耐火黏土、铁矾土、凹凸棒石黏土、海泡石黏土、伊利石黏土、累托石黏土	原矿或者选矿	1%～12%
		叶蜡石、硅灰石、透辉石、珍珠岩、云母、沸石、重晶石、毒重石、方解石、蛭石、透闪石、工业用电气石、白垩、石棉、蓝石棉、红柱石、石榴子石、石膏	原矿或者选矿	2%～12%
		其他黏土（铸型用黏土、砖瓦用黏土、陶粒用黏土、水泥配料用黏土、水泥配料用红土、水泥配料用黄土、水泥配料用泥岩、保温材料用黏土）	原矿或者选矿	1%～5%或者每吨（或者每立方米）0.1～5元

纳税人开采或者生产不同税目应税产品的，应当分别核算不同税目应税产品的销售额或者销售数量；未分别核算或者不能准确提供不同税目应税产品的销售额或者销售数量的，从高适用税率。

纳税人开采或者生产同一税目下适用不同税率应税产品的，应当分别核算不同税率应税产品的销售额或者销售数量；未分别核算或者不能准确提供不同和税率应税产品的销售额或者销售数量的，从高适用税率。

四、税收优惠

(一)免征资源税

(1)开采原油以及在油田范围内运输原油过程中用于加热的原油、天然气；

(2)煤炭开采企业因安全生产需要抽采的煤成(层)气。

(二)减征资源税

(1)从低丰度油气田开采的原油、天然气，减征 20% 资源税；

(2)高含硫天然气、三次采油和从深水油气田开采的原油、天然气，减征 30% 资源税；

(3)稠油、高凝油减征 40% 资源税；

(4)从衰竭期矿山开采的矿产品，减征 30% 资源税。

根据国民经济和社会发展需要，国务院对有利于促进资源节约集约利用、保护环境等情形可以规定免征或者减征资源税，报全国人民代表大会常务委员会备案。

(三)由省、自治区、直辖市可以决定免征或者减征资源税

(1)纳税人开采或者生产应税产品过程中，因意外事故或者自然灾害等原因遭受重大损失；

(2)纳税人开采共伴生矿、低品位矿、尾矿。

第三节 资源税应纳税额的计算

一、计税依据

(一)从价定率征收的计税依据

1.一般规定

实行从价定率征收的应税产品以销售额作为计税依据。销售额是指为纳税人销售应税产品向购买方收取的全部价款和价外费用(如违约金、优质费等)，不包括增值税销项税额和运杂费用。

运杂费用是指应税产品从坑口或洗选(加工)地到车站、码头或购买方指定地点的运输费用、建设基金以及随运销产生的装卸、仓储、港杂费用。运杂费用应与销售额分别核算，凡未取得相应凭据或不能与销售额分别核算的，应当一并计征资源税。

2.特殊规定

纳税人申报的应税产品销售额明显偏低并且无正当理由、有视同销售应税产品行为而无销售额的,除财政部、国家税务总局另有规定外,按下列顺序确定销售额:

(1)按纳税人最近时期同类产品的平均销售价格确定。

(2)按其他纳税人最近时期同类产品的平均销售价格确定。

(3)按后续加工非应税产品销售价格,减去后续加工环节的成本利润后确定。

(4)按组成计税价格确定。组成计税价格的计算公式为:

组成计税价格＝成本×(1＋成本利润率)÷(1－税率)

上述成本,是指应税产品的实际生产成本,成本利润率由省、自治区、直辖市税务机关确定。

(二)从量定额征收的计税依据

从量定额征收的资源税的计税依据是应税产品的销售数量。

应税产品的销售数量,包括纳税人开采或者生产应税产品的实际销售数量和自用于应当缴纳资源税情形的应税产品数量。

二、应纳税额计算

实行从价和从量计征的资源税应纳税额,应纳税额按照应税产品的销售额或者销售数量乘以具体适用的比例税率或者单位税额进行计算。计算式如下:

应纳税额＝销售额×比例税率

应纳税额＝销售数量×单位税额

【例9-2】某铜矿开采企业10月开采并销售铜原矿,开具增值税专用发票,注明金额400万元和税额52万元;销售铜矿选矿取得不含增值税销售额2 500万元。当地省人民政府规定,铜矿原矿资源税税率为4%,铜矿选矿资源税税率为3%。请计算该企业该月应缴纳的资源税税额。

【解析】该铜矿企业应缴纳资源税＝销售额×适用税率

＝400×4%＋2500×3%＝91(万元)。

【例9-3】某矿泉水生产企业9月开发生产矿泉水6 900立方米,已销售6 000立方米。该企业所在省政府规定,矿泉水实行定额征收资源税,资源税税率为5元/立方米。请计算该企业该月应缴纳的资源税税额。

【解析】该企业应缴纳资源税＝5×6 000＝30 000(元)。

第四节　资源税的征收管理

一、纳税义务发生时间

纳税人销售应税产品,纳税义务发生时间为收讫销售款或者取得索取销售款凭据的当日;自用应税产品的,纳税义务发生时间为移送应税产品的当日。

二、纳税期限

资源税按月或者按季申报缴纳;不能按固定期限计算缴纳的,可以按次申报缴纳。

纳税人按月或者按季申报缴纳的,应当自月度或者季度终了之日起 15 日内,向税务机关办理纳税申报并缴纳税款;按次申报缴纳的,应当自纳税义务发生之日起 15 日内,向税务机关办理纳税申报并缴纳税款。

三、纳税地点

纳税人应当向应税产品开采地或者生产地的税务机关申报缴纳资源税。

第五节　水资源改革试点实施办法

《中华人民共和国资源税法》第十四条授权国务院试点征收水资源税。为全面贯彻党的二十大和二十届二、三中全会精神以及《中华人民共和国资源税法》和《中华人民共和国水法》等有关规定,加强水资源管理和保护,促进水资源节约集约安全利用,财政部、国家税务总局、水利部制定了《水资源税改革试点实施办法》(以下简称《办法》),经国务院同意,自 2024 年 12 月 1 日起全面实施水资源税改革试点,由征收水资源费改为征收水资源税。

一、纳税人

除规定情形外,水资源税的纳税人为在中华人民共和国领域直接取用地表水或者地下水的单位和个人。

有下列情形之一的,不缴纳水资源税:

(1)农村集体经济组织及其成员从本集体经济组织的水塘、水库中取用水的。

(2)家庭生活和零星散养、圈养畜禽饮用等少量取用水的。

(3)水工程管理单位为配置或者调度水资源取水的。

(4)为保障矿井等地下工程施工安全和生产安全必须进行临时应急取(排)

水的。

（5）为消除对公共安全或者公共利益的危害临时应急取水的。

（6）为农业抗旱和维护生态与环境必须临时应急取水的。

二、征税对象

水资源税的征税对象为地表水和地下水，不包括再生水、集蓄雨水、海水及海水淡化水、微咸水等非常规水。

地表水是陆地表面上动态水和静态水的总称，包括江、河、湖泊（含水库、引调水工程等水资源配置工程）等水资源。地下水是指赋存于地表以下的水。

地热、矿泉水和天然卤水按照矿产品征收资源税。

三、税率

水资源税的适用税额由各省、自治区、直辖市人民政府统筹考虑本地区水资源状况、经济社会发展水平和水资源节约保护要求，在《办法》所附"各省、自治区、直辖市水资源税最低平均税额表"（见表9-2）规定的最低平均税额基础上，分类确定具体适用税额。

表 9-2　各省、自治区、直辖市水资源税最低平均税额

单位：元/立方米

省（自治区、直辖市）	地表水水资源税最低平均税额表	地下水水资源税最低平均税额表
北京	1.6	4
天津	0.8	4
山西	0.5	2
内蒙古		
河北	0.4	1.5
山东		
河南		
陕西	0.3	0.7
宁夏		
辽宁		
吉林		
黑龙江		

省（自治区、直辖市）	地表水水资源税最低平均税额表	地下水水资源税最低平均税额表
江苏		
浙江		
广东		
云南	0.2	0.5
甘肃		
新疆		
四川		
上海		
安徽		
福建		
江西		
湖北		
湖南	0.1	0.2
广西		
海南		
重庆		
贵州		
西藏		
青海		

　　为发挥水资源税的调控作用，按不同取用水性质实行差别税额。同一类型取用水，地下水税额应当高于地表水。对水资源严重短缺和超载地区取用水从高确定税额。对未经批准擅自取用水、取用水量超过许可水量或者取水计划的部分，结合实际适当提高税额。对特种取用水从高确定税额，特种取用水，是指洗车、洗浴、高尔夫球场、滑雪场等取用水。对疏干排水中回收利用的部分和水源热泵取用水，从低确定税额。疏干排水是指在采矿和工程建设过程中破坏地下水层、发生地下涌水的活动；疏干排水中回收利用的部分，是指将疏干排水进行处理、净化后自用以及供其他单位和个人使用的部分。

　　水资源税的适用税额是指取水口所在地的适用税额，以下情形除外。

　　（1）水力发电取用水适用税额最高不得超过千瓦每小时 0.008 元。各省、自治区、市确定的水力发电取用水适用税额，原则上不得高于《办法》实施前水资源税

（费）征收标准。

（2）跨省（自治区、直辖市）界河水电站水力发电取用水的适用税额，按相关省份较高一方的水资源税税额标准执行。纳税人取用水资源适用不同税额的，应当分别计量实际取用水量；未分别计量的从高适用税额。

四、应纳税额的计算

水资源税实行从量计征，除规定情形外，应纳税额按实际取用水量征税，计算公式为

应纳税额＝实际取用水量×适用税额

疏干排水的实际取用水量按照排水量确定。特殊情形的应纳税额计算有以下三种：

（1）城市公共供水企业应纳税额的计算公式为

企业应纳税额城市公共供水＝实际取用水量×（1－公共供水管网合理漏损率）×适用税额

公共供水管网合理漏损率由各省、自治区、直辖市人民政府确定。

城镇公共供水企业缴纳的水资源税不计入自来水价格，在终端综合水价中单列，并可以在增值税计税依据中扣除。

（2）水力发电取用水应纳税额的计算公式为

水力发电取用水应纳税额＝实际发电量×适用税额

实际发电量以所有发电机组的发电计量之和确定，包括上网电量、综合厂用电量、运输损失电量等。

（3）冷却取用水应纳税额的计算公式为

冷却取用水应纳税额＝实际取用（耗）水量×适用税额

其中，火力发电冷却取用水可以按照实际发电量或者实际取用（耗）水量计征水资源税，具体计征方式由各省、自治区、直辖市人民政府按照税费平移原则确定。

纳税人通过两个以上取水口取用水的，应当分别计量每一个取水口的实际取用水量并计算应纳税额。纳税人取得取水许可证的，一个取水许可证上有多个取水口信息且适用同一税额标准，并由水行政主管部门合并下达许可水量或取水计划的，可以将该取水许可证上多个取水口的实际取用水量合并计算应纳税额。

五、税收减免

下列情形，予以免征或者减征水资源税：

（1）规定限额内的农业生产取用水，免征水资源税。农业生产取用水是指种植业、畜牧业、水产养殖业、林业等取用水。

（2）除接入城镇公共供水管网以外，军队、武警部队、国家综合性消防救援队伍通过其他方式取用水的，免征水资源税。

（3）抽水蓄能发电取用水，免征水资源税。

（4）采油（气）排水经分离净化后在封闭管道回注的，免征水资源税。

（5）受县级以上人民政府及有关部门委托进行国土绿化、地下水回灌、河湖生态补水等生态取用水，免征水资源税。

（6）工业用水前一年度用水效率达到国家用水定额先进值的纳税人，本年度相应工业用水部分减征20％水资源税。如水行政主管部门在日常监管中发现纳税人存在无证取水、超许可取水、超计划取水、采地下水、擅自改变取水用途等违法行为的，纳税人自违法取用水行为发生之月起不得享受优惠政策。

（7）财政部、税务总局规定的其他免征或者减征水资源税情形。

各省、自治区、直辖市人民政府可以根据实际情况，决定免征或者减征超过规定限额的农业生产取用水和主要供农村人口生活用水的集中式饮水工程取用水的水资源税。

纳税人的免税、减税项目，应当单独核算实际取用水量；未单独核算或者不能准确提供实际取用水量的，不予免税和减税。

纳税人享受水资源税优惠政策，实行"自行判别、申报享受、有关资料留存备查"的办理方式。留存备查资料包括与纳税人享受优惠政策有关的取水计量信息、发电量信息等资料。纳税人应当对留存备查资料的真实性、完整性和合法性承担法律责任。纳税人享受生态取用水免征水资源税优惠政策的，还应当将县级以上人民政府及有关部门出具的证明材料留存备查。

六、征收管理

（一）征管方式

水资源税收入全部归属地方，纳入一般公共预算管理。水资源税由税务机关依照《中华人民共和国税收征收管理法》和《办法》征收管理；水行政主管部门依据水资源管理法律法规和《办法》的有关规定负责取用水监督管理。

纳税人应当按规定安装符合国家计量标准的取水计量设施（器具），并做好取水计量设施（器具）的运行维护、检定或校准、计量质量保证与控制，对其取水计量数据的真实性、准确性、完整性、合法性负责。纳税人应当在申报纳税时，按规定同步将取水计量数据通过取用水管理平台等渠道报送水行政主管部门。

水行政主管部门应当会同有关部门加强取用水计量监管，定期对纳税人取水计量的规范性进行检查，并将检查结果及时告知税务机关。检查发现问题或取水计量设施(器具)安装运行不正常的,水行政主管部门应当及时告知纳税人并督促其尽快整改;检查未发现问题且取水计量设施(器具)安装运行正常的,税务机关按照取水计量数据征收水资源税。

纳税人有下列情形之一的,按照水行政主管部门根据相应工况最大取(排)水能力核定的取水量申报纳税,水行政主管部门应当在纳税申报期结束前向纳税人出具当期取水量核定书;或者按照省级财政、税务、水行政主管部门确定的其他方法核定的取用水量申报纳税:

(1)纳税人未按规定安装取水计量设施(器具)的;

(2)纳税人安装的取水计量设施(器具)经水行政主管部门检查发现问题的;

(3)纳税人安装的取水计量设施(器具)发生故障、损毁,未在水行政主管部门规定期限内更换或修复的;

(4)纳税人安装的取水计量设施(器具)不能准确计量全部取(排)水量的;

(5)纳税人篡改、伪造取水计量数据的;

(6)其他需要核定水量情形的。

水行政主管部门依法依规调整纳税人许可水量和取水计划的,纳税人应当按照调整后的许可水量和取水计划重新计算应纳税额,并办理更正申报。

(二)纳税时间

水资源税的纳税义务发生时间为纳税人取用水资源的当日。未经批准取用水资源的,水资源税的纳税义务发生时间为水行政主管部门认定的纳税人实际取用水资源的当日。海水资源税按月或者按季申报缴纳,由主管税务机关根据实际情况确定。不能按固定期限计算缴纳的,可以按次申报缴纳。纳税人应当自纳税期满或者纳税义务发生之日起 15 日内申报纳税。对超过规定限的农业生产取用水,可按年申报缴纳。纳税人应当自年度终了之日起 5 个月内申报纳税。

(三)纳税地点

出口各省、自治区、直辖市行政区域内取用水的纳税人向取水口所在地的税务机关申报缴纳水资源税,纳税地点确需调整的,由省级财政、税务、水行政主管部门确定。纳税人通过两个以上取水口取用水的,应当分别申报缴纳。纳税人取得取水许可证的,其取水口按照取水许可证载明的取水口信息确定。纳税人未取得取水许可证的,其取水口按照水行政主管部门确定的取水口信息确定。纳税人因取水口较多等原因确存在申报困难的,经省财政、税务、水行政主管部门同意后,可以汇总申报缴纳水资源税。

纳税人取用水工程管理单位跨省(自治区、直辖市)配置、调度的水资源,应当根据调入区域适用税额和实际取用水量,向调入区域所在地的税务机关申报缴纳水资源税。调入区域是指接入水工程管理单位的取水口所在地。

跨省(自治区、直辖市)水力发电取用水的水资源税在相关省份之间的分配比例,按照《财政部关于省区水电项目税收分配的指导意见》(财预〔2008〕84 号)明确的增值税、企业所得税等税收分配办法确定。国家和相关省份已有明确分配比例的,按照原分配比例执行。纳税人按照规定的分配比例,分别向相关省份主管税务机关申报缴纳水资源税。

(四)协作征税机制

水行政主管部门应当将取用水单位和个人的取水许可、取水计量数据或取水量核定书信息、违法取水信息、取水计划信息、取水计量检查结果等水资源管理相关信息,定期送交税务机关。税务机关应当依据水行政主管部门交送的取水许可、违法取水等信息进行纳税人识别。

税务机关定期将纳税人申报信息与水行政主管部门送交的信息进行分析比对。发现纳税人申报取用水量数据异常等问题的,可以提请水行政主管部门进行复核。水行政主管部门应当自收到税务机关的数据资料之日起 15 日内向税务机关出具复核意见。税务机关应当按照水行政主管部门出具的复核意见调整纳税人的应纳税额。

水资源税征收管理过程中发现问题的,由税务机关与水行政主管部门联合进行核查。

思考与练习

【思考题】

1.简述我国现行资源税的特点及改革方向。

2.资源税的征税对象是什么?

3.简述资源税的销售额和销售数量如何确定。

4.水资源税的作用是什么?

【练习题】

一、单选题

1.下列原则属于资源税立法原则的有(　　　)。

A.平等互利原则　　　　　　　　B.效率优先原则

C.个别征收原则　　　　　　　　D.普遍征收原则

2.下列生产或开采的资源产品中,不征收资源税的是(　　　)。

A.卤水　　　　　　　　　　　　B.焦煤

C.地面抽采的煤层气　　　　　　D.与原油同时开采的天然气

3.2012 年 2 月,某采选矿联合企业到异地收购未税镍矿石。在计算代扣代缴资源税时,该矿石适用的税率是(　　　)。

A. 税务机关核定的单位税额

B. 镍矿石收购地适用的单位税额

C. 镍矿石原产地适用的单位税额

D. 该联合企业适用的镍矿石单位税额

4.根据水资源税试点实施办法的规定,下列用水中,应征收水资源税的是(　　　)。

A.家庭生活少量取用水

B.农业抗旱临时应急用水

C.特种行业直接从海洋取用水

D.工业生产直接从水库取用水

二、多选题

1.下列各项中,属于资源税纳税义务人的有(　　　)。

A.进口盐的外贸企业

B.开采原煤的私营企业

C.生产盐的外商投资企业

D.中外合作开采石油的企业

2.下列各项关于资源税减免税规定的表述中,正确的有(　　　)。

A.对出口的应税产品免征资源税

B.对进口的应税产品不征收资源税

C.开采原油过程中用于修井的原油免征资源税

D.开采应税产品过程中因自然灾害有重大损失的可由省级政府减征资源税

三、计算题

1.某产盐企业 5 月份以外购液体盐 3 000 吨加工成固体盐 600 吨,以自产液体盐 5 000 吨加工成固体盐 1 000 吨,当月销售固体盐 1 500 吨,取得销售收入 300 万元,已知液体盐每吨单位税额 5 元、固体盐每吨单位税额 40 元。要求:计算该产盐企业 5 月份应缴纳资源税。

2.某市一家热电厂在 2024 年 4 月从地下取用原水用于生产,已知该热电厂本月取用的地下水总量为 50 000 立方米,当地地下水的水资源税税率为每立方米 0.8 元。计算:该热电厂本月应缴纳的水资源税。

【练习题参考答案】

第十章　行为类税制

【知识与技能要求】

1.了解行为税中印花税、车辆购置税、耕地占用税、城市维护建设税、环境保护税和船舶吨税这 6 个税种的概念、特点和作用；

2.理解和掌握行为税 6 个税种的基本法律规定；

3.理解和掌握行为税 6 个税种应纳税额的计算；

4.了解行为税 6 个税种的相关征收管理规定。

【思政目标】

通过行为类税制的教学,帮助学生理解税收对特定经济行为的调控意义,增强其依法纳税、规范经济行为的意识。

第一节　印花税税制

我国现行印花税的基本规则是 2021 年 6 月 10 日,第十三届全国人民代表大会常务委员会第二十九次会议通过的《中华人民共和国印花税法》,自 2022 年 7 月 1 日起施行。

一、印花税概述

(一)印花税的概念

印花税是以经济活动和经济交往中书立、领受应税凭证的行为为课税对象课征的一种税。印花税因采用在应税凭证上粘贴印花税票的方法缴纳税款而得名。

(二)印花税的特点

1.兼有凭证税和行为税性质

一方面,印花税是对单位和个人书立、领受的应税凭证征收的一种税,具有凭证税性质。另一方面,任何一种应税经济凭证反映的都是某种特定的经济行为,因此,对凭证征税,实质上是对经济行为征税,故印花税也具有行为税性质。

2.征税范围广泛

印花税的征税对象包括了经济活动和经济交往中的各种应税凭证,凡书立和领受这些凭证的单位和个人都要缴纳印花税,其征税范围是极其广泛的。随着市场经济的发展和经济法制的逐步健全,依法书立经济凭证的现象将会愈来愈普遍。因此,印花税的征收面将更加广阔。

3.税率低、税负轻

印花税与其他税种相比较,税率要低得多,税负也较轻,具有广集资金、积少成多的财政效应。

4.由纳税人自行完成纳税义务

纳税人通过自行计算、购买并粘贴印花税票的方法完成纳税义务,并在印花税票和凭证的骑缝处自行盖戳注销或画销。这也与其他税种的缴纳方法存在较大区别。

(三)印花税的作用

1.广集财政收入

印花税税负虽轻,但征税面广,可以积少成多,为国家建设积累财政资金。同时,征收印花税还有利于完善地方税体系和分税制财政体制。

2.促进我国社会主义市场经济新秩序的建立

在各种应税经济凭证上粘贴印花税票,是完备应税经济凭证法律手续的重要步骤。而且,根据印花税的规定,发放或办理各种应纳印花税凭证的单位负有监督纳税的义务。因此,印花税的征收可以配合各项经济法规的实施,逐步提高经济合同的兑现率,促使经济交往中的各方依法办事,推进我国社会主义市场经济新秩序的建立。

3.有利于增强纳税人的自觉纳税意识

印花税实行由纳税人自行计算、自行购买、自行贴花的"三自"纳税办法,有利于增强纳税人的自觉纳税意识。

4.维护我国涉外经济权益

印花税是国际通行的税种。随着我国对外经济交往的日益频繁,开征印花税,有利于在对外经济交往中贯彻税收对等互惠原则,维护国家的经济权益,促进对外经济关系的发展。

5.加强对其他税种的监督管理

经济单位或个人的应税凭证是该单位或个人经济活动的反映,通过对各种应税凭证的贴花和检查,税务机关可以掌握经济活动中的真实情况,进行印花税和其他税种的交叉稽核检查,有利于加强对其他税种的监督管理。

(四)我国印花税的建立与发展

印花税是一个很古老的税种,1624 年起源于荷兰,后来被许多国家采用,现已有 90 多个国家和地区开征此税。

我国印花税于 1912 年由北洋军阀政府首次开征。1927 年,国民政府公布了《印花税条例》。中华人民共和国成立后,中央人民政府政务院于 1950 年发布《印花税暂行条例》,在全国范围内开征印花税。1958 年税制改革时,印花税并入工商税统一征收,不再单设税种征收。党的十一届三中全会以后,随着改革开放政策的贯彻执行,我国的商品经济得到了快速的发展。为适应经济发展的需要,我国重新开征印花税。1988 年 8 月 6 日,国务院发布《印花税暂行条例》,并于同年 10 月 1 日起实施。

2011 年 1 月 8 日,国务院令第 588 号对《印花税暂行条例》进行了修改。2021 年 2 月《中华人民共和国印花税法(草案)》提请第十三届全国人民代表大会常务委员会第二十六次会议审议。2021 年 6 月 10 日,第十三届全国人民代表大会常务委员会第二十九次会议通过了《中华人民共和国印花税法》(以下简称《印花税法》),自 2022 年 7 月 1 日起施行。

二、印花税的基本法律规定

(一)征税范围

1.书面合同

书面合同是指当事人之间为实现一定目的,经协商一致,明确当事人各方权利、义务关系的协议。书面合同以经济业务活动作为内容的合同,通常称为经济合同。经济合同按照管理的要求,应依照《中华人民共和国民法典》(以下称《民法典》)和其他有关法规订立。经济合同依法订立,是在经济交往中为了确定、变更或终止当事人之间的权利和义务关系的合同法行为,其书面形式即经济合同书。我国印花税只对依法订立的书面合同征收。印花税税目的合同比照我国《民法典》的部分合同,在税目税率表中列举了十一大类合同。

(1)借款合同,是指银行金融机构、经国务院银行业监督管理机构批准设立的其他金机构与借款人(不包括同业拆借)的借款合同。

(2)融资租赁合同,是指出租人根据承租人对出卖人、租赁物的选择,向出卖人购买租物,提供给承租人使用,承租人支付租金的合同。

(3)买卖合同,是指动产买卖合同(不包括个人书立的动产买卖合同),包括供应、预购采购、购销结合及协作、调剂、补偿、易货等合同;还包括各出版单位与发行单位之间订立的图书、报纸、期刊、音像征订凭证。

(4)承揽合同,是指承揽人按照定做人的要求完成工作,交付工作成果,定做人给付报酬的合同,包括加工、定做、修缮、修理、印刷、广告、测绘、测试等合同。

(5)建设工程合同,是指承包人进行工程建设,发包人支付价款的合同。通常包括建设工程勘察、设计、施工合同。

(6)运输合同,是指货运合同和多式联运合同(不包括管道运输合同)。

(7)技术合同,不包括专利权、专有技术使用权转让书据。

(8)租赁合同,是指出租人将租赁物交给承租人使用,承租人定期向出租人支付约定的租金的合同,包括租赁房屋、船舶、飞机、机动车辆、机械、器具、设备等合同。

(9)保管合同,又称寄托合同、寄存合同,是指双方当事人约定一方将物交付他方保管的合同。保管合同是保管人有偿地或无偿地为寄存人保管物品,并在约定期限内或应寄存人的请求,返还保管物品的合同。

(10)仓储合同,又称仓储保管合同,是保管人储存存货人交付的仓储物,存货人支付仓储费的合同。

(11)财产保险合同,是投保人与保险人约定的以财产及其有关利益为保险标的的协议,包括财产、责任、保证、信用等保险合同,但不包括再保险合同。

2.产权转移书据

产权转移即财产权利关系的变更行为,表现为产权主体发生变更。产权转移书据是在产权的买卖承让人和受让人之间订立的民事法律文书。

我国印花税税目中的产权转移书据包括:

(1)土地使用权出让书据,是指国家将土地使用权在一定年限内出让给土地使用者,由土地使用者向国家支付土地使用权出让金签订的协议或合同。

(2)土地使用权、房屋等建筑物和构建物所有权转让书据(不包括地承包经营权和土地经营权转移)。

(3)股权转让数据(不包括应缴纳证券交易印花税的),是指股份制试点企业向社会公开发行的股票,因购买、继承、赠予所书立的书据。包括上市股票和企业内部发行的股票买卖、继承、赠与等书立的书据。

(4)商标专用权、著作权、专利权和专有技术使用权转让书据。

3.营业账簿

印花税税目中的营业账簿归属于财务会计账簿,是按照财务会计制度的要求设置的反映生产经营活动的账册。按照营业账簿反映的内容不同,在税目中分为记载资金的账簿(以下简称资金账簿)和其他营业账簿两类。按照《印花税法》规定,目前只对资金账簿反映生产经营单位"实收资本"和"资本公积"的金额征收印花税,对其他营业账簿不征收印花税。

4.证券交易

证券交易,是指证券持有人依照交易规则,将证券转让给其他投资者的行为。证券交易除应遵循《证券法》规定的证券交易规则,还应同时遵守《民法典》规则。证券交易一般分为两种形式:一种形式是上市交易,是指证券在证券交易所集中交易挂牌买卖;另一种形式是上柜交易,是指公开发行但未达上市标准的证券在证券柜台交易。

(二)纳税人

在中华人民共和国境内书立、领受《印花税暂行条例》所列举凭证的单位和个人,都是印花税的纳税义务人,应当按照规定缴纳印花税。这里所说的单位和个人,是指国内各类企业、事业、机关、团体、部队以及中外合资企业、中外合作企业、外资企业、外国企业和其他经济组织及其在华机构等单位和个人。

根据书立、领受应税凭证的不同,其纳税人可以分别确定为立合同人、立据人、立账簿人、领受人、使用人和各类电子应税凭证的签订人。

(1)立合同人。立合同人是指合同的当事人,不包括合同的担保人、证人、鉴定人。

(2)立据人。

(3)立账簿人。营业账簿的纳税人是立账簿人。

(4)证券交易人。

证券交易人是出让证券的当事人,是指在中华人民共和国境内进行证券交易的单位和个人。需要注意的是,证券交易印花税对证券交易的出让方征收,不让受让方征收。

(5)使用人。在国外书立、领受,但在国内使用的应税凭证,其纳税人是使用人。

(6)各类电子应税凭证的签订人。

需要注意的是,对应税凭证,凡由两方或两方以上当事人共同书立应税凭证的,其当事人各方都是印花税的纳税人,应各就其所持凭证的计税金额履行纳税义务。

【例 10-1】A 企业将货物卖给 B 企业,双方订立了购销合同,C 企业作为该合同担保人,D 企业作为证人,E 企业作为鉴定人。请问:该购销合同印花税的纳税人是谁?

【解析】该合同印花税的纳税人为 A 企业和 B 企业。

(三)税率

现行印花税采用比例税率。比例税率分为 5 档,即 0.05‰、0.3‰、1‰、0.5‰和 0.25‰。其具体规定是:

(1)借款合同、融资租赁合同的税率为 0.05‰。

(2)买卖合同、承揽合同、建设工程合同、运输合同、技术合同和商标专用权、著作权、专利权、专有技术使用权转让书据的税率为 0.3‰。

(3)租赁合同、保管合同、仓储合同、财产保险合同和证券交易的税率为 1‰。

(4)土地使用权出让书据、土地使用权、房屋等建筑物、构筑物所有权转让书据和股权转让书据的税率为 0.5‰。

(5)营业账簿的税率为 0.25‰。

以电子形式签订的各类应税凭证均应按规定征收印花税。印花税税目税率如表 10-1 所示。

(四)减免税基本规定

根据《印花税法》的规定,下列凭证免征印花税:

(1)应税凭证的副本或者抄本;

(2)依照法律规定应当予以免税的外国驻华使馆、领事馆和国际组织驻华代表机构为获得馆舍书立的应税凭证;

(3)中国人民解放军、中国人民武装警察部队书立的应税凭证;

(4)农民、家庭农场、农民专业合作社、农村集体经济组织、村民委员会购买农业生产资料或者销售农产品书立的买卖合同和农业保险合同;

(5)无息或者贴息借款合同、国际金融组织向中国提供优惠贷款书立的借款合同;

(6)财产所有权人将财产赠与政府、学校、社会福利机构、慈善组织书立的产权转书据;

(7)非营利性医疗卫生机构采购药品或者卫生材料书立的买卖合同;

(8)个人与电子商务经营者订立的电子订单。

表 10-1 印花税税目税率

税 目		税 率	备 注
合同 (指书面 合同)	借款合同	借款金额的万分之零点五	指银行业金融机构、经国务院银行业监督管理机构批准设立的其他金融机构与借款人(不包括同业拆借)的借款合同
	融资租赁合同	租金的万分之零点五	
	买卖合同	价款的万分之三	指动产买卖合同(不包括个人书立的动产买卖合同)
	承揽合同	报酬的万分之三	
	建设工程合同	价款的万分之三	
	运输合同	运输费用的万分之三	指货运合同和多式联运合同(不包括管道运输合同)
	技术合同	价款、报酬或者使用费的万分之三	不包括专利权、专有技术使用权转让书据
	租赁合同	租金的千分之一	
	保管合同	保管费的千分之一	
	仓储合同	仓储费的千分之一	
	财产保险合同	保险费的千分之一	不包括再保险合同
产权转移书据	出地使用权出让书据	价款的万分之五	转让包括买卖(出售)、继承、赠与、互换、分割
	土地使用权、房屋等建筑物和构筑物所有权转让书据(不包括土地承包经营权和土地经营权转移)	价款的万分之五	
	股权转让书据(不包括应缴纳证券交易印花税的)	价款的万分之五	
	商标专用权、著作权、专利权、专有技术使用权转让书据	价款的万分之三	
营业账簿		营业账簿实收资本(股本)、资本公积合计金额的万分之二点五	
证券交易		成交金额的千分之一	

根据国民经济和社会发展的需要,国务院对居民住房需求保障、企业改制重组、破产支持小型微型企业发展等情形可以规定减征或者免征印花税,报全国人民代表大会常务委员会备案。

三、印花税应纳税额的计算

(一)计税依据

印花税实行从价计征,以凭证所载金额为计税依据,其中应税合同的计税依据,为合同所列的金额,不包括列明的增值税税款。具体规定如下:

(1)借款合同的计税依据为借款金额。针对实际借贷活动中不同的借款形式,税法规定了不同的计税方法:

①凡是一项信贷业务既签订借款合同,又一次或分次填开借据的,只以借款合同所载金额为计税依据计税贴花;凡是只填开借据并作为合同使用的,应以借据所载金额为计税依据计税贴花。

②借贷双方签订的流动资金周转性借款合同,一般按年(期)签订,规定最高限额,借款人在规定的期限和最高限额内随借随还。为避免加重借贷双方的负担,对这类合同只以其规定的最高限额为计税依据,在签订时贴花一次,在限额内随借随还不签订新合同的,再另贴印花。

③对借款方以财产作抵押,从贷款方取得一定数量抵押贷款的合同,应按借款合同贴花;在借款方因无力偿还借款而将抵押财产转移给贷款方时,应再就双方书立的产权书据,按产权转移书据的有关规定计税贴花。

④对银行及其他金融组织的融资租赁业务签订的融资租赁合同,应按合同所载租金总额,暂按借款合同计税。

⑤在贷款业务中,如果贷方系由若干银行组成的银团,银团各方均承担一定的贷款数额。借款方与银团各方共同书立借款合同,各执一份合同正本。对这类合同借款方与贷款银团各方应分别在所执的合同正本上,按各自的借款金额计税贴花。

⑥在基本建设贷款中,如果按年度用款计划分年签订借款合同,在最后一年按总概算签订借款总合同,且总合同的借款金额包括各个分合同的借款金额的,应按分合同分别贴花,最后签订的总合同,只就借款总额扣除分合同借款金额后的余额计税贴花。

(2)融资租赁合同的计税依据为收取或支付的租金。

(3)买卖合同的计税依据为合同记载的价款,不得做任何扣除。如以物易物的易货合同,是反映既购又销双重经济行为的合同,对这类合同的计税依据为合同所载的购、销合计金额。

【例 10-2】甲公司于 2022 年 8 月与乙公司签订了数份以货易货合同,以共计 750 000 元的钢材换取 650 000 元的水泥,甲公司取得差价 100 000 元。请问:在上述业务中印花税的计税依据是多少?

【解析】采用以货换货方式进行商品交易签订的合同,是反映既购又销双重经济行为的合同。对此,应按合同所载的购、销合计金额计税贴花。

因此甲、乙公司缴纳印花税的计税依据均为 1 300 000 元。

(4)承揽合同的计税依据是加工或承揽收入的金额。具体规定为:

①对于由受托方提供原材料的加工、定做合同,凡在合同中分别记载加工费金额和原材料金额的,应分别按加工承揽合同、购销合同计税,两项税额相加数,即为合同应贴印花;若合同中未分别记载,则应就全部金额依照加工承揽合同计税贴花。

②对于由委托方提供主要材料或原料,受托方只提供辅助材料的加工合同,无论加工费和辅助材料金额是否分别记载,均以辅助材料与加工费的合计数,依照加工承揽合同计税贴花。对委托方提供的主要材料或原料金额不计税贴花。

【例 10-3】某建筑公司与甲企业签订一份建筑承包合同,合同金额 6 000 万元(含相关费用 50 万元)。施工期间,该建筑公司又将其中价值 800 万元的安装工程转包给乙企业,并签订转包合同。要求:计算该建筑公司此项业务应缴纳印花税的计税依据。

【解析】该建筑公司此项业务应缴纳印花税的计税依据＝6 000＋800

$$= 6\ 800(万元)。$$

(5)建设工程合同的计税依据为合同约定的价款。

(6)运输合同的计税依据为取得的运费收入,不包括所运货物的金额、装卸费和保险费等。

对国内各种形式的货物联运,凡在起运地统一结算全程运费的,应以全程运费作为计税依据,由起运地运费结算双方缴纳印花税;凡分程结算运费的,应以分程的运费作为计税依据,分别由办理运费结算的各方缴纳印花税。

对国际货运,凡由我国运输企业运输的,运输企业所持的运费结算凭证,以全程运费为计税依据;托运方所持的运费结算凭证,以全程运费为计税依据。由外国运输企业运输进出口货物的,外国运输企业所持运费结算凭证免纳印花税;托运方所持运费结算凭证,以运费金额为计税依据。

【例 10-4】某企业与货运公司签订运输合同,载明运输费用 8 万元(其中含装卸费 0.5 万元),要求:计算货运合同应纳印花税的计税依据。

【解析】货运合同应纳印花税的计税依据＝8－0.5＝7.5(万元)。

(7)技术合同的计税依据为合同所载的价款、报酬、使用费。为了鼓励技术研究开发,对技术开发合同,只就合同所载的报酬金额计税,研究开发经费不作为计税依据。但对合同约定按研究开发经费一定比例作为报酬的,应按一定比例的报酬金额贴花。

(8)租赁合同的计税依据为租金收入。

(9)保管合同的计税依据为收取(支付)的保管费。

(10)仓储合同的计税依据为收取的仓储费。

(11)财产保险合同的计税依据为支付(收取)的保险费,不包括所保财产金额。

(12)产权转移书据的计税依据,为产权转移书据所列的金额,包括列明的增值税税款。

(13)应税营业账簿,以账簿记载的"实收资本"与"资本公积"项合计金额为计税依据。已缴纳印花税的营业账簿,以后年度记载的实收资本(股本)、资本公积合计金额比已缴纳印花税的实收资本(股本)、资本公积合计金额增加的,按照增加部分计算应纳税额。

(14)证券交易的计税依据为成交金额。证券交易无转让价格的,按照办理过户登记手续时该证券前一个交易日收盘价计算确定计税依据;无收盘价的,按照证券面值计算确定计税依据。

(二)应纳税额的计算

印花税的应纳税额按照计税依据乘以适用税率计算,计算公式为

应纳税额＝应税凭证和证券交易计税金额×适用税率

【例 10-5】假设某股份公司 20×2 年 8 月发生如下应税业务:

(1)与 A 公司签订一份买卖合同,销售货物一批不含税金额 300 万元、增值税销项税额 39 万元;

(2)通过竞拍取得一宗土地使用权,受让土地使用权出让书据记载金额 20 000 万元;

(3)将一栋闲置厂房出租给 C 公司使用,双方签订的房屋租赁合同,约定每月不含税租金 10 万元,租期 1 年,合同记载不含税租金 120 万元;

(4)向某银行签订一份借款合同,借款金额 5 000 万元,借款期限 6 个月;

(5)为了扩大经营规模,增加实收资本 3 000 万元。

要求:计算该股份公司 20×2 年 8 月应缴纳的印花税。(不考虑其他因素)

【解析】(1)销售货物应缴纳印花税=300×0.03‰×10 000=900(元)。

(2)受让土地使用权应缴纳印花税=20 000×0.05‰×10 000=100 000(元)。

(3)出租厂房应缴纳印花税=120×0.1‰×10 000=1 200(元)。

(4)向银行借款应缴纳印花税=5 000×0.005‰×10 000=2 500(元)。

(5)增加实收资本应缴纳印花税=3 000×0.025‰×10 000=7 500(元)。

该股份公司 20×2 年 8 月应缴纳印花税=900+100 000+1 200+2 500+7 500=112 100(元)。

(三)计算印花税应当注意的问题

(1)同一应税凭证载有两个以上税目事项并分别列明金额的,按照各自适用的税目税率分别计算应纳税额;未分别列明金额的,从高适用税率。

【例 10-6】某服装厂与某运输公司签订一份运输保管合同,合同载明的费用为 300 000 元(运费和保管费分别记载)。货物运输合同的印花税税率为 0.03‰,仓储保管合同的印花税税率为 0.1‰。请问:计算印花税的税率为多少?

【解析】因为该合同的运费和保管费没有分别记载,按照税法规定应使用较高的税率,即仓库保管合同按 0.1‰的税率计算贴花。

(2)同一应税凭证由两方以上当事人书立的,按照各自涉及的金额分别计算应纳税额。

(3)应税合同、产权转移书据未列明金额的,印花税的计税依据按照实际结算的金额确定。

计税依据按照上述规定仍不能确定的,按书立合同、产权转移书据时的市场价格确定;依法应当执行政府定价或者政府指导价的,按照国家有关规定确定。

(4)应税凭证所载金额为外国货币的,应按照凭证书立当日国家外汇管理局公布的外汇牌价折合成人民币,然后计算应纳税额。

(5)纳税额不足 1 角的,免纳印花税;1 角以上的,其税额尾数不满 5 分的不计,满 5 分的按 1 角计算。财产租赁合同经计算,税额不足 1 元的,按 1 元贴花。

(6)在签订时无法确定计税金额的某些合同,可在签订时先按定额 5 元贴花,以后结算时再按实际金额计税,补贴印花。

(7)应税合同签订时纳税义务已产生,应计算应纳税额并贴花。所以,不论合同是否兑现或是否按期兑现,均应贴花。

对已履行并贴花的合同,所载金额与合同履行后实际结算金额不一致的,只要双方未修改合同金额,一般不再办理完税手续。

四、印花税的征收管理

(一)印花税的缴纳方法

印花税的纳税方法较其他税种不同,是由纳税人根据税法规定,自行计算应纳税额,通过购买印花税票,进行贴花和画销,履行纳税义务。同时,对特殊情形采取特定的贴花方式纳税。

1.一般纳税方法

印花税通常由纳税人根据规定自行计算应纳税额,购买并一次贴足印花税票,完纳税款。纳税人向税务机关或指定的代售单位购买印花税票,就税务机关来说,印花税票一经售出,国家即取得印花税收入。但就纳税人来说,购买了印花税票,不等于履行了纳税义务。因此,纳税人将印花税票粘贴在应税凭证后,应即行注销,注销标记应与骑缝处相交。所谓骑缝处,是指粘贴的印花税票与凭证之间的交接处。

对国家政策性银行记载资金的账簿,一次贴花数额较大、难以承担的,经当地税务机关核准,可在 3 年内分次贴足印花。

2.简化纳税方法

为简化贴花手续,对那些应纳税额较大或者贴花次数频繁的,税法规定了以下3 种简化的缴纳方法:

(1)以缴款书或完税证代替贴花的方法。

某些应税凭证,如资金账簿、大宗货物的购销合同、建筑工程承包合同等,如果一份凭证的应纳税额数量较大,超过 500 元,贴用印花税票不方便的,纳税人可以采取将税收缴款书、完税凭证其中一联粘贴在凭证上或者由税务机关在凭证上加注完税标记代替贴花。

(2)按期汇总缴纳印花税的方法。

同一种类应纳税凭证,需频繁贴花的,可由纳税人根据实际情况自行决定是否采用按期汇总申报缴纳印花税的方式。汇总申报缴纳的期限不得超过 1 个月,采用按期汇总申报缴纳方式的,一年内不得改变。

(3)代扣(代收)税款汇总缴纳的方法。

税务机关为了加强源泉控制管理,可以委托某些代理填开应税凭证的单位(如代办运输、联运的单位)对凭证的当事人应纳的印花税予以代扣(代收),并按期汇总缴纳。

3.纳税贴花的其他具体规定

纳税人贴花时,必须遵照以下规定办理纳税事宜:

（1）在应纳税凭证书立或领受时即行贴花完税，不得延至凭证生效日期贴花。

（2）应纳税上，并由纳税人在每枚税票的骑缝处盖戳注销或画销，严禁揭下重用。

（3）已经贴花的凭证，凡修改后所载金额增加的部分，应补贴印花。

（4）对已贴花的各类应纳税凭证，纳税人须按规定期限保管，不得私自销毁，以备检查。

（5）凡多贴印花税票的，不得申请退税或者抵扣。

（6）纳税人对凭证不能确定是否应当纳税的，应及时携带凭证，到当地税务机关鉴别。

（7）纳税人与税务机关对凭证的性质发生争议的，应检附该凭证报请上一级税务机核定。

（8）纳税人对纳税凭证应妥善保存。凭证的保存期限，凡国家已有明确规定的，按规定办理；其他凭证均应在履行纳税义务完毕后保存一年。

（二）印花税票

1.税票图案内容

2021年印花税票以"中国共产党领导下的税收事业发展"为题材，一套9枚，各枚面值及图名分别为：1角（中国共产党领导下的税收事业发展·红色税收开天地）、2角（中国共产党领导下的税制固政权）、5角（中国共产党领导下的税收事业发展·财源筑基迎解放）、1元（中国共产党领导下的税收事业发展·税政统一启新篇）、2元（中国共产党领导下的税收事业发展·利税改革添活力）、5元（中国共产党领导下的税收事业发展·分税改革助转型）、10元（中国共产党领导下的税收事业发展·和谐税收促发展）、50元（中国共产党领导下的税收事业发展·宏图绘就新时代）和100元（中国共产党领导下的税收事业发展·砥砺奋进新征程）。

印花税票图案左上角有镂空篆体"税"字。各枚印花税票底边左侧印有"中国印花税票"和"2021"字样，中部印有图名，右侧印有面值和按票面金额大小排列的顺序号（9—X）。

2.税票规格

2021年印花税票打孔尺寸为50 mm×38 mm，齿孔度数为13×12.5。20枚1张，每张尺寸280 mm×180 mm，左右两侧出孔到边。

3.税票防伪措施

（1）采用哑铃异形齿孔，左右两边居中；

（2）图内红版全部采用特制防伪油墨；

（3）每张喷有 7 位连续墨号；

（4）其他技术及纸张防伪措施。

4.其他事项

2021 年印花税票自《国家税务总局关于发行 2021 年印花税票的通告》（国家税务总局通告 2021 年第 3 号）发布之日起启用，以前年度发行的各版印花税票仍然有效。

（三）纳税义务发生时间、期限和纳税地点

1.纳税义务发生时间

印花税的纳税义务发生时间为纳税人书立应税凭证或者完成证券交易的当日。证券交易印花税扣缴义务发生时间为证券交易完成的当日。

2.纳税期限

印花税按季、按年或者按次计征。实行按季、按年计征的，纳税人应当自季度、年度终了之日起十五日内申报缴纳税款；实行按次计征的，纳税人应当自纳税义务发生之日起十五日内申报缴纳税款。

证券交易印花税按周解缴。证券交易印花税扣缴义务人应当自每周终了之日起五日内申报解缴税款以及银行结算的利息。

3.纳税地点

纳税人为单位的，应当向其机构所在地的主管税务机关申报缴纳印花税；纳税人为个人的，应当向应税凭证书立地或者纳税人居住地的主管税务机关申报缴纳印花税。

4.源泉扣缴

纳税人为境外单位或者个人，在境内有代理人的，以其境内代理人为扣缴义务人；在境内没有代理人的，由纳税人自行申报缴纳印花税，具体办法由国务院税务主管部门规定。

证券登记结算机构为证券交易印花税的扣缴义务人，应当向其机构所在地的主管税务机关申报解缴税款以及银行结算的利息。

5.核定征收印花税

根据《税收征管法》第三十五条规定和印花税的税源特征，为加强印花税征收管理，纳税人有下列情形的，税务机关可以核定纳税人印花税计税依据：

（1）未按规定建立印花税应税凭证登记簿，或未如实登记和完整保存应税凭证的。

（2）拒不提供应税凭证或不如实提供应税凭证致使计税依据明显偏低的。

（3）采用按期汇总缴纳办法的，未按税务机关规定的期限报送汇总缴纳印花税情况报告，经税务机关责令限期报告，逾期仍不报告的；或者税务机关在检查中发现纳税人有未按规定汇总缴纳印花税情况的。

税务机关核定征收印花税，应向纳税人发放核定征收印花税通知书，注明核定征收的计税依据和规定的税款缴纳期限。

税务机关核定征收印花税，应根据纳税人的实际生产经营收入，参考纳税人各期印花税纳税情况及同行业合同签订情况，确定科学合理的数额或比例作为纳税人印花税计税依据。

各级税务机关应逐步建立印花税基础资料库，包括分行业印花税纳税情况、分户纳税资料等，确定科学合理的评估模型，保证核定征收的及时、准确、公平、合理。

各省、自治区、直辖市、计划单列市税务机关可根据以上要求，结合本地实际，制定印花税核定征收办法，明确核定征收的应税凭证范围、核定依据、纳税期限、核定额度或比例等，并报国家税务总局备案。

第二节　车辆购置税税制

我国现行车辆购置税的基本规范是 2014 年 12 月 2 日国家税务局总局公布的《车辆购置税征收管理办法》和 2018 年 12 月 29 日第十三届全国人民代表大会常务委员会第七次会议通过的《中华人民共和国车辆购置税法》，并于 2019 年 7 月 1 日起施行。

一、车辆购置税概述

（一）车辆购置税的概念

车辆购置税是以在中国境内购置的规定车辆为课税对象、在特定的环节向车辆购置者征收的一种税。就其性质而言，属于直接税的范畴。

车辆购置税的前身是车辆购置附加费，车辆购置附加费于 1985 年 5 月 1 日开征。车辆购置税开征后，原有的车辆购置附加费取消。车辆购置既是我国税收体系中新设立的税种，又是我国实施"费改税"的一个重要方面。它的开征作为我国"费改税"改革的突破口，必将对整个"费改税"改革产生重要的意义。

（二）车辆购置税的特点

1.征收范围单一

作为财产税的车辆购置税，是以购置的特定车辆为课税对象，而不是对所有的财产或消费财产征税，范围窄，是一种特种财产税。

2.征收环节单一

车辆购置税实行一次课征制，它不是在生产、经营和消费的每一环节逐道征收，而是在消费领域的特定环节征收。

3.税率单一

车辆购置税只确定一个统一的比例税率，税率具有不随课税对象数额变动的特点，计征简便、负担稳定，有利于依法治税。

4.征收方法单一

车辆购置税根据纳税人购置应税车辆的计税价格实行从价计征，以价格为计税标准，课税与价值直接发生关系，价值高者多征税，价值低者少征税。

5.征税具有特定目的

车辆购置税具有专门用途，由中央财政根据国家交通建设投资计划，统筹安排。这种特定目的的税收，可以保证国家财政支出的需要，既有利于统筹合理地安排资金，又有利于保证特定事业和建设支出的需要。

6.价外征收，税负不发生转嫁

车辆购置税的计税依据中不包含车辆购置税税额，车辆购置税税额是附加在价格之外的，且纳税人即为负税人，税负不发生转嫁。

（三）车辆购置税的作用

1.有利于合理筹集建设资金，增加国家财政收入，促进交通基础设施建设事业的发展

国家通过开征车辆购置税参与国民收入的再分配，可以更好地将一部分消费基金转化为财政资金，为国家筹集更多的资金，以满足国家行使职能的需要。第一，车辆购置税是在消费环节征税，具有经常性的特点，只要纳税人发生了购置、使用应税车辆的行为就要纳税，这就比对所得课税和商品课税更具有及时性。第二，车辆购置税按统一的比例税率课征，具有相对的稳定性。第三，车辆购置税是依法征收的，具有强制性和固定性，因而其收入是可靠的。因此，车辆购置税更有利于依法合理地筹集交通基础设施建设和维护资金，保证资金专款专用，从而促进交通基础设施建设事业的健康发展。

2.规范政府行为,理顺税费关系,深化和完善财税制度改革

社会主义市场经济需要有健全的宏观经济调控体系,以保证其快速协调发展和健康运行。首先,由于税与费之间的本质区别,以费改税,开征车辆购置税,有利于理顺税费关系,进一步完善财税制度,实现税制结构的不断优化。其次,"费改税"改革,不但能规范政府行为,遏制乱收费,同时对正确处理税费关系、深化和完善财税体制改革也能起到积极的作用。

3.调节收入差距

车辆购置税在消费环节对消费应税车辆的使用者征收,能更好地体现两条原则:第一,兼顾公平原则。兼顾公平原则,就是要保护合法收入,取缔非法收入,整顿不合理收入,调节过高收入。因此,开征车辆购置税可以对过高的消费支出进行调节。第二,纳税能力原则。即高收入者多负税,低收入者少负税,具有较高消费能力的人比具有一般消费能力的人要多负税。

4.配合打击走私和维护国家权益

首先,车辆购置税对同一课税对象的应税车辆不论来源渠道如何,都按同一比例税率征收,具有同一应税车辆税负相同的特性,因此,它可以平衡进口车辆与国产车辆的税收负担,体现国民待遇原则。其次,车辆购置税在车辆上牌使用时征收,具有源泉控制的特点,它可以配合有关部门在打击走私、惩治犯罪等方面起到积极的作用。最后,对进口自用的应税车辆以含关税、消费税的组成计税价格为计税依据,对进口应税车辆征收较高的税收,以限制其进口,有利于保护国内汽车工业的发展。

二、车辆购置税的基本法律规定

(一)征税范围

车辆购置税征税范围包括汽车、有轨电车、汽车挂车、排气量超过150毫升的摩托车。

地铁、轻轨等城市轨道交通车辆,装载机、平机、挖掘机、推土机等轮式专用机械车,以及起重机(吊车)、叉车、电动摩托车,不属于应税车辆。

纳税人进口自用应税车辆,是指纳税人直接从境外进口或者委托代理进口自用的应税车辆,不包括在境内购买的进口车辆。

(二)纳税人

车辆购置税的纳税人是指在中华人民共和国境内购置汽车、有轨电车、汽车挂车、排气量超过150毫升的摩托车(以下统称应税车辆)的单位和个人。其中,购置是指以购买、进口、自产、受赠、获奖或者其他方式取得并自用应税车辆的行为。车

辆购置税实行一次性征收。购置已征车辆购置税的车辆,不再征收车辆购置税。

【例10-7】张先生是某上市公司的财务总监,购买国内某汽车公司出厂的小轿车一辆自用,又从国外进口一辆SUV用于家庭自驾游,由于其出色的工作表现,公司奖励他一辆汽车。请问:上述哪些行为属于车辆购置税的征税范围?

【解析】张先生购买自用的、进口自用的SUV和公司奖励的车辆均属于车辆购置税的征税范围。

（三）税率

车辆购置税实行单一比例税率,税率为10%。

（四）税收优惠

1.车辆购置税的法定减免

(1)外国驻华使馆、领事馆和国际组织驻华机构及其外交人员自用的车辆,免税。

(2)中国人民解放军和中国人民武装警察部队列入军队武器装备订货计划的车辆,免税。

(3)设有固定装置的非运输车辆,如挖掘机、平地机、叉车、装载车、推土机等,免税。

(4)防汛部门和森林消防等部门购置的由指定厂家生产的指定型号的用于指挥、检查、调度、防汛(警)、联络的专用车辆,免税。

(5)回国服务的留学人员用现汇购买自用国产小汽车(限1辆),免税。

(6)长期来华定居专家自用的小汽车(限1辆),免税。

(7)由国务院规定予以免税或者减税的其他情形,按照规定免税或者减税。

2.车辆购置税的退税

纳税人已经缴纳车辆购置税但在办理车辆登记手续前,需要办理退还车辆购置税的,由纳税人申请,征收机构审查后办理退还车辆购置税手续。

三、车辆购置税应纳税额的计算

（一）计税依据

由于应税车辆购置的来源不同,应税行为的发生不同,计税价格的组成也就不同。车辆购置税的计税依据根据不同的情况按不同的计算方法确定。

1.购买自用应税车辆计税依据的确定

纳税人购买自用的应税车辆,计税价格为纳税人购买应税车辆而支付给销售者的全部价款和价外费用,不包括增值税税款。计算公式为:

计税价格＝(含增值税价格＋价外费用)÷(1＋增值税税率)

2.进口自用应税车辆计税依据的确定

纳税人进口自用的应税车辆以组成计税价格为计税依据。计算公式为：

计税依据＝关税完税价格＋关税＋消费税

【例10-8】某汽车贸易公司1月进口11辆小轿车，海关审定的关税完税价格为25万元/辆，当月销售其中的8辆，取得含税销售收入240万元；未销售的小轿车2辆企业自用，1辆用于抵偿债务。合同约定小轿车的含税价格为30万元。假设小轿车的关税税率为28％，消费税税率为9％。要求：计算该公司车辆购置税的计税依据。

【解析】该公司车辆购置税的计税依据＝（25＋25×28％）÷（1−9％）×2

＝70.3（万元）。

3.其他自用应税车辆计税依据的确定

纳税人自产、受赠、获奖或者以其他方式取得并自用的应税车辆的计税价格，由主管税务机关参照国家税务总局规定的最低计税价格核定。

为确保计税依据的合理、准确，国家税务总局参照应税车辆市场平均交易价格，规定不同类型应税车辆的最低计税价格。纳税人购买自用或者进口自用应税车辆，申报的计税价格低于同类型应税车辆的最低计税价格，又无正当理由的，按照最低计税价格确定计税依据。

纳税人以外汇结算应税车辆价款的，按照申报纳税之日中国人民银行公布的人民币基准汇价，折合成人民币确定计税依据。

(二)应纳税额的计算

车辆购置税实行从价定率的办法计算应纳税额，计算公式为

应纳税额＝计税依据×税率

【例10-9】宋某5月从某汽车有限公司购买一辆小汽车供自己使用，支付含增值税税款在内的款项234 000元，另支付代收临时牌照费550元、代收保险费1 000元，支付工具件和零配件价款3 000元、车辆装饰费1 300元。所支付的款项均由该汽车有限公司开具"机动车销售统一发票"和有关票据。要求：计算宋某应纳的车辆购置税。

【解析】计税依据＝（234 000＋550＋1 000＋3 000＋1 300）÷（1＋13％）

＝212 256.64（元）；

应纳税额＝212 256.64×10％＝21 225.66（元）。

四、车辆购置税的征收管理

(一)纳税环节

车辆购置税的征税环节为使用环节,即最终消费环节。具体而言,纳税人应当在向公安机关等车辆管理机构办理车辆登记注册手续前,缴纳车辆购置税。

购买二手车时,购买者应向原车主索要"车辆购置税完税证明"。购买已经办理车辆购置税免税手续的二手车,购买者应当到税务机关重新办理申报缴纳或免税手续。未按规定办理的,按征管法的规定处理。

(二)纳税地点

纳税人购置应税车辆,应当向车辆登记注册地的主管税务机关申报纳税;购置不需办理车辆登记注册手续的应税车辆,应当向纳税人所在地主管税务机关申报纳税。车辆登记注册地是指车辆的上牌落籍地或落户地。

(三)纳税期限

(1)购买自用的应税车辆,自购买之日(即购车发票上注明的销售日期)起 60 日内申报纳税;

(2)进口自用的应税车辆,应当自进口之日(报关进口的当天)起 60 日内申报纳税;

(3)自产、受赠、获奖和以其他方式取得并自用的应税车辆,应当自取得之日起 60 日内申报纳税。

(四)车辆购置税的退税制度

纳税人已缴纳车辆购置税,在办理车辆登记注册手续以前由于下列原因需要办理退还车辆购置税的,由纳税人申请,原代征主管税务机关受理、核实,办理车辆购置税退税审批手续,将应退还的车辆购置税退还纳税人:

(1)公安机关车辆管理机构不予办理车辆登记注册手续的,凭公安机关车辆管理机构出具的证明办理退税手续。

(2)因质量等原因发生退回所购车辆的,凭经销商的退货证明办理退税手续。

已经办理了车辆登记注册手续的车辆,不论出于何种原因,均不能退还已缴纳的车辆购置税。

第三节　耕地占用税税制

我国现行耕地占用税的基本规范是 2018 年 12 月 29 日第十三届全国人民代表大会常务委员会第七次会议通过的《中华人民共和国耕地占用税法》(以下简称

《耕地占用税法》)。

一、耕地占用税概述

(一)耕地占用税的概念

耕地占用税是对占用耕地建房或者从事非农业建设的单位和个人,就其实际占用的耕地面积征收的一种税。

(二)耕地占用税的特点

1.耕地占用税以占用耕地的行为为课税对象

耕地占用税以占用农用耕地建房或从事其他非农用建设的行为为征税对象,具有行为税的性质。

2.采用地区差别税率

耕地占用税采用地区差别税率,根据不同地区的具体情况,分别制定差别税额,以适应中国地域辽阔、各地区之间耕地质量差别较大、人均占有耕地面积相差悬殊的具体情况,具有因地制宜的特点。

3.在占用耕地环节一次性课征

耕地占用税在纳税人获准占用耕地的环节征收,除对获准占用耕地后超过两年未使用者须加征耕地占用税外,此后不再征收耕地占用税。因而,耕地占用税具有一次性征收的特点。

(三)耕地占用税的作用

1.有利于保护我国宝贵的耕地资源

征收耕地占用税的一个重要目的就是要加大耕地占用的成本,促进国家土地政策的落实,加强土地管理,制止乱占滥用的行为,保护有限的耕地资源。

2.有利于增加农业收入,稳定发展农业生产

耕地占用税收入按规定应用于设立发展农业专项基金,该基金主要用于开发宜耕土地和改良现有耕地。所以,征收耕地占用税有利于稳定农业生产,提高农业发展的潜能。

二、耕地占用税的基本法律规定

(一)征税范围

耕地占用税的征税范围包括纳税人为建房或从事其他非农业建设而占用的国家所有和集体所有的耕地。

所谓耕地,是指种植农业作物的土地,包括菜地、园地。其中,园地包括花圃、苗圃、茶园、果园、桑园和其他种植经济林木的土地。占用鱼塘及其他农用土地建房或从事其他非农业建设,也视同占用耕地,必须依法缴纳耕地占用税。占用已开发从事种植、养殖的滩涂、草场、水面和林地等从事非农业建设,由省、自治区、直辖市本着有利于保护土地资源和生态平衡的原则,结合具体情况确定是否征收耕地占用税。

(二)纳税人

耕地占用税的纳税人是指占用耕地建房或者从事非农业建设的单位或者个人。单位包括国有企业、集体企业、私营企业、股份制企业、外商投资企业、外国企业以及其他企业和事业单位、社会团体、国家机关、部队以及其他单位;个人,包括个体工商户以及其他个人。

(三)税率

由于我国不同地区之间人口和耕地资源的分布极不均衡,有些地区人烟稠密,耕地资源相对匮乏;而有些地区则人烟稀少,耕地资源比较丰富。各地区之间的经济发展水平也有很大差异。考虑到不同地区之间客观条件的差别以及与此相关的税收调节力度和纳税人负担能力方面的差别,耕地占用税在税率设计上采用了地区差别定额税率。具体税额见表 10-2。

表 10-2　耕地占用税税额

地区(以县级行政区域为单位)	每平方米幅度税额/元
人均耕地不超过 1 亩的地区	10～50
人均耕地超过 1 亩但不超过 2 亩的地区	8～40
人均耕地超过 2 亩但不超过 3 亩的地区	6～30
人均耕地超过 3 亩的地区	5～25

注:1 亩≈666.67 平方米。

国务院财政、税务主管部门根据人均耕地面积和经济发展情况确定各省、自治区、直辖市的平均税额。

各地适用税额,由省、自治区、直辖市人民政府在表 10-2 规定的税额幅度内,根据本地区情况核定。各省、自治区、直辖市人民政府核定的适用税额的平均水平,不得低于国务院财政、税务主管部门确定的平均税额。

经济特区、经济技术开发区和经济发达且人均耕地特别少的地区,适用税额可以适当提高,但是提高的部分最高不得超过上述规定中当地适用税额的 50%。

占用基本农田的,适用税额应当在当地适用税额的基础上提高 50%。

各地平均税额见表 10-3。

表 10-3　各省、自治区、直辖市耕地占用税平均税额

地　　区	每平方米平均税额/元
上海	45
北京	40
天津	35
江苏、浙江、福建、广东	30
辽宁、湖北、湖南	25
河北、安徽、江西、山东、河南、重庆、四川	22.5
广西、海南、贵州、云南、陕西	20
山西、吉林、黑龙江	17.5
内蒙古、西藏、甘肃、青海、宁夏、新疆	12.5

(四)税收优惠

1.免征规定

下列情形免征耕地占用税:

(1)军事设施占用耕地。

(2)学校、幼儿园、养老院、医院占用耕地。

2.减税规定

(1)铁路线路、公路线路、飞机场跑道、停机坪、港口、航道占用耕地,减按每平方米 2 元的税额征收耕地占用税。根据实际需要,国务院财政、税务主管部门商国务院有关部门并报国务院批准后,可以对上述情形免征或者减征耕地占用税。

(2)农村居民占用耕地新建住宅,按照当地适用税额减半征收耕地占用税。

(3)农村烈士家属、残疾军人、鳏寡孤独以及革命老根据地、少数民族聚居区和边远贫困山区生活困难的农村居民,在规定用地标准以内新建住宅缴纳耕地占用税确有困难的,经所在地乡(镇)人民政府审核,报经县级人民政府批准后,可以免征或者减征耕地占用税。

依照上述规定免征或者减征耕地占用税后,纳税人改变原占地用途,不再属于免征或者减征耕地占用税情形的,应当按照当地适用税额补缴耕地占用税。

【例 10-10】下列耕地占用的情形中,哪种情形可以免征耕地占用税? (1)医院占用耕地。(2)建厂房占用鱼塘。(3)高尔夫球场占用耕地。(4)商品房建设占用林地。

【解析】可以免征耕地占用税的是第(1)种情形,医院占用耕地。

三、耕地占用税应纳税额的计算

(一)计税依据

耕地占用税以纳税人实际占用耕地的面积为计税依据,以平方米为计量单位。实际占用的耕地面积,包括经批准占用的耕地面积和未经批准占用的耕地面积。

(二)应纳税额计算

耕地占用税以纳税人实际占用的耕地面积为计税依据,以每平方米土地为计税单位,按适用的定额税率一次性计税。其计算公式为

$$应纳税额=实际占用耕地面积(平方米)\times适用定额税率$$

【例 10-11】农村某村民新建住宅,经批准占用耕地 300 平方米,该地区耕地占用税税额为每平方米 5 元。要求:计算该村民应缴纳的耕地占用税税额。

【解析】农村居民占用耕地新建住宅,应按照当地适用税额减半征收耕地占用税。该村民应缴纳的耕地占用税税额$=300\times5\times50\%=750(元)$。

四、耕地占用税的征收管理

(一)纳税义务发生时间

经批准占用耕地的,耕地占用税纳税义务发生时间为纳税人收到土地管理部门办理占用农用地手续通知的当天。未经批准占用耕地的,耕地占用税纳税义务发生时间为纳税人实际占用耕地的当天。

(二)纳税期限

耕地占用税由地方税务机关负责征收。土地管理部门在通知单位或者个人办理占用耕地手续时,应当同时通知耕地所在地同级地方税务机关。获准占用耕地的单位或者个人应当在收到土地管理部门的通知之日起 30 日内缴纳耕地占用税。土地管理部门凭耕地占用税完税凭证或者免税凭证和其他有关文件发放建设用地批准书。

(三)纳税地点

纳税人占用耕地或其他农用地,应当在耕地或其他农用地所在地申报纳税。

第四节　城市维护建设税税制

我国现行的城市维护建设税的基本法律规范是 2020 年 8 月 11 日第十三届全国人大常委会第二十一次会议表决通过,并于 2021 年 9 月 1 日施行的《中华人民共和国城市维护建设税法》(以下简称《城市维护建设税法》)。

一、城市维护建设税概述

（一）城市维护建设税的概念

城市维护建设税是对从事工商经营，缴纳增值税、消费税的单位和个人，按照实际缴纳的增值税和消费税税额的一定比例征收的，专门用于城市维护建设的一种税。

（二）城市维护建设税的特点

城市维护建设税属于特定目的税，是国家为加强城市的维护建设而征收的一种税。因此，城市维护建设税具有以下特点。

1. 税款专款专用

所征税款要求保证用于城市公用事业和公共设施的维护和建设。

2. 具有附加性质

城市维护建设税以纳税人实际缴纳的增值税和消费税税额为计税依据，附加于增值税和消费税税额上，本身并没有特定的、独立的征税对象。

3. 根据城镇规模设计不同的比例税率

城市维护建设税根据纳税人所在城镇的规模及其资金需要设计税率。

4. 征收范围较广

这主要是由增值税、消费税征收范围的广泛性决定的。

（三）城市维护建设税的作用

1. 补充城市维护建设资金的不足

由于城市维护建设税以商品或劳务的增值税及消费税税额为计税依据，这样不但扩大了征收范围，还可以保证城建税收入随增值税和消费税的增长而增长，使城市维护建设有一个比较稳定和可靠的资金来源。

2. 调动地方政府进行城市维护和建设的积极性

城市维护建设税应当保证用于城市的公共事业和公共设施的维护建设，具体安排由地方人民政府确定。将城市维护建设税收入与当地城市建设直接挂钩，税收收入越多，城镇建设资金越充裕，城镇建设发展就越快，这样，就充分调动了地方政府的积极性，使其关心城市维护建设税收入，加强城市维护建设税的征收管理。

（四）我国城市维护建设税的建立与发展

中华人民共和国成立以来，我国城市的建设和维护在不同时期都取得了较大成绩，但国家在城市建设方面一直资金不足。1979 年以前，我国用于城市维护建设的资金来源由当时的工商税附加、城市公用事业附加和国家下拨的城市维护费组成。1985 年 2 月 8 日国务院正式颁布了《城市维护建设税暂行条例》并于同年 1 月 1 日起在全国范围内施行。1994 年税制改革时，该税种被保留，并作了一些调整。

2010 年 10 月 8 日，国务院又发布了《关于统一内外资企业和个人城市维护建设税和教育费附加制度的通知》（国发〔2010〕35 号），规定从同年 12 月 1 日起，外商投资企业、外国企业及外籍个人适用国务院 1985 年发布的《城市维护建设税暂行条例》和 1986 年发布的《征收教育费附加的暂行规定》，1985 年以来国务院及国务院财税主管部门发布的有关城市维护建设税和教育费附加的法规、规章、政策同时适用于外商投资企业、外国企业及外籍个人。

二、城市维护建设税的基本法律规定

（一）征收范围

城市维护建设税在全国范围征收，不仅包括城市、县城和建制镇，还包括广大农村。也就是说，只要缴纳了增值税和消费税，除税法另有规定外，就属于城市维护建设税的征收范围。

（二）纳税人

城市维护建设税的纳税人是指缴纳增值税、消费税的单位和个人，包括国有企业、集体企业、私营企业、股份制企业、其他企业和行政单位、事业单位、军事单位、社会团体、其他单位以及个体工商户及其他个人。自 2010 年 12 月 1 日起，对外商投资企业、外国企业及外籍个人征收城市维护建设税。

（三）税率

城市维护建设税采用地区差别比例税率，即纳税人应缴纳的城市维护建设税税额与纳税人实际缴纳的增值税和消费税税额之间的比率。城市维护建设税按纳税人所在地的不同，设置了三档税率，具体为：

（1）纳税人所在地为城市市区的，税率为 7％。

（2）纳税人所在地为县城、镇的，税率为 5％。

（3）纳税人所在地不在城市市区、县城或者镇的，税率为 1％。

城市维护建设税的适用税率，应按纳税人所在地的规定税率执行。但下列两种情况，可按缴纳增值税和消费税所在地的规定税率就地缴纳城市维护建设税：

①由受托方代征代扣增值税、消费税的单位和个人，其代收代扣的城市维护建设税按受托方所在地适用税率计算；

②流动经营等无固定纳税地点的单位和个人，在经营地缴纳增值税、消费税的，城市维护建设税按经营地适用税率计算。

（四）税收优惠

城市维护建设税原则上不单独减免，但因城市维护建设税具有附加税性质，当主税发生减免时，城市维护建设税相应发生税收减免。城市维护建设税的税收减免具体有以下几种情况：

（1）城市维护建设税按减免后实际缴纳的增值税和消费税税额计征，即随增值税、消费税的减免而减免。

(2)对于因减免税而需进行增值税、消费税退库的,城市维护建设税也可同时退库。

(3)海关对进口产品代征的增值税、消费税,不征收城市维护建设税。

(4)对增值税和消费税实行先征后返、先征后退、即征即退办法的,除另有规定外,对随增值税和消费税附征的城市维护建设税和教育费附加,一律不予退(返)还。

(5)对国家重大水利工程建设基金免征城市维护建设税。

三、城市维护建设税

(一)计税依据

城市维护建设税的计税依据是纳税人实际缴纳的增值税、消费税税额之和。

特别说明:

(1)纳税人违反增值税和消费税有关规定,被查补增值税、消费税和被处以罚款时,也要对其未缴的城市维护建设税进行补税和罚款。

(2)纳税人违反增值税和消费税有关规定而加收的滞纳金和罚款,不作为城市维护建设税的计税依据。

(3)增值税和消费税得到减征或免征优惠,城市维护建设税也要同时减免征。城市维护建设税原则上不单独减免。

(4)对出口产品退还增值税、消费税的,不退还已缴纳的城市维护建设税。

(5)自 2005 年 1 月 1 日起,经国家税务总局正式审核批准的当期免抵的增值税税额应纳入城市维护建设税和教育费附加的计征范围,分别按规定的税率征收城市维护建设税和教育费附加。已按免抵的增值税税额征收的城市维护建设税和教育费附加不再退还,未征的不再补征。

(二)应纳税额的计算

城市维护建设税纳税人的应纳税额大小由纳税人实际缴纳的增值税、消费税的税额决定。其计算公式为

应纳税额＝(实纳增值税税额＋实纳消费税税额)×适用税率

【例 10-12】位于市区的某内资生产企业为增值税一般纳税人,经营内销与出口业务。2025 年 4 月份该企业实际缴纳增值税 40 万元,出口货物免抵税额为 5 万元;另外,进口货物缴纳增值税 17 万元、消费税 30 万元。要求:计算该企业 4 月份应缴纳的城市维护建设税。

【解析】应纳城市维护建设税税额＝(400 000＋50 000)×7％＝31 500(元)。

四、城市维护建设税的征收管理

（一）纳税环节

城市维护建设税的纳税环节，实际就是纳税人缴纳增值税和消费税的环节。纳税人只要发生增值税和消费税的纳税义务，就要在相同的环节，分别计算缴纳城市维护建设税。

（二）纳税期限

由于城市维护建设税是由纳税人在缴纳增值税和消费税的同时缴纳的，所以其纳税期限分别与增值税和消费税的纳税期限一致。根据增值税法和消费税法规定，增值税和消费税的纳税期限分别为 1 日、3 日、5 日、10 日、15 日或者 1 个月。增值税、消费税的具体纳税期限，由主管税务机关根据纳税人应纳税额大小分别核定；不能按照固定期限缴纳的，可以按次纳税。

（三）纳税地点

城市维护建设税的纳税地点与纳税人缴纳增值税和消费税的纳税地点相同，但属于下列情况的，纳税地点为：

（1）代扣代缴、代收代缴增值税和消费税的单位和个人，同时也是城市维护建设税的代扣代缴、代收代缴义务人，其城市维护建设税的纳税地点在代扣代收地。

（2）跨省开采的油田，在油井所在地缴纳增值税，同时一并缴纳城市维护建设税。

（3）对管道局输油部分的收入，由取得收入的各管道局于所在地缴纳增值税，城市维护建设税也一并缴纳。

（4）对流动经营等无固定纳税地点的单位和个人，城市维护建设税应随同增值税和消费税在经营地按适用税率缴纳。

第五节　环境保护税税制

我国现行环境保护税的基本规范是 2018 年 10 月 26 日第十三届全国人民代表大会常务委员会第六次会议表决通过的《中华人民共和国环境保护税法》（以下简称《环境保护税法》）。

一、环境保护税概述

（一）环境保护税的概念

环境保护税是对在中华人民共和国领域和中华人民共和国管辖的其他海域，直接向环境排放应税污染物的企业、事业单位和其他生产经营者，按照排放的污染物数量定额征收的,用于环境保护建设的一种税。

(二)环境保护税的特点

1.征税项目为四种重点污染源

环境保护税开征是原有的排污费"平移"费改税的结果,根据排污费项目设置税目,大气污染物、水污染物、固体废物、噪声等四种重点污染源收费。待条件成熟后,将把有污染物如挥发性有机物等也列入,扩大征税范围。

2.纳税人主要是企事业单位和其他经营者

根据环境保护税法,直接向环境排放应税污染物的企业事业单位和其他生产经营者环境保护税的纳税人,而家庭和个人即便有排放污染物的行为,也不属于环境保护税的纳税人。且已有车船税和消费税的调节,环境保护税对机动车和船舶暂免征税。

3.直接排放应税污染物是必要条件

与其他税种不同,环境保护税的征税环节不是生产销售环节,也不是消费使用环节,而

是直接向环境排放应税污染物的排放环节。直接排放污染物是必要条件,如果企业事业单位和其他生产经营者是将污染集中或排放到污染物处理场所,或者企事业单位和经营者将废弃物进行综合利用和无害化处理,则不需要按照环境保护税法缴税。

4.税额为统一定额税和浮动定额税结合

目前环境保护税额实行统一定额税和浮动定额税相结合的方法。对于固体废弃物和噪声污染实行的是全国统一的定额税制,对于大气和水污染物实行各省浮动定额税制,既有上限,又有下限。大气和水污染物的税额下限沿用排污费最低标准,即每污染物当量1.2元和1.4元,税额上限则设定为下限的10倍,分别为每污染物当量12元和14元。各省可以在此幅度范围内自行选择定额税的金额。

5.税收收入全部归地方

纳税人应当向应税污染物排放地的税务机关申报缴纳环境保护税。为鼓励地方做好污染防治的积极性,环境保护税收入中央不再参加收入分成,税收收入全部归地方,用于地方治理环境污染。

(三)环境保护税的作用

1.实现生态环境保护与经济的和谐发展

现阶段,生态环境保护已经成为社会发展的重要组成部分,国家应在发展经济的同时兼顾在环境容量允许范围内排污以及将资源能源的消耗降至最低。《环境保护税法》充分考虑了地方经济发展的不平衡性和环境问题的差异性,以及地方政

府在解决区域环境问题中的重要作用,提出了处理经济发展与环境保护关系的新思路。

2.引导更多企业参与环境保护工作

目前,企业发展在我国普遍存在"守法成本高,违法成本低"的问题,粗放式发展往往投入小、见效快,而绿色发展则投入大、回收慢。在经济进入新常态后,企业特别是制造企业普遍经营困难,绿色转型意愿并不强。征收环境保护税内化了环境污染的外部成本,有助于减少生产经营活动对环境产生的不利影响。

3.有利于解决排污费刚性不足的问题

《环境保护税法》取代了在中国有 30 多年的排污收费制度,以"税"代"费",充分发挥税收激励作用,对排污主体形成持续激励,为生态文明建设提供了必要的法律保障。

(四)我国环境保护税法的建立与发展

我国的相关部门早在 2007 年就提出了开征环境保护税的构想,其后便进入反复论证阶段。直到 2014 年 11 月 3 日,财政部会同环境保护部、国家税务总局积极推进环境保护税立法工作,形成环境保护税法草案稿并报送国务院。2015 年 8 月 5 日,环境保护税法被补充进第十二届全国人民代表大会常务委员会立法规划。2015 年 6 月,国务院颁布了《中华人民共和国环境保护税法(征求意见稿)》,环境保护税由此正式进入了立法征求意见阶段。2016 年 12 月 25 日,该征求意见稿经第十二届全国人民代表大会常务委员会第二十五次会议审议通过。2018 年 10 月 26 日经再次审议通过修订。

二、环境保护税的基本法律规定

(一)征税范围

环境保护税的征税范围包括"环境保护税税目税额表"和"应税污染物和当量值表"规定的大气污染物、水污染物、固体废物和噪声。

有下列情形之一的,不属于直接向环境排放污染物,不缴纳相应污染物的环境保护税:

(1)企业、事业单位和其他生产经营者向依法设立的污水集中处理、生活垃圾集中处理场所排放应税污染物的;

(2)企业、事业单位和其他生产经营者在符合国家和地方环境保护标准的设施、场所贮存或者处置固体废物的。

依法设立的城乡污水集中处理、生活垃圾集中处理场所超过国家和地方规定的排放标准向环境排放应税污染物的,应当缴纳环境保护税。

企业、事业单位和其他生产经营者贮存或者处置固体废物不符合国家和地方环境保护标准的,应当缴纳环境保护税。

(二)纳税人

在中华人民共和国领域和中华人民共和国管辖的其他海域,直接向环境排放应税污染物的企业、事业单位和其他生产经营者为环境保护税的纳税人。

(三)税率

环境保护税的税率为定额税率。纳税人具体适用的税率在"环境保护税税目税额表"(见表10-4)中详细规定。

表10-4 环境保护税税目税额

税 目		计税单位	税 额	备 注
大气污染物		每污染当量	1.2~12 元	
水污染物		每污染当量	1.4~14 元	
固体废物	煤矸石	每吨	5 元	
	尾矿	每吨	15 元	
	危险废物	每吨	1 000 元	
	冶炼渣、粉煤灰、炉渣、其他固体废物(含半固态、液态废物)	每吨	25 元	
噪声	工业噪声	超标 1~3 分贝	每月 350 元	1.一个单位边界上有多处噪声超标,根据最高一处超标声级计算应纳税额;当沿边界长度超过 100 米有两处以上噪声超标,按照两个单位计算应纳税额。 2. 一个单位有不同地点作业场所的,应当分别计算应纳税额,合并计征。 3. 昼、夜均超标的环境噪声,昼、夜分别计算应纳税额,累计计征。 4.声源一个月内超标不足 15 天的,减半计算应纳税额。 5.夜间频繁突发和夜间偶然突发厂界超标噪声,按等效声级和峰值声两种指标中超标分贝值高的一项计算应纳税额
		超标 4~6 分贝	每月 700 元	
		超标 7~9 分贝	每月 1 400 元	
		超标 10~12 分贝	每月 2 800 元	
		超标 13~15 分贝	每月 5 600 元	
		16 分贝以上	每月 11 200 元	

（四）税收优惠

1.暂免征收的范围

下列情形,暂予免征环境保护税:

(1)农业生产(不包括规模化养殖)排放应税污染物的;

(2)机动车、铁路机车、非道路移动机械、船舶和航空器等流动污染源排放应税污染物的;

(3)依法设立的城乡污水集中处理、生活垃圾集中处理场所排放相应应税污染物,不超过国家和地方规定的排放标准的;

(4)纳税人综合利用的固体废物,符合国家和地方环境保护标准的;

(5)国务院批准免税的其他情形。

上述第(5)项免税规定,由国务院报全国人民代表大会常务委员会备案。

2.减征范围

(1)纳税人排放应税大气污染物或者水污染物的浓度值低于国家和地方规定的污染物排放标准 30% 的,减按 75% 征收环境保护税。

(2)纳税人排放应税大气污染物或者水污染物的浓度值低于国家和地方规定的污染物排放标准百分之五十的,减按百分之五十征收环境保护税。

三、环境保护税应纳税额的计算

（一）计税依据

应税污染物的计税依据,按照下列方法确定:

1.一般规定

(1)应税大气污染物按照污染物排放量折合的污染当量数确定。

应税大气污染物的污染当量数,以该污染物的排放量除以该污染物的污染当量值计算。每种应税大气污染物的具体污染当量值,依照"应税污染物和当量值表"(见表 10-5)执行。

每一排放口或者没有排放口的应税大气污染物,按照污染当量数从大到小排序,对前三项污染物征收环境保护税。

表 10-5　应税污染物和当量值

污染物	污染当量值	说　明
一、第一类水污染物污染当量值		
1.总汞	0.0005 千克	
2.总镉	0.005 千克	
3.总铬	0.04 千克	
4.六价铬	0.02 千克	
5.总砷	0.02 千克	
6.总铅	0.025 千克	
7.总镍	0.025 千克	
8.苯并(a)芘	0.0000003 千克	
9.总铍	0.01 千克	
10.总银	0.02 千克	
二、第二类水污染物污染当量值		
1.悬浮物(SS)	4 千克	
2.生化需氧量(BOD5)	0.5 千克	
3.化学需氧量(COD)	1 千克	
4.总有机碳(TOC)	0.49 千克	
5.石油类	0.1 千克	
6.动植物油	0.16 千克	
7.挥发酚	0.08 千克	说明:
8.总氰化物	0.05 千克	1.第一类、第二类污染物的分类依据为《污水综合排放标准》(GB 8978—1996)
9.硫化物	0.125 千克	
10.氨氮	0.8 千克	2.同一排放口中的化学需氧量（COD）、生化需氧量（BOD5）和总有机碳（TOC），只征收一项
11.氟化物	0.5 千克	
12.甲醛	0.125 千克	
13.苯胺类	0.2 千克	
14.硝基苯类	0.2 千克	
15.阴离子表面活性剂(LAS)	0.2 千克	
16.总铜	0.1 千克	
17.总锌	0.2 千克	
18.总锰	0.2 千克	

污染物	污染当量值	说　明
19.彩色显影剂(CD-2)	0.2 千克	
20.总磷	0.25 千克	
21.元素磷(以 P 计)	0.05 千克	
22.有机磷农药(以 P 计)	0.05 千克	
23.乐果	0.05 千克	
24.甲基对硫磷	0.05 千克	
25.马拉硫磷	0.05 千克	
26.对硫磷	0.05 千克	
27.五氯酚及五氯酚钠(以五氯酚计)	0.25 千克	
28.三氯甲烷	0.04 千克	
29.可吸附有机卤化物(AOX)(以 Cl 计)	0.25 千克	
30.四氯化碳	0.04 千克	
31.三氯乙烯	0.04 千克	
32.四氯乙烯	0.04 千克	
33.苯	0.02 千克	
34.甲苯	0.02 千克	
35.乙苯	0.02 千克	
36.邻二甲苯	0.02 千克	
37.对二甲苯	0.02 千克	
38.间二甲苯	0.02 千克	
39.氯苯	0.02 千克	
40.邻二氯苯	0.02 千克	
41.对二氯苯	0.02 千克	
42.对硝基氯苯	0.02 千克	
43.2.4-二硝基氯苯	0.02 千克	
44.苯酚	0.02 千克	
45.间甲酚	0.02 千克	
46.2.4-二氯酚	0.02 千克	
47.2.4.6-三氯酚	0.02 千克	
48.邻苯二甲酸二丁酯	0.02 千克	
49.邻苯二甲酸二辛酯	0.02 千克	
50.丙烯腈	0.125 千克	
51.总硒	0.02 千克	

污染物		污染当量值	说明
三、pH 值、色度、大肠菌群数、余氯量污染当量值			
1.PH 值	(1)0～1,13～14	0.06 吨污水	说明:
	(2)1～2,12～13	0.125 吨污水	1.大肠菌群数和总余氯只征
	(3)2～3,11～12	0.25 吨污水	收一项
	(4)3～4,10～11	0.5 吨污水	2.PH 值为 5～6 指 PH 值大
	(5)4～5,9～10	1 吨污水	于等于 5,小于 6;pH 值为
	(6)5～6	5 吨污水	9～10 指 pH 值大于 9,小于
2.色度		5 吨水·倍	等于 10,其余类推
3.大肠菌群数(超标)		3.3 吨污水	
4.余氯量(用氯消毒的医院废水)		3.3 吨污水	
四、禽畜养殖业、小型企业和第三产业污染当量值			
1.禽畜养殖场	(1)牛	0.1 头	说明:
	(2)猪	1 头	1.本项目仅适用于计算无法
	(3)鸡、鸭等家禽	30 羽	进行实际监测或物料衡算的
2.小型企业		1.8 吨污水	禽畜养殖业、小型企业和第
3.饮食娱乐服务业		0.5 吨污水	三产业等小型排污者的污染
			当量数
4.医院	消毒	0.14 床	2.仅对存栏规模大于 50 头
		2.8 吨污水	牛,500 头猪,5 000 羽鸡、鸭
	不消毒	0.07 床	等的禽畜养殖场征收
		1.4 吨污水	3.医院病床数大于 20 张的 按本项目计算污染当量
五、大气污染物污染当量值			
1.二氧化硫		0.95 千克	
2.氮氧化物		0.95 千克	
3.一氧化碳		16.7 千克	
4.氯气		0.34 千克	
5.氯化氢		10.75 千克	
6.氟化物		0.87 千克	
7.氰化氢		0.005 千克	
8.硫酸雾		0.6 千克	

污染物	污染当量值	说明
9.铬酸雾	0.0007 千克	
10.汞及其化合物	0.0001 千克	
11.一般性粉尘	4 千克	
12.石棉尘	0.53 千克	
13.玻璃棉尘	2.13 千克	
14.碳黑尘	0.59 千克	
15.铅及其化合物	0.02 千克	
16.镉及其化合物	0.03 千克	
17.铍及其化合物	0.0004 千克	
18.镍及其化合物	0.13 千克	
19.锡及其化合物	0.27 千克	
20.烟尘	2.18 千克	
21.苯	0.05 千克	
22.甲苯	0.18 千克	
23.二甲苯	0.27 千克	
24.苯并(a)芘	0.000002 千克	
25.甲醛	0.09 千克	
26.乙醛	0.45 千克	
27.丙烯醛	0.06 千克	
28.甲醇	0.67 千克	
29.酚类	0.35 千克	
30.沥青烟	0.19 千克	
31.苯胺类	0.21 千克	
32.氯苯类	0.72 千克	
33.硝基苯	0.17 千克	
34.丙烯腈	0.22 千克	
35.氯乙烯	0.55 千克	
36.光气	0.04 千克	
37.硫化氢	0.29 千克	
38.氨	9.09 千克	

污染物	污染当量值	说明
39.三甲胺	0.32 千克	
40.甲硫醇	0.04 千克	
41.甲硫醚	0.28 千克	
42.二甲二硫	0.28 千克	
43.苯乙烯	25 千克	
44.二硫化碳	20 千克	

(2)应税水污染物按照污染物排放量折合的污染当量数确定。

应税水污染物的污染当量数,以该污染物的排放量除以该污染物的污染当量值计算。每种应税水污染物的具体污染当量值,依照表10-5执行。

每一排放口的应税水污染物,按照表10-5,区分第一类水污染物和第二类水污染物,按照污染当量数从大到小排序,对第一类水污染物按照前五项征收环境保护税,对第二类水污染物按照前三项征收环境保护税。

(3)应税固体废物按照固体废物的排放量确定。

(4)应税噪声按照超过国家规定标准的分贝数确定。

2.特殊规定

应税大气污染物、水污染物、固体废物的排放量和噪声的分贝数,按照下列方法和顺序计算:

(1)纳税人安装使用符合国家规定和监测规范的污染物自动监测设备的,按照污染物自动监测数据计算;

(2)纳税人未安装使用污染物自动监测设备的,按照监测机构出具的符合国家有关规定和监测规范的监测数据计算;

(3)因排放污染物种类多等原因不具备监测条件的,按照国务院环境保护主管部门规定的排污系数、物料衡算方法计算;

(4)不能按照第(1)项至第(3)项规定的方法计算的,按照省、自治区、直辖市人民政府环境保护主管部门规定的抽样测算的方法核定计算。

3.应税污染物项目数的增加权限规定

省、自治区、直辖市人民政府根据本地区污染物减排的特殊需要,可以增加同一排放口征收环境保护税的应税污染物项目数,报同级人民代表大会常务委员会决定,并报全国人民代表大会常务委员会和国务院备案。

（二）应纳税额的计算

大气污染物的应纳税额＝污染当量数×适用税额

水污染物的应纳税额＝污染当量数×适用税额

固体废物的应纳税额＝固体废物排放量×适用税额

应税噪声的应纳税额＝超过国家规定标准的分贝数对应的具体适用税额

【例 10-13】厦门某企业当月排放总汞 20 千克,总汞的污染当量值为 0.0005 千克,假设当地适用税率为 10 元每污染当量。要求:计算该企业当月应缴纳的环境保护税税额。

【解析】应纳税额＝20÷0.0005×10＝400 000(元)。

拓展阅读

绿色创新视域下的环境保护税制度和征管优化研究

四、环境保护税的征收管理

（一）纳税义务发生时间

纳税义务发生时间为纳税人排放应税污染物的当日。

（二）纳税期限

环境保护税按月计算,按季申报缴纳。不能按固定期限计算缴纳的,可以按次申报缴纳。纳税人按季申报缴纳的,应当自季度终了之日起 15 日内,向税务机关办理纳税申报并缴纳税款。纳税人按次申报缴纳的,应当自纳税义务发生之日起 15 日内,向税务机关办理纳税申报并缴纳税款。

（三）纳税地点

纳税人应当向应税污染物排放地的税务机关申报缴纳环境保护税。

第六节　船舶吨税税制

我国现行船舶吨税的基本规范是 2017 年 12 月 27 日第十二届全国人民代表大会常务委员会第三十一次会议通过的《中华人民共和国船舶吨税法》(以下简称《船舶吨税法》),自 2018 年 7 月 1 日起施行。

一、船舶吨税概述

(一)船舶吨税的概念

船舶吨税简称吨税,是海关对自境外港口进入境内港口的船舶所征收的一种税。作为一国船舶使用了另一国家的助航设施而向该国缴纳的一种税,船舶吨税专项用于港口建设维护及海上干线公用航标的建设维护。

(二)船舶吨税的特点

(1)船舶吨税主要是对进出中国港口的国际航行船舶征收;

(2)以船舶的净吨位为计税依据,实行从量定额征收;

(3)对不同的船舶分别适用普通税率或优惠税率;

(4)所征税款主要用于港口建设维护及海上干线公用航标的建设维护。

(三)船舶吨税的作用

1.财政收入与经济调控

船舶吨税能够为国家带来稳定的财政收入,为公共支出和基础设施建设提供重要的资金支持。同时,它作为一种经济调控工具,通过税率的调整,可以有效影响航运市场的供需关系,促进国内外航运企业在公平竞争的环境下运营,进而有助于实现宏观经济的稳定与增长。

2.环境保护与风险管理

船舶吨税有助于推动环境保护工作,通过将船舶的污染排放纳入经济核算,使船舶运营方承担相应的环境成本,从而激励其采取措施减少污染物排放,并为相关环保项目提供资金支持,以降低航运活动对环境造成的不良影响。此外,船舶吨税还可以作为风险管理的手段,为可能由船舶带来的各种风险,如油污泄漏、海上事故等提供一定的经济补偿保障,增强应对这些风险的能力。

3.维护国家主权与促进国际合作

征收船舶吨税是国家行使主权的重要体现,明确了国家对领海和港口的管辖权和控制权。同时,船舶吨税也是国际税收合作的重要领域,通过与其他国家的税收政策协调和信息共享,能够共同应对航运业的跨国税收问题,促进国际航运市场的公平竞争和健康发展,加强国家间的经济联系与合作。

(四)我国船舶吨税的建立与发展

船舶吨税是根据船舶运载量课征的一个税种,源于明朝以后税关的"船料"。鸦片战争后,海关对出入中国口岸的商船按船舶吨位计征税款,故称船舶吨税。除海关外,内地常关也对过往船只征船料,直到1931年常关撤销时,船料废止。现行船舶吨税的基本规范是2017年12月27日第十二届全国人民代表大会常务委员会第三十一次会议通过的《船舶吨税法》,于2018年7月1日起施行,经2018年10月26日第十三届全国人民代表大会常务委员会第六次会议修改,于同日以中华人民共和国主席令第十六号公布。

二、船舶吨税的基本法律规定

(一)征税范围

自中华人民共和国境外港口进入境内港口的船舶(以下简称应税船舶),应当缴纳船舶吨税。船舶吨税的税目、税率依照"船舶吨税税目、税率表"执行。

(二)纳税人

属于《船舶吨税法》所附"船舶吨税税目、税率表"规定的应税船舶负责人,为船舶吨税的纳税人,应当依照《船舶吨税法》缴纳船舶吨税。

(三)税率

船舶吨税设置优惠税率和普通税率。中华人民共和国籍的应税船舶,船籍国(地区)与中华人民共和国签订含有相互给予船舶税费最惠国待遇条款的条约或者协定的应税船舶,适用优惠税率。其他应税船舶,适用普通税率。"船舶吨税税目、税率表"见表10-6。

(四)税收优惠

1.直接优惠

下列船舶免征船舶吨税:

(1)应纳税额在人民币50元以下的船舶;

(2)自境外以购买、受赠、继承等方式取得船舶所有权的初次进口到港的空载船舶;

(3)船舶吨税执照期满后24小时内不上下客货的船舶;

(4)非机动船舶(不包括非机动驳船),是指自身没有动力装置,依靠外力驱动的船舶;

(5)捕捞、养殖渔船,是指在中华人民共和国渔业船舶管理部门登记为捕捞船或者养殖船的船舶;

表 10-6　船舶吨税税目、税率

单位:元/净吨

税　目 (按船舶净吨位划分)	税　率						备　注
	普通税率 (按执照期限划分)			优惠税率 (按执照期限划分)			
	1 年	90 日	30 日	1 年	90 日	30 日	
不超过 2 000 净吨	12.6	4.2	2.1	9.0	3.0	1.5	(1)拖船按照发动机功率每千瓦折合净吨位 0.67 吨;
超过 2 000 净吨,但不超过 10 000 净吨	24.0	8.0	4.0	17.4	5.8	2.9	(2)无法提供净吨位证明文件的游艇,按照发动机功率每千瓦折合净吨位 0.05 吨;
超过 10 000 净吨,但不超过 50 000 净吨	27.6	9.2	4.6	19.8	6.6	3.3	(3)拖船和非机动驳船分别按相同净吨位船舶税率的 50% 计征税款
超过 50 000 净吨	31.8	10.6	5.3	22.8	7.6	3.8	

(6)避难、防疫隔离、修理、改造、终止运营或者拆解,并不上下客货的船舶;

(7)军队、武装警察部队专用或者征用的船舶;

(8)警用船舶;

(9)依照法律规定应当予以免税的外国驻华使领馆、国际组织驻华代表机构及其有关人员的船舶;

(10)国务院规定的其他船舶(由国务院报全国人民代表大会常务委员会备案)。

上述第(5)条至第(9)条优惠,应当提供海事部门、渔业船舶管理部门等部门、机构出具的具有法律效力的证明文件或者使用关系证明文件,申明免税的依据和理由。

2.延期优惠

在船舶吨税执照期限内,应税船舶发生下列情形之一的,海关按照实际发生的天数批注延长船舶吨税执照期限:

(1)避难、防疫隔离、修理、改造,并不上下客货;

(2)军队、武装警察部队征用。

应税船舶因不可抗力在未设立海关地点停泊的,船舶负责人应当立即向附近海关报告,并在不可抗力原因消除后,向海关申报纳税。

上述船舶,应当提供海事部门、渔业船舶管理部门等部门、机构出具的具有法律效力的证明文件或者使用关系证明文件,申明延长船舶吨税执照期限的依据和理由。

三、船舶吨税应纳税额的计算

(一)计税依据

吨税按照船舶净吨位和吨税执照期限征收。净吨位,是指由船籍国(地区)政府签发或者授权签发的船舶吨位证明书上标明的净吨位;吨税执照期限,是指按照公历年、日计算的期间。应税船舶负责人在每次申报纳税时,可以按照《吨税税目、税率表》选择申领一种期限的吨税执照。

(二)应纳税额的计算

船舶吨税按照船舶净吨位和船舶吨税执照期限征收,应纳税额按照船舶净吨位乘以适用税率计算。计算公式为

应纳税额＝船舶净吨位×定额税率

应税船舶在进入港口办理入境手续时,应当向海关申报纳税领取船舶吨税执照,或者交验船舶吨税执照(或者申请核验船舶吨税执照电子信息)。应税船舶负责人在每次申报纳税时,可以按照《船舶吨税税目、税率表》选择申领一种期限的船舶吨税执照。应税船舶负责人缴纳船舶吨税或者提供担保后,海关按照其申领的执照期限填发船舶吨税执照。

应税船舶负责人申领船舶吨税执照时,应当向海关提供下列文件:

(1)船舶国籍证书或者海事签发的船舶国籍证书收存证明;

(2)船舶吨位证明。

应税船舶在船舶吨税执照期限内,因税目税率调整或者船籍改变而导致适用税率变化的,船舶吨税执照继续有效。应税船舶在离开港口办理出境手续时,应当交验船舶吨税执照(或者申请核验船舶吨税执照电子信息)。

【例10-14】2024年10月20日,A国某运输公司一艘货轮驶入我国某港口,该货轮净吨位为40 000吨,货轮负责人已向我国该海关领取了吨税执照,在港口停留期限为30天,A国已与我国签订有相互给予船舶税费最惠国待遇条款。要求:计算该货轮负责人应向我国海关缴纳的船舶吨税。

【解析】

(1)根据船舶吨税的相关规定,该货轮应享受优惠税率,每净吨位为3.3元。

(2)应缴纳船舶吨税＝40 000×3.3＝132 000(元)。

四、船舶吨税的征收管理

(一)纳税义务发生时间及纳税期限

(1)船舶吨税纳税义务发生时间为应税船舶进入港口的当日。

(2)船舶吨税由海关负责征收。海关征收船舶吨税应当制发缴款凭证。

(3)应税船舶在船舶吨税执照期满后尚未离开港口的,应当申领新的船舶吨税执照,自上一次执照期满的次日起续缴船舶吨税。

(4)应税船舶负责人应当自海关填发船舶吨税缴款凭证之日起 15 日内缴清税款。未按期缴清税款的,自滞纳税款之日起至缴清税款之日止,按日加收滞纳税款 0.5％的滞纳金。

(二)纳税担保

应税船舶到达港口前,经海关核准先行申报并办结出入境手续的,应税船舶负责人应当向海关提供与其依法履行船舶吨税缴纳义务相适应的担保;应税船舶到达港口后,向海关申报纳税。下列财产、权利可以用于担保:

(1)人民币、可自由兑换货币;

(2)汇票、本票、支票、债券、存单;

(3)银行、非银行金融机构的保函;

(4)海关依法认可的其他财产、权利。

(三)其他管理

(1)应税船舶在船舶吨税执照期限内,因修理、改造导致净吨位变化的,船舶吨税执照继续有效。应税船舶办理出入境手续时,应当提供船舶经过修理、改造的证明文件。

因船籍改变而导致适用税率变化的,应税船舶在办理出入境手续时,应当提供船籍改变的证明文件。

(2)船舶吨税执照在期满前毁损或者遗失的,应当向原发照海关书面申请核发船舶吨税执照副本,不再补税。

(3)海关发现少征或者漏征税款的,应当自应税船舶应当缴纳税款之日起 1 年内,补征税款。但因应税船舶违反规定造成少征或者漏征税款的,海关可以自应当缴纳税款之日起 3 年内追征税款,并自应当缴纳税款之日起按日加征少征或者漏征税款 0.5％的滞纳金。

海关发现多征税款的,应当在 24 小时内通知应税船舶办理退还手续,并加算银行同期活期存款利息。

应税船舶发现多缴税款的,可以自缴纳税款之日起 3 年内以书面形式要求海关退还多缴的税款并算银行同期活期存款利息;海关应当自受理退税申请之日起

30 日内查实并通知应税船舶办理退还手续。

应税船舶应当自收到退税通知之日起 3 个月内办理有关退还手续。

(4)应税船舶有下列行为之一的,由海关责令限期改正,处 2 000 元以上 3 万元以下罚款;不缴或者少缴应纳税款的,处不缴或者少缴税款 50% 以上 5 倍以下的罚款,但罚款不得低于 2 000 元:

①未按照规定申报纳税、领取船舶吨税执照;

②未按照规定交验船舶吨税执照(或者申请核验船舶吨税执照电子信息)以及提供其他证明文件。

(5)船舶吨税税款、税款滞纳金、罚款以人民币计算。

思考与练习

【思考题】

1.印花税的特点是什么?

2.印花税的作用是什么?

3.印花税的纳税方法有哪些?

4.车辆购置税的税率是如何规定的?

5.简述车辆购置税的特点。

6.耕地占用税开征的意义是什么?

7.耕地占用税的征税范围是什么?

8.城市维护建设税的纳税人和税率是如何规定的?

9.简述城市维护建设税开征的作用。

10.环境保护税的作用是什么?

11.简述环境保护税与排污费的区别。

12.简述船舶吨税的主要特点。

【练习题】

一、单选题

1.下列合同中,属于印花税征税范围的是(　　　)。

A.供电合同

B.融资租赁合同

C.人寿保险合同

D.法律咨询合同

2.依据车辆购置税的有关规定,下列车辆中可以享受法定减免的是( )。

A.国家机关购买的小汽车

B.留学人员购买的小汽车

C.有突出贡献专家购买的小汽车

D.国际组织驻华机构购买的自用小汽车

3.下列耕地占用的情形中,属于免征耕地占用税的是( )。

A.医院占用耕地

B.建厂房占用鱼塘

C.高尔夫球场占用耕地

D.商品房建设占用林地

4.下列从境外进入我国港口的船舶中,免征船舶吨税的是( )。

A.养殖渔船

B.非机动驳船

C.拖船

D.吨税执照期满后 24 小时内上下客货的船舶

二、多选题

1.下列属于印花税纳税人的有( )。

A.借款合同的担保人

B.发放商标注册证的国家商标局

C.在国外书立,在国内使用技术合同的单位

D.签订加工承揽合同的两家中外合资企业

2.下列各项中,属于车辆购置税应税行为的有( )。

A.受赠使用应税车辆

B.进口使用应税车辆

C.经销商经销应税车辆

D.债务人以应税车辆抵债

3.下列各项中,应纳入城市维护建设税计税依据计算的有( )。

A.偷逃营业税而被查补的税款

B.偷逃消费税而加收的滞纳金

C.出口货物免抵的增值税税额

D.出口产品征收的消费税税额

三、计算题

1. 某高新技术企业与广告公司签订广告制作合同1份,分别记载加工费3万元,广告公司提供的原材料7万元。要求:计算高新技术企业应当缴纳的印花税。

2. 甲公司1月将闲置厂房出租给乙公司,合同约定每月租金4 000元,租期未定。签订合同时,甲公司预收租金10 000元,双方已按定额贴花。当年5月底合同解除,甲公司收到乙公司补交的租金10 000元。要求:计算甲公司该年5月份应补缴的印花税。

3. 王某11月从某汽车有限公司购买一辆小汽车供自己使用,支付含增值税税款在内的款项117 000元,另支付代收临时牌照费550元、代收保险费1 000元,支付工具件和零配件价款3 000元、车辆装饰费1 300元。所支付的款项均由该汽车有限公司开具"机动车销售统一发票"和有关票据。要求:计算王某应纳的车辆购置税。

4. 位于某市的甲地板厂为外商投资企业,8月份购进一批木材,取得增值税发票,发票上注明不含税价格为600 000元;当月委托位于县城的乙工厂将木材加工成实木地板,支付不含税加工费100 000元。乙工厂11月份交付40%的实木地板,12月份交付剩余部分。已知实木地板消费税税率为5%。要求:计算乙工厂该年12月应代收代缴的城市维护建设税。

5. 某企业2024年1月向大气排放二氧化硫(SO_2)总量为200千克,已知当地大气污染物每污染当量的税额为1.2元,二氧化硫的污染当量值为0.95千克/污染当量。要求:计算该企业当月应缴纳的环境保护税。

6. 一艘外国籍船舶于2024年2月1日进入中国某港口,该船舶净吨位为5000吨,船龄10年。船方选择按90日缴纳船舶吨税,且该船舶符合优惠税率条件。已知船舶吨税优惠税率为1.3元/净吨(90日)。要求:计算该船舶应缴纳的船舶吨税。

7. 某公司2024年3月未经批准占用一块基本农田1 500平方米用于建设工厂。已知当地耕地占用税适用税额为每平方米30元,且对占用基本农田的,税额加按150%征收。要求:计算该公司应缴纳的耕地占用税。

【练习题参考答案】

参考文献

[1]全国人民代表大会常务委员会.中华人民共和国增值税法[Z].北京:法律出版社,2024.

[2]注册会计师全国统一考试辅导教材编写组.2025年度注册会计师全国统一考试辅导教材:税法[M].北京:中国财政经济出版社,2025.

[3]全国税务师职业资格考试教材编写组.2025年税务师职业资格考试教材[M].北京:中国税务出版社,2025.

[4]马海涛.中国税制[M].13版.北京:中国人民大学出版社,2024.

[5]刘佐.中国税制五十年[M].北京:中国税务出版社,2000.

[6]理查德·A.马斯格雷夫.财政:理论与实践[M].5版.北京:中国财政经济出版社,2003.

[7]盖地.中国税制[M].北京:中国人民大学出版社,2017.

[8]国家税务总局.中华人民共和国税收基本法规[M].北京:中国税务出版社,2014.

[9]汪昊.直接税间接税划分及税制结构优化的再认识[J].税务研究,2025(5):38—46.

[10]张晓颖,汤子杰,陈海宇.消费税征收环节后移并稳步下划地方改革的思考[J].税务研究,2024(7):39—45.

[11]张家楠,谷雨润.数据资源入表的企业所得税涉税挑战及应对[J].税务研究,2025(1):74—79.

[12]司言武,韩一多,张自力.个人所得税政策对居民生育的影响及优化[J].税务研究,2025(2):109—113.

[13]胡洪曙,郭宁.绿色创新视域下的环境保护税制度和征管优化研究[J].税务研究,2025(2):131—138.

[14]马海涛,孟晓雨.服务中国式现代化的税收制度优化[J].税务研究,2023(9):5—12.

[15]刘贯春,张高荣,陈肖雄.税收征管信息技术进步与最优税制设计[J].管理世界,2025(6):36—54.